# LA
# LITTÉRATURE INDÉPENDANTE

ET LES

## ÉCRIVAINS OUBLIÉS

AU XVIIe SIÈCLE

Paris. — Typ. de P.-A. Bourdier et Cie, rue Mazarine, 30.

# LA LITTÉRATURE
# INDÉPENDANTE

### ET LES
## ÉCRIVAINS OUBLIÉS

#### ESSAIS DE CRITIQUE ET D'ÉRUDITION
##### SUR LE XVIIᵉ SIÈCLE

PAR

## VICTOR FOURNEL

### PARIS
#### LIBRAIRIE ACADÉMIQUE
#### DIDIER ET Cⁱᵉ, LIBRAIRES-ÉDITEURS
QUAI DES AUGUSTINS, 35
—
1862

Réserve de tous droits

# AVANT-PROPOS

Le titre de ce volume en indique clairement le but. Je range dans la littérature indépendante les écrivains qui se sont dérobés au grand courant classique du xviie siècle, ceux qui n'ont pas subi l'influence officielle et triomphante, la discipline, la correction, l'unité imposées par Malherbe et Boileau d'un côté, de l'autre par Richelieu et Louis XIV. Le terme ainsi entendu s'applique donc non-seulement à des auteurs d'un ordre inférieur, comme Saint-Amant, Cyrano, Scarron, Dassoucy, mais même à des noms du premier ordre, comme Saint-Simon. Quoique la plupart des écrivains dont je m'occupe rentrent à la fois dans les deux catégories embrassées par le titre, on en trouvera plusieurs, sans doute, qui, vus de face, dans l'ensemble et la physionomie générale de leurs œuvres, ne sont ni des indépendants ni des oubliés; mais on s'apercevra aussi qu'ils le sont par les côtés particuliers où je les envisage et par celles de leurs productions que j'étudie. Classer directement Corneille et Molière parmi les indépendants ou les *excentriques*, même en m'en tenant à la signification rigoureusement étymologique et grammaticale de ce dernier mot, je n'y songe pas ; seulement ils se rattachent en droite ligne à l'histoire des origines classiques et de la tradition nationale du drame, c'est-à-dire d'un genre *excentrique* au XVIIe siècle. Boileau et Fénelon ne sont pas, assurément, des écrivains *oubliés;* mais je ne les aborde que par leurs côtés les moins connus, et ils devaient nécessairement faire partie du chapitre de la *Critique*, dont l'étude a presque toujours été négligée dans les travaux sur le siècle de Louis XIV, et dont la plupart des représentants à cette date sont aujourd'hui plus ou moins complétement *oubliés.*

Ainsi, le présent volume embrasse dans son cadre ce qui n'est pas arrivé jusqu'au niveau classique ou ce qui s'en est éloigné ; les hommes et les genres qui échappent aux historiens de la littérature officielle, soit que leur indépendance les ait détachés du faisceau commun, soit que leur obscurité les ait dérobés à l'attention et au souvenir de la postérité. Le plus souvent ces deux raisons se tiennent, et c'est pour avoir résisté au mouvement général des esprits que bon nombre d'auteurs ont été délaissés par leurs contemporains et oubliés par nous. Là est l'unité du livre, qu'il était difficile d'exprimer nettement en un titre précis, et qui se révélera mieux, je l'espère, à la lecture. Toutefois, je touche, au moins en passant, à la plus grande partie des écrivains du xviie siècle, qui a été exploré à peu près en entier, au point de vue spécial où je me suis placé. Un appendice, que j'eusse voulu pouvoir faire moins court, complète l'ouvrage, à mesure que les occasions se présentent, par des notices particulières qui se rattachent au sujet, bien qu'elles ne rentrent point dans ses grandes divisions générales.

On ne trouvera pas seulement ici des études purement littéraires : le penchant actuel est à l'érudition, et c'est le mien. La critique, telle que la demandent la plupart des lecteurs contemporains, ne doit plus se contenter de prononcer des jugements et de s'adresser au goût; il faut en même temps qu'elle instruise et s'adresse à la *curiosité*. En me restreignant à la critique proprement dite, je ne me fusse pas cru assez autorisé pour présenter mon livre, après tant de travaux éminents dont la grande littérature du xviie siècle a déjà été l'objet. Sur le terrain plus humble de l'érudition, il restait place pour une tâche non moins utile peut-être, où l'on ne courait pas risque de se faire accuser d'outrecuidance : c'est là que j'ai pris position, non sans m'efforcer, bien entendu, d'introduire la critique dans l'érudition même, en m'élevant des détails matériels aux idées générales, et en tirant la conclusion des faits. Quelques points n'avaient pas encore été traités, que je sache, au moins dans leur ensemble. Le premier chapitre, notamment, est consacré à l'une de ces questions nouvelles, mais où j'ai dû me borner, afin de ne pas dépasser les proportions naturellement marquées par le reste du volume, aux indications élémentaires qui dessinaient les principales assises du travail, en réservant le surplus pour le jour où je pourrai la reprendre à fond, avec les développements indispensables et les pièces justificatives à l'appui.

Encore un mot. Une bonne partie des études qui composent ce livre avaient déjà paru dans des revues et journaux divers, mais la plupart avec une pensée bien arrêtée d'avance, et comme des chapitres détachés par anticipation du présent ouvrage. Toutes, et principalement celles qui avaient le caractère d'articles de circonstance, ont été corrigées soigneusement et souvent reprises sur de nouveaux frais. Tantôt j'en ai réuni et fondu plusieurs, combinant des fragments épars pour en faire un tout, élaguant les parties étrangères et transformant le reste; tantôt j'ai étendu et complété une esquisse de façon à en former, ou à tâcher d'en former un tableau, effaçant tout ce qui portait l'empreinte particulière du moment et du lieu où j'écrivais. Enfin, je me suis imposé et j'ai poursuivi sans faiblesse ce laborieux remaniement qui permet à une réunion d'articles de devenir un livre. Le lecteur dira si j'ai réussi.

15 avril 1862.

# LA LITTÉRATURE INDÉPENDANTE

## ET LES ÉCRIVAINS OUBLIÉS

### AU XVIIᵉ SIÈCLE.

---

## I

### DES ORIGINES NATIONALES DU DRAME FRANÇAIS

#### EN PARTICULIER AU XVIIᵉ SIÈCLE.

---

Rien ne commence, tout recommence. Ce vieil axiome, déjà vrai dix siècles avant l'ère chrétienne, trouve éternellement son application ici-bas, et l'histoire littéraire, en particulier, n'est guère que la découverte et la mise en lumière, dans le passé, des germes et des origines du présent. Si l'on regarde de près la plupart des créations de l'esprit moderne, on s'aperçoit bien vite qu'elles ne sont rien autre chose que des renaissances.

Il y a un peu plus de trente ans, lorsque la jeune école eût pris bruyamment possession du vieux territoire classique, les partisans les plus déterminés eux-mêmes de la poétique révolutionnaire qui venait de triompher sentirent le besoin, comme tous les pouvoirs nouveaux, de se rattacher au passé. Il est rare qu'on puisse s'affranchir de l'aide et du prestige de la tradition, même quand on affiche la prétention de la renverser, et le premier soin du duc de Guise, en méditant de s'asseoir sur le trône des Valois, fut de se faire fabriquer une généalogie qui lui donnait Charlemagne pour aïeul. Les romantiques imitèrent le duc de Guise, mais sans avoir besoin, comme lui, du secours d'un faussaire. Tandis que les poëtes plantaient leur drapeau sur la citadelle classique, mal défendue par des troupes peu aguerries, les critiques et les érudits creusaient le sol du pays conquis pour y trouver les racines du romantisme. M. Sainte-Beuve traçait son *Tableau de la littérature française au XVI*e *siècle,* tout exprès pour établir le *Cénacle* en légitime héritier de la *Pléiade*, et M. Victor Hugo, dans la préface de *Cromwell,* démontrait rapidement que le drame, regardé par lui comme la forme littéraire des temps nouveaux, existait déjà en germe dans l'antiquité, spécialement sur le théâtre grec. Mais il ne s'est point douté, à ce qu'il semble, qu'il en eût jamais été de même en France, et jusqu'à présent personne, que nous sachions, ne s'est préoccupé de mettre en lumière les origines nationales du drame moderne. Il y a là une grave lacune de notre histoire littéraire, que nous voulons essayer de combler, en étudiant, dans son esprit général, la tradition du drame depuis l'éclosion de la scène française ; en montrant, pièces en main, qu'il naquit chez nous avec le théâtre, et n'a cessé de se produire dans des œuvres souvent obscures, timides ou maladroites, sans doute, mais qui n'en préparaient pas moins peu à peu le triomphe définitif ; enfin, que ce qu'on a pris pour une innovation audacieuse n'a été qu'une application plus directe et plus complète, une consécration tardive de droits depuis longtemps réclamés ou mis en usage, même à l'époque classique par excellence, même chez les poëtes dont les œuvres ont été opposées au drame avec le plus de complaisance.

Ce ne serait peut-être pas un paradoxe de soutenir que le drame, — en prenant le mot dans la signification restreinte qu'il a depuis Diderot, et surtout depuis le mouvement littéraire de 1829, — n'est pas une variété particulière, une *espèce* inférieure du *genre* dramatique, mais le genre lui-même, dans sa substance, et sous la forme qu'il a le plus fréquemment revêtue. À ce point de vue, le nom qu'on lui a donné peut se justifier sans peine, et il exprime mieux que tout autre l'action scénique ramenée à son type primitif, et complétée par la réunion de ses divers éléments. On regarde généralement le drame comme une altération de la tragédie; je crois qu'il serait plus vrai de considérer notre tragédie, au contraire, comme une modification accidentelle et toute spéciale du drame, aux XVII$^e$ et XVIII$^e$ siècles, dans le sens des idées du temps, — ce qui ne veut pas dire, on le comprend bien, que le drame actuel soit au-dessus de la tragédie de Racine, car, indépendamment du principe, il reste à examiner les questions purement personnelles de génie et de goût. La plupart des nations modernes ont vu le drame prédominer chez elles, dans sa libre et vivante expansion, aux diverses époques de leur théâtre, comme le produit le plus naturel et le plus spontané de l'inspiration scénique ; et cette forme, en ce qu'elle a d'essentiel, se rapproche du type grec mieux que notre tragédie classique. Le *Manfred* de Byron, voire le *Pro-*

*méthée* de M. Edgar Quinet, ressemblent certainement davantage au *Prométhée* d'Eschyle, que l'*Agamemnon* de Boyer, ou même celui de Lemercier, à l'*Agamemnon* du vieux poëte. Malgré d'innombrables différences de détail et la diversité du génie, le *Roi Lear* est plus près de l'*Œdipe* de Sophocle que les pièces de Corneille et de Voltaire qui portent le même titre.

Les traductions du théâtre grec transportées sur la scène dans ces dernières années, quelle que pût être leur imperfection, ont du moins permis d'entrevoir toute la différence qui séparait les imitations factices de la tragédie officielle des originaux qu'elle prétendait reproduire. Voltaire ne s'y trompa point toujours, et il y eut un moment où, mettant Sophocle et Euripide sur la même ligne que Shakespeare, il les associe en un reproche uniforme, et les accuse tous trois de n'avoir pas eu le sentiment des bienséances théâtrales. Il en voulait conclure sans doute que ses propres tragédies ne ressemblaient point à celles des Grecs, et nous sommes de son avis, mais pour d'autres motifs. Par ses conditions morales et matérielles, sa pompe théâtrale, ses chœurs lyriques, ses chants, sa scène immense dressée en plein air, ses longues représentations qui embrassaient un vaste ensemble formé d'une trilogie et d'un drame satirique, comme aussi par son caractère de fête nationale et religieuse, si le théâtre grec a jamais eu à peu près son analogue chez nous, c'est, toute question d'art réservée, à l'époque où florissaient les mystères.

Mais je ne veux point rechercher ici les origines du drame dans l'antiquité, sans quoi j'aurais bien autre chose à dire. J'ai voulu seulement indiquer tout d'abord qu'en principe le drame n'a pas été une déviation, mais plutôt un retour au modèle primitif, tel qu'il s'est, d'ailleurs, perpétué chez presque tous les peuples modernes. Ce travail démontrera que, même en France, la tradition du drame n'avait jamais été entièrement rompue, quoiqu'il n'eût pas toujours conscience de lui-même et qu'il lui fût rarement arrivé, avant Diderot, de se replier sur soi pour constater son existence, se définir et réclamer ses droits.

Et d'abord qu'est-ce que le drame? « C'est, dit le Dictionnaire de l'Académie, une pièce de théâtre en vers ou en prose, d'un genre mixte entre la tragédie et la comédie, dont l'action sérieuse par le fond, souvent familière par la forme, admet toutes sortes de personnages, ainsi que tous les sentiments et tous les tons. » Essayons, en indiquant les divers caractères et les principales variétés du drame, tel qu'il se manifeste aujourd'hui, d'éclaircir un peu cette définition, qui se sent du vague et de la confusion de ce qu'elle définit.

Sous sa forme la plus indécise, le drame n'est rien autre chose que ce qu'on a nommé la comédie sérieuse ou larmoyante.

Dans sa deuxième évolution, il fait un pas de plus, arrive à la tragédie bourgeoisie, et ne tarde pas à descendre jusqu'à la tragédie populaire. Cette dernière règne aux boulevards; l'autre a depuis longtemps pénétré à la Comédie-Française.

Il y a encore le drame romanesque, — qu'il soit historique ou non. — Sur le théâtre classique, le rang, la dignité, et par là même le ton d'une pièce étaient, sauf quelques rares exceptions, réglés par la nature de ses personnages: il fallait à la tragédie des rois ou des princes; la comédie seule admettait les *petites gens*. Sur le théâtre actuel, on s'exposerait à de graves mécomptes en consultant la liste des personnages pour connaître d'avance le genre de l'œuvre, car la comédie et le drame les admettent tous. Ce qui distingue l'une de l'autre, d'après la poétique un peu flottante de l'époque, c'est moins la différence des tons que celle des faits : sont-ils tirés de la vie commune et ordinaire, l'ouvrage est une comédie; sinon, c'est un drame. Aussi a-t-on vu souvent, surtout dans les premières années du mouvement romantique, le drame sacrifier à l'intrigue l'étude des caractères et des mœurs, et concentrer tout son génie à multiplier les incidents, les surprises, les péripéties, les effets de scène et les coups de théâtre. Ce genre inférieur s'adresse avant tout à la curiosité, lors même qu'il cherche à émouvoir, et il vise à produire la terreur, l'intérêt ou la pitié, non plus, comme la tragédie classique, par l'étude approfondie des passions du cœur, mais par le choc des événements et le jeu des situations.

Du reste, la confusion s'établit de plus en plus entre le drame et la comédie; et dans certains cas il est bien difficile de les distinguer. Il n'y a souvent d'autre différence que celle du dénoûment. Arrivé à la fin de sa pièce, l'auteur se demande : « Tuerai-je mon héros, ou lui ferai-je épouser l'ingénue? » Si le héros épouse, l'auteur écrit *comédie* en tête de son œuvre, et *drame* s'il est tué. Encore cette frêle barrière n'est-elle pas toujours respectée, et l'on pourrait citer nombre de cas où, sans se préoccuper du dénoûment, les auteurs ont dû s'en rapporter, pour désigner leurs œuvres, au caractère dominant du style et de l'intrigue. Mais comment baser une classification rigoureuse sur des nuances parfois insaisissables? Il était aisé de définir nettement et brièvement les anciens genres, délimités avec une extrême précision, et rangés chacun dans sa case avec son étiquette. Il n'en est plus de même pour le drame, cette création multiple et complexe, aussi infinie en ses variétés que la fantaisie même du poëte, et dont le principe fondamental est justement de renverser les *principes* de l'école et de ne pas tenir compte des catégories. Tel ouvrage qui brille sur l'affiche du Théâtre-Français, est-ce un drame ou bien une comédie? Je n'en sais rien, ni peut-être l'auteur non plus, qui n'a trouvé d'autre moyen, pour se tirer d'embarras, que de tourner la difficulté, en l'intitulant *pièce*.

Cette confusion des genres, si soigneusement séparés par la poétique classique, constitue l'une des marques les plus essentielles du drame. Il ne faut point s'arrêter aux titres, qui ne signifient rien; mais partout où nous verrons les lignes de démarcation envahies et effacées, et le mélange plus ou moins tranché de l'élément tragique avec l'élément comique, sans hésiter nous reconnaîtrons le drame. C'est là le caractère ineffaçable, fondamental, commun à toutes ses variétés et à toutes ses espèces. La comédie sérieuse, la tragédie bourgeoise ou populaire, etc., ne sont que les diverses formes du drame, dont l'essence consiste dans ce mélange et ce contraste, copiés sur la vie réelle [1]. Le δακρυόεν γελάσασα d'Homère peut servir plus ou moins d'épigraphe à tout drame. Ne cherchons donc plus d'autre

---

1. Contrairement au théâtre classique, dit G. Schlegel, qui n'admet que des éléments homogènes, l'essence du théâtre *romantique* consiste dans le rapprochement continuel des choses les plus opposées : la nature et l'art, la poésie et la prose, le sérieux et le plaisant, les idées abstraites et les sensations vives, le divin et le terrestre, la vie et la mort.

définition : celle-là suffit, car elle résume et complète les autres.

Or ce caractère fondamental se retrouve justement dans une multitude de pièces, qui forment une chaîne à peu près ininterrompue depuis les premiers essais du théâtre français jusqu'à nos jours. Notre intention n'est point de reprendre ici en détail la série de ces œuvres : la tâche serait longue, et risquerait de devenir fastidieuse pour le lecteur. Nous nous arrêterons seulement aux plus saillantes, à celles qui, pouvant passer pour les types du drame à chacune de nos époques littéraires, et surtout à la plus grande de toutes, au XVII$^e$ siècle, nous permettront d'établir nettement la filiation des idées, l'enchaînement et l'identité persistante des traditions du genre. Nous ne nous arrêterons, en un mot, qu'aux principales étapes de la route, de manière à marquer dans ses grandes lignes le développement logique des faits et à le dégager des broussailles d'une érudition minutieuse.

Les premières productions du drame sont en même temps les premières de notre théâtre. Par le contraste des tons, par le mélange de l'élément tragique à l'élément comique, comme par bien d'autres points encore, les Mystères se rattachent de près aux œuvres de notre temps, que ses censeurs accusent d'avoir dépassé le terme de la virilité et d'épuiser en débordements séniles le reste de ses forces. Le XIX$^e$ siècle fait par raffinement ce que le moyen âge faisait par candeur : ce n'est pas la première fois que la satiété ramène à la naïveté, et que les gourmets blasés se mettent au régime des estomacs rustiques.

Dans les Mystères le sujet est fort noble, tragique même, mais il se déroule fréquemment à travers des péripéties comiques, et il est rare que le poëte recule devant les détails, quels qu'ils soient, amenés par le développement naturel de l'action. Il suit bravement son héros et son drame partout où les mènent la légende et les nécessités du spectacle ; son style, quand il en a un, se plie sans remords à toutes les vicissitudes de l'intrigue, — élevé quelquefois, familier souvent, plaisant au besoin, par une recherche naturelle de la variété, comme aussi par l'ingénuité sans fard d'un art trop peu savant pour se composer d'après des formules qu'il ne connaît pas. Les auteurs des Mystères, qui n'avaient étudié les règles ni dans les livres de Boileau, ni même dans ceux d'Aristote, écrivaient avec leurs instincts dramatiques, et non avec leurs souvenirs d'école. Ils empruntaient naïvement à la vie de chaque jour, au langage et aux mœurs qui les entouraient, les éléments de leurs peintures et de leur action dramatique. Les valets, les mendiants, les bourreaux, les bateleurs, tels sont les bouffons habituels du genre. C'est surtout aux dépens du démon que le poëte égayait le spectacle : il ne le montrait guère sur la scène que pour le tromper, le berner ou même l'étriller d'importance. Auteurs et spectateurs ressemblaient à des écoliers qui se vengent par des quolibets du terrible pédagogue dont la férule les fait trembler.

Si nous étions encore au temps où cette forêt luxuriante de notre vieux théâtre pouvait passer pour une forêt vierge, j'appuierais de quelques citations concluantes ce rapprochement entre les Mystères et le drame moderne. Ce serait aujourd'hui s'imposer une tâche inutile, tant les analogies doivent éclater d'elles-mêmes à tous les regards ! Les Mystères, et souvent aussi les moralités, sont de véritables *autos sacramentales* qui précédèrent ceux de l'Espagne de plus d'un siècle. La France, qu'on a cru doter du drame il y a une trentaine d'années, possédait en eux le drame *romantique* six siècles avant les romantiques de 1829 ; le drame shakespearien trois siècles avant Shakespeare ; le drame national et religieux avant la plupart des autres peuples d'Europe. Seulement, au lieu de demeurer sur ce sol plein de séve et de le féconder par l'étude, comme firent l'Angleterre et l'Espagne, elle s'en détourna avec dédain pour se laisser entraîner, par le souffle classique de la Renaissance, à de froides et fausses imitations des originaux antiques. Les Mystères, toutefois, ne disparurent pas entièrement : on en retrouve jusque dans le xvii<sup>e</sup> siècle, et même, lorsqu'ils ont disparu, ils exercent encore une influence réelle en restant une source où l'on puise de loin en loin des sujets et des inspirations.

La tradition fut surtout continuée, d'un côté par les poëtes calvinistes, comme Théodore de Bèze, que leur fanatisme de sectaires tenait à l'écart du mouvement païen de la littérature ; de l'autre, par les catholiques ardents, en particulier par un certain nombre de prêtres et de moines, écrivant d'ailleurs presque toujours en province, et restés fidèles, autant à cause de leur inexpérience littéraire que de leur zèle religieux, à l'esprit comme à la forme des premières productions du théâtre.

Nos vieux auteurs, qui n'avaient aucun des scrupules de la tragédie classique, ne craignirent jamais d'ensanglanter la scène, et ils usaient peu des ressources de la coulisse, qui, de Racine à M. Brifaut, a caché tant de crimes dans son ombre discrète. Le bourreau joue fréquemment son rôle dans leurs pièces, et le plus affreux mélodrame n'est qu'une fade idylle à côté de quelques-unes d'entre elles[1], tant il est vrai que nous avons été dès longtemps précédés dans nos plus violents excès comme dans nos conquêtes les plus légitimes ! Il n'est, pour ainsi dire, pas une des prétendues innovations dont on fait honneur au théâtre moderne qui ne se rencontre déjà à cette date : Claude Billard, sieur de Courgenay, avait *inventé* la tragédie nationale avant Voltaire et Dubelloy, et d'autres, à côté de lui, mettaient sur la scène des sujets contemporains, et jusqu'à des personnages vivants.

Ainsi le drame, que le mouvement classique de la Renaissance avait semblé d'abord vouloir étouffer, persistait à vivre. Je dirai plus : il conservait la primauté. La plupart des pièces du XVIe siècle se rattachent par quelque point à l'objet de nos recherches, et pour suivre les manifestations du drame dans le théâtre de cette époque, il faudrait, pour ainsi dire, épuiser ce théâtre en entier. La fin de ce siècle et le début du suivant sont marqués par la plus entière anarchie théâtrale, le mélange des genres et le mépris des règles : le docte Grévin s'en plaint, dès 1562, dans la préface de ses œuvres. On ne peut se figurer toutes les hardiesses dramatiques d'alors. C'était, en dehors des quelques noms qui marchaient laborieusement dans la voie tracée par Jodelle, la liberté absolue, telle qu'elle régnait en Angleterre avec Shakespeare, et en Espagne avec Lope de Vega. Durant une trentaine d'années, on ne rencontre qu'essais originaux et désordonnés, y compris des drames satiriques à la façon des Grecs; poëmes scéniques de toute nature et sur tous sujets, bien propres à dérou-

---

1. *Tragédie d'un More cruel envers son seigneur.* — *Tragédie mahommetéiste,* par Jean Mouqué, 1612.

ter les amateurs des catégories méthodiques. Il y a des tragédies en sept actes, il y en a qui remplissent tout un volume, il y en a dont l'action se passe au pôle Arctique et dans « la forêt d'Inde. » Les vieux moules des Mystères ou des moralités semblent un moment revenir à la mode.

Cette floraison curieuse et anormale de notre littérature dramatique est restée à peu près complétement inaperçue des érudits eux-mêmes, parce qu'elle a été absorbée par les productions plus régulières des cinq ou six poëtes qui préparaient de loin Corneille, et aussi, il faut bien le dire, parce qu'il ne s'est pas rencontré dans cette foule d'écrivains sans préjugés un homme d'un talent sérieux, d'une intelligence ferme, d'une volonté nette, pour faire prévaloir le drame libre, ou même pour le faire remarquer au milieu du chaos de tant d'efforts avortés. Ce sol, où des ouvriers inconnus s'agitent dans l'ombre, remuant des idées qu'ils ne soupçonnent pas, multipliant les tentatives imparfaites et marchant sans boussole à un but à peine entrevu, est jonché de matériaux parmi lesquels on trouve parfois des ébauches dignes d'attention, jamais un monument. Quand même notre examen devrait se borner à cette époque de transition et de laborieux enfantement, nous serions fondé à dire que la France, tout aussi bien que les nations voisines, a connu le drame, auquel seulement ont fait défaut le génie et le succès.

Elle l'a si bien connu que, vers la fin de la Renaissance, elle en faisait un genre à part, admis sans contestation, qui avait son code, ses lois et ses droits, et qui s'appelait la *tragi-comédie*, par un terme emprunté au théâtre italien. La tragi-comédie fut comme un asile légal ouvert à ceux que gênaient les lois nais-

santes, une sorte de compromis politique avec les actes
d'indiscipline qu'on ne pouvait empêcher, et auxquels
on voulait du moins enlever prudemment les apparences de la révolte. Ce fut Garnier, le correct imitateur
des anciens, qui, en arborant ce titre significatif (1582),
se trouva par le fait avoir octroyé à l'insurrection la
première charte du théâtre, quand il n'avait cru satisfaire qu'un caprice personnel. L'étymologie du mot
indique à elle seule les affinités de ce genre avec le
drame. La tragi-comédie, qui, depuis son apparition
chez nous jusqu'aux premières pièces de Racine et
même au delà, occupe une si large place sur notre
scène, fut introduite par le besoin de la variété, et le
désir de tirer parti d'un grand nombre de sujets curieux
qui se dérobaient aux classifications exclusives. De
leurs rapports intellectuels avec l'Italie et l'Espagne,
nos poëtes avaient rapporté des histoires romanesques,
faites à souhait pour exciter l'intérêt, tenant de la comédie par la familiarité des détails et de l'intrigue, de
la tragédie par le rang des personnages : fallait-il laisser
perdre tant de belles choses, qu'on trouvait à foison
dans le *Roland furieux*, dans les *Nouvelles* de Cervantes,
dans les pièces de Lope et, un peu plus tard, de Calderon? Fallait-il les défigurer, les couper, les tailler,
pour les enfermer, en dépit d'elles-mêmes, dans le lit
de Procuste de la tragédie ou de la comédie, et se
donner tant de peine en vue d'un résultat incertain?
Si le cas se fût présenté lorsque la littérature dramatique, disciplinée par Racine et Boileau, se resserrait
dans des voies qu'elle faisait chaque jour plus étroites,
de telles raisons n'eussent point prévalu ; mais il se
présentait à un moment où rien n'était encore entièrement fixé, où les auteurs marchaient pour ainsi dire

à l'aventure sur un terrain nouveau, préoccupés avant tout de trouver les moyens de plaire. La paresse et l'inexpérience des uns devaient être d'accord avec l'habileté des autres pour s'accommoder d'un cadre complaisant et souple, propre à recevoir tous les sujets, se prêtant à toutes les intrigues, et qui se passait de l'étude des caractères et du développement des passions. Dès lors la tragi-comédie fut créée ; mais on s'occupa bientôt d'en dessiner nettement les fuyants contours, car cette époque avait déjà, jusque dans ses écarts, une tendance à l'ordre et à la règle, comme la nôtre en a une à l'anarchie jusque dans ses principes.

En somme, les besoins qui donnèrent naissance à la tragi-comédie étaient en grande partie les mêmes que ceux auxquels le drame proprement dit dut plus tard son apparition sur la scène française. Elle différait de celui-ci, néanmoins, par l'exclusion de toute catastrophe tragique et par la nécessité d'un dénoûment heureux, quoique, au fond, elle appartînt à la même famille par ses côtés romanesques et la fusion des deux genres opposés en un seul ouvrage. Aussi Scudéry a-t-il écrit, en tête de son *Andromire*, la théorie et l'apologie du drame, en voulant tracer celles de la tragi-comédie : « Ce beau et divertissant poëme, dit-il, sans pencher trop vers la sévérité de la tragédie, ni vers le style railleur de la comédie, prend les beautés les plus délicates de l'une et de l'autre, et, sans être ni l'une ni l'autre, on peut dire qu'elle est toutes les deux ensemble, et même quelque chose de plus. »

Par la tragi-comédie, le drame a donc eu une existence légale, officiellement reconnue, sur notre théâtre ; mais c'était un drame timide et incomplet. Avec tous les scrupules des écrivains d'alors, avec tout le bagage de conditions et d'exclusions imposées à la tragi-comédie, il lui arriva ce qui arrive toujours de ces moyens termes sans franchise et sans décision : c'est qu'elle ne produisit presque jamais, comme plus tard la comédie larmoyante, que des pièces froides et fades, créations hybrides qui, en voulant unir une *douce* gaieté à une *tendre* émotion, louvoyaient à une égale distance de l'une et de l'autre. Le rang de ses personnages influait aussi sur le style et la physionomie de l'œuvre, de sorte qu'elle ressembla trop souvent, si l'on me permet cette comparaison ambitieuse, à ces plébéiens romains qui, satisfaits d'avoir obtenu pour leur ordre le droit au consulat, continuèrent d'y nommer des patriciens.

A la suite de la tragi-comédie, l'influence de l'Italie et de l'Espagne nous donna la pastorale. Bien vite mise à la mode par le contraste des peintures de la vie champêtre, d'abord avec les horreurs de la guerre civile, puis avec les raffinements de la société polie et de la vie de cour au XVII<sup>e</sup> siècle, elle emprunta une vogue nouvelle au succès extraordinaire de l'*Astrée*, et la scène fut encombrée de ces pièces d'une nature intermédiaire et factice, sans caractère nettement arrêté, qui devaient finir par s'effacer et se perdre peu à peu dans les genres voisins. La pastorale avait beaucoup des traits de famille de la tragi-comédie, si bien que l'on confondait assez souvent les deux noms. Elle touchait au drame par les mêmes points de contact : l'intrigue romanesque, et le mélange habituel du rire aux larmes, du sentiment à la bouffonnerie. Un de ses personnages traditionnels, outre le magicien, était le satyre, chargé d'égayer l'action, en passant et repassant à travers la trame mélancolique de la pièce : il représentait le réel à côté de l'idéal, la prose en face de la poésie, et toujours ses railleries triviales et ses grossières amours répondaient comme une voix moqueuse aux enthousiasmes passionnés des bergères.

Ces éléments furent recueillis et exploités avec une décision singulière par un homme dont nous parlerions plus longuement si l'on n'en avait déjà tant parlé. Hardy résuma dans ses œuvres toutes les libertés du théâtre, comme s'il eût voulu nous en laisser à la fois un témoignage et un monument. Avant Diderot, avant Mercier, avant M. Victor Hugo, il avait connu et mis en œuvre les formes diverses du drame moderne. Son esprit, naturellement aventureux; les conditions particulières qui le forçaient, pour ainsi dire, d'improviser ses pièces; sa connaissance de la langue espagnole, et la préférence qu'il accorda, dans le choix de ses sujets, aux auteurs de cette nation sur ceux de l'Italie, tout devait contribuer à donner à ses productions ce caractère d'indépendance et de liberté qui nous frappe, même sous les imperfections d'un travail hâtif et d'une forme à peine esquissée. Les catastrophes ne sont pas toujours exclues de ses tragi-comédies, qui, dès lors, ne remplissent point les conditions imposées par le titre; mais il est évident que son but, en les appelant ainsi, était simplement de s'affranchir de la régularité tragique, de se donner un prétexte pour mêler les genres et réunir un double ressort d'intérêt en une seule action.

Voulez-vous des tragédies bourgeoises? Hardy en a fait plusieurs, et il n'est pas le premier. Les ravages du vice dans une famille de gens du peuple; le meurtre d'une femme de la classe moyenne, surprise par son mari en flagrant délit d'adultère, lui sont des sujets de tragédie, aussi bien que la mort d'Achille. Fontenelle s'en indigne; d'autres l'en loueront. Sa pièce de *Scédase ou l'Hospitalité violée* étonnera surtout les lecteurs les plus assidus de notre théâtre contemporain. Elle a pour héros un pauvre habitant de Leuctres, dont les filles sont déshonorées, puis égorgées par deux misérables : le poëte ne craint même pas de montrer les deux seigneurs contant fleurette sur la scène à Évexipe et à Théane, et, après avoir vainement tenté de les séduire, finissant par les forcer. Ainsi il a eu le triste mérite d'oser plus encore que ne devait le faire M. A. Dumas dans un de ses drames les plus connus, où l'on trouve une situation analogue dont il ne paraissait pas possible de dépasser l'audace. Voulez-vous le mélange des genres et des tons? Prenez presque toutes ses pièces. Est-ce le mépris des règles et les hardiesses du plan? Ici encore nous n'avons que l'embarras du choix. Voici la *Gigantomachie*, qu'il a intitulée *poëme dramatique*, faute de pouvoir le ranger dans une catégorie plus précise, — composition hardie et colossale à la façon d'Eschyle, de Shakespeare et de Byron, moins le génie toutefois. Voici *Théagène et Chariclée*, pièce en dix journées de cinq actes chacune. Voici la *Force du sang*, où une jeune fille, enlevée au premier acte, et déshonorée par un gentilhomme, donne naissance à un fils, qui, dès le troisième acte, est âgé de sept ou huit ans, et qui fût devenu *barbon* avec quelques scènes de plus. Cet enfant n'est-il point le proche parent de la Perdita du *Conte d'hiver* et de ces innombrables héros du drame moderne, qui, à peine nés au début, jouent leur rôle et mènent toute la pièce dans les actes suivants? Le système dramatique de Hardy ressemble tout à fait à celui de Shakespeare : comme lui, il se donne pleine licence pour la durée et pour les déplacements de l'action, ne compte les scènes que par le changement de lieux, et pousse le sans-façon jusqu'à se transporter, dans quelques-unes de ses œuvres, du ciel à la terre et de la terre au ciel. Comme Lope de Vega, à qui il a tant emprunté, et dont on pourrait le rapprocher en plus d'un point, ne fût-ce que pour ses six ou huit cents pièces, avant d'écrire il enferma « sous trois clefs Térence, Plaute et l'*Art poétique*, » sentant bien que « celui qui vit pour plaire est forcé de plaire pour vivre. »

Quoi encore? Le drame n'existe-t-il à vos yeux que dans les détails plus vivants, l'intrigue plus rapide et plus variée, les incidents plus multipliés et plus frappants, le style plus pittoresque et plus coloré? Eh bien! Hardy est votre homme : il veut être dramatique, même avant d'être poëte; il recherche les effets, les surprises, les situations, les coups de théâtre. Tout cela, il est vrai, n'est qu'indiqué rapidement, ou grossièrement ébauché, et une froide rhétorique vient souvent gâter un beau mouvement; tout cela aussi tombe plus d'une fois dans l'exagération et l'invraisemblance; mais peut-être n'est-ce qu'une analogie de plus avec la scène moderne. Hardy avait le sentiment, sinon l'art du drame. Son style, dans sa rudesse et sa lourdeur, a des élans d'expression, des efforts de coloris témoignant qu'il avait compris d'une autre façon que Garnier la langue du théâtre. Et ce n'était pas seulement chez lui des hasards de plume : on voit par ses préfaces qu'il s'était fait des théories d'accord avec ses œuvres. Il ne veut pas que « notre langue, pauvre d'elle-mesme, devienne totalement gueuse en passant par l'alambic; » il reproche à ceux qui blâment ses licences de viser à changer la tragédie en une sorte d'élégie ou d'ode. Il redresse les critiques « qui cherchent la perfection de la poésie en je ne sais quelle douceur superficielle, et chastrent le parterre des Muses de ses plus belles fleurs. » Mais ce n'est pas un novateur dans le sens absolu du mot, parce que, s'il a des tendances, il n'a pas de système personnel, et qu'il prend de toutes mains ce qui peut lui assurer le succès.

Pour trouver alors un novateur qui eût conscience de la hardiesse de sa tentative, il faut arriver à l'auteur de la tragi-comédie de *Tyr et Sidon*, Jean de Schelandre, gentilhomme hugenot. Il avait publié sa pièce pour la première fois en 1608, sous le pseudonyme de Daniel d'Anchères; il en donna, vingt ans après, une seconde édition corrigée et augmentée, en la signant, cette fois, de son vrai nom. Le *Tyr et Sidon* de 1628 est en deux journées. Dans la première, les troupes des rois Abdolomin et Pharnabaze se rencontrent, et toutes les péripéties de la bataille se déroulent sur la scène. Les fils des deux rivaux sont faits prisonniers. L'un d'eux, Léonte, emmené à Sidon, cherche à se distraire des ennuis de la captivité en séduisant la femme de Zorote, espèce de Sganarelle qui, à la fin, se change en Othello. Il lui fait la cour dans un bal où il danse avec elle. Pour éloigner le mari du logis, un de ses pages se déguise en fille, et Zorote, qui est ivre, se laisse prendre à ses agaceries. Il y a là des pages dignes de la verve effrontée d'Aristophane, et qui donnent une singulière idée de la tolérance du public d'alors, car cette pièce, l'auteur le dit expressément, était destinée à la représentation. Mais bientôt la comédie tourne au tragique, quand Zorote, découvrant l'entreprise du jeune prince, le fait assassiner par deux spadassins.

La seconde journée, qui n'est guère que la reproduction du *Tyr et Sidon* de 1608, retrace les pathétiques aventures de l'autre prince, Belcar, prisonnier à Tyr. Le comique s'y mêle à doses moins copieuses, mais bien sensibles pourtant. Schelandre, comme plus tard l'auteur de *Christophe Colomb,* a placé une partie de l'action en pleine mer, dans une barque de pêcheur, et la pièce finit par le supplice de Zorote, condamné à périr sur un bûcher.

Cette rapide analyse n'a pu que donner une idée fort incomplète de toutes les libertés prises par le poëte. Le lieu de la scène passe, dans le même acte, de la salle de bal au conseil, de la ville aux champs et de Tyr à Sidon. La muse de Schelandre chausse tour à tour le *cothurne* et l'*escarpin,* avec une mobilité d'allures et une décision que nul de ses prédécesseurs n'avait encore montrées au même point. Il n'y a absolument rien à y ajouter, rien à y changer pour en faire un drame, et c'est faute d'un autre nom que l'auteur l'a intitulée tragi-comédie, malgré son dénoûment funeste. Aussi, lorsqu'il en donna la seconde édition, jugea-t-il convenable de la faire précéder d'une importante préface, écrite par son ami Fr. Ogier, véritable manifeste littéraire, où l'on n'est pas médiocrement étonné de trouver réunies, dans une argumentation assez vigoureuse, la plupart des objections qu'on a répétées depuis contre la tragédie classique et des observations qu'on a fait valoir en faveur du drame. C'est l'aïeule de la fameuse préface de *Cromwell,* et la plus ancienne théorie que nous connaissions chez nous de la poétique qui a triomphé de nos jours [1].

Fr. Ogier s'en prend d'abord à l'unité de temps,

---

1. On peut la lire dans l'*Ancien Théâtre français*, t. VIII (*Bibl. elzevir.*).

qu'il attaque au nom de la vraisemblance, de la vérité et de la liberté de l'action dramatique. Il démontre que les anciens, auxquels on l'a empruntée mal à propos, parce qu'elle avait chez eux des raisons d'être qui n'existent plus, et que d'ailleurs elle les a souvent égarés, ne se sont pas fait faute de la violer au besoin. Il ajoute que l'ardeur excessive d'imiter les Grecs a été une cause d'infériorité pour notre art dramatique; et c'est, en termes plus modérés, ce que dit Mercier, un siècle et demi plus tard, quand il va jusqu'à souhaiter que tous les chefs-d'œuvre de l'antiquité eussent péri plutôt que d'avoir réduit notre théâtre à un si humiliant vasselage. Pour une société nouvelle, continue Ogier, il faut un art nouveau, et le goût varie essentiellement, suivant les temps et les nations : d'où il suit qu'il est nécessaire d'accommoder à notre usage des systèmes qui ont été faits pour d'autres que nous. Les anciens eux-mêmes avaient senti le défaut de la monotonie tragique; aussi avaient-ils introduit dans leurs tragédies, sous forme d'intermèdes, des satyres à la raillerie mordante, et quelques-unes de leurs pièces, comme le *Cyclope* d'Euripide, ne sont en réalité que des tragi-comédies où se mêlent tous les tons et tous les personnages. Au point de vue de la vérité comme de l'intérêt scénique, il est donc juste que le sérieux et le plaisant, la joie et l'affliction, le rire et les pleurs se succèdent dans toute pièce de théâtre, ainsi qu'ils se succèdent dans la vie ordinaire. Telle est la substance de cette curieuse dramaturgie, dont nous n'avons point à relever les erreurs ou les lacunes, mais qui n'en marque pas moins une des plus importantes étapes de ce travail. Nous plantons un jalon à ce point où le drame émancipé, ne se contentant plus de se manifester par des œuvres, commence à s'affirmer par des théories et à proclamer hautement ses droits.

Le moment était bien choisi : les premières années du xvii<sup>e</sup> siècle, on le sait, furent un temps de transition et de crise pour la littérature française. Il n'est pas de période, dans l'histoire des lettres, qui offre de plus nombreuses et de plus frappantes analogies avec la nôtre, qui en reproduise mieux les erreurs et les qualités, les élans et les défaillances. C'est surtout à l'influence espagnole, toujours croissante, qu'était due la persévérance des vieilles libertés du théâtre. Sans doute l'Italie partageait avec l'Espagne la domination littéraire en France; mais c'était cette dernière qui avait jeté dans nos mœurs et notre langage les plus récentes comme les plus profondes racines. Dès cette époque, en fait de littérature, il n'y avait plus de Pyrénées.

La rivale de l'Espagne dans cette influence sur notre scène, l'Italie, n'avait pas entièrement échappé au drame libre, qui, durant le xvi<sup>e</sup> siècle, éclate et s'épanouit partout; mais le théâtre classique avait chez elle envahi et absorbé l'autre, et c'était par son théâtre classique surtout qu'elle devait agir sur le nôtre. En 1617, un fervent disciple du cavalier Marin, Théophile, essaya à la fois de faire triompher la forme italienne et de régulariser la tragédie par son *Pyrame et Thisbé*, qui obtint un succès de vogue. Mais cette pièce tenait encore au drame par le mélange, en quelques scènes, d'une familiarité plaisante; et d'ailleurs aux *concetti*, aux pointes, aux raffinements du bel esprit, Théophile ne se fit pas faute de joindre les éléments ordinaires de la tragi-comédie et du drame : une action mouvementée, des meurtres, des combats et des suicides s'accomplissant sur la scène.

Le succès de *Pyrame et Thisbé* ne pouvait donc assurer celui de la tragédie. Il est remarquable, au contraire, que celle-ci semble alors disparaître de la scène pendant une vingtaine d'années, jusqu'à ce que Mairet l'y ramène et l'y raffermisse avec sa *Sophonisbe*. Mairet avait débuté par des pièces d'une allure à peu près aussi libre que celles de ses prédécesseurs ; mais sa *Sophonisbe*, imitée du Trissin dans l'intention avouée de donner à la scène française un modèle où fussent observées toutes les lois reconnues par les poëtes italiens, passe généralement pour notre première tragédie régulière, bien qu'on y trouve en maints endroits des familiarités et même des plaisanteries qui accusent quelques intentions comiques. Ce qu'on a voulu surtout voir dans Mairet, c'est l'homme à qui notre théâtre est redevable de ces fameuses unités, dont l'histoire forme un des côtés essentiels de celle même du drame.

Les unités de temps et de lieu, si longtemps imposées au nom trois fois saint d'Aristote, qui nulle part n'en a fait une loi, n'ont jamais été considérées comme obligatoires par notre vieux théâtre antérieur à Corneille. Mais la discipline, qui est le caractère du xviie siècle, devait finir par triompher là comme ailleurs. Un jour le grand arbitre du goût, Chapelain, nourri de la lecture des poëtes italiens, se plaint devant le cardinal de l'insubordination du théâtre français, qui s'obstine à regimber contre un frein nécessaire. Il n'en fallut pas davantage : le ministre-poëte, tyran dans les lettres comme en politique, voulut poursuivre sur la scène la tâche qu'il s'était imposée dans le gouvernement, d'extirper sans pitié les restes de la féodalité, les souvenirs de la chevalerie, les derniers vestiges du moyen âge. Ces deux œuvres se tiennent logiquement dans sa vie. Il décida donc la victoire des unités, et Mairet, qui avait déjà plaidé cette cause en tête de sa *Silvanire*, mais avec une circonspection pleine de modestie, et en réclamant pour elles plutôt la tolérance que la soumission, fut choisi pour exécuter le décret, tandis qu'on agissait d'autre part sur les comédiens pour obtenir leur haut assentiment. Ce fut une grosse affaire, comme on voit. Le pis est qu'en regardant de près la *Sophonisbe*, on s'aperçoit que les deux unités, celle de lieu surtout, sont violées encore dans la pièce même qui était destinée à leur servir de modèle et de consécration, tant il devait être difficile d'établir cette loi nouvelle! Quoi qu'il en soit, elle souleva une opposition violente et devint le signal d'une véritable guerre. C'est qu'au fond il y avait autre chose et plus que les unités dans le débat : la lutte était entre la tragédie classique et le drame libre. Sept ans après, Corneille se préoccupait fort peu de ces règles en écrivant le *Cid*. On sait la levée de boucliers qui se fit contre ce chef-d'œuvre, sous l'inspiration de Richelieu et la direction littéraire de Scudéry : ce fut alors que l'Académie, poussée par le cardinal, trouva l'occasion favorable pour donner au nouveau règlement l'autorité de sa décision officielle, qui ne triompha point elle-même sans combat.

Lorsque enfin la volonté toute-puissante de Richelieu, les oracles de Chapelain et l'arrêt de l'Académie, rédigé en code par l'abbé d'Aubignac, eurent fait prévaloir les lois étroites du théâtre italien, la tragi-comédie, qui vivait surtout de l'influence espagnole, resta comme la citadelle où se conservèrent les vieilles libertés dramatiques. Le nombre est prodigieux alors de ces œuvres, un peu molles d'intrigue, sans doute, et un peu pâles de style, plus encore par la faute des auteurs que par celle du genre, mais où l'on retrouve précisément cette variété du drame moderne fondée sur la prédominance de l'intrigue, et sacrifiant l'émotion à la curiosité, les caractères aux événements. Bon nombre d'entre elles, soit de Boisrobert, soit de Scudéry, soit de Th. Corneille, rappellent d'assez près, au moins dans leur aspect général, ces imbroglios de M. Scribe, mi-drames et mi-comédies, conçus dans un système d'imagination modérée et de style mitoyen.

On voit avec quelle lenteur la tragédie régulière se dégageait du drame. Ceux mêmes qui se soumettaient le plus humblement aux lois inaugurées par Mairet, ceux qui devaient faire le plus pour l'amendement du théâtre dans le sens classique, ne se dérobent point au caractère dominant de notre littérature dramatique avant Racine. Le futur auteur de *Venceslas*, aussi bien que le futur auteur de *Cinna*, débuta par une foule de pièces qui présentent, pour la plupart, beaucoup plus encore que celles de la même époque, tous les caractères du drame romanesque, aux péripéties sanglantes, à l'intrigue surchargée d'incidents, aux situations heurtées et aux violents effets de scène. C'est surtout en lisant ces œuvres de Rotrou qu'on a lieu d'admirer l'imperturbable assurance avec laquelle certains critiques se sont récriés contre les *innovations* du drame moderne, — qui ne fut, en réalité, qu'une renaissance des antiques franchises de la scène, restreintes et domptées pendant quatre-vingts ans, de Racine à la Chaussée, mais sans jamais avoir cessé, même durant cette période, de donner signe de vie et de s'agiter pour reconquérir le terrain perdu. Les tons et les personnages les plus opposés se succèdent en ces pièces, dont l'intrigue vagabonde se promène sans façon dans les lieux les plus disparates : les princes y coudoient les bandits, et nous y passons tour à tour, dans le même ouvrage, de la Hongrie à la Dalmatie, et d'un palais à une caverne de voleurs. Une de ces tragédies, *Crisante*, dépasse tout l'emportement, toute la violente horreur du mélodrame le plus frénétique.

C'est précisément l'un des chefs-d'œuvre tragiques de Rotrou, *Saint Genest*, qui va nous offrir le drame dans sa plus complète et sa plus frappante expression. On sait que cette pièce roule sur la conversion d'un acteur, qui est frappé de la grâce au moment où il représente devant le peuple et la cour le martyre d'un chrétien. Il était impossible de choisir un sujet qui réclamât plus impérieusement l'union des deux genres ; aussi, dans l'ouvrage de Rotrou, la comédie sert-elle d'acheminement et de préparation à un dénoûment tragique : les émotions les plus profondes laissent place à côté d'elles au jeu des plus vulgaires passions ; les plus humbles personnages y parlent et y agissent en compagnie des plus hauts ; les discussions littéraires et même les cabales de coulisse s'y déroulent à travers les plus grands intérêts politiques et religieux, et les digressions les plus éloignées, en apparence, du but de l'auteur, se rattachent si bien à l'action, que, loin d'en affaiblir l'effet, elles ne servent qu'à l'accentuer davantage. Avant qu'il se transforme en martyr, nous voyons Genest s'occuper et discourir longuement des moindres particularités de sa profession. Le deuxième acte, en particulier, naïf tableau d'intérieur, qui, par un anachronisme voulu, nous introduit derrière la toile de fond de l'hôtel de Bourgogne, peut se rapprocher de l'*Impromptu de Versailles*, et dépasse par la réalité de la peinture les *Comédiens* de Casimir Delavigne. Puis, dès que la représentation commence, après l'arrivée de la cour, Rotrou prend soin de mêler étroitement le spectacle familier de la salle à celui de la scène, et de fondre les deux actions dans un ensemble où l'une ne se peut oublier pour l'autre [1]. Lorsque Genest, renonçant à la fiction, se déclare chrétien, et ajoute à son rôle tout ce que lui suggère l'ardeur de sa foi naissante, Rotrou se complaît à peindre d'une façon comique l'embarras de ses camarades qui manquent leurs répliques, en appellent au souffleur et perdent la tête, de même que l'enthousiaste admiration de l'auditoire pour un jeu si éloquent et si vrai. Mais il faut bien finir par comprendre. Dès lors la pièce s'élève et se maintient dans les plus grandes hauteurs de la tragédie, et, par moments, on croirait lire *Polyeucte*. En somme, *Saint Genest* est un Mystère écrit dans une langue plus mûrie, sous une forme plus sévère et plus correcte, et qui suffit à montrer ce qu'eût pu devenir chez nous ce genre primitif,

---

1. Déjà, sans parler de Corneille (*Illusion comique*) et de plusieurs autres, Gougenot et Scudéry avaient donné l'exemple d'une pièce renfermant ainsi une autre pièce, dans leurs *Comédies des comédiens*. En 1665, Quinault réunit, sous le titre de *Comédie sans comédie*, les quatre genres dramatiques : tragédie, tragi-comédie, comédie et pastorale. Dix-huit ans après, Montfleury donna l'*Ambigu-comique*, composé de trois actes sérieux et de trois intermèdes bouffons qui forment autant de pièces séparées. Il appuyait cette nouveauté sur l'exemple du théâtre espagnol, et se proposait pour but un mélange sans confusion des beautés tragiques avec les comiques.

librement cultivé par des hommes de génie, puisque, même plus de dix ans après le *Cid*, et sous la plume de Rotrou, converti dès longtemps à la tragédie, il produisait encore une œuvre pareille.

Mais, de tous les exemples, les plus concluants, tant par leur propre importance que par le nom du poëte qui nous les fournira, ce sont ceux que nous allons demander à Corneille, surtout à Corneille parvenu à la maturité de l'esprit. Il n'est nullement exagéré de dire que le théâtre de l'auteur du *Cid* se compose presque en entier d'aspirations vers le drame. Dans ses premières pièces, où, tout en restant inférieur à lui-même, il était déjà supérieur à ses rivaux, il se modela sur Hardy ; c'est lui qui le confesse, et cet aveu indique assez dans quelle veine d'indépendance et de fantaisie ces pièces ont été écrites. Sa *tragédie* de *Clitandre* est une œuvre singulière et pleine d'une verve folle, un imbroglio exubérant et touffu, comme un bois de jeunes pousses enchevêtrées les unes dans les autres. Pour en faire l'analyse, il faudrait la plume expérimentée de ces feuilletonistes du lundi, qui se consacrent depuis vingt ans à disséquer les œuvres de M. Bouchardy et de ses disciples. Scènes et personnages se succèdent dans une éternelle variété, comme les ombres chinoises d'une lanterne magique, et les plus bizarres aventures y courent les unes après les autres, sans laisser à la curiosité haletante le loisir de respirer. Les assassins masqués, les archers, les combats singuliers, les déguisements, remplissent ce mélodrame en vers, dont Corneille a écrit, en sept ou huit pages, l'argument *succinct*. Il est bon toutefois d'ajouter que, par une idée toute shakespearienne, inconnue au théâtre classique, mais très-familière au drame moderne, l'auteur a eu soin de mettre l'état de la nature en harmonie avec celui de ses personnages, et d'associer le trouble des éléments aux agitations désordonnées de l'intrigue. Une tempête éclate, comme dans le *Roi Lear*, sur la forêt où s'accomplissent tant de merveilles ; la pluie tombe à torrents, le tonnerre gronde et les éclairs concourent à l'effet dramatique.

Si Corneille n'avait pas fait autre chose, il mériterait une place au foyer de la Gaîté, à côté et un peu au-dessus du buste de Pixérécourt. Mais, même avant le *Cid*, il avait marqué sa place au premier rang par *Médée*, qui est si bien encore un drame, que les opérations de la redoutable magicienne ont rappelé à Voltaire les sorcières de *Macbeth*, et que le même commentateur, occupé d'un bout à l'autre de la pièce, comme de toutes les autres pièces de Corneille, à relever les inventions et les termes de comédie qui y abondent, observe en une de ses notes (II, sc. 3) : « Ces vers montrent qu'en effet on mêlait alors le comique au tragique. Ce mauvais goût était établi dans presque toute l'Europe [1]. » Les sanglantes et ironiques moqueries, les familiarités d'un style *pédestre* et bourgeois, s'y unissent à chaque page aux élans les plus tragiques. Enfin, la pompe du spectacle, les effets de scène, les prodiges, les machines, la recherche de la réalité mise au-dessus du *decorum*, continuent à faire de *Médée* une œuvre à part, qui se rapproche de l'antique opéra, ce genre auquel, par une convention tacite, on s'accordait à laisser

---

[1] Il dit encore ailleurs : « On avait cru longtemps en France qu'on ne pouvait supporter le tragique continu sans mélange d'aucune familiarité. » Voltaire avait entrevu la vérité sur l'existence du drame, mais Voltaire faisait des tragédies, et il détestait Shakespeare autant qu'il aimait ses propres ouvrages.

pleine licence, alors même que tout le reste était soumis à de si sévères entraves [1].

Et le *Cid*, est-ce bien une tragédie? Corneille ne le croyait pas, puisqu'il l'avait appelée d'abord *tragi-comédie :* ce titre n'était pas seulement dû à l'heureux dénoûment de la pièce, mais aussi, sans doute, à la physionomie de plusieurs scènes et de certains personnages. Qui n'a remarqué les airs de parenté du comte de Gormas avec les capitans de comédie? L'intrigue a pour point de départ un soufflet [2], et ce soufflet, si peu d'accord avec toutes les conventions tragiques, embarrasse beaucoup les acteurs, qui se bornent à en faire le simulacre. Le style et les sentiments du *Cid*, la nature et la marche de l'action, le souffle original et fier qui l'anime, tout y annonce le drame, et je sais plus d'une scène de M. Victor Hugo qu'on dirait écrite par l'auteur du *Cid*, plus jeune et moins sûr de lui. Aussi toute la gent critique s'arma-t-elle en hâte sous le drapeau des saintes règles. La plupart de ceux qui attaquaient Corneille étaient comme les médecins de Molière : peu leur importait de tuer la tragédie, pourvu qu'elle mourût conformément aux ordonnances de la Faculté. Cette guerre absurde, et surtout l'*Examen* beaucoup plus sérieux de l'Académie, exercèrent une autorité décisive sur Corneille et sur l'art dramatique : c'est, en réalité, à cette date qu'il faut faire remonter l'inauguration du théâtre classique et l'affaiblissement de l'influence espagnole,

1. Lisez le *Cadmus* et l'*Alceste* de Quinault, comme *Andromède*, la *Toison d'or* et *Psyché* (véritables opéras, malgré leurs titres) : ce sont des œuvres mixtes où l'on trouve tous les tons, et qui se passent même des unités, sans scandaliser personne.

2. C'est bien pis dans *Attila*, où un saignement de nez, — une hémorragie, si l'on veut, — sert de fondement à l'action.

au moment où elle allait prévaloir d'une façon définitive, grâce à ce nouveau triomphe, le plus grand de tous. Le jugement des quarante fut le code de la tragédie régulière. Sans cet avertissement solennel, aidé par le déchaînement des critiques, le concours du cardinal de Richelieu, et bientôt la tendance à l'ordre et à l'unité que vont développer de concert Louis XIV sur le trône, Racine sur la scène et Boileau dans toute la littérature, peut-être le jour était-il venu où un drame plus libre et plus vivant allait, par la main d'un grand poëte, s'épanouir et s'implanter parmi nous. Mais, tel qu'un écolier émancipé qui obéit à la férule de son pédagogue, le théâtre fit amende honorable. On émonda, on rogna le drame, on le façonna méthodiquement, comme le Nôtre et la Quintinie devaient façonner les jardins du roi, et on le tailla en tragédie.

Corneille se hâta d'obtenir son pardon en rentrant dans le giron des règles, avec *Horace*, *Cinna*, *Polyeucte*, où l'on pourrait trouver néanmoins quelques veines de comique sobrement mêlées au tissu sévère de l'action. Mais l'admiration du théâtre espagnol et le penchant qui l'entraînait au drame étaient trop prononcés chez lui pour qu'il ne retombât pas encore, en dépit de ses bonnes résolutions, dans ses errements passés. C'est à cette rechute que nous devons *Rodogune*. Et si je m'arrête à cette pièce, ce n'est pas seulement à cause du cinquième acte, où Corneille, supprimant l'éternel récit du dénoûment des tragédies, a mis sous les yeux du spectateur une situation qui atteint les dernières limites de la terreur[1]; c'est à cause de l'ensemble entier de la

---

1. Il n'y a, dans tout le théâtre classique du XVIIe siècle, que le cinquième acte d'*Athalie* où l'on retrouve quelque chose d'analogue. Là aussi, Racine, soulevé par le sujet, a osé recourir hardiment à la

pièce. Voici tout ce que lui fournissait l'histoire : Cléopâtre, après avoir tué son premier mari, par haine de Rodogune qu'il avait prise pour seconde femme, tue aussi l'un des fils qu'elle a eus de ce premier mari, et elle est contrainte par l'autre de boire le poison qu'elle lui avait préparé. Corneille renforce et embrouille ce canevas, qui lui paraît trop frêle, par une foule d'inventions romanesques tellement compliquées, qu'il serait fort long de les exposer en détail, et tellement noires que, si l'on eût donné ce sujet à traiter à l'un de nos dramaturges actuels, il n'aurait pu s'y prendre autrement ni rien imaginer de plus.

Tout cela est peu de chose à côté de *Nicomède*, où Corneille a voulu expressément créer un nouveau genre, dans lequel la familiarité du langage, et parfois même les procédés de la comédie servissent à rehausser la grandeur du héros et à doubler l'impression du drame. C'est la seule fois peut-être que le rôle du railleur ait été élevé à la dignité tragique. Nicomède n'oppose que le mépris de ses sarcasmes et de sa froide ironie à ces terribles Romains, qui ont dompté l'univers et ne peuvent le dompter lui-même. Le sujet est des plus dramatiques; mais, par un contraste fort commun dans le théâtre entier de Corneille, il revêt une physionomie continuellement égayée d'un sourire. Si l'on ajoute que le même ton se retrouve, quoique moins marqué, dans la bouche de plusieurs personnages, enfin que Prusias est un vrai Géronte couronné, personne ne s'étonnera

---

mise en scène et à toute la pompe du spectacle matériel. Le rideau qui s'ouvre pour laisser voir Joad sur son trône, entouré des lévites armés, et dans toute la magnificence royale, est un coup de théâtre qui rompait franchement avec les habitudes de la tragédie, comme, du reste, les chœurs et les chants de la pièce entière.

que Voltaire ait cru voir dans *Nicomède* une espèce de comédie héroïque à la façon espagnole, et que le Théâtre-Français, lorsqu'il reprit cette pièce en 1756, n'ait osé lui donner d'abord sur l'affiche que le nom de *tragi-comédie*.

Ainsi, l'on rencontre dans le théâtre de Corneille à peu près tous les caractères qu'on est habitué à regarder comme particuliers au drame moderne : le mélange du comique au tragique, la familiarité de l'intrigue et du style, dans le *Cid* et *Nicomède ;* la complication du plan, la recherche des incidents embrouillés et l'intérêt romanesque puisé dans les évolutions de l'intrigue et la curiosité des spectateurs, avec *Rodogune* et *Héraclius ;* la violence de l'émotion, le goût des effets matériels, la mise en scène substituée au récit, même aux dépens de la *bienséance* et de la *dignité* tragiques ; la curiosité du détail, la multiplication des catastrophes sanglantes, dans *Clitandre* et dans *Rodogune ;* enfin dans presque toutes ses pièces, la violation plus ou moins complète de quelqu'une de ces règles, contre lesquelles on le voit se débattre sans cesse en ses *Examens*[1]. Voici maintenant une nouvelle tentative, plus digne encore d'attention : je veux parler de *Don Sanche*, comédie héroïque, que Molière devait si malheureusement imiter, quelques années après, dans *Don Garcie de Navarre*.

La comédie héroïque était empruntée à l'Espagne, dont on ne pouvait guère imiter le théâtre sans tomber plus ou moins dans le drame ; Rotrou, Mairet, Scudéry, d'autres encore, l'avaient cultivée, mais avec moins d'éclat, sans l'ériger en système et sans en poser

---

1. Même dans son *Discours sur les unités*, sa soumission n'est que de la résignation, et un dernier ferment de révolte se trahit çà et là.

solidement les principes, comme Corneille. C'est une sorte de comédie sérieuse, dont les personnages appartiennent aux classes élevées. Rompant en visière avec la tradition reçue, qui réglait le rang d'une pièce d'après celui des personnages, Corneille devance ici la poétique moderne, dont les catégories ne sont fondées que sur la nature même de l'action. Tandis que la comédie classique devait presque nécessairement se passer entre gens de la classe moyenne ou populaire, la comédie héroïque se transportait sans scrupule dans les plus hautes sphères, tout en n'y mettant en jeu que des événements tirés de la vie domestique. Par son principe, bien qu'elle craignît de se compromettre en adoptant franchement les personnages et le style comiques, elle n'était point sans de nombreux rapports avec toute une classe d'œuvres modernes, telles que le *Pinto* de Lemercier, la *Princesse Aurélie* de C. Delavigne, et surtout le *Verre d'eau* de Scribe.

Le contraste entre la dignité des personnages et la familiarité de l'action, voilà donc ce qui forme la base de la comédie héroïque. Ce n'est point le drame, mais c'est un notable acheminement au drame. A vrai dire, le *Don Sanche* de Corneille n'est guère qu'une tragi-comédie romanesque, mais qui, un moment, côtoie la tragédie bourgeoise, quand ce soldat de fortune, cet aventurier inconnu, est regardé par toute la cour comme le fils d'un pêcheur. Pourquoi Corneille n'a-t-il pas introduit ce pêcheur lui-même sur la scène? Il eût trouvé là matière à un effet dramatique, nouveau au théâtre, et digne de son génie : c'est Marmontel qui en fait la remarque, et Marmontel n'est pas un romantique. Mais s'il n'a point osé tirer du genre tout ce qu'il contenait, il a du moins été plus hardi en théorie, et sa dédicace de *Don Sanche* montre amplement qu'il avait senti la portée de cette innovation, et que c'était en toute réflexion qu'il croyoit pouvoir et devoir agrandir le domaine trop étroit du théâtre français. A ce propos même, il trace nettement la poétique de la tragédie bourgeoise, — faiblesse que le sévère M. Nisard ne lui a point pardonnée, — et il le fait au nom d'Aristote, ce qui rend la démonstration plus piquante :

« Je ne comprends point, dit-il en finissant, ce qui défend à la tragédie de descendre plus bas, quand il s'y rencontre des actions qui méritent qu'elle prenne soin de les imiter; et je ne puis croire que l'hospitalité violée en la personne des filles de Scédase, qui n'étoit qu'un paysan de Leuctres [1], soit moins digne d'elle que l'assassinat d'Agamemnon par sa femme, ou la vengeance de cette mort par sa propre mère, quitte à chausser le cothurne un peu plus bas... Je dirai plus : la tragédie doit exciter de la pitié et de la crainte, et cela est de ses parties essentielles, puisqu'il entre dans sa définition. Or, s'il est vrai que ce dernier sentiment ne s'excite en nous par sa représentation que quand nous voyons souffrir nos semblables, et que leurs infortunes nous en font appréhender de pareilles, n'est-il pas vrai aussi qu'il y pourroit être excité plus fortement par la vue des malheurs arrivés aux personnes de notre condition, à qui nous ressemblons tout à fait, que par l'image de ceux qui font trébucher de leurs trônes les grands monarques, avec qui nous n'avons aucun rapport qu'en tant que nous sommes susceptibles des passions qui les ont jetés dans ce précipice, ce qui ne se rencontre pas toujours? »

[1]. On se rappelle la pièce de Hardy sur ce sujet.

Ce passage a été repris sous mille formes dans la dernière et victorieuse campagne contre la tragédie. Corneille a semé presque tous les examens et les dédicaces de ses pièces de jugements analogues, dont la réunion démontrerait aux plus incrédules jusqu'à quel point il a devancé les théories du drame. Ici, par exemple, il témoigne avoir assez peu de goût pour l'emploi de l'alexandrin au théâtre, et ajoute, après Aristote, qu'il faudrait se servir sur la scène des vers « qui sont les moins vers et qui se mêlent au langage commun. » Poussez cette idée à ses conséquences, et vous arrivez au drame en prose, si vivement réclamé plus tard par les théoriciens du genre, et que La Serre avait déjà tenté d'ériger en système, dans toute une série de curieux ouvrages. Là, il démontre que les anciens recouraient sans scrupule aux moyens extérieurs et matériels de produire impression, même à ceux que nous regardons à tort comme contraires à la dignité du théâtre : du reste, ils n'ont fait que défricher le terrain, et loin de se ranger dans le *servum pecus* qui ne se croit rien permis au delà des modèles, il ne faut pas craindre de hasarder du nouveau, au risque de s'égarer. Ailleurs il avance qu'on doit surtout essayer de mettre les incidents sur la scène et montrer l'action, au lieu de la dissimuler sous ces éternels récits qui sont l'écueil de l'intérêt tragique. Enfin, il est bon de se permettre quelques licences, parce que l'extrême sévérité des règles est trop rarement capable de beaux effets.

Je ne veux pas insister plus qu'il ne sied sur ces quelques mots recueillis çà et là. Mais s'ils ne forment pas un corps de doctrine, ils indiquent du moins les tendances de Corneille ; bien plus même, ils résument les idées courantes du temps, et cela est tellement vrai que Scarron, qui n'était certes pas né pour le rôle de réformateur, a repris, pour son compte, la plupart de ces observations dans le *Roman comique*[1], où tout n'est pas aussi bouffon qu'on pourrait le penser. Si l'on en croit la Motte[2], dont la sincérité n'a jamais été mise en doute par ses détracteurs, Boileau lui-même, la plus ferme colonne du temple classique, ne s'était pas dérobé à l'influence de ces idées : « Il voulut bien me faire confidence d'un sentiment qui lui étoit propre :... c'est qu'Homère avoit craint d'ennuyer par le tragique continu de son sujet; qu'il avoit voulu égayer le fond de sa matière aux dépens des dieux mêmes, et qu'il leur avoit fait jouer la comédie dans les entr'actes de son action, pour délasser le lecteur. » De la part de Boileau, cet aveu a son prix, et l'on y pourrait joindre quelques passages de ses *Réflexions sur Longin*, qu'il se fût gardé d'écrire sans doute, s'il avait pu prévoir le dangereux usage qu'en devait faire M. Victor Hugo, dans sa préface de *Cromwell*.

Corneille, épuisé, usait les derniers restes de son génie en des tragédies sans couleur et sans flamme, et Racine, débutant, commençait au théâtre son œuvre d'unité et de pacification, quand parut, comme un adieu des vieilles libertés de la scène, le plus complet, et, on peut le dire, le dernier en date des drames du dix-septième siècle, le *Don Juan* de Molière. C'est encore à l'Espagne que nous devons ce poëme étrange et terrible, que Molière a rendu sien du droit de son génie. D'un bout à l'autre de la pièce, la terreur et le

---

1. Ire part., chap. XXI.
2. Préface de la traduction de l'*Iliade*.

merveilleux le plus tragique se mêlent aux mots bouffons et aux situations plaisantes; l'action ne marche que par contrastes. Don Juan se trouve à peu près en même temps aux prises avec dona Elvire, qui lui reproche sa trahison en termes d'une noblesse et d'une fierté admirables, et avec les deux paysannes coquettes, Charlotte et Mathurine; avec M. Dimanche et avec son père irrité, dont le langage d'une indignation virile, forme, par le ton comme par les idées, un digne pendant à la grande scène du *Menteur* de Corneille. Enfin, tandis que la statue du commandeur nous fait trembler, la peur naïve de Sganarelle nous fait rire; sa morale paterne se marie à l'austère morale du spectre, de dona Elvire et de don Louis, comme, dans l'opéra de Mozart, l'accompagnement moqueur sautille autour de la mélancolique chanson du héros. Pour la scène du pauvre, longtemps perdue, on sait que, lors de sa découverte, elle fut d'abord regardée comme une interpolation des éditeurs de Hollande, tant elle sort, par sa hardiesse, des habitudes du théâtre classique! Quel contraste entre le rire cynique de ce grand seigneur à la fleur de l'âge, de ce libertin blasé, et le visage famélique de ce vieux mendiant, où luit comme un rayon d'en haut qui le transfigure; entre ce vice qui passe, opulent, insoucieux, riant de l'abîme qui va l'engloutir, et cette vertu en haillons qui d'un mot va se relever et grandir le drame avec elle !

Quand la peinture est complète, quand les lueurs de l'action scénique ont éclairé les derniers replis de cette âme perverse et desséchée, on sent que le châtiment est devenu inévitable et qu'il veille dans l'ombre. Les sarcasmes mêmes du fanfaron d'athéisme, qui reste inébranlable dans son orgueil, ne font que redoubler cette attente anxieuse et cette muette épouvante. Après avoir ri de la voix du spectre voilé qui vient l'exhorter au repentir, il est abîmé dans les entrailles de la terre, au fracas de la foudre, à la lueur des flammes et des éclairs, comme le Prométhée d'Eschyle. Comme *Prométhée* aussi, comme un grand nombre de nos Mystères, comme quelques-unes de nos pièces modernes, le *Festin de Pierre* est un véritable *auto sacramentale;* on y retrouve toutes les parties constitutives et tous les caractères du genre. Le Théâtre-Français l'a repris dernièrement, au lieu de la pâle imitation de Th. Corneille, et chacun alors a pu voir si ce n'est pas bien réellement un drame, et un drame complet, dans le sens spécial du mot.

Un pareil sujet était toute une inspiration à lui seul; aussi le peuple s'en éprit à ce point qu'il fallut que chaque troupe eût son *Festin de Pierre*, et que tous les comédiens auteurs se mirent à l'œuvre pour répondre à cet engouement. La pièce de Rosimont offre une particularité digne de remarque : il est le seul qui, par une idée toute moderne, ait fait de don Juan une espèce de philosophe *byronien*, raisonnant et justifiant ses vices. Semblable au Frank d'Alfred de Musset, son héros entasse les sophismes et les paradoxes pour en faire un piédestal à ses débordements, et revendique hautement les droits du crime au nom de la nature. Mais, comme tous ses confrères, Rosimont parle de cette pièce, bien que ce soit sa meilleure, avec une modestie outrée qui va, pour ainsi dire, jusqu'à la honte; il s'en excuse comme d'une concession au caprice public, — indice assez piquant du crédit acquis dès lors par les règles classiques, et de la défaveur où était tombé le drame libre, aux yeux même de ceux qui avaient la faiblesse d'en faire encore, par condescendance pour la foule.

Le *Don Juan* de Molière avait paru la même année que l'*Alexandre* de Racine, qui allait achever de discipliner le théâtre, et lui imposer sa régulière tragédie comme un type. Cette pièce ferme par un dernier coup d'éclat, désormais sans écho, la première période du drame, qui se divise elle-même en deux époques distinctes : celle où il règne sans partage, avec les Mystères, et celle où, cédant de bonne grâce une portion de son domaine, il n'en continue pas moins à se développer librement entre la tragédie et la comédie. Mais la conspiration organisée contre lui, depuis quelques années, devait finir par porter ses fruits. Attaqué violemment de tous les côtés à la fois, victime d'une réaction facile à comprendre, que favorisait singulièrement l'esprit du siècle, il entre, à partir du *Festin de Pierre*, dans sa période d'exil. Toutefois ce n'est qu'une éclipse momentanée et plus apparente que réelle. Il gardait des intelligences dans la place. A peine en était-il expulsé, qu'il y rentrait inaperçu par une porte dérobée et sous un déguisement, avec l'adresse du vaincu qui se cache sous le costume même du vainqueur, et les allures timides du banni qu'on tolère pourvu qu'il se tienne tranquille. A partir de Racine, le drame s'affaiblit et change de caractère plutôt qu'il ne disparaît. Jusqu'à présent il apparaissait surtout dans la tragédie; ce sera presque toujours dans la comédie qu'il se glissera maintenant, en attendant le jour de sa rentrée triomphale. Cette transformation, du reste, s'explique aisément par celle qui s'était opérée dans les idées littéraires, et elle en est la conséquence naturelle. L'aspiration incessante à la grandeur et à la dignité, qui caractérise tous les arts sous le règne de Louis XIV, devait entraîner la comédie comme la tragédie : sous cette influence, celle-ci se débarrasse du drame pour revêtir de plus en plus l'unité absolue du style et des sentiments; mais, de son côté, celle-là tend à s'élever aussi au-dessus de son ancienne sphère, et par moments elle côtoie l'émotion tragique. « Il n'est pas de comédie moderne, a dit G. Schlegel, sans un mélange de sérieux. » Cette observation est vraie, surtout de la comédie française, si l'on en excepte Regnard, le seul dont la gaieté n'ait point d'arrière-pensée.

Molière avait lui-même ouvert la voie à cette transformation par quelques scènes de *Tartufe* et du *Misanthrope*. Une fois entrée sur ce terrain, la comédie n'en sortira plus guère. Grâce au vigoureux élan de Molière et à l'émulation qu'inspirent ses grandes œuvres, la vieille farce gauloise est enterrée. Boursault aborde la comédie morale et philosophique. Le père Ducerceau et les jésuites, dans leurs colléges, cultivent assidûment un genre mitoyen, inspiré par la lecture du Térence expurgé de Jouvency, et qui annonce de loin l'école de M. Ponsard. La muse court-vêtue de Piron lui-même larmoyait çà et là, dans les *Fils ingrats*, sur un mode précurseur de la Chaussée, que Destouches annonçait de plus près encore. Ainsi la comédie larmoyante était née, elle avait grandi, quand vint celui qu'on en considère comme l'inventeur. Il n'eut guère que la peine de recueillir le legs amassé peu à peu et grossi en chemin. Si l'idée de la création du genre s'est attachée à son nom, c'est que personne avant lui ne s'y était consacré avec tant de succès ni de persévérance. Jamais, du reste, il n'a prétendu au titre de novateur, et il suffit de lire ses ouvrages, en particulier son discours de réception à l'Académie, pour se convaincre qu'il n'en avait ni le caractère, ni la tournure d'esprit. Ce fut simplement chez lui affaire de tempérament, et non de système. Mais il est le véritable chef de cette école dramatique, surnommée de nos jours l'*Ecole du bon sens*. Ce qui nous autorise à lui assurer cette gloire, c'est qu'il a pris soin de proclamer lui-même le bon sens pour sa muse, et de s'enrôler solennellement sous son étendard, dans le prologue allégorique de sa première pièce, le seul de ses écrits où l'on puisse saisir une ombre de théorie.

La plupart des ouvrages de la Chaussée, spécialement *Mélanide*, sont déjà de vraies tragédies bourgeoises, mais mitigées, pleines de respect pour les formes classiques, et visant plus aux émotions douces qu'aux émotions fortes. Avec Diderot, la tragédie bourgeoise allait s'accuser plus nettement. La découverte dont l'auteur du *Père de famille* fit tant de bruit n'était, au fond, que la comédie larmoyante, mise en prose, et sérieuse d'un bout à l'autre comme un théorème; seulement, Diderot s'efforça de dégager l'idée des limbes qui l'enveloppaient encore, et de tracer la poétique du genre.

Diderot ouvre une nouvelle période, plus féconde que les précédentes, malgré les tâtonnements qui l'obscurcirent au début : la période de discussion. La théorie avait bien essayé déjà de se produire, nous l'avons vu; mais ce n'était qu'à l'état d'accident, et désormais elle va s'étaler au grand jour, chercher et trouver la lutte qui amènera la victoire. La discussion n'avait pas de raison d'être lorsque le drame, incontesté, s'épanouissait librement sur la scène ; mais, une fois repoussé dans l'ombre, il en fut réduit à plaider ses titres à l'existence ; et par là même son expulsion momentanée tourna à son avantage, en le forçant de se reconstituer plus solidement sur la base du droit, de s'approfondir et de rassembler ses preuves pour revendiquer comme une possession légitime ce qui jusqu'alors n'avait été qu'à l'état de fait.

Avant Diderot, la Motte avait pris vivement à partie les règles et les traditions classiques, mais en partant d'un point de vue étroit pour prêcher une réforme libérale. En outre, aussi conservateur dans la pratique qu'il était révolutionnaire en théorie, il contredisait chacun de ses raisonnements par chacune de ses œuvres. Quoi qu'il en soit, ses vues critiques étaient exposées avec une ingénieuse souplesse d'argumentation, propre à servir la cause dans l'opinion publique. Il pouvait espérer pour appui dans cette croisade Voltaire, préparé par son séjour chez les Anglais, et qui venait d'exprimer des sentiments littéraires très-indépendants dans son *Essai sur la poésie épique* (1726). Mais Voltaire n'aimait pas les réformes qui venaient d'un autre que lui, et il le combattit. Nous retrouvons partout dans sa vie les mêmes inconséquences sur la question. Quand on le serre de près, il glisse entre les mains comme le Protée du poëte. Voltaire est l'homme de la circonstance ; il change d'avis suivant les besoins du moment, attaquant dans les préfaces de ses tragédies ce qu'il a défendu dans celles de ces comédies larmoyantes. Néanmoins il est évident, en lisant son théâtre, qu'il avait senti là nécessité d'introduire des éléments nouveaux dans l'art dramatique : ses comédies tournent toutes au drame ; il a repris les sujets nationaux, recherché la pompe de l'appareil scénique, élargi les entraves des unités, changé, dans *Tancrède*, la versification consacrée, et innové dans les détails avec une hardiesse prudente. C'est surtout en mettant Shakespeare à la mode qu'il a été utile à la cause du drame, et ses études sur le théâtre anglais, jusqu'alors dédaigné et peu connu, devinrent le signal d'une réaction que lui-même ne put plus arrêter.

Dès 1747, le président Hénault, en composant sur le modèle du *Henri VI* de Shakespeare son *François II*, qui embrasse un règne tout entier, introduisait dans notre littérature le drame historique, avec les innombrables personnages et presque la liberté d'allures de la tragédie anglaise. Mais on voit, en lisant sa pièce et la préface qu'il mit en tête de l'édition de 1768, que la scène n'est qu'un moyen mnémotechnique aux yeux du président, et qu'il a simplement pour but de créer un appendice d'un nouveau genre à l'*Abrégé chronologique*. L'année suivante, Shakespeare fit son apparition sur notre scène, conduit par Ducis, qui avait pris soin, au préalable, de le farder et de le travestir, comme, au siècle précédent, le grand maître des cérémonies avait essayé de *décrasser* Jean Bart avant de l'introduire dans les salons de Versailles. Cette précaution, qu'il faut se garder de juger d'après nos idées actuelles, ne fut pas inutile au triomphe de la cause : Ducis eût perdu la bataille en voulant rendre la victoire trop complète.

Pendant ce temps, le drame se développait aussi d'un autre côté par la seule force du génie national. Rien ne prouve que les tentatives et le système de Diderot soient le résultat d'une alluvion étrangère. Nous n'entrerons pas dans l'examen détaillé de sa théorie; il nous suffira de dire qu'il propose la création de deux genres nouveaux, — la comédie sérieuse et la tragédie bourgeoise, — qui se résolvent, au fond, en un seul. Il recommande avant tout la moralité du but et la vérité de la peinture, vérité dans le langage, les mœurs, les personnages et les accessoires matériels. Seulement il prend ce mot de *vérité* dans son sens étroit et mathématique, et s'en préoccupe beaucoup plus que du beau et de l'idéal : c'est pourquoi il rejette le vers, et cette proscription est devenue le mot d'ordre de tous ceux qui, depuis Mercier jusqu'à Beyle, se sont placés au même point de vue que lui. Il combat aussi cette fausse dignité théâtrale, qui est l'une des principales sources de la froideur et de la convention dramatiques. Mais si, en bloc, il fait bon marché de toutes les règles factices, il revient sans cesse, en détail, pour l'atténuer et l'adoucir, sur ce libéralisme exagéré, qui l'eût rendu suspect à son ami Voltaire. Le masque du révolutionnaire tombe peu à peu, et toute illusion s'envole quand on le voit plaider la cause des unités, et repousser le mélange des disparates à la façon de la scène anglaise. Il ne sort de l'arbitraire reçu que pour rentrer dans un nouvel arbitraire, qui n'a même pas pour lui, comme l'autre, l'autorité d'une longue tradition et de nombreux chefs-d'œuvre. Aux lois d'Aristote il veut substituer, non la liberté, mais les lois de Diderot. Ses pièces ne valent ni plus ni moins que son système : elles en ont les vices et en révèlent la faiblesse.

Tout incomplète et parfois même contradictoire que fût cette théorie, elle n'en exerça pas moins une grande influence, et jusque dans les pays étrangers. L'Allemagne surtout s'en préoccupa : ses meilleurs critiques écrivirent l'apologie des drames de Diderot, et ses meilleurs poëtes se mirent à composer des tragédies bourgeoises. Cette influence directe de la France sur l'éclosion du théâtre allemand n'a pas été suffisamment remarquée. Plus tard, en empruntant beaucoup à la scène illustrée par Lessing et Schiller, nous n'avons fait que lui reprendre ce que nous lui avions prêté; et c'est notre copie qui nous a servi de modèle à son tour. En France aussi, ce système, véritable corollaire de la philosophie du temps, et qui répondait jusque dans ses principes arbitraires et ses restrictions au courant d'idées à la mode, ne pouvait manquer d'avoir un grand succès. Il est remarquable même que, malgré de nombreuses dissemblances, le drame actuel se rapproche en plusieurs points de la tragédie bourgeoise de Diderot, ne fût-ce que par sa prédilection pour les thèses morales et sociales, les tirades sentencieuses et les maximes réformatrices; par son habitude de tirer les effets scéniques du contraste et du choc des conditions diverses plutôt que de l'étude des caractères; enfin, par ce style entrecoupé, suspendu, convulsif, où, sous prétexte de naturel, chaque phrase demeure inachevée.

A partir de ce moment la victoire du drame est assurée, et nous jugeons inutile de suivre ses progrès pas à pas. Sedaine, Saurin, la Harpe, Baculard d'Arnaud, achèvent de l'implanter au théâtre. Beaumarchais et surtout Mercier ne se contentent pas de le cultiver; ils plaident vigoureusement ses droits. Sous la Révolution, le drame populaire trouve un aliment et un soutien dans les passions politiques, en dépit d'une recrudescence de la tragédie, qui devait encore augmenter sous l'Empire, grâce au goût déclaré du maître et au talent de Talma. Lemercier même servait dans ses pièces les libertés dramatiques qu'il combattait dans ses livres. En dépit des apparences, le foyer intérieur avait donc conservé son étincelle, qui couvait lentement et ne devait plus s'éteindre. De toutes parts avait été préparée une réaction plus puissante et plus décisive que les précédentes, parce qu'elle venait mieux à l'heure et n'était plus l'œuvre isolée d'un homme, mais le résultat d'une sorte de conspiration générale de l'opinion. Dans ce mouvement des intelligences, les travaux même qui semblaient les plus éloignés de la question du drame, apprêtaient son triomphe avec celui de l'art nouveau : je veux parler surtout de la poétique chrétienne de Chateaubriand, et du retour à l'étude du moyen âge, si longtemps méprisé. Joignez-y les recherches plus approfondies et plus intelligentes entreprises sur les littératures étrangères, notamment par madame de Staël, dont le livre sur l'*Allemagne* exerça une si haute influence. Traduit en français, en 1814, le Cours de littérature dramatique de Schlegel révolta les esprits timorés, mais en éclaira beaucoup d'autres, et un peu plus tard, la grande collection des théâtres étrangers, publiée avec la coopération des coryphées du parti conservateur, vint fournir les pièces justificatives à l'appui. Ainsi, l'érudition elle-même servait puissamment la cause du drame. Les traductions, ou du moins les imitations de Shakespeare et de Schiller, envahissaient le théâtre; H. Beyle lançait, comme un brûlot à l'abordage du vaisseau classique, un libelle resté célèbre, et le *Globe* commentait sans relâche les idées fondamentales émises sur la question par les critiques étrangers. Mais ce n'étaient là que des escarmouches, auxquelles l'ennemi, retranché dans la forteresse du Théâtre-Français, répondait par l'affectation d'une sécurité dédaigneuse, quand retentit soudainement sur sa tête le coup de tonnerre de la préface de *Cromwell* (1827). Il n'y avait pas à s'y méprendre : cette préface n'était plus seulement l'exposé d'un système révolutionnaire bon ou mauvais, c'était le manifeste d'une école, un drapeau autour duquel allaient se rallier les assaillants. Et, en effet, on vit aussitôt apparaître tout le *Cénacle*, la lance au poing, pour soutenir son chef; tandis que, profitant du trouble introduit dans les rangs adverses, par la brèche ouverte s'élançaient successivement jusqu'au sanctuaire du Théâtre-Français, *Henri III*, le *More de Venise* et *Hernani*.

C'est de la publication de *Cromwell* que date chez nous la résurrection définitive et triomphale du drame. A ce point de vue, et indépendamment de sa valeur critique, qui est assez mince, la fameuse préface est une œuvre d'une extrême importance. Le débordement du fleuve romantique fut si irrésistible et si impétueux, que les conservateurs eux-mêmes sentirent le besoin des concessions, et se décidèrent à suivre le courant pour n'être pas entraînés par lui. Le plus expert d'entre eux, Casimir Delavigne, se hâta d'entrer en compromis avec les vainqueurs. Au reste, tandis que les classiques, souvent sans le vouloir et sans le savoir, se rapprochaient du drame par la force des choses, le drame lui-même, après les premières fièvres du début, faisait à leur rencontre une partie du chemin. Aujourd'hui que les violences de l'attaque, cette espèce de délire et d'enivrement de la prise de possession, tout ce bouillonnement superficiel des premiers jours se sont apaisés peu à peu, à mesure que les envahisseurs se sentaient plus solidement établis dans leur conquête, il est revenu par une pente naturelle à ce niveau moyen, conforme au tempérament intellectuel de la France, et en dehors duquel il peut se produire souvent des œuvres, mais jamais des genres durables. Dans ces limites, la victoire du drame est complète, et il tend même à absorber la comédie.

L'art du théâtre étant le plus étroitement lié à la pensée publique, et celui qui dépend le plus des sentiments dominants et des idées courantes, les changements du milieu social en modifient nécessairement les règles. La forme qui a prévalu de nos jours est bien celle d'une époque troublée, inquiète, chercheuse, insoumise; l'ordre, la correction, l'unité toute-puissante du siècle de Louis XIV, ont, en disparaissant, emporté la tragédie faite à leur image. En outre, cette transformation radicale se justifie par l'extension du plaisir dramatique à un public plus nombreux et, par là même, plus mêlé. S'il y a un grave danger dans ces conditions nouvelles, un auditoire restreint et trop peu renouvelé avait aussi ses périls d'un tout autre genre. La tragédie s'adressait à la société polie : c'était un art de cour, et qui semblait façonné plus encore pour la lecture que pour la représentation. Il n'en est pas ainsi du drame, œuvre de démocratie, fait pour la foule et combiné tout entier au point de vue de l'action scénique. Il est devenu désormais une nécessité du temps, qu'on le veuille ou non, et il serait puéril de ne le pas reconnaître. Aussi ses plus déterminés ennemis ont-ils fini par s'y résigner complétement. La tragédie inspire encore des amours platoniques, et, comme les grandes royautés déchues, elle garde pour elle le culte respectueux des souvenirs; mais sur le théâtre, où les théories abstraites doivent céder aux exigences pratiques, même parmi ceux qui croient lui rester fidèles, elle n'a plus que des apostats.

## II

# CYRANO DE BERGERAC

ET

LA LITTÉRATURE DE SECOND ORDRE DANS LA PREMIÈRE MOITIÉ
DU XVIIe SIÈCLE.

---

La première moitié du XVIIe siècle fut, pour la littérature française, une époque de crises fiévreuses et de grands mouvements avortés. Avant de venir se ranger sous la forte discipline et dans l'imposante unité du grand règne, les lettres cherchaient tumultueusement leur voie sur toutes les routes et dans les sentiers les plus hasardeux. L'anarchie divisait le domaine des intelligences comme celui de la politique, et l'on pourrait trouver un pendant à la Fronde dans l'histoire littéraire d'alors. Le goût, incertain, tolérant à l'extrême, dénué de grands modèles qui pussent lui servir d'exemplaires, incapable de se diriger d'après des principes fixes et un idéal arrêté, en attendant qu'il s'engageât dans une voie plus étroite, mais plus sûre, flottait à l'aventure, obéissant à toutes les influences, et se laissant entraîner, comme un enfant mobile, par toutes les inspirations étrangères. Le génie lui-même, soumis à l'incertitude générale, demandait humblement aide et

conseil au mauvais goût, comme à son maître légitime.
Cependant, au milieu de cette variété infinie, un caractère général, qui ira s'effaçant de plus en plus, domine
encore dans la langue et dans les idées, et se retrouve
même dans bon nombre d'écrits qui semblaient, par
leur nature et le nom de leurs auteurs, devoir échapper
à son influence ; je veux parler de l'élément *gaulois* [1],
que le xvie siècle avait transmis à son successeur, et
qui imprime un cachet commun de ressemblance aux
productions les plus diverses de cette époque. En lisant
surtout une certaine classe d'écrivains, contemporains
de Richelieu et de Mazarin, ceux qui ne se sont pas
rangés sous la férule de Malherbe et de Balzac, ces deux
grands régents de notre littérature, on se croirait volontiers encore au temps de Rabelais et de Montaigne.

Il n'en est peut-être pas chez qui cet élément soit
demeuré plus visible que Cyrano de Bergerac, ce littérateur mousquetaire et gascon, une des physionomies

---

1. Je n'ignore pas tout ce que l'expression a de vague et d'impropre, mais elle est usitée, et l'avantage que j'y trouve c'est qu'elle éveille à elle seule dans l'esprit un ensemble d'idées qu'il serait long de rendre autrement. Il n'est personne qui ne sente ce qu'elle signifie, même parmi ceux qui auraient peine à la définir nettement ou à l'analyser dans toutes ses nuances. Frondeur et narquois, satirique et positif, plus préoccupé de la nature que de l'idéal et médiocrement soucieux de délicatesse, de chevalerie, voire de moralité ; plus vif que fin, plus voluptueux que tendre, et parfois plus grossier que voluptueux, l'esprit gaulois est hardi, primesautier, goguenard et *gouailleur*, sans pourtant exclure en rien une sorte de naïveté matoise et rustique : avec lui, la philosophie même se fait railleuse, et le bon sens est plein de gausseries et de belle humeur. Si l'on a donné le nom de *gaulois* à ce genre d'esprit, c'est sans doute à cause de son rapport spécial avec le peuple qui représente plus particulièrement la vieille race indigène et conquise, — les Gaulois, — par opposition à la race conquérante, qui a dû naturellement former l'aristocratie de la nouvelle nation.

sans contredit les plus originales de son époque, et qui pourrait me fournir matière à des comparaisons curieuses, si je ne craignais d'effaroucher quelques personnalités contemporaines. Né en 1620, quelque temps avant que Richelieu parvînt aux affaires, il mourut à trente-cinq ans, au moment où la Fronde venait de s'assoupir sous la main prudente de Mazarin. On voit que sa vie embrasse presque en entier l'intervalle d'anarchie et d'agitation littéraire dont j'ai parlé. Nul peut-être ne fut plus que lui de son temps, dont il a encore exagéré les principaux caractères. Durant sa courte vie, qui fut une fièvre continuelle, entrecoupée d'exploits à faire pâlir les héros de l'Arioste, il a pu jeter à peine les esquisses de quelques ouvrages, sans avoir eu le temps de rien achever : non-seulement il lui manque l'ordre, l'harmonieux accord de toutes les parties, l'arrangement définitif qui fait un tout homogène, mais il se livre avec emportement à l'enflure et au faux goût, et les pointes et les concetti, ce brillant limon déposé sur notre littérature par le double courant de l'influence espagnole et italienne, abondent dans ses œuvres. Toutefois il a laissé de lui, pour qui le regarde de près, avec l'attention d'un juge, l'idée d'un homme qui eût pu prendre place parmi nos meilleurs écrivains, s'il avait vécu et que l'âge eût ajouté un peu de maturité à son génie naturel.

Cyrano ne sortit du tumulte des camps que pour se mêler au tumulte plus grand encore d'une société aventureuse. Entraîné par l'ardeur d'un tempérament de feu et par la fougue d'une imagination désordonnée qui ne connut jamais le frein, écrivant à la hâte entre deux duels, parfois en plein corps de garde, forcé d'interrompre sans cesse son travail pour payer de sa personne dans quelque partie d'honneur ou de plaisir, on conçoit qu'il n'ait pu laisser que des fragments d'ouvrage et, pour ainsi dire, de simples ébauches; mais du moins ces ébauches sont fièrement tracées, et ces œuvres incomplètes fourmillent d'aperçus hardis, de traits originaux et spirituels, et, si je l'ose dire, d'éclairs d'éloquence et de génie.

La passion des vieux livres et des noms oubliés est un des caractères de notre temps; je ne l'en blâme pas: ce serait me blâmer moi-même. Laissons les censeurs moroses déclarer que c'est là un symptôme de décadence et une maladie de peuples vieillis : pour moi, je n'en sais rien, mais il me semble que cette innocente manie d'antiquaire a bien son charme et même son utilité. Quoi qu'il en soit, il y a quelques années un grand bruit se fit tout à coup autour du nom de Cyrano de Bergerac; je ne sais plus qui au juste avait trouvé le premier, mais enfin on avait trouvé ces deux ou trois volumes ensevelis sous la poussière des bouquinistes. Charles Nodier, entre autres, publia sur le mousquetaire exhumé de sa tombe une notice ingénieuse et charmante, qui fit l'effet d'une révélation, et l'on se mit à jurer par ce nom longtemps méconnu. L'enthousiasme, pour avoir été exagéré, comme la plupart des enthousiasmes, n'était pas sans fondement : il y a dans Cyrano de quoi autoriser les plus grands éloges comme les plus sévères critiques.

Néanmoins, dans toutes ces études on s'attacha presque uniquement à son théâtre et à ses *Histoires comiques*, qui présentent un sujet de recherches plus faciles et plus agréables. Quant à ses *Lettres*, on ne s'en est, pour ainsi dire, point occupé. Cet oubli est-il entièrement mérité? Je ne le pense pas. Sans doute, c'est une œuvre de jeunesse à laquelle il faut se garder d'attacher une trop grande importance; elle ne laisse pas pourtant de mériter quelque attention, soit au point de vue purement littéraire, soit comme la biographie la plus intime, la plus complète et la plus irrécusable de l'auteur, soit comme un recueil de documents peu connus, dont plusieurs ont leur intérêt historique.

# I

### LETTRES.

Les lettres de Cyrano, comme celles de Sénèque, si l'on veut bien me passer ce rapprochement singulier, sont des espèces d'amplifications, tour à tour littéraires, satiriques et galantes, qui sentent fortement leur rhéteur. Elles se divisent en trois parties : la première se compose presque tout entière de morceaux descriptifs, où l'auteur ne semble avoir eu d'autre but que de remplir ingénieusement un cadre donné, et de prouver qu'il avait assez d'imagination pour faire quelque chose de rien[1]. Elle s'ouvre par une série de petits poëmes sur les quatre saisons, qui n'ont rien de commun avec les chants solennels de Thompson et de Saint-Lambert. Ces quelques lignes, tirées de la première lettre, suffi-

---

[1]. On peut lire, dans divers recueils de l'époque : *la Maison des Jeux*, *les Jeux de l'inconnu*, etc., des espèces de petits traités tout à fait analogues à beaucoup de lettres de Cyrano, — pour le style et le fond. Ces puérilités, fort en vogue alors parmi les écrivains de deuxième et de troisième ordre, rappellent les exercices des écoles de déclamation que nous a transmis Sénèque le père.

ront à donner une idée de ce style bizarre, plein de pointes extravagantes.

« C'est à ce coup que l'Hyver a noüé l'esguillette à la Terre; il a rendu la matière impuissante, et l'esprit mesme, pour estre incorporel, n'est pas en seureté contre sa tyrannie; mon âme a tellement reculé sur elle-mesme, qu'en quelque endroit aujourd'huy que je me touche, il s'en faut plus de quatre doigts que je n'atteigne où je suis; je me taste sans me sentir... Le Soleil... marche à petites journées, il se met en chemin à huit heures et prend giste à quatre[1]. Je croy qu'à mon exemple il trouve qu'il fait trop froid pour se lever si matin; mais Dieu veuille que ce soit seulement là paresse qui le retienne, et non pas le dépit: car il me semble que depuis plusieurs mois il nous regarde de travers[2]... Les hommes, espouvantez à leur tour des prodiges de cette effroyable Saison, en tirent des presages proportionnez à leur crainte : s'il neige, ils s'imaginent que c'est peut-estre au firmament le chemin de lait qui se dissout, que cette perte fait de rage escumer le Ciel, et que la Terre, tremblant pour ses enfans, en blanchit

---

1. Cette phrase rappelle les vers de Chapelle, qui était pourtant contemporain et ami de Boileau :

> Le soleil n'ose plus aller,
> Et puisque tant de temps se passe
> Sans qu'il paroisse dans les cieux,
> Crois que le forgeron des dieux
> Lui ferre ses chevaux à glace.
>
> (*L'Hiver.*)

2. Les vers de Théophile, dans son *Ode contre l'hiver*, sont dépassés :

> L'air est malade d'un catherre,
> Et l'œil du ciel, noyé de pleurs,
> Ne sait plus regarder la terre.

de frayeur¹. Ils se figurent que l'Univers est une tarte que l'Hyver, ce grand monstre, sucre pour l'avaler². »

Ce serait dommage de ne pas s'arrêter sur ce beau trait. Ces pages, où Cyrano a la prétention de peindre la nature, ne semblent pas indiquer en lui un sentiment bien profond de ses beautés et de sa grandeur. Mais il y avait parti pris, de sa part, de déguiser presque toujours ses sentiments, même les plus vrais, sous cette mascarade grossièrement enluminée : c'était là le bel air et le style galant. Ces descriptions des saisons, tour à tour sérieuses et bouffonnes, mais bouffonnes surtout, semblent avoir été à la mode alors, car on en trouve dans Théophile, Saint-Amant, Guill. Colletet, Chapelle et beaucoup d'autres, qui toutes rivalisent de mauvais goût, quoique Cyrano ait la *gloire* d'avoir déployé à lui seul plus de verve et d'énergie dans l'extravagance que tous les autres ensemble.

Mais ailleurs, quand il ne veut plus faire du burlesque avant tout, l'intelligence et l'amour de la nature se trahissent en termes plus vrais. Il est juste de mettre un de ces passages en regard du premier :

1. Chapelle a trouvé quelque chose d'analogue :

> La terre aussi s'esmerveillant
> De voir de la céleste voûte
> Lui manquer le secours brillant,
> De crainte se cache en déroute.

2. Voilà une idée digne de Brillat-Savarin. Saint-Amant, malgré ses instincts de gourmand et la joyeuse allure de sa poésie, a vu la neige sous un jour plus mélancolique et plus pieux :

> Sa robbe d'innocence et de pure splendeur
> Couvre en quelque façon les crimes de la terre,

dit-il dans l'*Hiver des Alpes*. Il est inutile de multiplier ces rapprochements, qui seraient bien puérils s'ils n'aidaient à se rendre compte, par des exemples comparés, du style et des idées de cette époque.

¹ « Là, de tous costez, les fleurs, sans avoir eu d'autre jardinier que la Nature, respirent une haleine sauvage qui resveille et satisfait l'odorat; la simplicité d'une rose sur l'églantier, et l'azur esclatant d'une violette sous des ronces, ne laissant point de liberté pour le choix, font juger qu'elles sont toutes deux plus belles l'une que l'autre. Là, le Printemps compose toutes les saisons;... là, les ruisseaux racontent leurs voyages aux cailloux; là, mille petites voix emplumées font retentir la forêt au bruit de leurs chansons, et la trémoussante assemblée de ces gorges ¹ mélodieuses est si générale, qu'il semble que chaque feuille dans les bois ait pris la figure et la langue du Rossignol. Tantost vous leur oyez chatouiller un concert, tantost traisner et faire languir leur musique, tantost passionner une élégie par des soupirs entrecoupez, et puis amollir l'éclat de leurs sons pour exciter plus tendrement la pitié; tantost aussi ressusciter leur harmonie, et parmy les roulades, les fugues, les crochets et les éclats, rendre l'âme et la voix tout ensemble. »

Sans parler de ce style coloré, où chaque mot ajoute une nuance au tableau, n'est-ce point là, sauf quelques expressions de mauvais goût et l'inévitable recherche, un passage d'une fraîcheur charmante et délicieusement pittoresque? On croirait voir encadré, au milieu d'une bordure à la Quevedo, un paysage de Fénelon, plus jeune que lorsqu'il écrivait *Télémaque*, et qui se serait un peu laissé gâter par l'*Adone*. Il est pro-

---

1. « Vois branler leur petit gosier, » a dit Théophile en parlant des oiseaux, dans la *Solitude*. Quelques traits de cette description me paraissent imités du cavalier Marin, qui définit le rossignol, *une voix emplumée, un souffle errant vêtu de plume, un chant ailé, un petit esprit d'harmonie caché dans de petites entrailles*.

bable que l'auteur lui-même n'était pas mécontent de ce petit morceau, car il l'a répété presque textuellement, mais cette fois avec moins de couleur locale, ce semble, en parlant des campagnes de la Lune, dans la première de ses *Histoires comiques*.

En d'autres endroits, Cyrano paraît avoir été séduit par la puérilité même de certains sujets. En lisant ses lettres *sur l'ombre que faisaient des arbres dans l'eau et sur la description d'un cyprès*, on pense involontairement, pour peu qu'on ait la tête meublée de souvenirs classiques, à la pièce de Stace sur l'arbre d'Atedius Melior : comme Stace, Cyrano était homme à trouver un poëme dans une feuille ou dans un brin d'herbe.

Je recommande aux amoureux du paradoxe la lettre *pour une dame rousse*. C'est un long et méthodique plaidoyer fait par un avocat qui ne croit pas à sa cause. L'art de soutenir avec verve une ingénieuse extravagance n'est pas d'invention si récente qu'on pourrait croire, car voici un auteur qui, en plein XVII$^e$ siècle, s'entend mieux que pas un à ces subtiles jongleries de l'esprit, à ces jeux frivoles d'une imagination blasée. Ce fut toujours le côté faible de Cyrano, même dans ses meilleurs ouvrages, de pousser à l'excès la recherche de l'originalité et de préférer le neuf, fût-il faux, au vieux, fût-il naturel et vrai. Mais ce sont là des mots bien graves à propos d'un badinage littéraire : prenons garde de ressembler à un pédagogue, s'armant de harangues solennelles et de citations savantes à la moindre espièglerie d'un enfant terrible.

Si notre auteur n'avait fait que ces lettres bizarres et folles, j'approuverais fort mes prédécesseurs de n'avoir pas perdu leur temps à les examiner. Mais, déjà même dans cette première partie, il y a quelques pages qui méritent plus d'attention, pour des motifs divers. Je citerai d'abord la lettre adressée à M. Gerzan[1], sur son *Triomphe des dames* : on y reconnait, jusque sous les plaisanteries peu séantes, car de ce côté Cyrano se rattache à son compatriote Montaigne et à nos vieux comiques, l'homme qui, suivant son ami et biographe, le Bret, était pénétré du plus profond respect pour le beau sexe. Dans sa haine de la banalité et du lieu commun, il loue surtout Gerzan de n'avoir pas eu recours, pour exalter les dames, aux phrases et aux images rebattues, de n'avoir *point cloüé des estoilles dans leurs yeux*, de n'avoir *point dressé des montagnes de neige à la place de leur sein,... ainsi que tous les écrivains modernes*[2]. Dans ces quelques lignes, aussi bien que dans ses deux lettres *contre Monsieur de V.*[3] et *contre un liseur de romans*, on voit déjà l'ennemi du style langoureux des d'Urfé et des Gomberville. Cyrano de Bergerac a l'honneur d'avoir protesté, avant Molière et Boileau, contre le langage et les inventions romanesques, et cette protestation isolée, au milieu de l'en-

---

[1]. Écrivain aujourd'hui fort justement oublié, auteur de l'*Histoire africaine* et de l'*Histoire asiatique*.

[2]. Saint-Amant a dit à peu près de même :

> Car de lui faire un teint qui surpasse la neige...
> D'y mesler mainte rose en sa pure fraicheur,
> De lui percer le front de deux estoilles vives,
> Bref, sur un tel sujet ne dire rien qui vaille,
> Et dire cependant ce qu'on peut de subtil,
> Si ce n'est mesme chose, hélas ! que s'en faut-il ?
>
> *Amarante*.)

[3]. C'est à lui que Cyrano adresse cette agréable bouffonnerie : « Vous avez la bouche si large, que je crains quelquefois que votre teste ne tombe dedans. » La phrase m'a paru digne d'être notée comme spécimen.

gouement universel, témoigne d'une vigueur et d'une franchise naturelle du goût, que n'avaient pu corrompre entièrement l'enflure et la recherche espagnoles.

La lettre qu'il intitule le *Duelliste* est un document curieux pour la vie de ce d'Artagnan littéraire, et confirme tout ce que les mémoires du temps racontent de ses combats singuliers. On sait que Cyrano était le plus déterminé ferrailleur du monde, quoiqu'il professât un grand mépris pour les spadassins : ces contradictions entre les actes et la théorie ne sont pas rares, et l'étaient peut-être moins encore chez notre auteur que chez tout autre. A cette époque, où les duels étaient devenus une affaire de bon ton, ou plutôt d'engouement frénétique, dont les rigueurs de Richelieu et le supplice même de Bouteville ne purent arrêter le développement ; où tout galant homme se croyait obligé de porter une longue rapière au côté, la moustache relevée en croc, le chapeau penché sur l'oreille d'une façon victorieuse et provocatrice, et de dégaîner au moindre mot suspect ; où l'on se battait en pleine rue devant la foule amassée en cercle et se pressant aux balcons pour mieux voir ; au milieu de cette société qui poussait la bravoure jusqu'à la folie, un petit Périgourdin de dix-huit à vingt ans, sortant du collége, se fit bientôt connaître par-dessus les plus célèbres bretteurs. « Il faudroit, je pense, dit-il dans sa lettre, que Dieu accomplît quelque chose d'aussi miraculeux que le souhait de Caligula, s'il vouloit finir mes querelles. Quand tout le genre humain seroit érigé en une teste, quand de tous les vivants il n'en resteroit qu'un, ce seroit encore un duel qui me resteroit à faire : vraiment vous auriez grand tort de m'appeler maintenant le pre-

mier des hommes, car je vous proteste qu'il y a plus
d'un mois que je suis le second de tout le monde. »
N'allez pas croire, toutefois, d'après cette dernière
phrase, comme le Bret nous l'assure, mais plutôt en
ami qu'en très-fidèle historien, qu'*il n'eut jamais une
querelle de son chef :* les mémoires du temps ne permettent pas d'adopter sans réserve cette assertion, qui est
formellement contredite par le *Menagiana*.

J'arrive aux deux lettres *pour* et *contre les sorciers*,
qui sont sans contredit les plus importantes, on pourrait même dire, sans grande injustice, les seules importantes de cette première partie. L'imagination de
Cyrano avait toujours été attirée par l'attrait mystérieux des sciences occultes. Il y revient souvent, soit
dans sa comédie du *Pédant joué,* dont certains passages présentent un grand étalage d'érudition diabolique; soit dans ses romans, où il montre qu'il avait fait
une étude spéciale de Cardan et des démonographes.
La lettre pour les sorciers est une espèce de conte fantastique, écrit en un style dont la vigueur et l'originalité
n'excluent pas cette fois le naturel et la juste mesure.
Elle fera tressaillir d'aise les amateurs des ballades
magiques, où figure l'assemblée grimaçante des sorcières accroupies sur leurs manches à balai. Rien ne
manque à la décoration : ni la lune, plus pâle qu'à
l'ordinaire, et qui s'éclipse trois fois, *ni l'horreur d'un
silence effroyable*, ni le vieillard à longue barbe blanche,
portant *à l'endroit du cœur une chauve-souris à demi-
morte*. Il faut lire dans Cyrano les opérations du sorcier, racontées avec une exactitude qui s'allie sans
effort à la verve. Certains traits de cette peinture rappellent Canidie et Sagana : ce vieillard qui *ne remuoit
presque point les lèvres,* quoiqu'on entendît *dans sa gorge*

4

*un bruissement comme de plusieurs voix entremêlées*, fait penser involontairement au vers d'Horace :

Umbræ cum Saganâ resonarent triste et acutum.

Cyrano était savant ; l'ardeur qu'il portait en toutes choses, il l'avait également portée dans l'étude, et il connaissait son antiquité mieux que pas un mousquetaire. Il n'est nullement impossible qu'il se soit ressouvenu du poëte latin, quoiqu'il eût peu de goût pour les imitations. En lisant cette lettre, pour peu qu'on se laisse aller, sans essayer de se roidir, aux impressions qu'elle éveille, une certaine terreur mystérieuse vous envahit par degrés, car on a beau faire le brave, on est toujours plus ou moins comme les enfants qui ont peur dans les ténèbres. Et d'ailleurs, comment rire de ces choses auxquelles ont cru autrefois les plus graves esprits, la gloire de leur siècle, les Bacon, les Postel, les de Thou, les d'Aubigné, etc.? Ceux qui ont lu Bodin, dont la *Démonologie* était publiée depuis une soixantaine d'années à peine, Boguet, Le Loyer, Delancre, savent que la magie n'était pas pour nos pères une fantasmagorie innocente, destinée à servir de jouet à la curiosité et de ressource à la poésie, mais une réalité terrible et fatale, une menace perpétuellement suspendue sur leurs têtes. Le dernier siècle avait vu fleurir, parmi les prophètes et les magiciens plus ou moins en possession du crédit populaire, les noms de Gauric, de Cardan, de Paracelse, de Jean Dorat, et du grand Nostradamus, escorté de son disciple et commentateur Chavigny. Enfin les supplices récents des quatre Espagnols condamnés à Bordeaux en 1610, du prêtre Louis Gaufridy, du médecin Poirot, d'Urbain Grandier, le curé de Loudun, d'Adrien Bouchard et de Gargan, pour ne citer qu'eux, démontrent assez que ces comédies tournaient souvent au tragique.

Il ne faudrait donc pas trop accuser le bon sens de notre auteur, quand même il eût pris tout à fait au sérieux la vision qu'il raconte et les croyances bizarres dont il se fait l'interprète. Mais il n'en est point ainsi : après avoir plaidé le pour, il n'en devait rien coûter à Cyrano, avocat complaisant et rhéteur habile, de soutenir le contre. Ou plutôt, cette première lettre n'est évidemment qu'une fantaisie, un drame romanesque dont la mise en scène a souri à son imagination. S'il a d'abord parlé en artiste, il va maintenant parler en philosophe dans cet éloquent plaidoyer où, selon son habitude, il s'élève de tout l'essor de son esprit original et dédaigneux au-dessus des superstitions les plus enracinées. Sa lettre *contre les sorciers* est une réfutation, vive et spirituelle autant que catégorique, des croyances vulgaires dont tout à l'heure il nous traçait le tableau. Il s'attache surtout à démontrer, et le fait avec beaucoup de force et de verve, que la plupart des *possessions* ne sont que des feintes adroites, des comédies intéressées. Il fallait alors une certaine vigueur d'esprit pour rompre aussi vaillamment en visière à ces préjugés intraitables ; il fallait, en un mot, ce caractère qu'il a décrit lui-même : « Non, je ne croy point de sorciers, encore que plusieurs grands personnages n'ayent pas esté de mon advis, et je ne deffère à l'autorité de personne, si elle n'est accompagnée de raison, ou si elle ne vient de Dieu, Dieu, qui tout seul doit estre cru de ce qu'il dit, à cause qu'il le dit. Ny le nom d'Aristote[1], plus savant que moy, ny celuy de Platon,

---

1. Ce n'est pas la seule fois qu'il s'en prend à Aristote ; on dirait

ny celuy de Socrate, ne me persuade point, si mon jugement n'est convaincu par raison de ce qu'ils disent : la raison seule est ma reyne, à qui je donne volontairement les mains¹ ; et puis je sçay par expérience que les esprits les plus sublimes ont choppé le plus lourdement : comme ils tombent de plus haut, ils font de plus grandes cheutes. Enfin nos pères se sont trompez jadis, leurs neveux se trompent maintenant, les nostres se tromperont quelque jour. N'embrassons donc point une opinion à cause que beaucoup la tiennent, ou parce que c'est la pensée d'un grand philosophe; mais seulement à cause que nous voyons plus d'apparence qu'il soit ainsi que d'estre autrement. »

J'ai cité ce passage, parce que c'est là tout Cyrano. Sa grande peur fut toujours de se traîner, avec le troupeau servile, dans les sentiers battus; sa grande préoccupation, de se frayer une route et d'y marcher dans toute son indépendance. Voilà ce qui fait en même temps sa force et sa faiblesse. Quoi qu'il en soit, on voit que le talent de l'auteur s'élève et s'épure avec le sujet. Je n'irai pourtant pas jusqu'à dire, avec M. Ch. Nodier, que j'aimerais mieux avoir fait cette seule lettre que toutes les *Provinciales;* cela me paraît d'un enthousiasme un peu risqué.

Il faut avouer que, parfois, dans ces pages, on sent

qu'il lui en veut d'avoir servi de prétexte et de bouclier à tant de sottises, et qu'il s'impatiente de l'entendre sans cesse appeler le juste. Il ne le traite pas toujours aussi poliment qu'ici.

1. Ch. Sorel, un esprit qui n'était pas sans quelques analogies avec Cyrano, s'exprime à peu près de la même manière au sujet d'Aristote, dans l'*advertissement* qui termine le premier volume de sa *Science universelle*, et ajoute : « L'on ne doit aymer que la vérité et la raison, qu'il faut recevoir de quelque lieu qu'elles nous viennent. »

le *libertin*, comme on disait alors. Cyrano a beau protester de son profond respect pour les décisions de l'Église, j'ai peur que le plaisir de se moquer des révérends exorcistes ne se soit mêlé dans son esprit à celui de convaincre le Diable d'ineptie. Bien d'autres passages pourraient confirmer ce soupçon, ne fût-ce que sa *Description du Carême*, où il semble parfois n'avoir eu d'autre but, en choisissant la forme d'un badinage littéraire, que d'exprimer plus librement sa pensée. On sait qu'il s'était formé dans la jeunesse de ce temps des coteries de sceptiques et d'esprits forts; certaines sociétés littéraires se piquaient de faire profession d'incrédulité, parfois d'athéisme. Comment Cyrano, lancé au milieu de ce monde à l'âge de dix-huit ans, plein d'une ardeur imprudente et d'une curiosité téméraire qui n'avaient d'égale que son inexpérience, presque au sortir de ce presbytère de campagne où il s'était ennuyé à mourir, eût-il pu se tenir à l'écart et ne point se laisser entraîner? Il céda à la tentation, et ce fut seulement dans sa dernière maladie qu'il revint à des sentiments plus chrétiens. Mais, du moins, il sut conserver quelque modération jusque dans son incrédulité même : on ne voit pas qu'il ait jamais pris part à ces extravagantes débauches d'impiété auxquelles se plaisaient Miton, Desbarreaux et Saint-Pavin. Si l'on trouve dans ses écrits quelques hardiesses à peine déguisées, quelques traits d'une sceptique ironie, quelques traces peu équivoques de matérialisme, qui trahissent le disciple exagéré de Gassendi, le partisan de la philosophie de Démocrite et de Pyrrhon, ces passages n'ont rien de provocateur, presque rien même qui ne puisse, avec un peu d'indulgence, s'expliquer sans encombre, et ils sont contre-balancés par d'autres où, comme dans sa lettre *contre les Frondeurs*, Cyrano affiche un grand zèle pour l'Église orthodoxe. Il est vrai que ce zèle était, cette fois, dans les intérêts de sa cause.

La plus curieuse et la plus importante partie des lettres de notre auteur est, sans contredit, la deuxième, qu'il intitule *Lettres satiriques*, et qu'il eût mieux fait d'intituler *Lettres injurieuses*. C'est là surtout qu'il se révèle tout entier avec son humeur arrogante, son caractère narquois et hautain ; c'est là qu'il faut étudier cet étrange littérateur, écrivant avec son épée, comme il le dit lui-même [1], et toujours prêt, comme le Gareau de sa comédie, à donner un coup pour un argument. En lisant certaines lettres de son recueil, celles, par exemple, qu'il intitule *le Duelliste, contre Soucidas, contre un gros homme,* on comprend mieux le langage que les comédies du temps prêtent à leurs matamores, et l'on s'empresse moins de les condamner comme des exagérations ridicules et dénuées de toute vraisemblance. Voici un homme qui parle sérieusement, en son propre nom, le style qu'il a prêté lui-même au capitan de sa comédie, le plus outré peut-être de ces personnages qui nous paraissent tous aujourd'hui si outrés. Il y a là, sinon la justification entière, du moins une excuse et une explication des rôles de ce genre.

On pardonne volontiers à Cyrano les bravacheries et les fanfaronnades dont ces pages sont remplies, parce qu'on sait que ce n'était pas des mensonges, et qu'il se battait dans ses lettres comme il se serait battu en champ clos. C'est la nature qui perce sous le rhéteur ; la fougue du tempérament emporte sa plume comme elle emporterait son épée, et l'on est si ravi de trouver

---

[1]. Dans sa lettre du *Duelliste*.

un vaillant de cette force dans un homme de lettres, qu'on n'a pas trop le courage de lui reprocher ce ton *crâne* et ces allures *fendantes*, comme on le ferait à Scudéry, un autre spadassin littéraire, dont les préfaces surtout offrent une matière d'intéressantes comparaisons avec certains passages de Cyrano. La violence qui règne dans la plupart des *Lettres satiriques* étaient dans les mœurs du temps. Le XVIIe siècle ne devait jamais entièrement répudier, même dans sa période la plus éclatante de politesse et de bon goût, ce legs de son prédécesseur, et rien n'y est plus commun que ces gladiateurs de plume, suivant l'expression de Balzac.

Cette seconde partie renferme encore trop de lettres insignifiantes, sans idées et sans mesure, qui fatiguent par l'excès de la recherche et les raffinements puérils du style ou de la pensée. Ces insipides fadaises suffiraient pour faire jeter le livre, si, à côté de ses plus mauvaises pages, mélange prétentieux de tout ce que Lalli, Caporali, Marini, Gracian et Quevedo renferment d'oripeaux et de paillettes fanées, il n'y en avait d'autres où l'on pressent un écrivain de premier ordre qui n'est pas encore parvenu à se dégager.

Cyrano a écrit une lettre *contre un pédant* : c'est un sujet sur lequel il revient sans cesse avec une véritable volupté, dans sa comédie et même dans ses romans. Il ne connaissait pas de plus sanglante injure que ce mot. Cette horreur l'avait pris dès l'enfance, chez le curé de campagne où son père l'avait placé pour y commencer ses études. « Je me souviens, dit le Bret dans sa biographie, de l'aversion qu'il avoit dès ce temps-là pour ce qui luy paroissoit l'ombre d'un Sidias[1],

---

[1]. C'est le nom donné par Théophile, dans ses Fragments d'histoire

parce que, dans la pensée que cet homme en tenoit un peu, il le croyoit incapable de luy enseigner quelque chose. » Ce sentiment de répulsion ne fit que s'accroître de plus en plus, surtout quand il eut passé par le collége de Beauvais, que dirigeait alors Grangier ; par une conséquence naturelle, quoique poussée à l'excès, la *nation des critiques* lui semblait insupportable. Les critiques se sont bien vengés de ses dédains, en laissant passer près de deux siècles sans s'occuper de lui.

Dans sa lettre *contre les médecins*, Cyrano, comme son ami et condisciple Molière, comme la Fontaine et Boileau, comme beaucoup d'autres contemporains, s'en prend à ces doctes élèves d'Hippocrate, dont la science consistait surtout à tuer scrupuleusement leur homme d'après les règles. Il y a tracé le portrait d'un homme de l'art, qui est, à coup sûr, l'aïeul du médecin Tant mieux de la Fontaine. « Admirez l'effronterie de mon bourreau : plus je sens empirer le mal qu'il me cause par ses remèdes, et plus je me plains d'un nouvel accident, plus il tesmoigne s'en réjouir, et ne me panse d'autre chose que d'un tant mieux. Quand je luy raconte que je suis tombé dans un syncope léthargique qui m'a duré près d'une heure, il répond que c'est bon signe ; quand il me void entre les doigts d'un flux de sang qui me déchire :

---

comique, à un pédant qu'il fait discuter à coups de poing, pour soutenir qu'*odor in pomo non est forma, sed accidens*. La Bruyère a pris aussi à Théophile ce nom de Cydias. Cette guerre contre les pédants est générale dans la première moitié du siècle ; on la retrouve encore dans les comédies, dans Ch. Sorel, et même dans Ménage et Balzac, qui pourtant étaient considérés eux-mêmes comme des types du genre, et qu'on raillait comme tels. Suivant l'abbé de Pure, les *précieuses*, ces pédantes du beau ton, faisaient, entre autres vœux, celui de haïr les pédants.

« Bon, dit-il, cela vaudra une saignée ; » quand je m'attriste de sentir comme un glaçon qui me gagne toutes les extrémitez, il rit, en m'assurant qu'il le sçavoit bien que ses remèdes éteindroient ce grand feu. Quelquefois mesme, que semblable à la mort, je ne puis parler, je l'entends s'écrier aux miens qui pleurent de me voir à l'extrémité : « Pauvres gens que vous estes, ne voyez-vous pas que c'est la fièvre qui tire aux abois ! » Voilà comme ce traistre me berce ; et cependant, à force de me bien porter, je me meurs. » La lettre de Cyrano prouve que Purgon et Diafoirus sont des types historiques. « Ils sont tellement ennemis de la chaleur, dit Cyrano, qu'ils n'ont pas sitost connu dans un malade quelque chose de tiède, que, comme si ce corps estoit un Mont-Gibel, les voilà tous occupez à *saigner*, à *clisteriser*, à noyer ce pauvre estomach dans le Cené, la Casse, la Tisanne, et debiliter la vie, pour debiliter, disent-ils, ce feu qui prend nourriture, tant qu'il rencontre de la matière. »

Ainsi les titres seuls, et, à plus forte raison, le contenu de la plupart de ses lettres, sont déjà une révélation curieuse et sans arrière-pensée du caractère, des goûts, surtout des antipathies de l'auteur. Elles nous apprennent que Cyrano avait en horreur les poltrons[1],

---

1. Je trouve dans sa *Lettre contre un poltron* matière à quelques rapprochements qu'on trouvera peut-être singuliers : « La moindre puce en vie, y dit-il, vaut mieux que le grand Alexandre décédé. » C'est le vers de la Fontaine :

Mieux vaut goujat debout qu'empereur enterré.

Théophile a dit de même, dans sa tragédie de *Pyrame et Thisbé* :

Le moindre chien vivant vaut mieux que cent cohortes
De tigres, de lions et de panthères mortes.

Et C. le Petit, dans l'*Heure du Berger* (1662) : « J'estime sans compa-

les mendiants, les faux braves; qu'il détestait l'avarice, et que sa bourse était toujours ouverte à ses amis; que les plagiaires étaient à ses yeux plus coupables et dignes de châtiments plus sévères que les voleurs de grands chemins. Tant qu'il demeure ainsi dans les généralités, on lui passe assez volontiers ses intempérances de style : En écrivant *contre un ingrat* ou *contre un médisant*, c'est contre l'ingratitude ou la médisance qu'il écrit; seulement il aimait mieux donner un corps à ce qu'il attaquait, et se battre contre une personne que contre une abstraction. Il fallait toujours à ce bretteur intrépide quelque chose qui ressemblât à un combat particulier. Mais lorsque, sous le masque d'une transparente anagramme, ou en soulevant lui-même d'une main le voile de l'anonyme qu'il feint d'étendre de l'autre, il satisfait violemment ses haines personnelles, alors l'esprit le moins délicat se récrie contre ces habitudes de *bravo* transportées dans la littérature.

Sa lettre *contre un gros homme* s'adresse, sans le moindre doute, au comédien Montfleury, de l'hôtel de Bourgogne, qui a laissé la tragédie de la *Mort d'Asdrubal*. Tout le monde a lu l'histoire si souvent citée de ses démêlés avec cet acteur. Il s'était pris, je ne sais pourquoi, d'une haine violente contre lui et lui avait interdit la scène pour un mois. Montfleury n'en tint compte, et, deux jours après, reparut sur le théâtre.

---

raison plus un chien vivant qu'un satrape mort » (p. 29). *Id.* la Thuillerie (*Crispin Bel-esprit*, sc. 13). « Il est bien certain, dit Voltaire (Lettre au roi de Prusse, 1772), qu'un lion mort ne vaut pas un chien vivant. » On voit que ces phrases sont tout à fait les mêmes. Ç'a été longtemps une sorte de proverbe courant; seulement Cyrano, qui est sans pitié pour les lecteurs délicats, n'a pas manqué de prendre pour terme de comparaison cet animal de mauvaise compagnie auquel il revient beaucoup trop souvent dans ses Lettres.

Cyrano, du parterre, lui crie de quitter la place au plus vite; et comme sa victime, troublée, hésitante, essayait de continuer, notre homme s'emporte et menace de le rouer de coups de bâton, s'il n'obéit. Le comédien connaissait assez sans doute celui à qui il avait affaire pour juger qu'il ne serait pas prudent de le braver ; aussi s'exécuta-t-il, et d'un mois on ne le revit plus à l'hôtel de Bourgogne. Cette anecdote, que raconte le *Ménagiana*, paraîtrait tout à fait incroyable, si l'on ne savait quelles étaient les habitudes des théâtres d'alors, et quelles licences s'y donnaient souvent les gentilshommes assis sur la scène et le parterre debout.

C'est sans doute vers cette époque, et dans tout le feu de son courroux, que Cyrano écrivit cette lettre; il écrase son adversaire de formidables quolibets, sans épargner sa tragédie, qu'il compare à la corneille d'Ésope, et qu'il accuse d'avoir été composée un peu par tout le monde. Mais c'est principalement sur sa monstrueuse grosseur qu'il s'évertue avec délectation : « Pensez-vous donc, dit-il plaisamment, à cause qu'un homme ne vous sçauroit battre tout entier en vingt-quatre heures, et qu'il ne sçauroit en un jour échigner qu'une de vos omoplates, que je me veuille reposer de vostre mort sur le bourreau ? » Il n'a pas été le seul à tourner en raillerie cette infirmité, qui forçait le malheureux acteur à se cercler le ventre afin de le maintenir dans les bornes : Molière, dans son *Impromptu de Versailles* (sc. 1), a plaisanté cruellement aux dépens de ce roi *gros et gras comme quatre, entrepaillé comme il faut;* de ce *roi d'une vaste circonférence*, qui peut *remplir un trône de la belle manière*.

Notre auteur, qui était en guerre avec beaucoup de gens, traite encore plus mal Dassouci, car je n'ai pas besoin de dire que c'est lui qu'il désigne sous le nom de Soucidas, comme plus loin il fait Ronscar de Scarron. Il est vrai que l'empereur du burlesque était un pied plat, dont les mœurs ne valaient guère mieux que les ouvrages, ce qui est beaucoup dire. Mais, du moins par respect pour lui-même, Cyrano eût dû se garder d'imiter le langage qu'il attaquait chez son adversaire : sa lettre abonde en plaisanteries peu attiques, et c'est par une distraction singulière qu'il a pu lui reprocher que sa poésie était trop des halles.

On rencontre dans ces quelques pages certains détails qui peuvent servir à l'histoire de Dassouci, pourvu qu'on en use avec une sage réserve. Cyrano nous le représente comme un laid petit homme, fort sale et fort puant, se rapprochant beaucoup de la physionomie du singe et du magot, aux dents longues, au nez retroussé, impie, libertin, bavard, jasant et frétillant sans intervalle, si bien qu'on eût cru volontiers que sa parole était le son produit par le mouvement perpétuel de ses nerfs desséchés, résonnant comme les cordes d'une aigre guitare. Il était gueux, avare, tricheur au jeu, criblé de dettes et toujours affamé; son nez semblait le reposoir et le paradis des chiquenaudes, et l'on avait semé sur ses épaules tant de coups de bâton, que, s'ils y avaient pris racine, elles eussent porté un grand bois de haute futaie. C'est là une caricature sans doute; mais il y a des caricatures qui sont plus ressemblantes que les portraits, et celle-ci pourrait bien être du nombre. Du reste, si vous aimez le calembour, lisez cette lettre, on en a mis partout.

Et pourtant, on trouve à la suite de l'*Ovide en belle humeur* du même Dassouci, publié en 1653, un madrigal louangeur de Cyrano, qui s'était sans doute réconcilié avec lui. De même, dans les quelques lettres qui ont été ajoutées à son recueil après la première édition, il y en a une *pour Soucidas,* contre un partisan qui avait refusé de lui prêter de l'argent.

Notre auteur va s'attaquer à Scarron avec plus d'acharnement encore. On peut s'étonner, en vertu d'un proverbe bien connu, de lui voir traiter ainsi ses confrères en burlesque. Pour découvrir l'origine et les causes de sa guerre contre le pauvre cul-de-jatte, il faut remonter jusque dans les hautes sphères de la politique. On était alors en pleine Fronde; tous les écrivains s'étaient déclarés contre le cardinal, et semblaient avoir pris pour devise le mot de Gui Patin : *Non sum animal Mazarinicum.* Scarron brillait au premier rang de cette fougueuse croisade. Or Cyrano de Bergerac était mazarin. Avant Naudé, dont le *Mascurat* ne fut publié qu'en 1649, il prit la défense du ministre, et il le fit avec cette vigueur et cette décision qu'il mettait en toutes choses. C'était encore un acte d'originalité et d'indépendance que de se séparer avec tant d'éclat du parti populaire, en 1648, au moment où le roi venait d'être obligé de quitter Paris. Mais Cyrano ne s'effrayait pas pour si peu : celui qui dispersait à lui seul, à la porte de Nesle, un rassemblement de cent hommes venus pour insulter son ami Linière, pouvait bien affronter, seul aussi, toute la nuée des chansonniers et des pamphlétaires, gens plus braves habituellement en paroles qu'en actes. Il commença d'abord par attaquer l'*Homère de la Fronde*, et ne pouvant l'appeler sur le pré, il s'étudia du moins à donner à sa lettre toutes les allures d'un combat singulier. Il l'accuse de répandre l'écume de la rage et de la calomnie sur la pourpre d'un prince de l'Église. Il ajoute que ce *monstre, semblable au*

*Codinde, aussi bien en sa difformité qu'en son courroux, ne peut supporter la veuë d'un chapeau d'écarlate sans entrer en fureur.* Voilà, sans doute, de beaux motifs d'indignation ; mais regardons de plus près, et nous verrons passer, en un aveu naïf, le bout d'oreille de l'auteur, blessé dans son amour-propre. Il lui reproche, en effet, dans la même lettre, d'en être *venu à ce poinct de bestialité que de bannir les poinctes... de la composition des ouvrages*[1] Ce crime a frappé Cyrano ; il y revient à plusieurs reprises, et pour mieux lui prouver qu'il a tort de mépriser une si belle chose, joignant l'exemple au précepte, comme tous les grands maîtres, il lui assure que les chevaux attelés au char de sa renommée auraient bien besoin qu'il se servît de *pointes,* pour la faire avancer plus vite ; autrement elle court risque de ne pas faire un long voyage. Plus loin, il l'accuse de n'avoir point voulu écouter la lecture d'un de ses sonnets : c'étaient là deux crimes impardonnables, on en conviendra, et qui devaient bien entrer pour quelque chose dans cette généreuse colère. Sonnets, sonnets, éternelles pommes de discorde, que de gens vous avez brouillés! Est-ce que l'Oronte du *Misanthrope* aurait pris à Cyrano ce trait de haute comédie?

Comme on peut croire, Scarron ne sort que tout meurtri des mains du terrible mousquetaire. Celui-ci

---

1. Si l'on veut connaître le fond de l'opinion de Cyrano sur la pointe, il faut lire la préface qu'il a mise en tête de ses *Entretiens pointus* : « La pointe, dit-il, est l'agréable jeu de l'esprit, et merveilleux en ce poinct qu'il réduit toute chose sur le pied nécessaire à ses agrémens, sans avoir égard à leur propre substance... Toujours on a bien fait pourvu qu'on ait bien dit : on ne pèse pas les choses ; pourvu qu'elles brillent, il n'importe, et s'il s'y trouve d'ailleurs quelques défauts, ils sont purifiés par le feu qui les accompagne. »

le déclare convaincu de n'avoir su que détruire, d'avoir profané Virgile et la poésie, et de ressembler à une grenouille en colère coassant au pied du Parnasse. Il lui conseille d'obtenir un arrêt de la cour portant commandement aux harengères de ne rien changer à leurs façons de parler, de peur qu'on ne vienne à se demander, avant quatre mois, en quelle langue il a écrit. Il prétend que Scarron n'a de l'esprit que depuis qu'il est malade, qu'il revend ses drogues aux libraires pour en tirer doublement parti, et qu'il force tout le monde à s'étonner comment les vingt-quatre lettres de l'alphabet peuvent, sous sa plume, s'assembler en tant de façons sans rien dire. C'était bien assez, et, par honneur pour lui, il eût dû s'arrêter là ; mais cet homme, si chatouilleux pour tout ce qui touchait de près ou de loin à sa considération personnelle, se laisse aller néanmoins à railler les infirmités physiques de son adversaire avec une cruauté grossière, qui n'a d'égale que sa verve bizarre. Jamais Callot n'a tracé une silhouette de grotesque plus puissante, dans sa pittoresque laideur, que celle dont je vais citer quelques lignes :

« Sans mourir, il a cessé d'estre homme, et n'en est plus que la façon... A le voir sans bras et sans jambes, on le prendroit (si sa langue estoit immobile) pour un Terme planté aux parois du temple de la Mort... A curieusement considérer le squelette de cette momie, je vous puis assurer que si jamais il prenoit envie à la Parque de danser une sarabande, elle prendroit à chaque main une couple de Ronscars, au lieu de castagnettes, ou tout au moins elle se passeroit leurs langues entre ses doigts pour s'en servir, comme on se sert de cliquettes de ladres. Ma foy, puisque nous en sommes arrivez jusques-là, il vaut autant achever son portrait.

Je me figure donc (car il faut bien se figurer les animaux que l'on ne montre pas pour de l'argent) que si ses pensées se forment au moule de sa teste, il doit avoir la teste fort plate... On adjouste à sa description qu'il y a plus de dix ans que la Parque luy a tordu le col sans le pouvoir estrangler; et, ces jours passez, un de ses amis m'asseura qu'après avoir comtemplé ses bras tords et pétrifiez sur ses hanches, il avoit pris son corps pour un gibet, où le Diable avait pendu son âme, et se persuada mesme qu'il pouvoit estre arrivé que le ciel, animant ce cadavre infecté et pourry, avoit voulu, pour le punir des crimes qu'il n'avoit pas commis encore, jetter par avance son âme à la voirie [1]. »

Mais ce n'était là qu'une première escarmouche. Voici maintenant la lettre, ou plutôt le pamphlet contre les frondeurs; car, par son ton, sa longueur, son importance, sa physionomie tout entière, c'est un véritable pamphlet. L'auteur le lança, comme un obus, dans les rangs adverses, pendant le siége de Paris, au milieu de la plus grande effervescence populaire. Dès l'abord, Cyrano se proclame mazarin, avec la décision de Polyeucte s'écriant : « Je suis chrétien, » en face du bourreau. Et ce n'est point par servilité qu'il se range de ce parti, car la nature s'est peu souciée de le faire bon courtisan, mais par amour pour la vérité et

---

1. On ne s'aperçoit pas que Scarron se soit jamais occupé de lui répondre; il n'y a pas trace du nom de Cyrano dans ses œuvres. Celui-ci a passé, pour ainsi dire, inaperçu. Cyrano marchait seul, à l'écart des coteries et des écoles littéraires, et il dédaigna toujours de soigner sa réputation. Pourtant Boileau l'a nommé, et, plus tard, la Bruyère aussi; mais c'est à peu près tout. Dans la longue liste de ses amis, que nous a donnée le Bret, je ne trouve que deux hommes de lettres d'une certaine célébrité, Linière et l'abbé de Villeloin.

la justice. S'il avait voulu briguer les applaudissements et la faveur, il eût écrit pour la Fronde; mais rien ne marque plus une âme vulgaire que de penser comme le vulgaire. Cette phrase est curieuse, et elle fait bien clairement entendre que c'était au moins autant par originalité que par conviction que Cyrano se déclarait pour l'impopulaire cardinal.

Que reproche-t-on à Mazarin? continue-t-il. Les poëtes du Pont-Neuf allèguent qu'il est Italien; mais un honnête homme n'est ni Français, ni Italien, ni Espagnol; il est citoyen du monde, et sa patrie est partout. Du reste, né à Rome, ville neutre, il a pu, par conséquent, s'attacher aux intérêts de la nation qu'il a voulu choisir, et les heureux fruits de son ministère témoignent bien que la faveur du ciel a ratifié son choix. Il est Italien, c'est vrai; mais de quoi se plaint-on, puisqu'il n'avance que des Français, qu'il n'a fait aucune créature, et qu'il laisse même se morfondre à la cour de grands seigneurs, ses compatriotes et ses parents? Ce n'est pas d'aujourd'hui que les mécontents imputent à la bonne fortune des autres les mauvais offices de la leur; ils se plaindraient de n'avoir pas de quoi se plaindre. Ils l'appellent ingrat pour n'avoir pas fait de créature, et, s'il en eût fait, ils l'eussent nommé ambitieux; parce qu'il a poussé les frontières de la France en Italie, il est traître envers son pays natal, et s'il ne l'eût pas fait, il se serait entendu contre nous avec ses compatriotes.

On attaque ensuite sa naissance, et l'on fait semblant de ne pas savoir qu'elle est des plus nobles. Le peuple des Halles et de la place Maubert ne serait pas de la lie s'il pouvait être sainement informé de quelque chose : dans sa bassesse, il se venge des vertus élevées auxquelles il ne peut atteindre en les calomniant.

On l'accuse encore d'avoir protégé les cardinaux Barberins, mais il n'y pouvait manquer sans imprudence et sans forfaire à l'honneur. Quant aux extorsions qu'on lui impute, sur quoi se fonde-t-on, puisque le parlement de Paris, après le plus minutieux examen, n'a même pu trouver à reprendre un quart d'écu dans ses comptes? A-t-il établi un seul nouvel impôt? Non; les anciens mêmes sont perçus avec moins de rigueur, quoique les nécessités soient plus grandes. Croit-on, d'ailleurs, que ce soit avec des feuilles de chêne qu'on peut payer cinq ou six armées, entretenir les correspondances de l'intérieur et de l'extérieur, faire révolter des royaumes entiers, etc.? Mais « monsieur le drapier se figure qu'il en va du gouvernement d'une monarchie comme des gages d'une chambrière ou de la pension de son fils Pierrot. » Si les choses n'ont pas toujours répondu à ses conseils, c'est qu'il est maître de son raisonnement, non des caprices de la fortune. Repoussés de ce côté, ses adversaires lui reprochent le palais qu'il a fait bâtir à Rome; mais le moindre des cardinaux y a le sien, et cette magnificence, dont sa bourse a fait tous les frais, tourne à la gloire de notre nation.

La plus terrible accusation qu'on porte contre lui, c'est d'être l'auteur du siége de Paris. Il est injuste d'attribuer à lui seul une résolution qui a été prise en commun dans le conseil, où il n'a que sa voix comme tout autre. Il a été contraint, malgré lui, d'en arriver là; mais du moins il a exécuté cette mesure avec une extrême douceur et des ménagements infinis, semblable à un père qui se contente de montrer les verges à ses enfants. Ainsi tombent devant un examen sincère tous les chefs d'accusation accumulés contre lui. On ne laisse pas de le comparer avec son prédécesseur, pour le rabaisser par ce rapprochement, sans songer que c'est Richelieu qui l'a choisi lui-même comme un successeur digne de lui.

Jamais, du reste, les armes, les lettres et la religion n'ont été plus favorisées : les armes, témoin MM. de Gassion et de Rantzau, faits, par son crédit, maréchaux de France ; la religion, témoin le père Vincent, chargé de veiller à la juste distribution des bénéfices ; les lettres, témoin le docte Naudé, qu'il honore de son amitié, et la grande bibliothèque qu'il a fait construire à ses frais.

Cyrano poursuit son plaidoyer par des considérations plus générales et plus philosophiques. Déjà, dans les pages précédentes, on avait pu remarquer qu'il ne parlait de la populace qu'avec un dédain bien visible ; il la traitait volontiers de *canaille*, et tournait en ridicule les petits commerçants et les petits bourgeois, avec une morgue des plus prononcées. Ici, il va étaler plus nettement ses opinions de gentilhomme, et, si l'on me passe ce mot, qui est presque un anachronisme, ses théories ultraroyalistes. Il pose en fait que, le roi étant l'image vivante de Dieu, qui l'a choisi pour notre maître, contrôler ses volontés c'est accuser d'erreur la majesté divine. Le gouvernement de la terre, ajoute-t-il, doit être monarchique, pour se modeler sur celui du ciel ; et il conclut de l'inviolabilité du prince à celle de son favori, car, comme le prince est l'image de Dieu, le favori est l'image du prince ; c'est trop peu dire son image, il est son fils, par choix et par création. Ainsi les attaques dirigées contre un ministre remontent en réalité jusqu'à Dieu.

On voit que Cyrano était loin de porter dans la politique la liberté de vues qu'il montrait ailleurs : c'est un exemple de plus qu'on peut ajouter à la liste de ses contradictions. On aurait donc grand tort d'en faire, à cause de son caractère bien connu, une espèce de révolutionnaire anticipé. Il n'est pas fort éloigné de croire, s'il n'ose tout à fait l'affirmer, que les républicains sont hors de la voie du salut, car ce n'est plus un bel esprit libertin qui parle dans cette lettre, mais un homme plein de zèle pour la foi, plein de sollicitude pour les intérêts sacrés de l'Église; et j'avoue que je me défie un peu de cette conversion à point nommé, qui concorde si bien avec les besoins de sa cause.

Corneille a dit dans *Cinna*, par la bouche de Maxime :

Le pire des États, c'est l'État populaire.

Et Bossuet : « L'État populaire qui est le pire de tous[1]. » Cyrano dit à peu près de même : « Le gouvernement populaire est le pire fléau dont Dieu afflige un Estat, quand il le veut chastier. » Et il ajoute : « N'est-il pas contre l'ordre de la nature qu'un bastelier ou un crocheteur soient en puissance de condamner à mort un général d'armée, et que la vie du plus grand personnage soit à la discrétion des polmons du plus sot, qui, à perte d'haleine, demandera qu'il meure? » La Fronde avait soulevé et mis en mouvement ces grandes questions politiques qu'on avait laissées sommeiller jusqu'alors; elle avait jeté en quelque sorte dans la circulation, par une conséquence naturelle de l'esprit de révolte, un grand courant d'idées hasardeuses et téméraires, et avait même été jusqu'à toucher au mot de répu-

---

1. *Avertissement aux protestants.*

blique. La discussion s'engage, en effet, sur tous ces points, dans la lettre *contre les Frondeurs;* mais il est vrai de dire qu'elle reste d'un bout à l'autre assez superficielle et beaucoup trop rapide. Cyrano devait se sentir un peu dépaysé sur ce terrain, et il cherche à se tirer de cette partie de sa polémique par les figures de rhéteur, les exagérations et les subtilités.

Il a établi qu'en attaquant un favori du roi on s'attaquait à Dieu même. Qu'est-ce donc lorsque ce favori est un prince de l'Église? Alors on est vraiment apostat, on offense le Saint-Esprit qui préside à la promotion de tous les cardinaux, et on ne doit pas douter qu'il ne punisse ce « sacrilége aussi rigoureusement qu'il a puny le massacre du cardinal de Guise, dont la mort, *quoy que juste,* saigna durant vingt ans par les gorges de quatre cens mille François. » Si la rébellion devait réussir, ce serait le bouleversement et le chaos universels, et la guerre s'allumerait à l'extérieur comme à l'intérieur. Mais, grâce à Dieu, nous sommes loin d'un tel résultat : « On se cache déjà pour dire : *le cardinal*, sans *monseigneur*, et chacun commence à se persuader qu'il est malaisé de parler comme les maraux et de ne le pas estre. »

Quant aux chefs de la révolte, M. de Beaufort, qui est du sang de France, ne pourra tourner ses armes contre le sein de sa mère, et les autres ne peuvent en vouloir à Mazarin de posséder à son tour les honneurs que leurs pères ou eux-mêmes ont possédés sous les rois précédents. A défaut de cette considération, la reconnaissance pour les bienfaits du roi suffirait à les arrêter, car « l'ingratitude est un vice de coquin, dont la noblesse est incapable. »

L'ingratitude le conduit naturellement à parler de

Scarron ; il revient sur le pauvre cul-de-jatte avec une nouvelle violence, et termine son pamphlet par une chaleureuse diatribe, dans laquelle il l'accuse d'employer l'argent qu'il reçoit de la cour à barbouiller du papier contre elle. Il en fait une espèce de mythe, et comme un Prométhée burlesque, expiant dans son corps tous les crimes des frondeurs. Le spadassin se change en orateur sacré ; sa voix prend des inflexions solennelles, pleines de majesté et d'onction. Le mouvement par lequel il convoque les rebelles autour de la *parlante momie* de Scarron a quelque chose d'analogue à celui de Bossuet appelant le peuple et les princes autour du cercueil du grand Condé.

« Peuple séditieux, s'écrie-t-il, accourez pour voir un spectacle digne de la justice de Dieu : c'est l'épouvantable Ronscar qui vous est donné pour exemple de la peine que souffriront aux enfers les ingrats, les traistres et les calomniateurs de leurs princes. Considérez en luy de quelles verges le ciel chastie la calomnie, la sédition et la médisance. Venez, écrivains burlesques, voir un hospital tout entier dans le corps de vostre Apollon ; confessez, en regardant les escroüelles qui le mangent, qu'il n'est pas seulement le malade de la reyne, comme il se dit, mais encor le malade du roy. Il meurt chaque jour par quelque membre, et sa langue reste la dernière, afin que ses cris vous apprennent la douleur qu'il ressent. Vous le voyez, ce n'est point un conte à plaisir ; depuis que je vous parle il a peut-estre perdu le nez ou le menton. Un tel spectacle ne vous excite-t-il point à pénitence ? Admirez, endurcis, admirez les secrets jugemens du Très-Haut. »

N'est-ce pas l'*erudimini* du prophète, ou, si l'on veut, le *Discite justitiam moniti* du poëte latin ? Le pamphlet est tombé en pleine homélie, et l'on ne peut assez s'étonner en songeant à tout ce que Cyrano a vu dans ce petit homme contrefait. Du reste, il parle dans ces lignes le langage d'un écrivain convaincu, ce qui peut excuser, jusqu'à un certain point, aussi bien que le feu du combat et l'ardeur naturelle de son caractère, cette verve d'insultes qui s'enivre d'elle-même et qui va parfois jusqu'à l'atrocité. Mais voulez-vous savoir comment Scarron lui-même traitait le cardinal dans sa *Mazarinade* (si toutefois cette pièce est bien réellement de lui)? Après l'avoir sali des plus dégoûtants outrages, il lui souhaite la potence à plusieurs reprises, et dit qu'il espère voir le jour où

> Sa carcasse désentraillée;
> Par la canaille tiraillée,
> Ensanglantera le pavé.

Il eût donc été mal fondé à se plaindre des aménités de Cyrano. Seulement celui-ci eut le tort de le prendre beaucoup trop au sérieux : c'était simplement un pauvre diable, fort amoureux des gratifications, et très-vexé d'avoir toujours retiré vide la main qu'il tendait au ministre, peu prodigue de son naturel. Il avait commencé par louer platement *Jule plus grand que l'autre Jule :* « Je lui ai dédié mon *Typhon*, disait-il, il ne l'a pas seulement regardé. » *Inde iræ*. Le courtisan aiguisa sa plume et se mit à pourfendre celui qu'il avait encensé d'abord. Mais, plus tard, quand il vit le triomphe de Mazarin assuré, il songea prudemment à se réconcilier avec lui : grâce à l'accommodante philosophie du poëte, les palinodies ne lui coûtaient rien. Il se remit en conséquence à célébrer

> Jule, autrefois l'objet de l'injuste satire.

Et il osa ajouter :

> Par le malheur des temps, ou plutôt pour le mien,
> J'ai douté d'un mérite aussi pur que le sien ;
> Mais il ne m'a pas cru digne de sa colère.

Il compléta la comédie par un triolet et une chanson contre la troupe frondeuse,

> Moitié chauve et moitié morveuse.

Il fallait bien se garder, on le voit, de faire de Scarron le Tyrtée et l'infernal représentant de la révolte. C'était une maladresse, au fond, assez ridicule, que de grandir jusqu'à des proportions aussi monumentales ce bourgeois positif et bouffon.

Telle est cette lettre importante dont j'ai essayé de faire l'analyse, autant que j'ai pu, avec les termes mêmes employés par l'auteur. C'est un document digne d'être étudié par ceux qui veulent connaître la Fronde sous tous ses aspects. Les sentiments et les opinions populaires, l'état des esprits, les principales accusations dirigées contre le cardinal, les réponses qu'y faisaient ses partisans, tout cela s'y trouve reproduit avec autant de vivacité que d'exactitude. La lettre presque tout entière est purement écrite et fortement raisonnée. Au milieu des injures les plus virulentes, mais aussi les plus désintéressées, sous ce langage de matamore qui a toujours l'air de proposer un cartel au moindre mot qu'il prononce, il y a des raisonnements solides, adroitement déduits et vigoureusement exprimés. L'ironie surtout est maniée avec une habileté supérieure. Quand Cyrano consent à oublier un moment ses péchés favoris, les hyperboles, les subtilités et les concetti, la polémique de sa plume vaut celle de son épée.

Il s'est même élevé parfois jusqu'à l'éloquence; qu'on en juge par le passage suivant :

« La canaille murmure encore et crie qu'il n'a aucun lieu de retraite si la France l'abandonnoit. Hé! quoy donc, messieurs les aveugles, à cause que pour vous protéger et conserver il s'est fait des ennemis par toute la terre, c'est un homme détestable et abominable, et vous le jugez indigne de pardon! Sa faute, en effet, n'est pas pardonnable d'avoir si fidellement servy des ingrats; et Dieu, qui le vouloit donner en exemple à ceux qui s'exposent pour le peuple, a permis que, s'estant comporté aussi généreusement que Phocion, Périclès et Socrate, il ait rencontré d'aussi méchans citoyens que ceux qui condamnèrent jadis ces grands hommes. — On le blâme ensuite de ce qu'il a refusé la paix, et ma blanchisseuse m'a juré que l'Espagne l'offroit à des conditions très-utiles et très-honorables pour ce royaume[1], etc... Ils ne laissent pas de décrier ses plus éclatantes vertus, de blâmer son ministère, et luy préférer son prédécesseur. Mais par quelle raison? Je n'en sçay aucune, si ce n'est peut-estre parce que M. le cardinal Mazarin n'envoye personne à la mort sans connoissance de cause, parce qu'il n'a point une cour grasse du sang des peuples, parce qu'il ne fait point trancher la teste à des comtes, à des mareschaux et à des ducs et pairs, parce qu'il n'esloigne pas les princes de la connoissance des affaires, parce qu'il n'est pas d'humeur à se venger, enfin parce que mesme ils le voyent si modéré, qu'ils en prévoyent l'impunité

---

1. Cette forme d'ironie est très-familière à Cyrano. On en a déjà vu plus haut un exemple tiré de la même lettre; j'en pourrais citer d'autres encore.

de leurs attentats. Voilà pourquoy ces factieux ne le jugent pas grand politique. O stupide vulgaire ! un ministre benin te déplaist : prends garde de tomber dans le malheur des oyseaux de la Fable, qui, ayant demandé un chef, ne se contentèrent pas du gouvernement de la colombe que Jupiter leur donna, qui les gouvernoit paisiblement, et crièrent tant après un autre, qu'ils obtinrent un aigle, qui les dévora tous. »

Mais continuez, et voici ce que vous trouverez à la suite de ce beau mouvement : « Qu'adjouster, messieurs, après cela ? Rien, sinon que la gloire de ce royaume ne sçauroit monter plus haut, puisqu'elle est en Son Éminence. » Voilà Cyrano ; voilà le contraste, qui se reproduit souvent dans ses œuvres, du vigoureux écrivain et de l'auteur de mauvais goût, tombant des hauteurs de l'éloquence dans les bas-fonds d'un calembour.

Je ne m'arrêterai pas longtemps à la troisième partie du recueil, qui porte pour titre : *Lettres amoureuses*. Là, l'auteur, payant son tribut à la galanterie du temps, débite à quelque Iris en l'air des fadeurs entremêlées de pointes sentimentales, et brodées sur un fond de galimatias, près duquel le pathos des grands romans à la mode est le langage le plus clair et le plus simple du monde. Ces lettres sont presque toutes bien monotones et bien froides : c'est de la quintessence de sentiment, exprimée en un jargon ambitieux et raffiné, mais, à vrai dire, peu spirituel, encore moins intéressant et surtout nullement passionné. L'auteur ne voulait que faire du bel esprit sur l'amour, et j'imagine qu'avec ce style du dernier galant il eût été très-bien venu près de mesdemoiselles Cathos et Madelon, et qu'il eût fait les délices des précieuses du Périgord.

Ces métaphores follement recherchées, ces images et ces comparaisons extravagantes appartenaient en réalité au genre burlesque, et Scarron, en plusieurs endroits de ses œuvres, par exemple au début de sa nouvelle des *Hypocrites*, n'a pas eu besoin de les exagérer, pour les assortir à son style ordinaire. Cyrano ne les employait pas sérieusement lui-même, ou du moins il se rendait fort bien compte de leur puérilité ridicule. Il avait trop d'esprit pour se laisser prendre à ce style, qu'il a si souvent raillé lui-même ailleurs. Mais il trouvait un double plaisir à l'employer : d'abord de faire une satire et une parodie, puis de s'y donner libre carrière, à couvert de cette intention évidente, et d'y montrer sans péril toutes les ressources de son esprit et de son imagination.

Un passage donnera une idée du ton général de cette prétendue correspondance amoureuse.

« Tandis que j'encourageois ma raison au triomphe, dit-il en racontant à une maîtresse imaginaire la façon dont il a été *vaincu* par ses charmes, je formois en mon âme des vœux pour sa défaite : moy-mesme contre moy je vous prestois main-forte, et cependant le repentir d'un dessein si téméraire me forçoit d'en pleurer. Je me persuadois que vous tiriez ces larmes de mon cœur pour le rendre plus combustible, ayant osté l'eau d'une maison où vous vouliez mettre le feu [1], et

---

1. Cyrano n'a eu garde de négliger une si belle pensée; il y est revenu plusieurs fois. Ainsi, dans sa cinquième lettre, il dit : « En vérité, je soupçonnerois que vous n'épuisiez ces sources d'eau qui sont chez moy (ses yeux) que pour me brusler plus facilement ; et je commence d'en croire quelque chose, depuis que j'ay pris garde que plus mes yeux tirent d'humide de mon cœur, plus il brusle. » Et il pour-

je me confirmois dans cette pensée, lorsqu'il me venoit en mémoire que le cœur est une place au contraire des autres, qu'on ne peut garder si l'on ne la brusle. Vous ne croyez peut-estre pas que je parle sérieusement; si fait, en vérité, et je vous proteste, si je ne vous vois bientôt, que la bile et l'amour me vont rostir d'une si belle sorte, que je laisseray aux vers du cimetière l'espérance d'un maigre déjeusné, » etc.

Pourquoi donc Cyrano ne nous a-t-il pas conservé ses sonnets et ses madrigaux galants[1]? Il eût été curieux de comparer ses poésies légères avec sa tragédie d'*Agrippine*. Son biographe raconte qu'il le vit un jour, dans un corps de garde, travailler à une élégie avec non moins d'ardeur et d'attention que s'il eût été dans un cabinet solitaire. J'ai grand'peur qu'il n'ait semé dans cette élégie-là autant d'esprit faux et aussi peu de sentiment que dans ses lettres. Mais, même en admettant qu'il ait été complétement dupe de ces fadeurs quintessenciées, on aurait tort de le rendre responsable d'une faute qui lui était commune, pour ainsi dire,

---

suit l'image en disant que son corps n'est pas formé de l'argile ordinaire, mais sans doute d'une pierre de chaux, puisque l'humidité des larmes qu'il répand l'aura bientôt consumé. — On lit dans la *Chasteté invincible* (bergerie en prose de J.-B. de Croisilles, 1633) : « J'ay dans le sein un amas de larmes, qui fait que mon cœur oppose toujours son naufrage à son embrasement. » Et jusque dans saint François de Sales : « Parmi les tribulations et regrets d'une vive repentance, Dieu met bien souvent dans le fond de notre cœur le *feu* sacré de son amour; puis cet amour se convertit en *l'eau* de plusieurs larmes, lesquelles, par un second changement, se convertissent en un autre plus grand feu d'amour. »

1. Nous n'avons qu'un sonnet de lui, à mademoiselle d'Arpajou, dans le genre raffiné et précieux, et un madrigal louangeur, mais qui n'a rien de galant, — à Dassoucy.

avec tous les écrivains du temps. L'amour ne parlait plus alors, en vers et en prose, qu'un étrange galimatias à travers lequel surnageait à peine quelque parcelle de raison et de bon sens. C'est principalement sur les yeux des belles que s'exerçaient à l'envi l'imagination subtile et la sensibilité prétentieuse des écrivains galants; on les changeait tour à tour en astres, en soleils, en divinités, en aimables larrons, en charmants meurtriers[1]. Cyrano ne manque pas de retourner sans cesse à ce thème inépuisable de comparaisons et de concetti ravissants, mais toutefois avec une pointe d'ironie et je ne sais quel sourire à demi voilé.

Il n'est pas jusqu'aux traits les plus éclatants de mauvais goût, jusqu'aux raffinements les plus burlesques de ces lettres, dont on ne puisse trouver souvent les analogues dans les auteurs contemporains, tant ce bagage d'idées factices et de phrases recherchées était alors devenu comme une mine publique où chacun puisait à son tour. Il y aurait là matière à des rapprochements piquants : je n'en choisirai que deux ou trois. « Le moyen de vivre, dit Cyrano dans sa septième lettre amoureuse (et à beaucoup d'autres endroits il reprend la même idée, quelquefois avec plus d'affectation encore), quand on a donné son cœur, qui est la cause de la vie! Rendez-le-moy donc, ou me donnez le vostre en la place du mien. » Voici comme parle Saint-Amant à Sylvie :

<blockquote>
Un homme qui n'a point de cœur,<br>
Ne faut-il pas qu'il tremble ?
</blockquote>

1. Lisez les stances de Saint-Amant sur les yeux de mademoiselle de V.

> Je n'en ay point, tu possèdes le mien,
> Me veux-tu pas donner le tien [1] ? *(Nuit.)*

> Je vous rendrai votre peinture
> Quand vous m'aurez rendu mon cœur,

dit à sa maîtresse l'un des héros de la *Clélie*. Il paraît qu'on tenait beaucoup alors à cette idée-là et qu'on la trouvait du dernier galant.

Voici encore un madrigal (*Recueil de Sercy*) qui est à la même hauteur :

> Depuis assez de temps je possédois un cœur...
> L'auriez-vous pas pris par mégarde ?
> Faites du moins qu'on y regarde :
> Je crois, sans y penser l'avoir laissé chez vous.

Je n'en dirai pas davantage de cette troisième partie; ce serait lui accorder une importance qu'elle n'a pas.

Cyrano a dédié ses lettres, comme tous ses autres

---

1. Charles d'Orléans avait exprimé la même pensée presque en mêmes termes :

> Puisque le cueur de moi avez,
> Le vostre fault que me laissiez;
> Car sans cueur vivre ne pourroie. *(Ball. II.)*

Ronsard dit la même chose dans une pièce à Marie. Le Virbluneau, sieur d'Ofayel, s'exprime ainsi, fort sérieusement, dans un sonnet :

> Alarme, alarme, alarme, et au secours !
> On m'a volé mon cœur dans ma poitrine.

C. le Petit, dans l'*Heure du Berger*, a dit, — en plaisantant :

> Belle Philis, qui de nous deux
> A plus sujet de se poursuivre
> Et de s'écrier : Au voleur !
> Vous, d'avoir perdu votre livre,
> Ou moi, d'avoir perdu mon cœur ?...
> Il vous est plus aisé, ma sœur,
> De prier Dieu sans votre livre,
> Que moi de vivre sans mon cœur.

Il y a de singulières pérégrinations d'idées : celle-ci s'est perpétuée

ouvrages, au duc d'Arpajon, auquel il s'était attaché vers 1652, trois ans avant sa mort. Le maréchal de Gassion avait d'abord essayé de l'avoir près de lui; mais notre auteur, qui aimait la liberté, et qui craignait de trouver un maître dans un protecteur, avait résisté à ses avances. Néanmoins, assez longtemps après, la difficulté d'arriver à être connu par soi-même, et le besoin d'un patron puissant, dont le nom pût servir de sauvegarde à ses ouvrages et en rehausser le prix, le déterminèrent à s'attacher au duc.

Il eut donc son protecteur comme les autres, et, comme les autres aussi, il l'exalta outre mesure dans ses préfaces, surtout dans celle d'*Agrippine,* où il le met au-dessus de Germanicus, et prétend que les prophètes ont parlé de lui. Il est un peu plus modéré dans la dédicace de ses lettres, et se borne à y déclarer qu'il regarde comme perdu tout le temps de sa vie qu'il a passé ailleurs qu'à son service. Il le supplie aussi de vouloir

jusqu'à nous, car le mauvais goût ne meurt jamais. Je la retrouve, affaiblie il est vrai, dans une romance contemporaine :

> A ton regard si tendre,
> Mon cœur s'est laissé prendre,
> Il te faut me le rendre,
> Ou me donner le tien
> En échange du mien.

Voulez-vous encore un exemple? C'est M. A. Dumas qui nous le fournira, avec une autre romance tirée de son *Don Juan de Marana,* qu'on a vue longtemps sur tous les pianos.

> En me promenant, ce soir, au rivage,
> Où pendant une heure à vous j'avais rêvé,
> J'ai laissé tomber mon cœur sur la plage,
> Vous veniez après, vous l'avez trouvé...
> Vous avez deux cœurs, et je n'en ai plus.

Tout cela ne rappelle-t-il pas le fameux quatrain de Mascarille, dans *les Précieuses?*

bien agréer l'offrande de ces premières folies de sa jeunesse, quelle que soit leur peu de valeur, en se souvenant que Dieu, dans l'ancienne loi, voyait surtout d'un œil favorable l'oblation des premiers fruits, quoiqu'ils ne soient point ordinairement les meilleurs.

Cyrano est sévère pour ses lettres en disant qu'il méprise ces productions hâtives, et ne les signe de son nom qu'avec répugnance. C'est là une modestie qui, j'en suis sûr, n'est pas entièrement sincère. En effet, même sans parler des lettres contre les sorciers et les frondeurs, elles ont, au milieu de défauts énormes qui choquent le goût le moins délicat, des qualités dont ce travail a pu donner une idée. Sans doute, elles ne brillent ni par la correction du style ni par la pureté du goût. L'auteur, dont l'ardente et libre imagination ne connut jamais de frein, en connaissait moins alors que jamais. Il s'abandonna à toute l'extravagance du temps, en mousquetaire enivré de verve et de jeunesse; il se jeta la tête en avant et les yeux fermés, avec une intrépidité égale à celle de tous ses actes, à travers les plus grandes hardiesses du style et toutes les témérités de l'imagination. Aussi peut-on dire que jamais auteur n'a été plus *lui* dans ses œuvres que Cyrano de Bergerac dans ses lettres; jamais personne n'a plus complétement révélé sa nature, ses opinions, ses préjugés, ses qualités et ses défauts. Quoiqu'il y parle un langage qui n'a rien, certes, de bien naturel, néanmoins ces pages sont transparentes et laissent voir sans cesse l'homme derrière l'écrivain, parce que le sentiment est presque toujours franc et vrai, même quand l'expression ne l'est pas, et que celle-ci, par sa physionomie originale et *bravache*, ne fait qu'offrir une analogie de plus avec le caractère de l'auteur.

Presque toutes ces dissertations littéraires, didactiques, philosophiques ou historiques, mises sous forme épistolaire, sont, pour ainsi dire, autant de forêts vierges, où les mots s'allient, se mêlent, s'entre-croisent de la façon la plus étrange et la plus inattendue : les adjectifs y sont enflés jusqu'à l'hyperbole, les épithètes les plus simples semblent se dresser tout à coup avec bruit sous vos pieds; les choses les plus ordinaires sont désignées par les termes les plus bizarres et les phrases les plus excentriques. C'est un tissu compliqué, où les pointes et les calembours, les saillies et les rébus, les subtilités et les concetti étincellent, vous éblouissent comme des fusées volantes, dont l'éclat aveugle et empêche d'y voir clair. C'est, en un mot, si l'on veut me passer ce luxe de couleur locale, un véritable carnaval de style, un sabbat d'images et de métaphores, à rendre jaloux maint écrivain moderne qui se croit le créateur du genre pittoresque, le roi du style plastique et de l'enluminure littéraire. L'esprit est ce qui manque le moins dans ces pages; et néanmoins elles offrent souvent des plaisanteries bien fades, bien froides et même bien plates. On a beau être riche, à force de jeter à pleines poignées son argent par les fenêtres, on finit par se trouver à court. Il y a une multitude de perles fausses parmi ces pierreries que Cyrano s'amuse à faire étinceler sous nos yeux. Et puis, l'abus produit bientôt la satiété et le dégoût. Mais à côté de tous ces défauts, que de choses à prendre, que de détails dont on peut tirer profit, quand on a le goût assez ferme et assez sûr pour pouvoir s'aventurer sans péril dans cette étude ! Cyrano a un vocabulaire très-curieusement élaboré. On ne peut nier qu'il ne possède à fond sa langue, qu'il n'en connaisse les moindres ressources et les plus secrets détours. Il en est tout à fait maître, et c'est même là ce qui le porte à s'en faire le tyran. Il la manie et la retourne en tous sens, comme un cavalier qui dompte un cheval rebelle et fait plier le fier animal à ses caprices les plus bizarres. Il a, enfin, jusque dans son luxe de mauvais goût, une vivacité pittoresque, une fécondité, une puissance, une vigueur originales qui étonnent le lecteur, même lorsqu'elles le choquent. On conviendra donc, je crois, que ces pages valent la peine d'être lues, comme l'un des monuments les plus curieux et les plus complets d'une époque de la littérature française ; comme un tableau, instructif et fidèle dans son exagération même, d'un genre de style alors en grande faveur, et tombé depuis pour toujours dans un entier discrédit.

La plupart des lettres de Cyrano trahissent l'extrême jeunesse de l'auteur. Nous savons, d'ailleurs, par son témoignage, qu'elles sont les prémices de son esprit : il doit les avoir composées à peu près en même temps que sa comédie du *Pédant joué*, les unes quand il était encore au collége, les autres peu de temps après en être sorti, c'est-à-dire de 1638 à 1640, au moment de la grande efflorescence du genre épistolaire, mis à la mode par Antonio Pérez, et cultivé en France par des centaines d'écrivains. Il en est néanmoins qu'il faut évidemment rapporter à des dates postérieures, soit parce qu'elles annoncent plus de maturité, soit parce qu'elles se rattachent à des événements qui se sont accomplis plus tard. Elles ne furent imprimées pour la première fois qu'en 1653, deux ans avant sa mort ; mais le recueil n'était pas alors entièrement complet, et dans les réimpressions suivantes on en ajouta quelques-unes, qu'il eût autant valu laisser en manuscrit.

## II

#### HISTOIRES COMIQUES ET PIÈCES DE THÉATRE.

Comme le Dante, Cyrano a entrepris aussi un voyage dans l'autre monde ; mais on se doute bien que ce voyage fantastique rappelle de plus près l'aventureuse expédition du seigneur Astolphe que la descente du grand Gibelin aux enfers. Cette œuvre, qui comprend l'*Histoire comique des État et Empire de la Lune*, et l'*Histoire comique des État et Empire du Soleil*, avec son complément l'*Histoire des Oiseaux*, a deux visages, l'un sérieux et l'autre bouffon, comme les statues de Janus. C'est Bergerac qui est à la fois le héros et l'historien de ces étranges romans, semblables à un rêve méthodiquement organisé.

Qui ne connaît le début de la première de ces *Histoires comiques* ?

« La Lune estoit en son plein, le ciel estoit découvert, et neuf heures du soir estoient sonnées, lorsque revenant de Clamart près Paris... les diverses pensées que nous donna cette boule de safran nous défrayèrent sur le chemin, de sorte que les yeux noyés dans ce grand astre, tantôt l'un le prenoit pour une lucarne du ciel, tantôt un autre assuroit que c'estoit la platine où Diane dresse les rabats d'Apollon ; un autre, que ce pouvoit bien estre le soleil lui-même, qui s'estant au soir dépouillé de ses rayons, regardoit par un trou ce qu'on faisoit au monde quand il n'y estoit pas. »

Cette conversation pique vivement la curiosité de Cyrano, et il lui prend envie d'aller faire une descente sur les lieux pour prononcer en connaissance de cause. Après diverses tentatives infructueuses, le succès finit par couronner sa persévérance, et il parvient, à l'aide d'un mécanisme vraiment ingénieux, à opérer son ascension jusque sur le sol lunatique.

Je me garderai bien, aujourd'hui que l'industrie humaine en est venue à lutter tour à tour avec la nature et avec Dieu, et se flatte de les vaincre l'un et l'autre, aujourd'hui qu'on cherche surtout avidement les moyens de voler par les airs, de ne point exposer en abrégé les divers essais de Cyrano. On verra que, si l'imagination y est pour beaucoup et le grotesque même pour quelque chose, la science positive et pratique y dispute aussi sa place à la fantaisie.

La première fois, Cyrano se sert de fioles remplies de rosée, qu'il s'attache autour du corps : l'action d'un soleil ardent, les faisant évaporer, l'enlève ainsi dans l'espace, jusqu'à ce qu'il retombe, après avoir cassé quelques-unes de ces bouteilles miraculeuses. Mais comme la terre avait tourné sous ses pieds, il se trouve dans la Nouvelle-France. N'est-ce point là un pressentiment de cet aéronaute moderne qui avait calculé qu'en parvenant à maintenir quelques minutes son vaisseau dans les airs, il pourrait aussitôt descendre à des milliers de lieues à l'ouest de son point de départ?

Cette invention n'était pas très-forte, et voici qui ne vaut pas encore beaucoup mieux. Ruminant toujours son projet, il avait construit une machine qu'il ne décrit pas ; mais, à sa première tentative, il tombe rudement avec elle du haut de la roche d'où il s'était élancé. Tout froissé de sa chute, il va oindre son corps de moelle de bœuf et se fortifier le cœur d'une bouteille d'essence cordiale, puis revient pour chercher l'instrument qui lui avait si mal réussi. Des soldats, l'ayant découvert, venaient d'y attacher une énorme quantité de fusées volantes, afin de le lancer à travers l'espace; déjà ils commençaient à y mettre le feu, quand il s'élança, furieux, dans l'intérieur, pour éteindre les fusées; mais il était trop tard, et il y eut à peine mis les pieds qu'il se sentit élevé dans la nue. Au bout de quelque temps, lorsque toutes les pièces d'artifice furent consumées, la machine, prenant congé de lui, retomba vers la terre, et il s'aperçut que son ascension continuait du même cours qu'auparavant.

« Comme donc je cherchois des yeux et de la pensée, dit-il, ce qui en pouvoit être la cause, j'aperçus ma chair boursouflée, et grasse encore de la moelle dont je m'estois enduit pour les meurtrissures de mon trébuchement; je connus qu'estant alors en décours, et la Lune, pendant ce quartier, ayant accoutumé de sucer la moelle des animaux, elle buvoit celle dont je m'estois enduit, avec d'autant plus de force que son globe estoit plus proche de moi, et que l'interposition des nuées n'en affaiblissoit point la vigueur. »

On a droit, sans doute, de trouver cette explication fort étrange; mais patience : Cyrano s'élèvera par degrés à des inventions de plus en plus satisfaisantes. Il commence par des procédés assez bouffons; il arrivera à des théories empreintes, comme par anticipation, du génie des découvertes modernes. Il y a déjà dans ces lignes un indice du penchant scientifique de l'écrivain, une révélation du côté ingénieux, sagace et pénétrant de son imagination hardie. Comme l'Américain Edgar Poë, il allie l'une à l'autre deux qualités qui semblent s'exclure : la précision et la rêverie [1]; les fantaisies de

---

1. Comparer l'*Aventure d'un certain Hans Pfaal*, dans les œuvres

son esprit ont quelque chose des rigoureuses déductions d'un théorème géométrique. Ses prédécesseurs, dans le vague domaine du voyage fantastique, n'y faisaient point tant de façons pour introduire leur héros d'une manière spécieuse au pays des chimères. Lucien supposait un aquilon complaisant qui s'engouffrait dans les voiles d'un vaisseau et l'enlevait sur ses ailes; Arioste installait son paladin sur le dos d'un hippogriffe, vrai frère de l'oiseau-roc des *Mille et une Nuits*, et nul ne songeait à les chicaner là-dessus. Mais il faut à cette imagination chercheuse quelque chose de plus logique et de plus rationnel. Cyrano, qui revient aussi souvent qu'il le peut à la philosophie et surtout à la physique, avec une prédilection visible où se trahit l'élève de Gassendi, l'ami de Rohault et le lecteur assidu de Descartes, s'applique toujours à donner une certaine valeur positive et scientifique à ses conceptions les plus extravagantes, qui ne sont souvent autre chose que la vérité présentée sous une forme paradoxale, et poussée jusqu'à une exagération téméraire, en haine des timidités vulgaires et des banalités du lieu commun. Tout en se jouant, il remue des idées et ouvre des vues fécondes.

Après avoir ainsi parcouru plus des trois quarts du chemin qui sépare la terre de la lune, il se sent tout à coup tomber les pieds en haut jusqu'au sol de ce dernier astre. Dès qu'il est arrivé au terme de son voyage, son corps s'épure et se renouvelle, sa jeunesse se rallume et son visage se transforme. Après avoir cheminé quelque temps dans une forêt de jasmins et de myrtes,

---

de Poë, au voyage dans la lune, de Cyrano. Les analogies sont frappantes; seulement Poë ne songe pas à la satire.

il rencontre un adolescent d'une beauté majestueuse, qui entame avec lui une conversation instructive. Nous allons voir ici presque résolu en quelques lignes ce grand problème de la navigation aérienne, qui semble avoir préoccupé à un si haut point Cyrano. L'adolescent lui parle d'un homme qui s'éleva dans la lune de la manière suivante : « Il remplit deux grands vases qu'il luta hermétiquement, et se les attacha sous les ailes; la fumée aussitôt qui tendoit à s'élever et qui ne pouvoit pénétrer le métal, poussa les vases en haut, et de la sorte (ils) enlevèrent avec eux ce grand homme. » Bien plus, le parachute lui-même est en germe un peu plus loin, dans ce *grand tour de robe* où le vent s'engouffre, de façon à soutenir doucement le voyageur jusqu'à ce qu'il ait mis pied à terre. Montgolfier avait-il lu ces phrases, grosses d'un si merveilleux secret ? Je n'irai pas jusqu'à y voir l'invention des aréostats : Cyrano me semble même avoir laissé tomber de sa plume ces lignes un peu vagues, sans trop en soupçonner la portée; mais il n'en est pas moins vrai qu'il doit être compté parmi les précurseurs de cet art, qui deviendra une science.

Quant à l'adolescent lui-même, il s'est avisé d'un autre moyen, qui a également son côté spécieux, mais que je n'oserai conseiller à personne. Il s'est *hissé* jusqu'à la Lune, à l'aide d'une boule d'aimant réduit à sa plus pure quintessence, et d'une machine de fer, fort légère, dans laquelle il s'enferma. Il jetait la boule en l'air de toute sa force, et la machine, plus massive au milieu qu'aux extrémités, courait s'y joindre dans un parfait équilibre. Ce fut ainsi qu'il alla jusqu'au bout de son aventureuse odyssée.

Voilà déjà, si je compte bien, quatre façons différentes de voyager dans les airs : Cyrano ne s'en contentera point, et nous en trouverons d'autres encore, non moins ingénieuses, dans la même histoire et dans la suivante.

Il est temps d'entrer maintenant avec le voyageur dans la ville des Séléniens, gens longs de douze coudées et qui marchent à quatre pieds. Ce pays est une espèce de monde renversé, où tous les usages sont la contre-partie des nôtres ; et pour appuyer les coutumes des Séléniens, même les plus bizarres et, à ce qu'il semble, les plus incompréhensibles, les explications burlesques ou satiriques, raisonnables ou simplement pittoresques, ne font jamais défaut à l'auteur.

Les savants du lieu, réunis en concile, décident que cet être inconnu est une bête rare, et on le confie à un bateleur qui l'exerce à exécuter, comme un singe savant, des grimaces et des culbutes. Il s'en acquitte si bien, que les spectateurs, charmés, trouvent qu'*il a presque autant d'esprit que les bêtes de leur pays.*

Je ne puis suivre l'intrigue du roman, qui, du reste, ne se compose guère que de scènes détachées, se succédant les unes aux autres sans lien nécessaire. Il serait même fort difficile d'en présenter une analyse complète, à cause de la grande diversité des matières dont il traite, de la brusquerie des transitions, des obscurités et des lacunes qu'on rencontre à chaque instant dans ces pages inachevées. L'intérêt est tout entier dans les entretiens et les discussions. Qu'on me permette donc de ne m'occuper qu'à recueillir, en un résumé nécessairement un peu aride, les principales idées et les aperçus les plus originaux de l'ouvrage.

Voici, par exemple, une manière de se rajeunir, meilleure, à coup sûr, que le procédé des filles de Pélias : vous êtes vieux et cassé; il ne s'agit que de trouver le cadavre d'un jeune homme, d'appliquer votre bouche contre la sienne, et d'envoyer votre âme par un souffle dans ce nouveau corps, qui sur l'heure vous appartient.

Voulez-vous savoir aussi la façon dont la guerre se fait dans la Lune? Elle vaut la peine d'être méditée, je crois. D'abord, des arbitres, élus par les deux camps ennemis, établissent entre eux la balance aussi égale que possible, donnant à chaque armée le même nombre de soldats, opposant les braves aux braves, les géants aux géants, les estropiés aux estropiés, sans qu'il soit permis à personne de s'attaquer, dans la lutte, à un autre qu'à l'adversaire désigné d'avance. Si les pertes sont les mêmes, on tire le vainqueur à la courte paille. Il y a aussi des armées de savants et d'*esprités*, comme dit Cyrano, et les triomphes qu'un État remporte, dans ces combats d'une nature supérieure, lui comptent pour trois victoires à force ouverte. « Pourquoi vos princes, ajoute l'indigène qui lui donne ces intéressants détails, ne choississent-ils pas des arbitres non suspects, pour s'accorder dans les cas de guerre? » Je cite cette réflexion, pour montrer qu'à la liste des inventions de Bergerac il faut encore ajouter celle du congrès de la paix.

Il y a deux idiomes usités dans la Lune, l'un parmi les grands, l'autre parmi le peuple. Le premier n'est qu'une suite de tons inarticulés qu'on exécute soit avec la voix, soit sur un instrument de musique, « de sorte que quelquefois ils se rencontreront jusqu'à quinze ou vingt de compagnie, qui agiteront un point de théologie ou les difficultés d'un procès par un concert, le plus harmonieux dont on puisse chatouiller l'oreille. » Le second consiste dans le trémoussement des membres, gradué de manière à exprimer, tantôt un mot seulement, tantôt une période entière, ou même tout un discours. Quant aux livres, on ne les lit pas avec les yeux, mais avec les oreilles. Ils sont faits de métal, remplis de ressorts et de rouages imperceptibles, et ne renferment ni feuillets, ni caractères : on bande la machine et l'on met l'aiguille sur le chapitre dont on veut écouter la lecture; il sort alors, des rouages mis en mouvement, une voix comme de la bouche d'un homme.

Que les architectes méditent sur ces villes mobiles de la Lune, dont les palais sont bâtis en un bois fort léger reposant sur quatre roues, de sorte qu'ils peuvent se déplacer sans peine à l'aide de voiles qu'on déploie au-devant de ces vaisseaux terrestres, et qu'on enfle avec de gros soufflets. Qu'ils songent également à ces villes sédentaires dont, par le moyen d'un mécanisme commode, on fait, au besoin, rentrer les maisons sous le sol, pour éviter les intempéries des saisons mauvaises, jusqu'à ce qu'on les en tire au printemps. Ce procédé, imité des escargots, me semble particulièrement digne d'attention, et je m'étonne que, parmi les fondateurs de Salentes, de phalanstères et de cités modèles, pas un n'ait jamais songé à le réaliser. Ne pourrait-on aussi employer ce mode économique d'éclairage qui consiste à enfermer dans une lampe en cristal une trentaine de gros vers luisants, ou à emprisonner, dans des boules transparentes, des rayons de soleil purgés de leur chaleur, et dont on a fixé la lumière?

On vit de fumée dans la Lune. Les préparatifs d'un gala consistent à amasser dans de grands vaisseaux l'exhalaison qui sort des viandes quand on les cuit; puis, dès qu'on en a réuni de plusieurs sortes et de différents goûts, pour tous les genres d'appétits, on débouche successivement chaque vaisseau, jusqu'à ce que les conviés, qu'on a pris soin de déshabiller auparavant, afin de les rendre plus pénétrables de toutes parts à cette fumée savoureuse, se trouvent suffisamment repus. Cyrano ne manque point d'appuyer ce mode de nutrition de raisonnements fort logiques; mais il trouve le festin un peu léger, faute d'habitude; aussi son amphitryon, condescendant à la grossièreté de ses organes, lui sert-il quelques alouettes dont un chasseur vient de tuer vingt ou trente d'un seul coup de fusil, qui les a en même temps plumées, rôties et assaisonnées.

Ce qui tient aux repas est jusqu'au bout traité de main de maître. Je me garderai bien d'oublier le *Physionome* des Séléniens, espèce de médecin-cuisinier, qui règle les mets et diversifie le dîner de chacun, d'après l'inspection de sa figure, la symétrie de ses membres, le coloris de sa chair, la délicatesse de sa peau, le son de sa voix, la couleur et la force de son poil. On paye avec des quatrains ou des tragédies, des madrigaux ou des épopées, des odes ou des épîtres dédicatoires. Les vers, voilà les billets de banque du pays; il y a une valeur tarifée pour chaque pièce, suivant son mérite, et la dépense de Cyrano et de son guide pour le régal dont j'ai donné le menu se monte à un sixain. « Ainsi, quand quelqu'un meurt de faim, ce n'est jamais qu'un buffle, et les personnes d'esprit font toujours grande chère. »

Tout cela est admirable. Pourquoi le pauvre Colletet n'allait-il pas là-haut? Il y eût largement vécu de cuisine en cuisine, sans compter la satisfaction de digérer tranquillement sur un lit de fleurs d'oranger, et de s'endormir sous les caresses magnétiques d'une troupe de jeunes garçons, employant tout leur art à lui chatouiller délicatement la plante des pieds. La Lune est le pays de cocagne et la vraie patrie des poëtes : je m'en doutais déjà.

Cyrano, à force de vivre parmi les Séléniens, parvient bientôt à apprendre leur langue, au moins dans ses éléments essentiels, au grand ébahissement des badauds. Dès lors on change d'opinion sur son compte; on le prend pour un homme sauvage « qui, par un défaut de la semence de ses pères, n'avoit pas eu les jambes de devant assez fortes pour s'appuyer dessus. » Heureusement, les savants du pays sont là pour réfuter cette *impiété épouvantable*. Oser croire qu'une bête, un monstre, soit de la même espèce qu'eux! Et les voilà démontrant catégoriquement l'immense infériorité de ce petit être, qui ne possède que deux pieds, et qui, au lieu d'avoir la tête penchée vers la terre, avec la sécurité et l'abandon du Sélénien, l'a sans cesse tournée vers le ciel, comme pour l'implorer au secours de sa détresse par cette posture suppliante. Bref, on conclut que c'est évidemment un perroquet sans plumes. Mais, une fois en pleine possession du langage de la contrée, il se met à débiter de si gentilles sornettes; que le conseil se voit contraint de publier un arrêt par lequel on défend de croire qu'il ait de l'intelligence, avec commandement exprès à toutes personnes d'être persuadées, quoi qu'il pût dire de spirituel, qu'il n'agissait que par instinct. Boileau ne se souvenait-il point de ce passage, quand il publia son *Arrêt burlesque* contre cette inconnue qu'on nomme la Raison, avec défense au sang de circuler à l'avenir?

Cependant la ville se partage en deux factions sur son compte, si bien qu'on est obligé, pour pacifier les esprits, d'avoir recours à une assemblée des états. On l'interroge sur la philosophie, et il se fait battre honteusement, en répétant ce que son régent lui a appris ; il se réfugie dans les principes d'Aristote, et ne peut comprendre que les Séléniens, au lieu de tenir pour raison suffisante le *Magister dixit*, concluent, à l'entendre argumenter, qu'il n'est qu'une espèce d'autruche, et le fassent reporter dans sa cage. Il n'est pas plus heureux en physique qu'en philosophie, et les rires se changent en indignation quand il a l'impudence de soutenir que la Lune d'où il sort est un monde, dont ce monde-ci n'est qu'une lune : les savants fanatiques du pays adressent leur plainte au roi, et Cyrano est fort heureux de s'en trouver quitte pour être traîné, recouvert, par ignominie, d'habits magnifiques, sur un char attelé de quatre princes, et pour se rétracter à tous les carrefours de la ville.

Ainsi va le hardi voyageur, de dissertations physiques en dissertations métaphysiques, de causeries bouffonnes en causeries sérieuses, et prenant prétexte de tout ce qu'il écrit pour accabler d'épigrammes le pédantisme, les démonstrations officielles de la science, la ténacité des opinions reçues, et la haine de toute nouveauté. Néanmoins la nostalgie le tourmente de plus en plus ; le conseil de la Lune finit par consentir à son départ, à condition qu'il racontera sur la terre ce qu'il a vu dans ce pays, et le démon de Socrate le descend entre ses bras, en fendant l'air comme un tourbillon.

On a pu le voir d'après cette rapide analyse, il n'y a pas d'*art*, à proprement parler, dans l'*Histoire comique de la Lune*, au moins pour ce qui est du plan et du nœud de l'ouvrage. Il marche un peu à l'aventure et finit au hasard, en coupant court, sans même songer à remplir quelques-unes des promesses jetées en avant dans le cours de l'intrigue. Le roman n'est qu'un cadre destiné à recevoir les idées un peu confuses qui bouillonnaient dans le cerveau de cet aventurier littéraire ; les Séléniens semblaient des personnages faits à souhait pour qu'il pût leur prêter sans péril, grâce au bouclier de la fiction et de la fantaisie, ses théories et ses aperçus téméraires. Les questions les plus ardues, les plus hautes, les plus graves, celles du fini et de l'infini, de l'origine de la matière, de la spiritualité de l'âme, de la nature du mouvement, de l'intelligence des bêtes, etc., sont posées et débattues dans ce roman, qu'on est habitué à regarder comme une œuvre frivole. Descartes, que Cyrano avait sérieusement étudié, lui sert presque toujours de guide ; cependant il n'a pas craint de s'en séparer avec éclat sur plusieurs points fondamentaux, par exemple, sur la rotation de la terre, qu'il proclame hautement, quoique le maître, dans sa *Théorie du monde*, n'eût pas osé professer ce système, qui passait encore pour contraire aux doctrines religieuses, et eût préféré à l'opinion de Copernic le terme moyen de Tycho-Brahé. Il s'en sépare encore sur le système des tourbillons, sur celui des animaux-machines, etc., et par là il n'a pas fait moins d'honneur à la justesse qu'à l'indépendance de son esprit. Ceux donc qui se sont autorisés de son *Histoire comique de la Lune*, pour croire à sa prétendue folie, ont commis une absurdité manifeste.

Qu'il me soit permis de donner aussi une très-rapide analyse de l'*Histoire comique des État et Empire du Soleil*. J'aurais voulu l'étudier en détail, tant à cause de son importance et de son intérêt que parce qu'elle est restée, je ne sais pourquoi, moins connue que la précédente. Mais il faut savoir se borner.

Je laisse de côté les pittoresques récits du début, où

Cyrano (qui se déguise sous l'anagramme de Dyrcona), regardé comme sorcier et magicien, après avoir écrit l'histoire de son premier voyage, raconte comment il est exorcisé, appréhendé au corps, et jeté dans un cachot hideux. Il y a là quelques pages d'une verve triviale et colorée, d'une énergie familière et singulièrement saisissante. Heureusement le génie inventif du prisonnier ne l'a point quitté : il fabrique un instrument d'une description compliquée, et il s'y est à peine enfermé pendant une heure, sur la terrasse de sa prison, quand il se sent enlevé, avec une rapidité extraordinaire, par l'action du vent qui s'engouffre dans la machine, à mesure que les rayons ardents du soleil, concentrés par des verres concaves, y font le vide. Il monte ainsi dans les airs. Plus il approche du soleil, plus ses forces redoublent ; ni la faim ni le sommeil n'ont d'action sur lui, ce qu'il explique en disant que cet astre, par le voisinage de sa pure et continuelle irradiation, lui faisait plus recouvrer de chaleur radicale qu'il n'en perdait, et que, par conséquent, il ne pouvait être soumis davantage à ces instincts par lesquels la nature pousse les êtres à réparer ce qui s'évapore de leur substance. Mais on voudra bien me dispenser d'entrer dans toutes les explications scientifiques de Cyrano ; à mesure qu'il rencontre sur sa route la Lune et les planètes, à mesure que chaque pays se déroule sous ses yeux, il entasse avec intempérance des raisonnements géographiques et astronomiques, où je ne suis pas bien sûr qu'il se soit toujours parfaitement compris lui-même.

Au bout d'environ quatre mois, il arrive dans une des terres qui voltigent autour du soleil, et y rencontre un petit homme tout nu, qui lui parle une langue dont il n'a jamais entendu le premier mot, mais qu'il comprend parfaitement, parce que c'est la langue conforme à la nature, la langue matrice, comme il l'appelle, — celle sans doute que parlait Adam. Que ne nous a-t-il donné la théorie de cette langue universelle pour l'établissement de laquelle Leibnitz devait rencontrer plus tard tant de difficultés ! Le petit homme lui révèle quelques-uns des arcanes de la nature, et lui apprend, entre autres choses, comment en ce pays les hommes naissent des mottes de terre échauffées par le soleil, et se développent avec une énergie de croissance prodigieuse.

Bientôt Dyrcona reprend son voyage, et les mêmes effets se font sentir à lui avec plus de force encore. Une joie pleine de sérénité coule dans son sang et passe jusqu'à son âme. Tout à coup je ne sais quoi de lourd s'envole de toutes les parties de son corps ; un tourbillon de fumée épaisse et presque palpable obscurcit son verre, et sa boîte, devenue diaphane aussi bien que sa chair, disparaît à ses regards : c'est l'influence de la pure lumière dans sa source qui vient de le *décrasser de son opacité*. Vingt-deux mois après son départ, il aborde aux grandes plaines du jour, dont le sol est semblable à de la neige embrasée. Les habitants qu'il y rencontre, à l'inverse des Séléniens, sont des nains microscopiques qui naissent du fruit des arbres, et savent, au besoin, se réunir et se fondre en un seul corps, au moyen d'une danse furieuse qui les mêle, les rapproche et les fait rentrer les uns dans les autres, comme les serpents que Dante a chantés dans son *Enfer*. Cyrano, qui ne doute de rien, explique cette métamorphose par la force de l'imagination et de la volonté, très-vive en un climat si chaud, et qui doit avoir un empire presque sans bornes sur des corps si légers et si subtils.

A partir de ce moment, la folle du logis rompt ses derniers liens, et l'auteur ne la tient plus en laisse. A force de cheminer, il parvient dans la contrée du Soleil, où est établie la république des oiseaux. Ici la satire apparaît et se fait de plus en plus mordante. Cette *Histoire des oiseaux* est presque d'un bout à l'autre une allégorie bouffonne, sous laquelle l'épigramme et l'allusion percent à chaque instant. A côté d'une page où se retrouve un écho des charmantes fantaisies d'Aristophane, dans cette pièce aérienne dont Cyrano semble s'être ressouvenu, en voici d'autres qui semblent faites pour le crayon de Grandville, et que n'eût pas désavouées ce dessinateur philosophe et poëte, qui voyait dans le monde des bêtes le miroir fidèle et railleur du monde des hommes.

Cyrano, dans sa République, a donné à chaque classe d'oiseaux des fonctions en rapport avec son caractère ou sa physionomie. Il rencontre d'abord un phénix qui lui parle en chantant, comme le rossignol des bosquets d'Armide. Bientôt après des aigles fondent sur lui, et le transportent dans un cachot; mais une brave pie, qui s'est prise de compassion pour son air d'innocence, vient le consoler; elle lui raconte qu'elle a voulu désarmer la colère des oiseaux en leur représentant qu'après tout il était un animal raisonnable, et qu'ils ont trouvé cette assertion bien ridicule et bien impertinente. Comment pourrait-il avoir de la raison, lui qui n'est pas fait comme eux? Il n'y a rien à répondre à cela.

Enfin, il comparaît par-devant le tribunal du lieu, et le président lui fait les questions d'usage. Suivant les conseils de sa bonne amie la pie, il se garde bien d'avouer qu'il est homme, et concentre tous les efforts de sa dialectique à prouver qu'il est singe. On charge des syndics de vérifier son affirmation. Ceux-ci ne s'occupent devant lui qu'à exécuter des culbutes, à faire des processions avec des coques de noix sur la tête, etc.; après quoi le malheureux est confondu de les entendre déclarer au tribunal qu'il ne peut être singe, car un singe n'eût pas manqué de les contrefaire aussitôt. Heureusement on leva l'audience parce que le ciel se couvrait : dans le Soleil on ne vide un procès criminel que lorsque l'horizon est serein, de peur que la mauvaise température n'influe sur la décision des juges. Il reste en prison cinq ou six jours, pendant qu'on instruit la cause d'un chardonneret, accusé du crime énorme de n'avoir pas encore su, depuis six ans, se gagner un ami. En cet endroit, Cyrano, qui est coutumier du fait, a dérobé d'avance un article du projet de constitution de Saint-Just; toutefois il en diffère dans la punition qu'il inflige au coupable : on condamne celui-ci à être roi, mais roi d'une espèce différente de la sienne, afin qu'il ait toutes les fatigues et les amertumes du pouvoir sans en goûter les douceurs.

Durant cet intervalle, la pie continue à l'instruire des usages et du gouvernement. Au lieu de choisir les plus forts pour souverains, les oiseaux choisissent les plus faibles et les plus doux, et ils les changent tous les six mois. Chacun est reçu à se plaindre du monarque, et s'il se trouve seulement trois oiseaux mécontents de son administration, il est dépossédé du trône. Voilà de la haute politique; il y a là un mélange de la royauté égyptienne, de la débonnaire monarchie des Incas et de l'empire éphémère des archontes grecs où des consuls romains, sous la république.

Cependant Dyrcona est cité de nouveau devant le terrible aréopage. La perdrix Guillemette, arrivée récemment de la terre avec une décharge de plomb dans la gorge, prononce contre *cet animal accusé d'être homme* un plaidoyer superbe, en deux points. Dans le premier, elle démontre victorieusement qu'il est homme, et ce, par huit raisons principales, qui sont de rudes épigrammes contre notre espèce. Après quoi elle n'a pas de peine à prouver qu'étant homme, il mérite la mort pour tous ses forfaits et ses attentats, surtout contre la gent des oiseaux. Elle déclame ce réquisitoire avec tant d'éloquence, qu'un étourneau, grand jurisconsulte, renonce à la défense de l'accusé dont il s'était d'abord chargé par pitié. Les conclusions de la féroce perdrix tendent à ce qu'on le fasse périr de la mort triste. Pour ce supplice, on choisit les oiseaux qui ont la voix la plus mélancolique et la plus funèbre; ils entourent le coupable, posté sur un cyprès, « et lui remplissent l'âme, par l'oreille, de chansons si lugubres et si tragiques, que, l'amertume de son chagrin désordonnant l'économie de ses organes et lui prenant le cœur, il se consume à vue d'œil, et meurt suffoqué de tristesse. » Mais, afin de l'humilier, on le condamne à être mangé par les mouches. La sentence prononcée, une grande autruche noire enlève honteusement Dyrcona sur son dos; les archers l'escortent, suivis d'une procession de corbeaux qui croassent un chant lamentable, auquel répond de loin la voix des chouettes. Pendant la marche, deux oiseaux de paradis l'exhortent à ne pas craindre la mort, lui prouvant que ce n'est pas un mal, mais un bien fort souhaitable, surtout pour un misérable animal comme lui. Cette exhortation funèbre, où il entre fort peu d'onction religieuse, est empreinte d'un matérialisme terrible, qui doit retomber toutefois sur les oiseaux de paradis et non sur Cyrano, quoiqu'on puisse reprocher à ce dernier un trop grand nombre de semblables audaces. C'est une parodie des raisonnements quintessenciés de l'école; mais je suis bien sûr que notre auteur n'a pas été fâché de pouvoir, sous ce couvert, étaler à son aise sa propre subtilité et l'admirable toute-puissance de sa sophistique.

Arrivés au lieu du supplice, quatre hérons l'entortillent avec leurs longs cous, les uns par les bras, les autres par les jambes, de façon qu'il ne puisse bouger. Pour le faire dévorer méthodiquement, on assigne ses yeux aux abeilles, ses oreilles aux bourdons, ses épaules aux puces, etc. Le bataillon des mouches s'avance en rangs si compacts, que la lumière en est interceptée. L'exécution allait commencer, quand, grâce à un perroquet qui avait autrefois appartenu à sa cousine, il se fait une révolution en sa faveur. On le délie, et une autruche blanche l'emporte jusque sur la lisière d'une forêt, où elle le dépose.

Je laisse au lecteur curieux le plaisir de rechercher dans le livre même toutes les merveilles dont Dyrcona est témoin dans cette forêt enchantée : les conversations des arbres entre eux, les preuves catégoriques qu'ils lui donnent de leur intelligence et de leur sensibilité, la description de la bête à feu et de la bête à glace qui se livrent un combat acharné, prestigieuse fantasmagorie où vogue à pleines voiles l'exubérante imagination de ce songeur, doublé d'un philosophe et d'un mathématicien. A mesure qu'elle approche du terme, il semble que la fantaisie de l'auteur devienne de plus en plus rétive à tout joug. Elle voyage, comme les habitants du Soleil, dans des chars aériens emportés par le vol impétueux des condors; elle s'égare aux bords du lac du Sommeil, parmi ces trois larges fleuves, dont le plus grand se nomme la Mémoire, le plus creux l'Imagination, et le plus petit, — qui n'a pas l'air, et pour cause, d'être dans les bonnes grâces de Cyrano,— le Jugement.

Les habitants du lieu vivent de sept à huit mille ans : l'être n'est dissous qu'au moment où la nature s'aperçoit qu'il faudrait plus de temps pour réparer ses ruines que pour en créer un nouveau. A sa mort, ou plutôt à son extinction, les petits corps ignés qui formaient sa substance entrent dans la matière même du soleil, car cet astre n'est que le composé subtil de toutes les âmes rectifiées, la quintessence et l'élixir de toutes les intelligences, qui, à leur séparation des organes, s'élèvent vers lui, pour s'y réunir, comme on voit la flamme d'une chandelle y voler en pointe, malgré le lien qui la retient par les pieds. Mais il arrive parfois que les philosophes meurent avant le temps, pour avoir trop exercé leur esprit, et que leur cerveau, s'enflant par l'excessive accumulation des idées, éclate tout à coup avec bruit. Ces philosophes ont une manière originale de converser entre eux : ils peuvent se rendre diaphanes par une vigoureuse contention de la volonté, et, quand ils se sont purgés, par cet énergique élan, de la sombre vapeur qui tenait leurs conceptions à couvert, on voit leurs pensées et leurs sentiments apparaître sans voile à travers l'enveloppe de leur corps. De même, ils savent deviner les plus secrètes réflexions d'un interlocuteur, en copiant exactement sa posture, ses gestes et ses mouvements, pour produire en eux les mêmes idées par les mêmes dispositions de la matière, car il est impossible que deux instruments égaux touchés également ne rendent pas une harmonie égale.

Voilà bien l'élève de Gassendi, l'admirateur de Démocrite et d'Épicure, le zélé sectateur de la philosophie atomistique, poussant jusqu'à leurs extrêmes conséquences, avec sa fougue irréfléchie, les principes de ses maîtres ! Mais j'imagine qu'un sourire railleur dut plus d'une fois égayer sa moustache quand il écrivait de sa plume la plus grave ces bizarres paradoxes, bien faits pour effrayer les pédants et déconcerter les bourgeois, deux classes qu'il avait en égale horreur. Dussé-je passer moi-même pour un bourgeois et un pédant, j'en veux à ces audaces malsaines de la pensée et de l'expression, qui me gâtent quelquefois les plus spirituelles pages de Cyrano.

L'*Histoire comique du Soleil* finit plus brusquement encore que celle de la Lune : par une fatalité que partagèrent plusieurs romans comiques et satiriques du siècle, il paraît certain qu'elle n'a point été achevée, puisqu'elle se termine au milieu d'une conversation avec Descartes, avant que l'auteur ait songé à redescendre sur la terre, avant même qu'il ait pu réunir dans le faisceau final les fils épars de son intrigue. Il se réservait probablement de faire entrer de nouveaux développements dans ce cadre toujours ouvert et toujours disposé à les recevoir. Peut-être cet ouvrage avait-il son complément dans l'*Histoire de l'Étincelle*, qui était, à ce qu'il paraît, le plus curieux et le meilleur des livres de Cyrano, mais qu'un voleur déroba à la postérité. Il y a plus de bizarreries obscures et quelquefois incohérentes, plus de rêveries incroyables dans le voyage au

Soleil que dans le voyage à la Lune; mais l'auteur y soulève aussi de plus nombreuses et même de plus grandes questions. Ce n'est plus seulement à la philosophie, à l'astronomie, à la physique, au langage, aux mœurs et usages de la vie privée qu'il touche, dans cette espèce d'encyclopédie romanesque, tour de Babel où malheureusement la confusion ne manque pas; c'est aussi à l'histoire naturelle, à la religion, aux lois, à la constitution civile, au système de gouvernement, et à bien d'autres choses encore. Son audacieuse utopie va de la base au sommet; il prend pour guide Campanella et Descartes; mais, disciple imprudent de maîtres plus respectueux que lui, il se lance en enfant terrible à travers les plus redoutables problèmes, et les enlève à la pointe de l'épée. Je serai content si, dans cette incolore et incomplète esquisse, j'ai réussi à dégager nettement la physionomie du fougueux écrivain, dont la plume, malgré ses négligences et ses incorrections, est un pinceau chargé de couleurs éclatantes, du spirituel satirique, de l'aventureux philosophe, du moraliste et du réformateur plus hardi que sage, mais pourtant quelquefois heureux.

Les *Histoires comiques* de Cyrano sont un des premiers et des plus célèbres types, en France, du voyage fantastique et de l'allégorie satirique, tels à peu près que devait les réaliser Voltaire dans son *Micromégas*. Il serait curieux peut-être de rechercher quelles sont les principales fictions analogues qui ont précédé la sienne, et dont quelques-unes ont pu, plus ou moins directement, l'inspirer. Je citerai d'abord le roman grec d'Antoine Diogènes : *Des choses incroyables que l'on voit au delà de Thulé*, dont il ne reste qu'une analyse dans la Bibliothèque de Photius. Le héros, l'Arcadien Dinias, rencontre la Lune de plain-pied à l'extrémité des régions septentrionales, et il y entreprend un voyage. La Grèce eut ensuite un très-grand nombre de récits merveilleux de ce genre, et l'*Histoire véritable* de Lucien, qui nous introduit également dans la Lune, et que Cyrano avait certainement lue, semble à certaines pages en être la parodie.

L'Arioste fait, comme on sait, voyager Astolphe dans le même astre. La *Nouvelle Atlantis* de Bacon, l'*Utopie* de Th. Morus, et une foule d'autres ouvrages qu'on peut voir dans le *Recueil des voyages extraordinaires*, racontent des expéditions fantastiques et décrivent des pays inconnus; au dix-septième siècle surtout, c'était là une des formes préférées du roman philosophique et satirique. Joignons-y deux livres anglais contemporains de Cyrano, d'abord le *Monde dans la Lune*, de Wilkins (1638), et l'*Homme dans la Lune*, ingénieuse production de Godwin [1], à la même date, traduite en français dix ans plus tard par Baudoin. Cyrano était un des rares écrivains d'alors qui connussent la langue et la littérature anglaise : sa tragédie d'*Agrippine* semblerait indiquer qu'il avait lu Shakespeare, et l'on y trouve çà et là comme des ressouvenirs de *Cymbeline* et surtout d'*Hamlet*. Peut-être aussi les *Nouvelles des régions de la Lune*, supplément à la satire *Ménippée*, écrites évidemment sur le modèle de la *Navigation des compagnons de la dive bouteille*, dans Rabelais, ont-elles pu lui suggérer quelque idée de ses *Histoires comiques*,

---

1. Le héros de ce livre est un Espagnol, Dominique Gonzalès. De là vient que, par une confusion entre le héros et l'auteur, confusion à laquelle prête le titre, on a souvent attribué au livre lui-même une origine espagnole.

quoique les traits de ressemblance soient excessivement minimes. Je croirais plutôt que là encore, comme dans ses lettres, c'est surtout de Quevedo que s'est inspiré notre auteur, en particulier de sa sixième vision, qui est une espèce de roman comique et satirique, sous forme de voyage imaginaire.

Pour justifier la conception de son ami, Le Bret cite, dans sa Préface, tous les hommes célèbres qui ont cru, avant lui, la Lune habitée ou du moins habitable : Héraclite, Xénophane, Anaxagore, le père Mersenne, Gilbert, Helvétius, Gassendi, auxquels nous pourrions ajouter bien d'autres noms, si nous croyions nécessaire, comme lui, de plaider pour la fantaisie de Cyrano en démontrant qu'elle est appuyée sur la réalité. Sorel, entre autres, nous apprend (*Bibliot. fr.*, p. 191) qu'on avait fait des cartes de la lune, et, dans son *Francion*, il prête au pédant Hortensius le projet d'écrire une histoire des choses qui se sont passées dans cet astre, qu'il regarde comme une terre habitée.

De tous les ouvrages que je viens d'énumérer, c'est encore, peut-être, les *Histoires comiques* de Cyrano qui sont restées les plus célèbres et qui ont été les plus exploitées. Il ne faut pas croire que Fontenelle dans ses *Mondes*, Voltaire dans *Micromégas*, Swift dans les *Voyages de Gulliver*, aient été les seuls à s'en souvenir ; bien d'autres, célèbres ou obscurs, paraissent avoir plus ou moins puisé leur inspiration à la même source, depuis l'abbé Bordelon et le cousin Jacques, jusqu'à Dulaure, en un de ses ouvrages les moins connus ; depuis l'*Arlequin dans la Lune*, du Théâtre italien, et l'*Homme volant*, de Rétif de la Bretonne, jusqu'à l'*Histoire curieuse et amusante d'un nouveau voyage à la Lune*, fait par un aéromane (Momoro, 1784) [1]. Il serait facile d'y joindre beaucoup d'autres imitations plus ou moins enfantines, et tels petits auteurs de petits articles ou de petits romans, qui ne se sont pas fait faute de piller notre auteur sans en dire mot. Mais il est temps d'arrêter cette excursion, qui pourrait nous entraîner loin, et de reprendre la suite de notre examen.

Cyrano a laissé une tragédie d'*Agrippine*, qui, avec beaucoup de mauvais goût, de l'emphase, des pointes, peu d'habileté dans les développements, a de la force, une certaine grandeur, des tirades superbes et quelques vers vraiment cornéliens. Elle ne brille point par la nouveauté de l'intrigue, par la hardiesse du plan, par l'originalité des moyens mis en jeu. On y retrouve les confidents ordinaires, et le poëte s'est humblement soumis aux deux unités. Les ressorts qu'il emploie trahissent son inexpérience ; ils sentent à la fois la comédie et le mélodrame : la comédie par la multitude de feintes et de ruses, le mélodrame par l'entassement de trahisons et de perversités étalées d'un bout à l'autre de la pièce. Tout l'art et tout l'effort de l'auteur se sont portés sur le style : là aussi est pour nous l'intérêt de cette œuvre puissante, au vers savant, coloré, nerveux, tout éclatant de métaphores énergiques et de sonores antithèses, et à laquelle il ne manque de ce côté que la règle et la mesure. Il faut lire la *mort d'Agrippine* si l'on veut savoir de quelle force et de quelle élévation

---

1. Dans ces dernières années encore, l'auteur anglais de *Heliondé, or Adventures in the Sun*, et l'auteur français de *Star*, ont montré qu'on lit toujours Cyrano.

était capable le talent de Cyrano, au milieu de ses incorrections, de ses trivialités, et parfois de son galimatias prétentieux. La tragédie se clôt par un trait voisin du sublime, que Voltaire semble avoir imité, en l'affaiblissant, au dénoûment de son *Brutus*. Le poëte manie aussi avec beaucoup d'habileté l'arme de l'ironie, qui lui fournit de très-beaux effets, et si toute la pièce était à la hauteur d'un assez grand nombre de scènes, si elle avait autant d'art et de goût qu'elle a souvent d'énergie et d'inspiration, on pourrait la placer sans crainte dans les premiers rangs de notre tragédie.

Quant au *Pédant joué*, cette œuvre, malheureusement fort licencieuse, comme la plupart de celles qui précédèrent l'époque de Molière, est pleine de verve comique, et les passages heureux y abondent. Elle est d'autant plus remarquable qu'elle fut composée par un écolier, douze ou quatorze ans avant l'apparition du *Menteur*, et qu'il y avait à peine jusqu'alors un petit nombre de pièces qui méritassent le titre de comédies. Cyrano, dit-on, la fit au collége, à l'âge de dix-huit ans, pour se venger de son principal, Grangier[1], qu'il a mis en scène et raillé impitoyablement, en se bornant à retrancher une lettre de son nom. Granger est le type du pédant de notre ancien théâtre, pingre, laid, sale, ridicule, et de plus amoureux : c'est en même temps un Géronte et un Sganarelle. Châteaufort, Corbinelli et Pâquier sont les types du Matamore, du Scapin et du Gilles ; Mathieu Gareau, dont La Fontaine s'est souvenu peut-être dans sa fable du *Gland et de la Citrouille*,

---

1. Ce principal était, du reste, un savant homme, habile à parler en public, et qui a laissé quelques opuscules non sans mérite. Il mourut en 1643.

est un paysan madré, bavard, narquois, d'humeur chamailleuse et naïvement brutale, qui contient en germe tous les Piarrot, les Lucas et les Lubin de Molière. Il y a aussi du Sancho, moins la poltronnerie toutefois, dans ce personnage rustique, comme il y a du Falstaff dans ce prodige de bavardage, de fanfaronnade et de poltronnerie qui se nomme Châteaufort. Gareau a le même amour des proverbes que Sancho, la même rondeur de manières, les mêmes comparaisons pittoresques, la même faconde intarissable, le même esprit d'à-propos, trouvant toujours réponse à tout. C'est encore, dans sa balourdise, le personnage le plus sensé de toute la pièce. Il me semble que cette création ne serait pas trop indigne de Cervantes, tant elle a de naturel, de verve et de franchise!

Ainsi, on le voit, le *Pédant joué* réunit et permet d'étudier l'un à côté de l'autre la plupart des types ordinaires mis en œuvre par notre vieille comédie.

La scène se passe à Paris, dans le collége de Beauvais, probablement pendant les vacances : du moins est-ce là un collége fort hospitalier et ouvert à tous les vents du ciel, où entre qui veut, hommes et femmes, nobles et paysans; où l'on monte à l'assaut des fenêtres, où l'on joue la comédie, où l'on voit toute sorte de gens, hormis des élèves, faisant toute sorte de choses, excepté ce qu'on devrait faire en un collége. Cyrano se soucie médiocrement de la vraisemblance, et peu lui importe le cadre, pourvu qu'il y puisse glisser ses tableaux. Il ne s'est nullement préoccupé de réaliser un progrès dans la forme, non plus que dans le but et la portée morale de la comédie. Sa pièce petille d'esprit, d'un esprit populaire, hardi, *gouailleur*, plutôt que délicat, bien différent de ce que les Latins nommaient *sales urbani;* le comique y déborde sous toutes ses formes et dans toutes les bouches, mais il n'y faut chercher rien de plus. Le *Pédant joué* est une espèce de parade qui sent encore les tréteaux : il se rattache à la *comedia dell' arte* et aux vieilles bouffonneries italiennes. C'est, en un mot, ce genre aimé du peuple, c'est la farce des Halles ou des *Pois pilés,* traitée sans doute avec plus de verve, de style et d'esprit, mais non soumise à une plus forte discipline, ni élevée à la hauteur de la comédie classique, comme elle allait l'être par les mains de Molière. Cyrano se borne à prendre les types courants, sans chercher à les transformer en caractères, et il jette ses personnages dans ce moule banal et factice, dont on avait tant abusé. Toutefois, sur ce point, il a devancé la plupart de ses contemporains : par la seule puissance de ses facultés comiques, plusieurs de ces types brisent les liens qui les emprisonnaient, et presque tous sont neufs par la forme, sinon par le fond. Tel est, pour me borner à cet exemple, le rôle du pédant, un des plus usés du vieux répertoire. Par bien des endroits, ce pédant, qui semble avoir pris à tâche de dépecer tout Despautère dans ses doctes causeries, se rattache à ses prédécesseurs, et peut se comparer même à Pancrace et à Marphurius du *Mariage forcé,* ou encore au Métaphraste du *Dépit amoureux.* L'obscénité de Granger n'est aussi qu'un ressouvenir de notre vieille comédie, qui aimait à donner ce vice à ses *docteurs,* comme si elle eût voulu faire voir qu'ils portaient leur lourdeur et leur grossièreté naturelles jusque dans le langage léger de la galanterie, et que, par défaut d'usage et d'éducation, comme par *cuistrerie* naturelle, ils étaient même incapables de faire agréablement l'amour : qu'on se rappelle la manière dont Diafoirus père s'y prend pour décerner un éloge congruent à son fils Thomas, devant celle qu'il doit épouser. Mais Cyrano n'a pas mis seulement une intention comique dans le langage de Granger, il y a mis aussi évidemment une intention satirique. C'est très-souvent une parodie du phœbus et du style précieux, une épigramme contre le galimatias quintessencié des ruelles. « Le marteau de la jalousie, qui sonne les longues heures du désespoir dans le clocher d'une âme; » vaut bien le *cœur qui crie avant qu'on l'écorche*, et « ces aveugles clairvoyans (je veux dire vos yeux, belle tigresse, ces innocents coupables), » peuvent soutenir la comparaison avec ces « deux yeux qui ont la mine d'être de fort mauvais garçons, et de traiter une âme de Turc à More. »

Ailleurs, ce langage est une assez jolie caricature du style moyen âge, qui eût pu aller à son adresse il y a quelques années : « J'ay d'autres armes encore qui sont toutes neufves à force d'être vieilles, dont je présume outrepercer vostre tendrelette poitrine, » dit-il à Genevote. C'est l'éloquence du franc Gaulois. Or oyez: « Et dea, Royne de haut parage, Mie de mes pensées, cresme, fleur et parangon des Infantes, » etc. Plus souvent, ce sont des mots forgés sur la même enclume que ceux de du Bartas et de Ronsard, et conservant sous l'habit français leur physionomie grecque ou latine. Ce style, qui touche de près à la langue macaronique, comme celui de l'écolier limousin que Pantagruel rencontra sur le chemin de « l'alme, inclyte et célèbre académie que l'on vocite Lutèce, » ressemble par moments à une satire du poëte vendômois lui-même :

« J'aurois composé là-dessus, dit Granger, une épitaphe la plus acute qu'aient jamais vanté les siècles pristins. — *Extemplò*, je les vais congréger. — Ah! les misérables, c'estoit pour incuter la peur dans cette jeune poitrine. »

Le *Pédant joué* sent l'extrême jeunesse de l'auteur : on peut lui reprocher l'absence de liaison dans les scènes, de l'invraisemblance, des longueurs, des exagérations, de l'inexpérience; le comique y tombe souvent dans la bouffonnerie; mais, à côté de ces graves défauts, quelle verve étonnante, que de traits, que de scènes même vraiment dignes de Molière! Aussi celui-ci s'est-il cru permis de le dévaliser en ami, et de transporter, avec quelques changements secondaires, dans ses *Fourberies de Scapin*, la quatrième scène du deuxième acte et la seconde du troisième. De même dans l'*Avare* nous retrouvons, comme dans le *Pédant joué*, un fils rival et vainqueur de son père en amour : Harpagon est joué par Marianne et Cléante, comme Granger par Genevote et Charlot, et Cléante aussi bien que Charlot cherche à escroquer de l'argent à son père, pour arriver à son mariage avec la jeune fille qu'il aime. La scène de l'*Ecole des femmes* (III, 4), où Horace vient raconter à Arnolphe les bons tours qu'Agnès a joués à celui-ci, offre aussi plus d'un trait de ressemblance avec la seconde du troisième acte du *Pédant joué*. Enfin la scène dixième du cinquième acte paraît à la fois avoir inspiré à Molière le passage du *Malade imaginaire* où Angélique et Cléante se chantent leur amour devant Argan, sous prétexte de répéter une leçon de musique, et surtout le dénoûment bien connu de l'*Amour médecin*.

Indépendamment de ces analogies dont j'aurais pu

multiplier le nombre, et qui semblent indiquer combien Molière avait lu la pièce de Cyrano, il y en a une autre qui n'a pas encore été signalée, mais qui, à la vérité, est loin d'être d'une haute importance. Qu'on lise, à la scène sixième de la *Jalousie du Barbouillé*, farce de la jeunesse de Molière, la réponse du docteur à Angélique : « Tu es docteur quand tu veux ? Mais je « pense, » etc., et l'on y retrouvera mot pour mot plusieurs des phrases et des équivoques obscènes et pédantes de Granger [1].

Enfin, pour clore cette liste déjà longue, la scène du souffleur des *Plaideurs* de Racine se trouve en germe dans un endroit de la dernière scène de notre auteur.

Maintenant le lecteur pourra, je pense, résumer avec nous le jugement qu'il faut porter sur Cyrano de Bergerac. Ses œuvres ne brillent ni par le goût, ni par la méthode, ni par la mesure. Son caractère se reflète dans ses écrits; il est dans ses ouvrages ce qu'il fut dans sa vie. La recherche italienne et l'emphase espagnole dominent tour à tour dans ces pages bizarres et paradoxales, où l'on trouve, à côté des plus folles extravagances, les pensées les plus fortes et les plus har-

---

1. Il est vrai qu'ici la question de priorité, si elle valait la peine qu'on l'approfondît, serait assez difficile à décider, car le *Pédant joué* ne fut représenté qu'en 1654, plusieurs années après la farce de Molière, quoiqu'il eût été fait de 1638 à 1640. Est-ce que ce passage représenterait un fond commun entre les deux élèves de Gassendi, qu'ils auraient exploité chacun de son côté ? Il put exister entre eux, tandis qu'ils étudiaient ensemble, des relations d'idées et de travaux qui aboutirent plus tard aux analogies signalées entre leurs œuvres.

dies, exprimées en un style fougueux, mais manié et assoupli d'une main puissante.

La littérature était alors soumise à l'influence combinée de l'Espagne et de l'Italie, qui avait agi sur les productions de l'esprit comme sur les mœurs. Avec les princesses de Médicis s'était affermi en France le goût de la littérature italienne, que nous avions déjà rapporté de nos longues guerres dans la Péninsule ; avec les princesses de la maison d'Autriche et l'invasion espagnole, — pendant la Ligue, puis sous Richelieu, où il était de bon ton d'intriguer au delà des Pyrénées pour faire acte d'opposition au cardinal, enfin sous la Fronde, où les nombreux ennemis de Mazarin se jetaient dans l'*hispanisme*, comme en un asile menaçant, — s'était répandue la littérature de l'Espagne, où régnaient alors, avec Gongora et Balthazar Gracian, la célèbre école des cultoristes. On sait que cette école avait pour caractère principal une phraséologie tourmentée outre mesure, qui faisait du style un vrai tissu d'énigmes presque incompréhensibles. Le séjour des Espagnols en France y avait naturalisé non-seulement leur costume et leurs usages, mais leurs idées, leurs opinions et leur style ; le dictionnaire même leur avait emprunté un certain nombre de mots. Les choses en vinrent au point que Henri IV, après les avoir chassés, se vit contraint, en grondant, d'apprendre leur langue dans sa vieillesse, ainsi que Caton avait dû le faire pour celle des Grecs. On allait jusqu'à imiter, comme une chose admirable, le ton bravache et provocateur de leurs préfaces ; car il est à remarquer qu'on retrouve dans Montemayor, dans Montalvan, dans Alarcon surtout, les originaux de ces avis au lecteur si cavalièrement insolents des Sorel, des La Calprenède et des

Scudéry, des Jean de Lannel, des Subligny et des de
Pure. Les traductions de l'espagnol se multipliaient et
amenaient chaque jour des imitations nouvelles. Ce
grand mouvement des esprits parvint à son apogée lors
de l'arrivée en France du cavalier Marin, qui, représentant à la fois le goût italien et le goût espagnol dans
ses écrits, combina et fondit en lui-même cette double
influence, et réunit les deux partis dans le sentiment
d'une admiration commune. Chapelain, l'oracle et le *pal-
ladium* de la littérature française, esprit peu exubérant
qui eût dû, ce semble, se tenir plus que tout autre à l'écart
de ces entraînements irréfléchis, contribua à les accroître
encore en conseillant d'étudier Gongora, et en écrivant
une préface louangeuse pour l'*Adone*. Chapelain tombé,
nul ne pouvait rester debout. A ces deux impulsions
désastreuses vint s'unir celle de l'Angleterre, qui s'en-
orgueillissait de John Lilly et de son école des Eu-
phuïstes, et où l'Espagnol Antonio Perez, dont les
Mémoires exercèrent une action si grande sur les écrivains d'alors, était allé pendant quelque temps se perfectionner dans l'art d'écrire sans simplicité et sans
naturel.

Toutes ces influences réunies étaient venues aboutir
en France à l'hôtel Rambouillet, qui s'était mis à travailler sur ce fonds. Mais, quoiqu'il continuât, sur bien
des points, les traditions des littératures espagnole et
surtout italienne, il les avait modifiées cependant, en
n'en prenant que la partie la plus délicate et la plus
raffinée. Il lui arriva, en un mot, ce qui est presque
inévitable dans les réunions d'esprits *polis* et distingués :
c'est que, par degrés, la grâce, la finesse, la subtilité
même en vinrent à dominer exclusivement. Une fois sur
ce penchant, il n'était plus possible de s'arrêter : la

prétention se fit mignarde et précieuse ; la recherche devint bientôt puérile et ridicule, à force d'exagérer ; la pureté du langage, qui était un besoin impérieux pour ces oreilles délicates, se changea en purisme. Ainsi cette révolution littéraire, qui avait commencé par l'excès de la verve, de la force et de la liberté, aboutissait à l'excès du scrupule, de l'afféterie, de la timidité, sinon dans les images et les sentiments, du moins dans l'expression. Elle n'avait pas changé de nature, mais elle avait changé de but et s'était laissé détourner de son cours ; elle avait bien encore les mêmes caractères, la recherche, l'affectation, l'absence de mesure et de tempérament ; mais elle les appliquait en un autre sens. On glissait de la poésie dans la grammaire ; on tombait de Gongora et de Marini à Balzac et à Vaugelas.

L'esprit de cette réforme finit peu à peu par s'étendre. Balzac régenta la prose, comme Malherbe avait régenté la poésie ; mais Cyrano ne se soumit ni en prose ni en vers à cette influence régulatrice et pédagogique, et il en resta toujours à l'anarchie d'avant 1624. Sa *burlesque audace*, comme celle de Scarron et de quelques autres, protestait, par l'exagération de la licence, contre l'exagération du principe d'autorité ; et cette protestation, au fond très-légitime, n'était excessive que dans la forme. Les qualités comme les défauts de son esprit devaient nécessairement l'entraîner vers la littérature espagnole, dont l'éclat attirait son ardente imagination, sans qu'il se donnât la peine de vérifier si ce qu'il prenait pour de l'or n'était que du clinquant. Quevedo, en particulier, l'a séduit, et l'on s'en apercevrait facilement en comparant sa manière à celle de cet écrivain, quand même il n'aurait pas témoigné en propres termes qu'il le lisait avec plaisir, et que cette lecture laissait de fortes traces dans son esprit. Mais cette imitation était beaucoup plus instinctive que réfléchie ; souvent même c'était plutôt analogie naturelle qu'imitation véritable, et du moins il y imprimait toujours son cachet propre d'originalité.

Si donc notre auteur se rattache par certains points à l'hôtel Rambouillet, s'il s'en rapproche par la recherche du style et la subtilité des sentiments, il s'en distingue, d'une manière bien tranchée, par sa verve gauloise, l'audace de sa pensée, la vigoureuse saveur et quelquefois la crudité de son langage. C'est peut-être un cousin de la famille, mais d'une physionomie et d'un caractère bien différents, à coup sûr. J'imagine que la société polie, comme on disait alors, aurait jeté les hauts cris, si l'un des habitués du petit salon bleu se fût permis quelques-unes de ces verdeurs d'expression qu'affectionne Cyrano, de ces phrases si énergiques et si hardies dans leur triviale recherche, qu'on rencontre à chaque instant dans ses œuvres.

Pourquoi est-il mort à trente-cinq ans, avant que l'âge eût jeté un peu plus de calme et de sang-froid dans son esprit ! Il y a en lui le germe d'un homme de génie, mais il n'y a que le germe, et de tant de promesses et d'espérances, de tant d'idées semées à travers champs d'une main prodigue, pas une n'est venue à maturité.

# III

# LA BOHÈME LITTÉRAIRE

THÉOPHILE DE VIAU. — SAINT-AMANT. — CHAPELLE.
LES POÈTES CROTTÉS ET LES POÈTES DE CABARETS.

Quelques publications récentes nous fournissent l'occasion naturelle de réunir dans un même cadre ce trio de figures littéraires, si ressemblantes dans leur diversité, si diverses dans leur ressemblance, et à qui l'on pourrait appliquer le vers du poëte latin :

> Facies non omnibus una,
> Nec diversa tamen, qualem decet esse sororum.

Théophile, le poëte *libertin*, le philosophe de cabaret; Saint-Amant, le boute-en-train des *rouges-trongnes* et des *francs-beuveurs*, l'Homère du melon, du petit-salé et de la *crevaille;* enfin l'épicurien Chapelle, bon fainéant du Marais, qui, toute sa vie, se laissa doucement aller au facile courant de l'épicuréisme pratique, voilà, si je ne me trompe, trois membres de la même famille, que la nature avait créés à peu près semblables et que les circonstances ont marqués de nuances diverses.

Tous trois sont, à des degrés inégaux, les ancêtres de ceux qu'on a appelés, de nos jours, les bohèmes de la littérature. Même vie insouciante, jetée à tous les vents du caprice, abandonnée à tous les souffles courants; mêmes fantaisies vagabondes, même imagination aventureuse, même paresse de l'esprit, même sensualité païenne, même scepticisme, dont, en des temps plus sévères, la hart ou le fagot eût quelquefois fait justice. Les bohèmes de notre époque, suivant l'école à laquelle ils se rattachent, hantent les divans, les brasseries ou les cabarets; ceux du XVIIe siècle hantaient la Pomme-de-Pin, la Croix-de-Lorraine, le Mouton-Blanc, le Cormier, et le *piot* leur tenait lieu de café et de bière. Nos trois poëtes nous ont laissé, dans une série de tableaux à la Van-Ostade, la vive description de ces lieux de plaisance, où retentissaient du matin au soir les refrains bachiques d'Olivier Basselin, le joyeux fouleur de draps du Val-de-Vire, de Villon et de Roger de Collerye, ce Bontemps du XVIe siècle, ce gai meurt-de-faim, le rimeur favori de tous les acolytes de la Mère-Folle d'Auxerre, quoique ses chansons aient souvent les pâles couleurs, mais plutôt par faute de sa cave que par celle de son esprit. Nous y entrerons à leur suite, mais en tâchant de ne pas trop dépasser le seuil.

I

Grâce à l'ardeur qui nous a pris, depuis quelques années, pour les exhumations littéraires, Théophile est bien connu aujourd'hui, quoique peu de personnes, sans doute, aient eu le courage de lire ses œuvres complètes, tant latines que françaises, tant en prose qu'en vers. C'est une physionomie digne d'attention que celle de ce poëte, si moderne dans le caractère général de son inspiration et de son style; mais on en a singulièrement exagéré la valeur dans ces derniers temps. S'il est vrai, comme on le dit, qu'un de nos plus brillants écrivains modernes se soit pris pour lui d'un bel amour, non-seulement à cause de la ressemblance des noms, mais à cause de l'analogie des talents, il se serait fait tort à lui-même dans cette appréciation indulgente, car aucune langue, en somme, ne ressemble moins à la sienne que la langue claire, correcte et facile, mais sans hardiesse et sans éclat, de son homonyme du XVII<sup>e</sup> siècle.

Théophile est très-inégal dans ses vers, et la trame de son style n'est pas assez serrée. Il a de beaux élans, mais le prosaïsme revient vite. Les odes abondent dans ses œuvres, quoique son lyrisme ait en général peu de souffle et de feu. Il y en a une pourtant sur l'exil de l'auteur, qui débute à peu près de la même façon que l'oraison funèbre du prince de Condé, avec une pompe et une ampleur remarquables. Les strophes lyriques sur l'*Hiver*, sur le *Matin*, sur une *Tempête*, etc., ces lieux communs de la poésie d'alors, reviennent souvent chez lui, traités avec un goût des plus contestables. L'ode célèbre à la *Solitude* est loin de se soutenir d'un bout à l'autre à la même hauteur. Malgré son titre, c'est surtout une pièce érotique, où l'on trouve de l'afféterie et une grande recherche, à côté de beaucoup de facilité, de pittoresque et de grâce. On n'en cite ordinairement qu'un assez petit nombre de strophes sur plus de quarante dont elle se compose, et on a raison.

En un mot, l'aisance, la clarté, la souplesse me paraissent les caractères de cette poésie, qui manque, quoi qu'on en ait dit, de force, de nerf, de verve, d'originalité même, et dont la lecture ne tarde pas à devenir monotone. Quand il veut s'élever au ton soutenu, Théophile se perd souvent dans une ridicule emphase, puis tout à coup trébuche dans la platitude. Aussi sa renommée poétique déclina-t-elle bien vite. « Dans ma jeunesse, dit Saint-Évremond 1, on l'admiroit, malgré ses irrégularités et ses négligences..... Je l'ai vu décrié depuis par tous les versificateurs. » Sa prose me semble bien préférable à ses vers. Il est tel passage de son *Histoire comique* où l'on peut louer un style vif et net; ses apologies sont d'un tour vigoureux, et l'habileté en égale la force : celle surtout qui s'adresse au roi est écrite d'un ton ferme et plein d'accent, très-remarquable pour l'époque. On connaît la lettre verte et fière qui fit repentir Balzac de s'être rangé parmi ses ennemis.

Théophile était le chef des poëtes *libertins*, des libres penseurs de tavernes et de cabarets. La bande des Berthelot, des Motin, des Sigogne, de tous ces drôles de mauvaise vie et de plume éhontée, qui peuplaient de leurs priapées révoltantes les pages du *Parnasse*, du *Cabinet*, de l'*Espadon satirique*, le vénérait comme son patriarche. Aussi, quoiqu'il ait toujours mieux valu que sa réputation, et qu'il y eût autre chose en lui qu'un esprit fort de bas étage et un Arétin de ruisseau, on comprend sans peine que ce soit contre sa personne qu'ait été dirigé tout l'effort du père Garasse, dans sa *Doctrine curieuse des beaux esprits de ce temps*. Quand le terrible jésuite, armé de sa plume en guise de massue, s'évertue à prouver que tous les poëtes *libertins*, hanteurs de l'hôtel de Bourgogne et chevaliers de la Pomme-

---

1. *Quelques observations sur le goût et le discernement des Français*. V. aussi La Bruyère : *Ouvrages de l'esprit*.

de-Pin, ne sont rien autres que *veaux*, coquins et bélîtres, c'est de lui surtout qu'il s'agit, et, du reste, il ne se gêne pas pour le nommer.

Je ne raconterai pas ici la vie de Théophile, non plus que le procès qui amena sa condamnation. Qu'on eut grand tort de vouloir punir du dernier supplice, comme un criminel d'État, un libertin soupçonné d'athéisme, cela ne peut soulever un doute aujourd'hui; mais il n'en est pas moins certain que Théophile fut très-coupable, et que bon nombre de ses œuvres ignobles, rêvées dans quelque mauvais lieu pour l'édification des débauchés les plus infâmes, ne méritent pas la moindre indulgence. J'aurais voulu que la récente édition de ses œuvres n'admît sous aucun prétexte, dans l'intérêt de Théophile même et par respect pour le lecteur, ces dix à douze pages honteuses de la fin, qu'il fallait laisser pourrir dans l'épouvantable cloaque du *Parnasse satirique*.

Mais voici le vrai bohème, le bohème par excellence, le roi des bohèmes! Place à Marc-Antoine de Gérard, écuyer, sieur de Saint-Amant, le premier buveur du monde et le plus grand poëte des cabarets, celui avec qui l'on se vantait d'avoir *fait la débauche*[1]. Il s'avance, ventru et chancelant comme un Silène, soutenu d'un côté par l'ami Faret, son compagnon d'office, de l'autre par le maréchal de Belle-Isle, et entouré de la troupe bruyante de tous ces joyeux *drilles* qu'il a célébrés dans ses vers, et qui formaient l'acadé-

---

[1]. « Le poëte se tuoit de leur dire qu'il avoit vu Corneille, qu'il avoit fait la débauche avec Saint-Amant et Beys. » (*Roman comique* de Scarron, I<sup>re</sup> part., ch. VIII.)

mie ordinaire du Cormier ou de la Fosse-aux-Lions.

Que va-t-il faire? Il va boire, on peut le prédire sans crainte. Et que pourrait-il faire autre chose, à moins de composer des vers? Mais ces deux occupations marchent toujours de pair avec lui. Il était de l'avis d'Horace et du vieux Cratinus :

> Nulla placere diù, nec vivere carmina possunt
> Quæ scribuntur aquæ potoribus...
> Vina ferè dulces oluerunt malè Càmenæ.

La bouteille était le Pégase de Saint-Amant; le vin lui tenait lieu de muse et d'inspiration. Ne lui parlez pas du café, apporté à Paris sur les dernières années de sa vie; il ne le connaît pas : plus fidèle au vin qu'à ses maîtresses, il ne l'a jamais trahi pour une autre liqueur. Il ne fait pas fi du grenache ni de l'ermitage ; mais, au fond, c'est le *piot* qu'il préfère. Quelques bouteilles de ce divin piot, en compagnie d'un jambon, d'une carbonade, d'un melon savoureux, voire d'un exquis fromage de Brie, et la verve du poëte va s'allumer bien vite et éclater en hymnes d'extase et d'attendrissement.

En lisant ces poésies endiablées, aux titres caractéristiques : les *Cabarets*, la *Chambre du débauché*, le *Fromage*, la *Vigne*, la *Crevaille*, les *Goinfres*, etc., il semble qu'on assiste à leur composition. On entend le choc des verres, le petillement de la mousse à la surface des brocs, les voix des gais compagnons répétant en chœur le refrain, avec accompagnement de coups de couteau sur les bouteilles et sur la table, les éclats de rire, les quolibets, les applaudissements. Ses pièces font du bruit, à elles seules, comme toute une orgie; ses vers éclatent bruyamment avec un fracas de pots brisés et de tables jetées à terre. Pour peu que vous ayez l'imagination facile, vous vous représentez l'auteur débraillé, le pourpoint rougi, les cheveux ébouriffés, les yeux éclatants, la pipe à la bouche, faisant courir la plume sur le papier au coin de la table, sans s'arrêter une seconde, surexcité par le bruit comme un taureau par les cris de la foule, et composant avec la même fougue et le même entrain qu'il buvait.

Ah! c'est un maître homme en son genre que Saint-Amant, et il est difficile, en le lisant, de ne point se sentir entraîné par cette verve et échauffé par cette flamme! Sans doute, les Muses discrètement voilées et les Grâces décentes n'ont rien à voir ici, et plus d'une fois le lecteur délicat s'écriera, comme Louis XIV à la vue des tableaux de Téniers : « Otez-nous ces magots! » Mais, quoique les cabarets de Téniers ou de Brauwer ne soient que des pastels auprès de certains tableaux de Saint-Amant, on nous permettra de n'être point de l'avis du grand roi : il y a là une puissance trop frappante, même en ses égarements, une originalité trop réelle, trop d'élan, de fantaisie, de facilité, de naturel et de feu, pour qu'il ne soit pas juste d'en tenir compte, et, en dépit des mépris du sévère Boileau, — qui, du reste, lui reconnut un jour beaucoup de génie pour les pièces de ce genre, — de le compter à son rang dans notre littérature, comme on se garde bien d'oublier, dans les arts, les *Grotesques* de Callot.

Assurément, il est déplorable que cette poésie se sente à tel point « des lieux où fréquentait l'auteur, » et que chacune de ses détestables habitudes y ait laissé sa trace. Allez donc demander de l'atticisme à ce gros homme qui passait sa vie à *grenouiller* chez Crenet ou la Coiffier, *en mâchant de fin tabac*. J'entends d'ici l'éclat de rire qui eût répondu à ce plaisant conseil. Il faut bien se résigner à le prendre tel qu'il est, ce grossier et vivant poëte, qui révolte souvent l'esprit, mais qui ne l'endort jamais! Et d'ailleurs, on ne le croirait guère, Saint-Amant a aussi de quoi dédommager les délicats. Il était reçu à l'hôtel Rambouillet, sous le petit nom de Sapurnius : une pareille fréquentation obligeait, et l'auteur du *Poëte crotté* s'en souvint quelquefois. C'était sans doute pour plaire à ses nobles patronnes de la petite chambre bleue, comme pour racheter les caprices gaillards de sa muse aventureuse, et pour satisfaire aux ardeurs de dévotion qui, sur le tard de sa vie, s'étaient éveillées en son âme, qu'il écrivit le *Moïse sauvé*, cette longue idylle dont on s'est moqué comme d'un poëme épique, et ses stances à Corneille sur l'*Imitation*. Est-ce bien cet ivrogne, ce goinfre, qui a distillé ces vers précieux?

> Son visage est plus frais qu'une rose au matin,
> Quand au chant des oiseaux son odeur se réveille.

Ceux-ci :

> L'abeille, pour boire des pleurs,
> Sort de sa ruche aimée,
> Et va sucer l'âme des fleurs
> Dont la plaine est semée.

Et ces autres, dignes de l'abbé Cotin :

> Ruisseau qui cours après toy-mesme,
> Et qui te fuis toy-mesme aussi,
> Arreste un peu ton onde ici,
> Pour escouter mon deuil extrême;
> Puis, quand tu l'auras sçeu, va-t-en dire à la mer
> Qu'elle n'a rien de plus amer....
> Adieu, ruisseau, reprens ton cours,
> Qui, non plus que moy, ne repose;
> Que si, par mes regrets, j'ai bien pu t'arrester,
> Voilà des pleurs pour te haster.

Oui, c'est lui, et il en a laissé bien d'autres pareils.

Arrêtons-nous un moment à celles de ses œuvres qui nous offrent l'occasion d'étudier son talent sous un meilleur jour. C'est d'abord la *Solitude*, son coup d'essai et l'une de ses plus belles pièces, mais que, par cet amour du contraste qui est l'un des caractères de l'école moderne, il a mélangée à plaisir de tons discordants, accouplant aux plus riantes images les tableaux les plus sinistres. Comme les *romantiques*, dont il est un des précurseurs, Saint-Amant aime à peindre les couleuvres et les hiboux au milieu des ruines, les sorciers qui font leur sabbat, la limace et le crapaud souillant les murs de venin et de bave, et dans un coin, branlant sous un chevron de bois maudit, le squelette horrible d'un pauvre amant qui se pendit; puis, tout près de ces sombres objets qui servent de repoussoir au reste de la pièce, il nous montre le Zéphire, les Nymphes, les oiseaux qui lissent leurs plumes en se becquetant, et vingt autres détails aussi gracieux. Quoique j'aime peu les comparaisons qui tendent à confondre la poésie avec la peinture, cependant elles me reviennent à chaque instant pour l'auteur de la *Solitude*, dont les vers pittoresques et colorés peignent si bien et, pour ainsi dire, si *matériellement* les choses. Ici, en particulier, je ne puis m'empêcher de songer aux *Capricci* grotesquement terribles de Goya, et aux effets puissants que ce maître obtient par le contraste perpétuel du blanc se détachant sur le noir, de l'ombre environnant et faisant valoir la lumière. Des deux parts, c'est là un procédé, une manière, dont on pourrait donner la recette.

Cet amour de l'opposition dans les couleurs et cette prédilection pour l'énergie burlesque, l'expressive et

8.

vivante trivialité des peintures, se remarquent encore dans beaucoup de ses autres pièces : la *Nuit*, par exemple, et surtout les *Visions*, où l'on pourrait noter tant de vers heureux et d'une tournure saisissante. La *Pluye* est un charmant petit tableau dont les tons, — pour continuer notre métaphore, — n'ont rien de heurté ni d'excessif, une jolie ébauche tracée d'un pinceau vif et net. C'est encore Saint-Amant qui a écrit cette longue ode du *Contemplateur*, digne de l'évêque de Nantes, Philippe Cospeau, à qui elle est dédiée, et où l'on ne reconnaîtrait jamais certainement, sinon peut-être à quelques vers, le chantre des *Pourveus bachiques*. Il n'y a pas de pièce où l'on voie mieux ce qu'aurait pu devenir Saint-Amant si la débauche n'avait brutalement étouffé le poëte, et si tant de germes précieux n'avaient abouti, grâce à une vie sans discipline et sans dignité, qu'à en faire le premier des lyriques de tavernes, l'Horace et l'Anacréon des mauvaises compagnies.

Chapelle est encore un bohème sans doute, mais dont l'histoire offre un caractère tout opposé. Ici, plus de misère et de malheur ; au contraire, voici l'homme le plus heureux du monde, qui écrit comme il vit, en paresseux, et que la gloire vient chercher à table, sans qu'il ait fait un pas au-devant d'elle.

J'ai dit la gloire, et en vérité le mot n'est guère trop fort, car la célébrité de Chapelle est de celles qui touchent à la gloire. Heureux bohème, heureux fainéant ! Il passa sa vie entière à boire, rimant, vaille que vaille, tous les deux ou trois ans, des vers qui s'en vont à la diable, en enjambant par-dessus les règles, dont ils ne se soucient guère ; et par ce fascicule, qu'un souffle de vent emporterait, il s'est acquis un nom qui paraît ne devoir pas mourir. Pour avoir écrit un *Voyage* où le naturel, l'esprit et la gaieté brillent dans des proportions discrètes, il s'envole à l'immortalité, entraînant dans le rayonnement de sa renommée son ami Bachaumont, dont les œuvres personnelles tiendraient dans une coquille de noix.

En dehors de ce fameux *Voyage*, tant loué, tant cité, si connu de tous qu'on ne peut plus en rien extraire sans faire un lieu commun, Chapelle n'a guère laissé que la *Description de Saint-Lazare*, qui mérite d'être recueillie. Presque tout le reste se compose de badinages futiles, de lettres, sonnets, épigrammes, placets, rondeaux, inscriptions, dont le vers a toujours cette aisance, ces grâces négligées, cette malice sans fiel, cette verve simple, franche et d'une rondeur aimable, qui forment le plus clair de son mérite. Un des plus curieux parmi ces petits morceaux est la *Lettre au marquis de Jonzac*, où il énumère ses compagnons de la Croix-de-Lorraine.

C'est sans doute afin de grossir un peu le mince bagage de son poëte, que le dernier éditeur a donné l'hospitalité à quelques mauvaises pièces qu'il avoue n'être probablement pas de Chapelle, et qui bien certainement ne lui appartiennent pas. Il eût mieux valu les laisser de côté : rejeter les pages apocryphes, ce n'est pas être plus incomplet, c'est être plus exact que les éditeurs qui les admettent.

Du reste, on s'expose à méconnaître et défigurer la physionomie de Chapelle en cherchant à étendre le nombre de ses productions. Cette extrême sobriété de plume est précisément un des caractères de son originalité. C'est moins un auteur qu'un homme de goût, — ce que nous appellerions aujourd'hui un amateur, —

qui vécut en commerce intime avec tous les beaux esprits, qui fut recherché pour sa bonne humeur, ses dons heureux, ses penchants d'épicurien, et qui écrivit sans y penser, à ses moments perdus. Il fit des vers, comme en faisaient le duc de Nevers et tant d'autres, pour payer son écot dans les joyeuses réunions de la rue du Vieux-Colombier ou du Mouton-Blanc, pour se distraire et pour amuser ses amis, « et je m'étonne fort pourquoi la *gloire* daigna songer à *lui*, qui ne songea jamais à elle. »

## II

Après ces diverses catégories, représentées chacune par un écrivain-type, vient dans la hiérarchie de la bohème littéraire au xvii<sup>e</sup> siècle, le pauvre diable qu'un vers de Boileau et une pièce de Saint-Amant ont baptisé du nom expressif de *Poëte crotté*. Le poëte crotté, c'est le meurt-de-faim, le maigre hère « passant l'été sans linge et l'hiver sans manteau, » battant du matin au soir le pavé de Paris et pataugeant dans la boue pour colporter une dédicace ici, toucher là un quartier de quelque chétive pension dont il donne la quittance en sonnets, attraper ailleurs un dîner à l'office. Tout poëte crotté était parasite,

> Savant en ce métier, si cher aux beaux esprits,
> Dont Montmaur autrefois fit leçon dans Paris.

Dans cette foule d'écrivains quémandeurs, *domestiques* en titre de grands personnages, se disputant les faveurs des ducs et des traitants, faisant trafic de la louange et tenant commerce d'encens, surtout avant l'époque où Boileau, par ses conseils et son exemple, vint relever les lettres, nous n'aurions que l'embarras du choix, depuis les plus petits jusqu'aux plus grands, depuis le fou Neufgermain, qui se qualifiait de *poëte hétéroclite de Monsieur*, jusqu'à l'illustre Chapelain, qui était aux gages du duc de Longueville. Mais, sans étendre si loin la signification du mot, combien n'en reste-t-il pas encore dont l'histoire littéraire a conservé le nom! On comprend bien que je ne veux nullement passer en revue cette grande armée des auteurs faméliques. Quelques-uns pourtant méritent l'honneur d'une mention. Et comment oublier, par exemple, le bonhomme Rangouze, qui avait élevé l'industrie de la dédicace aux proportions de l'art le plus raffiné, poussant la rouerie jusqu'à faire imprimer sans chiffres son Recueil de lettres, de façon à pouvoir varier celle qui se trouvait en tête, suivant les personnes à qui il faisait hommage de son volume, et se vantant de ne point composer d'épître qui ne lui rapportât pour le moins de dix à vingt pistoles; ce bizarre comte de Permission, qui, après avoir vécu tant bien que mal des chétives aumônes qu'il extorquait aux uns et aux autres en leur mettant ses incroyables élucubrations sur la gorge, finit par se laisser mourir de faim; et tous ces poëtes de la Samaritaine et ces chantres du Pont-Neuf, dont l'Homère est le fameux Savoyard, embaumé dans un vers de Boileau?

Elle est interminable, cette procession de poëtes dépenaillés, que nous voyons défiler fièrement sous leurs guenilles, dans les moqueuses esquisses des chroniqueurs familiers du xviie siècle. Mais le type par excellence de la bande, et qui la résume tout entière en lui seul, celui que Saint-Amant a voulu peindre dans sa pièce célèbre, que Furetière a eu probablement en vue dans le Mytophilacte de son *Roman bourgeois*, et peut-être l'auteur anonyme de l'*Histoire du poëte Sibus*[1], dans cet amusant et navrant tableau des misères de la profession, c'est Marc de Maillet, auquel nous nous arrêterons un peu plus longuement, en nous aidant, pour reconstituer les éléments épars de son incomplète et obscure biographie, des renseignements que nous fournit le recueil manuscrit de G. Colletet (Biblioth. du Louvre).

Maillet, né à Bordeaux vers 1568, fit partie de la maison de la reine Marguerite, femme de Henri IV, à la louange de laquelle il a publié un volume de poésies (1612), et il dit lui-même, dans la dédicace de son recueil d'*Épigrammes* (1620), qu'il y resta attaché huit ans. Ce ne fut pas sans quelques disgrâces plus ou moins passagères, car sa haute opinion de soi et son humeur satirique le firent bannir de la cour à diverses reprises, sans que pour cela la reine, qui l'aimait, le privât de ses bienfaits; mais, plus altéré d'honneur que d'argent, il n'acceptait point ces compensations pécuniaires, et n'avait pas de cesse qu'il n'eût reconquis sa position à force de requêtes poétiques. Comme il réjouissait fort sa maîtresse, non-seulement par ses vers, mais par les grimaces horribles et le bizarre son de voix dont il les accompagnait en les récitant, on lui pardonnait assez volontiers. Il finit toutefois par être exilé définitivement.

Le vaniteux Maillet ne pouvait souffrir les représentations : il se cabrait à la critique la plus anodine, et y

---

[1]. *Recueil* de Sercy, in-12 (1661), II<sup>e</sup> partie. On peut consulter aussi le *Francion* de Sorel, en particulier le 5<sup>e</sup> livre, sur le genre de vie, les habitudes intellectuelles et morales des poëtereaux d'alors.

répondait par d'âpres satires. Vital d'Audiguier ayant trouvé quelque point à redire dans une ode qu'il avait présentée à la reine Marguerite pour louer son éloquence, il prit fort mal la chose, maltraita son critique en prose et en vers, et lui décocha, pour l'achever, un sonnet foudroyant, dont voici un échantillon :

> Excrément du Parnasse, erreur de la nature...
> Hibou, pour ton faible œil je luis trop vivement :
> L'excez de ma lumière est ton aveuglement...
> Apprends que Maillet parle ainsi qu'on parle aux cieux,
> Et que, s'il ne parloit le langage des dieux,
> Il ne pourroit parler de cette Marguerite.

D'Audiguier ne demeura pas en reste, comme on pense, et lui répondit sur le même ton.

Maillet avait d'autres défauts non moins insupportables : ainsi il était possédé d'une rage effrénée de réciter ses vers à tout venant ; il empoignait sa victime par un des boutons de son pourpoint, et ne la lâchait pas qu'il ne l'eût martyrisée à son aise. Une fois, rapporte Fr. Colletet, « il arracha à mon père les glands de son rabat et sept boutons de son habit, ce dont il lui fit bien des excuses dès qu'il fut revenu de sa fureur poétique. Encore qu'il fît profession de traîner toujours une espée à son costé, son espée estoit aussy douce que son humeur estoit revesche. » Il se vantait souvent à G. Colletet, son ami, d'être brave, mais d'être prudent.

Pour comble de ridicule, Maillet tomba éperdument amoureux d'une jeune et charmante personne, Anne Olive, femme d'un conseiller au parlement de Bordeaux, appelé de Jehan. Avec sa mine austère, ses yeux hagards, son *poil* confus et mêlé, sa taille haute et convexe, ses habits que la misère mettait en lambeaux, son entretien rustique et sauvage, c'était un piètre amoureux, et qui n'avait nulle chance de réussir. Il ne laissa pas d'adresser force vers à sa maîtresse, et même de lui dédier un recueil tout entier (1616, in-8°) ; mais on ne voit pas qu'il ait été payé de retour.

Maillet vivait dans une extrême indigence, dont il se plaint souvent dans ses poésies. Le pauvre diable se montrait assez libéral dès qu'il avait quelque argent, ce qui ne contribuait point à l'enrichir. Et puis il était doué d'un solide appétit, ayant surtout pour les gigots, à ce que nous apprend Colletet, une passion incommode et ruineuse. Il en gardait toujours dix ou douze pendus, comme des jambons de Mayence, au plancher de sa chambre, où il les laissait *mortifier* pour les manger plus tendres, ce qui ne l'empêchait point de s'arrêter dix fois par jour devant les rôtisseries de la rue de la Huchette, et d'en humer les parfums d'un air rêveur et concentré. Sa pauvreté le réduisait à toutes sortes d'expédients burlesques. Tallemant rapporte qu'il fit un jour marché avec une femme qui chantait sur le Pont-Neuf, et qui promit de lui donner un écu pour une chanson, ou quatre livres, si c'était un chef-d'œuvre. Maillet se hâta de livrer le produit de sa verve : ce n'étaient qu'*astres* et *soleils*. On n'en vendit pas un exemplaire. La chanteuse, en fureur, lui fit un procès, et il fallut que Gombauld restituât l'écu pour lui. Tournant de plus en plus à la bizarrerie, par suite de ses malheurs, toujours solitaire et mélancolique comme un esprit bourru, il devint bien vite le jouet des grands et du peuple. Ses confrères, lui rendant à usure le mépris qu'il leur témoignait, le prirent pour cible de leurs traits les plus piquants. Théophile ouvrit le feu dans une de ses premières élégies (*A une Dame*), car on s'est généralement accordé à reconnaître Maillet dans ces jolis vers :

> Il est blesme, transy, solitaire, resveur,
> La barbe mal peignée, un œil branlant et cave,
> Un front tout refrogné, tout le visage have,
> Ahanne dans son lit et marmotte tout seul,
> Comme un esprit qu'on oit parler dans le linceul,
> Grimasse par la rue, et, stupide, retarde
> Ses yeux sur un objet sans voir ce qu'il regarde.

Jean Rou, dans ses *Mémoires*, nous a conservé sur Maillet un sonnet de Cl. Le Petit, l'auteur du *Paris ridicule*, où l'on retrouve absolument les mêmes traits que dans les vers de Théophile.

Saint-Amant, dans sa *Gazette du Pont-Neuf*, et surtout dans son *Poëte crotté*, ne tarit pas sur

> ce chardon de Parnasse,
> Ce vain espouvantail de classe,
> Ce pot-pourry d'estranges mœurs,
> Ce moine bourru des rimeurs,
> Ce chaland de vieille tripière,
> Ce faquin orné de rapière,
> Cet esprit chaussé de travers,
> Ce petit fagotteur de vers.

Il nous le montre,

> Après avoir esté vingt ans
> Un des plus parfaits sots du temps,
> Et s'estre veu, par son mérite,
> Fol de la reyne Marguerite,
> Qui l'estimoit, Dieu sçait combien !
> C'est-à-dire autant comme rien,
> A la fin saoul de chiquenaudes,
> De taloches, de gringuenaudes...
> Et de plusieurs autres caresses
> Que dans le Loûvre on lui faisoit
> Quand son diable l'y conduisoit,

forcé de se dérober par la fuite aux insultes et au mépris

de tous, même des laquais. Dans la première pièce, il le peint sous l'accoutrement le plus sordide, vêtu de ses seuls lauriers, comme dit Maynard, en permanence aux abords du cheval de bronze et sous le portail des Augustins, où il ramasse d'un air fier, avec des malédictions, les aumônes qu'on lui jette. Il ne faut sans doute pas prendre à la lettre ce chef-d'œuvre d'une verve bouffonne et exubérante, qui cache néanmoins sous la caricature un portrait fidèle, et donne des renseignements curieux sur notre poëte. D'Audiguier, Tallemant, d'Aceilly, etc., lui ont également décoché plusieurs flèches. G. Colletet l'a mis en parallèle, dans un de ses sonnets, avec Gomez, autre poëte contemporain du même acabit, et aussi pauvre que lui : « Gomez et Maillet, lit-on dans les additions du *Menagiana* (1719, t. III, p. 55), sont parmi nous ce qu'ont été Bavius et Mœvius parmi les Latins. » Enfin Furetière revint à la charge, dans sa satire des *Poëtes* et dans son *Roman bourgeois*, quoiqu'il fût mort depuis 1628.

Les vers de Maillet sont d'ordinaire raboteux, barbares, contournés, obscurs; mais il n'était pas tout à fait sans mérite : il a surtout réussi quelquefois dans l'épigramme. Nous aurions trop beau jeu si nous voulions rapporter des échantillons de ses défauts; à quoi bon, d'ailleurs? Nous aimons mieux citer l'une de ses meilleures épigrammes, dont on lui a souvent dérobé injustement la gloire, pour l'attribuer tantôt à Saint-Amant, tantôt à Théophile :

> Si Jacques, le roy du sçavoir,
> Ne fut curieux de me voir,
> En voicy la cause infaillible :
> C'est que, ravy de mon escrit,

> Il crut que j'estois tout esprit,
> Et par conséquent invisible.

Cette petite pièce est tout à fait caractéristique, et à elle seule elle peint Maillet de pied en cap, avec cette ingénieuse façon de tirer parti du mépris même qu'on avait pour lui, et de faire tourner ses déconvenues au profit de son naïf orgueil. On peut voir aussi la bonne opinion qu'il avait de sa personne dans l'épître dédicatoire de ses *Épigrammes* au comte de Luynes, qui abonde en réjouissantes gasconnades.

Tel fut ce grotesque poëte, dont la vie et les œuvres sont à la même hauteur, et qui porta la peine de son caractère plus encore que de son style. C'est là ce qui lui valut doublement cette notoriété de mauvais aloi, qui incarna en lui, comme dans un symbole vivant, toute la race des écrivains chétifs et des mendiants littéraires du xviie siècle. Mais cette gloire même, car c'est une gloire encore, lui a survécu à peine. Quand on pense aujourd'hui aux scribes ridicules de ce temps, ceux qui viennent à la pensée tout d'abord, c'est Pradon et l'abbé Cotin; plus bas, Neufgermain et Dulot; plus bas encore, Nervèze et Des Escuteaux. Pour la majorité des érudits eux-mêmes, Maillet n'est qu'un nom qui ne réveille aucun souvenir précis, et il faut fouiller très-avant dans le sous-sol de la littérature, avant de rencontrer la couche où sa trace reste ensevelie depuis plus de deux cents ans.

## III

Pour compléter cette esquisse, il nous paraît opportun de tracer une courte monographie des lieux célèbres où tant d'écrivains allaient demander à la *dive bouteille* une inspiration facile. On ne peut faire complétement l'histoire littéraire de cette époque sans faire plus ou moins celle des cabarets, qui en est une des parties les plus curieuses et pourtant les moins étudiées. Cette histoire-là est un peu partout, dans les Mémoires, les chansons, les pamphlets et les *ana* du temps, dans Tallemant des Réaux, dans les poésies de Saint-Amant, de Chapelle, de Boileau, dans la *Doctrine curieuse* de Garasse, dans les Mazarinades, dans les comédies, et dans une foule de *plaquettes* depuis longtemps oubliées.

Je ne remonterai pas jusqu'à Gringore, ni même jusqu'à Villon, pour trouver l'origine des *cabarets littéraires* du xvii<sup>e</sup> siècle : la question considérée ainsi n'aurait plus de bornes, et avec un peu de bonne volonté on pourrait la rattacher au déluge. Nombre des écrivains de l'âge précédent étaient de francs et rudes buveurs, qui inspiraient volontiers dans le vin leur verve effrontée : c'est là qu'étaient nées la plupart des poésies licencieuses d'alors; ce fut là aussi que trônèrent successivement les deux grandes sociétés des poëtes *libertins* et des poëtes *rouge-trongne*.

Le siècle de Richelieu et de Louis XIV, en héritant de cet usage, lui imprima en partie ce cachet de bon ton qu'il imprimait à tout. J'ai dit *en partie,* car il est remarquable que les cabarets conservèrent toujours quelque chose de leur licence primitive, même au milieu des raffinements de cette société qui transportait dans la ville les habitudes de la cour, et qu'ils se dérobèrent plus que tout le reste à l'influence des mœurs précieuses et polies. C'était comme un coin du xvie siècle égaré dans le xviie. On allait volontiers y oublier la fatigue du *decorum* et l'ennui de l'étiquette, et s'y délasser largement à huis clos de la dignité et de la roideur officielles, surtout à l'époque de Richelieu et de Mazarin, où manquait presque complétement encore la dignité littéraire. Toutefois il ne faudrait pas attacher à ce mot de *cabaret* la signification populaire et triviale qu'il entraîne de nos jours ; non-seulement ces cabarets étaient d'un degré au-dessus des tavernes, débits de bas étage, où du reste on ne donnait pas à manger ; mais ils comportaient tous les degrés du luxe, et correspondaient à nos cafés d'aujourd'hui. Ils recevaient à peu près la même société qu'on vit, sous Louis XV, s'assembler chez Gradot, chez la veuve Laurent et chez Procope.

> ... Cette liqueur au poëte si chère,
> Qui manquait à Virgile et qu'adorait Voltaire,

ne fut apportée à Paris que vers 1650, et ne commença à s'y répandre que vers 1669 : ce fut seulement quelques années plus tard qu'on entreprit de la servir au public dans des maisons spéciales. Mais, même au siècle suivant, il y eut de gais littérateurs qui, fidèles aux vieux usages, s'assemblèrent de préférence chez le traiteur Landelle, et y formèrent une sorte d'académie aux libres allures, qui rappelait, par plus d'un trait, la physionomie des cabarets du xviie siècle. En effet, ce n'était pas uniquement pour boire qu'on se réunissait dans ces établissements, mais pour causer, pour lire des vers, parfois même pour en composer ensemble, en s'aidant des conseils et des critiques de ses amis. Il s'y forma peu à peu des espèces de coteries, dont chacune avait son centre favori de réunion. On n'y rencontrait pas exclusivement ces esprits plus francs que *polis*, plus ardents que délicats, ces gens d'humeur indépendante, d'appétits sensuels, parfois de mœurs peu distinguées, qui se sentaient mal à l'aise dans les solennelles assemblées littéraires de l'époque; mais ceux-là même qui brillaient à l'Académie, aux samedis de mademoiselle de Scudéry, ou dans le salon de l'incomparable Arthénice. Les plus grands seigneurs et les plus grands écrivains s'y asseyaient familièrement près des rimeurs à gage et des *poëtes crottés*.

Il est permis de le dire sans être soupçonné de vouloir faire une plaisanterie peu séante, la table joua toujours un grand rôle au XVII<sup>e</sup> siècle, et les questions de haute gastronomie occupaient fort les esprits; on peut s'en convaincre par le témoignage des étrangers qui visitèrent alors la France, surtout du cavalier Marin. Le fameux ordre des Coteaux jouissait d'une grande considération. Il ne manquait pas de savants et d'écrivains qui, comme Montmaur, se changeaient en parasites et faisaient la chasse aux bons dîners. Beaucoup de poëtes avaient charge de commensaux : c'était un des principaux revenus de leur profession. On se rassemblait souvent chez quelque riche amphitryon, ou même chez des gens de lettres [1], pour y dîner ensemble, ce qui n'allait pas sans quelque

---

1. Je ne citerai que les repas *de pièces rapportées* qui se faisaient chez Scarron.

*débauche* de bonne ou mauvaise compagnie. Il y eut dans la seconde moitié du siècle de nombreuses réunions de ce genre chez le duc de Nevers; à Anet, chez le duc de Vendôme; à Bâville, chez Lamoignon; plus tard au Temple, et chez la Fare, dans son hôtel de la butte Saint-Roch. D'Olonne et le commandeur de Souvré tenaient table ouverte et table somptueuse : les dîners de ce dernier, qui étaient très-renommés, comptaient pour principaux convives Villandry, gourmet émérite, et le comte du Broussin, qui *traitait sérieusement les repas*, et transformait en dogmes, comme dit Boileau, ses prescriptions culinaires. Joignez à cette liste des gastronomes du haut rang le marquis d'Uxelles, le comte d'Harcourt, le duc de Vitry, le marquis de Bois-Dauphin, l'abbé de Villarceaux, etc. Une telle société devait naturellement faire prospérer les cabarets, non-seulement celui de la Boisselière, établissement du plus haut ton, fréquenté par les riches courtisans qui le trouvaient sur leur passage au sortir du Louvre, mais les tavernes même les plus équivoques.

Il y avait dans Paris une multitude d'établissements de ce genre, de toute importance et de tout étage, fort tolérants pour la plupart, et touchant quelquefois de près aux maisons suspectes. La *Pomme-de-Pin*, déjà renommée du temps de Regnier, de Rabelais et même de Villon, comptait parmi les plus fameux; elle était située dans la Cité, près du pont Notre-Dame. Le *Mouton-Blanc*, place du Cimetière-Saint-Jean; la *Croix-de-Lorraine*, sise au même endroit, et la *Fosse-aux-Lions*, recevaient d'illustres poëtes. G. Colletet a chanté, en un sonnet fort bien tourné, un joyeux festin fait *à la Croix-de-Fer*, modeste cabaret de la rue

Saint-Denis; et Chapelle, qui s'y connaissait, a daigné faire mention de la *Croix-Blanche*. L'*Écu d'argent*, dans le quartier de l'Université, était célèbre par ses soupes au citron et au jaune d'œuf. Quelques autres endroits se partageaient les restes de cette clientèle littéraire, fort recherchée des cabaretiers d'alors. Je nommerai encore les maisons qui portaient pour enseignes : *A la Croix du Trahoir*; *Au Panier-Fleury*, rue Tirechappe; *Au Petit-Panier*, rue Troussevache; *Aux Bons-Enfants,* près le Palais-Royal ; *Au Chesne-Verd*, non loin du préau du Temple ; *A Bel-Air*, près le Luxembourg, et *Au Cormié*, rue des Fossés-Saint-Germain. Enfin, autour de la butte Saint-Roch, il s'était élevé un grand nombre de tavernes et de cabarets, qui, en général, étaient appropriés à la grossière population des rues environnantes.

Les noms de certains cabaretiers-traiteurs avaient acquis aussi une réputation qui les a fait arriver jusqu'à nous, dans les écrits des poëtes reconnaissants. Crenet, l'hôte de la *Pomme-de-Pin*, n'est guère moins connu que son enseigne. Saint-Amant a célébré le fameux Cormier, ainsi que la Coiffier, cette pâtissière qui, selon Tallemant, s'avisa la première de traiter par tête, et qui tenait la *Fosse-aux-Lions*. L'abbé de Marolles, dans ses *Mémoires*, les nomme tous deux, avec Poliac, le Clerc, Gribou, la Basoche, Guille et la Varenne, parmi les meilleurs artistes culinaires du temps. Joignez-y Bergerat, l'hôte des *Bons-Enfants*, et l'illustre marchand de vin Boucingo; Lamy, le maître des *Trois-Cuillers*; Renard, qui avait caché sous les ombrages du jardin des Tuileries son établissement aristocratique ; Fite et la Morilière, dont a parlé Chaulieu. N'oublions pas non plus Mignot, qui n'était point, il est vrai, un cabaretier proprement dit, mais un pâtissier-traiteur, dont la boutique se trouvait dans la rue de la Harpe [1]; non plus que ses collègues Fagnault, et ce fameux Ragueneau, qui eut le tort de quitter son art pour celui des Muses, parce que les lauriers de maître Adam le menuisier l'empêchaient de dormir. Enfin, vers les dernières années du siècle, le cabaret de la Guerbois, aux environs de la butte Saint-Roch, acquit une vogue extraordinaire; il réunissait des poëtes et de gros financiers, deux classes qui s'accordaient fort bien alors, et il était de mode d'aller en partie fine chez la Guerbois [2]. Les maisons de Forel, près du Théâtre-Français, et surtout de Rousseau, dans la rue d'Avignon [3], commencèrent dès lors aussi cette réputation qui devait atteindre son apogée au siècle suivant.

On peut voir, dans les poésies du temps, l'ordinaire menu des repas du cabaret : les cervelas, le melon, les carbonnades, le *petit-salé*, les pâtés, les jambons, les langues de bœuf fumées, etc., mets solides et choisis avec art pour irriter la soif. A en croire certains bruits, que je ne garantis point, les hôtes s'entendaient fort

---

1. Boileau a enchâssé dans ses vers les noms de Crenet, de Boucingo, de Bergerat, et surtout de l'*empoisonneur* Mignot, qu'il a condamné à l'immortalité.

2. *Poésies* de Lainez, Dancourt (l'*Été des coquettes*), Boursault (les *Mots à la mode*), etc.

3. Voir les *Lettres* de Boursault, qui parle aussi de plusieurs autres cabarets, notamment de celui de Gardy, rue Béthizy : *A la petite Bastille*. Ceux qui voudront avoir une liste moins incomplète, la trouveront dans l'*Almanach* de du Pradel (1690), le *Discours facétieux et politique en vers burlesques sur toutes les affaires du temps* (1649), mazarinade, les *Visions du pèlerin du Parnasse*, livre rare, du commencement du xviie siècle, l'*Ode sur les Cabarets* (même date), le *Moulin de Javelle*, de Dancourt, etc.

bien aux mélanges ; mais je n'ai pas vu qu'on les accusât de mettre de l'eau dans leur vin : le palais exercé des gens de lettres eût bien vite découvert la fraude.

Si l'on voulait passer en revue les auteurs plus ou moins célèbres du xviie siècle, on trouverait qu'il n'en est presque pas un qui n'ait largement payé son tribut aux cabarets. La sobriété de Cyrano, de Naudé, de Voiture et de Gassendi, est un phénomène dans la vie littéraire du temps. Théophile, *franc-beuveur*, Molière le tragique ou plutôt le romancier, Bilot, qui avait donné au chantre des *Goinfres* ce fromage de Brie célébré avec tant de verve, étaient morts au moment de la plus grande splendeur de Saint-Amant; mais ils eurent des successeurs dignes d'eux, à la tête desquels nous placerons Saint-Amant lui-même : c'est un honneur qui lui revient de droit. Il allait un peu partout, et même plus volontiers, j'imagine, dans les cabarets moins relevés, où il était mieux à l'aise, et il y passait souvent la nuit à boire et à fumer ; car le tabac, dit-il, est le seul encens de Bacchus. A côté de lui, il faut nommer Faret, dont le nom semblait fait à souhait pour rimer à cabaret. C'est sans doute à cette circonstance, comme il s'en plaignait, et comme le dit Pellisson, qu'il dut une partie de sa renommée bachique ; mais on peut croire, sans jugement téméraire, qu'on ne se fût point avisé de lui faire cette réputation sur la seule autorité de la rime, si son genre de vie n'en eût inspiré l'idée et donné le droit. Saint-Amant en parle trop souvent, et avec un accent trop sincère, comme de son plus fidèle compagnon d'orgies, pour qu'il soit possible de ne pas tenir compte de son témoignage, confirmé par un vers bien connu de l'*Art poétique* de Boileau.

Ce bon couple hantait de préférence la *Pomme-de-Pin*,

le *Cormié* et le cabaret de la Coiffier. Autour d'eux se pressait la bande des *goinfres* en sous-ordre : Maricourt, *noble yvrongne;* Bardin, de l'Académie; de Marigny-Mallenoë, philosophe cynique et original déterminé, à qui Saint-Amant a dédié la *Chambre du débauché*, et sur lequel Tallemant des Réaux a écrit l'une de ses historiettes; le Carpentier de Marigny, auteur du curieux petit poëme satirique *le Pain bénit*, qui lui valut une vive réplique où on le traite de « cuistre de Saint-Amant; » Gilot, le *roy de la débauche*; Belot, *puissant démon de joie;* l'académicien Boissat, moins célèbre par son *Histoire négrepontique* et ses autres ouvrages que par ses démêlés avec le comte de Sault et les coups de bâton qu'il en reçut publiquement; le poëte Vion Dalibray, puis de grands personnages comme le marquis de Laval et le gros comte d'Harcourt, et toute la cohue anonyme des la Mothe, des Chateaupers, des la Flotte, des de Lâtre, des Dufour, des Grandchamp, etc., que la poésie de Saint-Amant n'a pas suffi pour immortaliser.

En dehors de cette bruyante coterie, que de noms ne reste-t-il pas encore à citer! Tandis que les précieux allaient roucouler leurs madrigaux musqués dans les salons de l'hôtel Rambouillet, tout le reste des écrivains et des poëtes, parmi lesquels se glissèrent plus d'une fois les *précieux* eux-mêmes, avaient transporté leurs réunions dans les cabarets d'honneur, comme on disait alors, et comme s'exprime particulièrement Garasse en sa *Doctrine curieuse des beaux esprits*. A côté des solennelles séances littéraires de l'Académie et du petit salon bleu, les séances turbulentes de la *confrérie des bouteilles* se perpétuaient comme une protestation de la vieille liberté de l'esprit et des mœurs, et la verve gauloise des poëtes libres d'allure et francs du collier, poursuivie par les envahissements de l'école triomphante de Malherbe, se retrempait aux banquets à deux pistoles par tête, dans les cabarets de la Pomme-de-Pin et de l'Ile-du-Pont-de-Bois. Gaston d'Orléans s'échappait du Louvre en compagnie de son gentilhomme le baron Blot, bel esprit satirique et libertin, à qui le vin inspirait les saillies les plus originales, et, excité par ses bons mots et ses couplets bachiques, il courait les rues pour battre le guet et jouer au tire-laine. Boisrobert s'échappait de l'Académie, qu'il venait de créer en faisant descendre sur elle la protection de Richelieu, et allait s'attabler à la taverne pour oublier le Dictionnaire. G. Colletet quittait furtivement le Palais-Cardinal, et se dérobait aux poétiques entretiens de son puissant protecteur pour retrouver à la *Croix-de-Fer* de plus divertissants compagnons. L'excellent homme aimait fort à *chopiner*, suivant l'expression familière de Tallemant, et ses œuvres témoignent d'un généreux mépris pour les poëtes *beuveurs d'eau*[1].

L'intime liaison de l'historien Mézeray avec son *cher compère* le cabaretier Lefaucheur, à la Chapelle Saint-Denis, est restée célèbre : on sait qu'il allait travailler chez lui et qu'il l'institua son légataire universel. Vous eussiez vu encore, dans ces repues franches, le poëte

---

1. Cependant, dans un *Recueil curieux de diverses poésies non imprimées* (Bibl. du Louvre, Mss.), fait par son fils François, et qui contient nombre de pièces bachiques à l'adresse des *goinfres*, je trouve un sonnet de Guillaume *pour la tisane* et contre le vin :

> Ce nectar innocent me plaît bien davantage ;
> Voyez dans ce cristal son bel ambre doré :
> Par lui le corps est sain, l'esprit est épuré,
> Et par lui la raison ne fait jamais naufrage.

Il fallait que ce jour-là la *Croix-de-Fer* lui eût refusé crédit.

tragique Mairet, le libre penseur Saint-Pavin, Ch. Beys, Puimorin, la Serre et l'épicurien Saint-Évremont, qui, durant son exil à Londres, devait retrouver son cabaret parisien dans le café de Will. Comme Dassoucy, Scarron, son maître en burlesque, avait commencé par fréquenter assidûment les mêmes lieux, et, à en juger par le lyrisme de ses nombreuses chansons à boire, il dut lui en coûter beaucoup de renoncer à ces assemblées joyeuses, qu'il s'efforça du moins de reconstituer chez lui. Benserade, le poëte de cour, pour peu qu'il fût de loisir, ne bougeait du cabaret de Bel-Air, tenu par le Puis, où il faisait tout le jour des bouts-rimés avec de Lyonne, et de petits vers que Lambert mettait en musique sur la table. N'oublions pas non plus Linière, qui, raconte la légende, empruntait de l'argent à Boileau pour aller au prochain cabaret rimer contre lui, et son Pylade, l'abbé Martinet, si complétement oublié, bien qu'il ait fait quelques jolies chansons et que le grand Condé goûtât ses vers. Quand ces messieurs ne pouvaient acquitter leurs dettes, ils se tiraient parfois d'embarras en payant de leur personne, comme la Serre et Lambert, qui épousèrent les filles de leurs hôtes.

Tout cela semble bien peu digne des études de la critique ou de l'érudition : ce n'est pas dans les cabarets, je le crains, que Diogène eût eu chance d'éteindre sa lanterne. On s'étonnera peut-être que nous nous y soyons arrêtés, mais il le fallait bien. Nous n'avons fait que suivre la littérature anti-précieuse, les héritiers de Rabelais et de Régnier, là où ils nous menaient, — dans leur académie, dans leur hôtel de Rambouillet, à la taverne, mais en nous contentant d'entr'ouvrir la porte et de jeter un coup d'œil. Supprimer les cabarets, ce serait vouloir supprimer une partie de l'histoire littéraire du xviie siècle, aux plus bas degrés de laquelle ils occupent une place importante. Boileau lui-même leur a donné quelques vers de son *Art poétique*. Ce qui relève quelque peu ces orgies, autant du moins qu'elles peuvent être relevées, c'est qu'on les séparait rarement de la poésie. La dive bouteille inspirait ces joyeux compagnons, comme elle avait inspiré Olivier Basselin et Jean le Houx, comme elle devait inspirer plus tard les membres du Caveau. A mesure que coulait le vin, la verve s'allumait, et bientôt l'hymne d'extase et de reconnaissance éclatait avec transport. Les cabarets ont même donné naissance à toute une poésie spéciale et très-vivante, dont, entre les Vaux-de-Vire du vieux poëte normand et les flons-flons de Panard et de Collé, les dithyrambes fameux du chantre de la *Vigne* et de la *Crevaille* restent les prototypes.

Dans la seconde moitié du siècle, la *Croix-de-Lorraine* succéda à la vogue de la *Pomme-de-Pin*, et devint le plus illustre de tous les cabarets littéraires. La *Croix-de-Lorraine* comptait parmi ses habitués le comte de Lignon, l'abbé du Broussin, du Toc, Desbarreaux, épicurien autant qu'esprit fort; puis Petitval, la Planche et le frère de la Mothe le Vayer [1]. Mais tous ces hommes, malgré le mérite réel qu'ils déployaient à table, n'étaient que la monnaie de Chapelle, que, selon Bernier, « les Muses et les Grâces suivaient chez les Crenet et les Boucingo, » et qui eût pu parfaitement tenir tête à table à son père Lhuillier, si terrible convive que fût celui-ci. Il faudrait bien des pages pour recueillir les anecdotes de cabaret rapportées sur son compte [2];

1. Lettre de Chapelle au marquis de Jonzac.
2. V. *Mémoires pour servir à l'hist. de Chapelle*, par Saint-Marc.

car il n'est pour ainsi dire pas un de ces établissements où il n'ait laissé trace de son passage. La chronique nous le montre tantôt oubliant, à l'*Image Saint-Claude*, au milieu d'un souper de joueurs, une invitation du prince de Condé; tantôt s'échappant tout effrayé de l'hôtel de Bourgogne, où il venait de voir, à travers les fumées du vin, un combat sur la scène, pour se réfugier dans un cabaret voisin; tantôt, enfin, au sortir de l'une de ces maisons, dans la rue Tirechappe, prenant une guitare pour un gourdin, et celui qui la porte pour un *brave* qui veut l'assassiner. Il est probable que plusieurs des hauts personnages qui l'honoraient de leur amitié, comme le marquis de Jonzac, lequel, dit-il, rimait sans peine, *après avoir bu comme un trou*, des vers qui n'étaient pas *vers à la douzaine;* le comte du Lude, à qui il a adressé une pièce pour demander du *petit-salé;* les ducs de Saint-Aignan, de Nevers et de Sully; le duc de Vendôme, chez lequel il allait souvent boire à Anet; les marquis de Vardes et d'Effiat, l'accompagnaient quelquefois dans ses lieux favoris : on le devine à la manière dont il leur parle, et, du reste, on ne pouvait guère le rencontrer et en jouir ailleurs. C'est là seulement qu'il était complétement lui-même; c'est là qu'il écrivait sur la nappe ces vers qui coulaient de sa veine sans qu'il y songeât. La gravité descendait sur lui avec l'ivresse; à mesure qu'il buvait, il devenait sérieux, faisait de la morale, prenait une humeur revêche et grondeuse, et, suivant les occasions, se gourmait avec son vieux valet Godenet, ou querellait Boileau sur la poésie.

Boileau lui-même compromit plusieurs fois sa réputation de tempérance avec ce terrible ami, pour qui c'était une volupté suprême de mettre ainsi le satirique en faute, et de l'enivrer au moment où il lui prêchait la sobriété. Dans ces occasions, celui-ci ne dédaignait pas de *descendre de son haut style*, et Chapelle s'applaudissait en songeant à toute la bile qu'il avait épargnée au genre humain. Boileau nous a laissé des monuments de ces faiblesses dans deux chansons à boire : ce ne sont pas précisément des chefs-d'œuvre, mais la bonne volonté y est. Tout le monde a lu l'histoire du fameux souper d'Auteuil, dont le satirique fut un des héros avec Chapelle, Jonzac, Nantouillet et Lully, cet Italien sensuel et gourmand, héros de cabaret et bouffon de société, ordinaire compagnon d'orgie du chevalier de Lorraine. Cette anecdote est une nouvelle preuve que ces messieurs ne dédaignaient pas toujours de tenir tête à table au *bon ivrogne du Marais*.

On sait que Boileau, Molière, Racine et La Fontaine, auxquels s'adjoignait Chapelle, quand il n'était pas retenu par des occupations plus intimes, se rassemblaient trois fois par semaine, rue du Vieux-Colombier, dans le voisinage d'un bruyant cabaret, qui troublait quelquefois la tranquillité de leurs réunions. Dès le commencement de la brouille qui survint entre Racine et Molière, la société transporta le lieu ordinaire de ses séances et de ses soupers à la *Croix-de-Lorraine*. Mais, à partir de cette époque, Molière négligea ces rendez-vous. Il y parut néanmoins, et malgré sa sobriété naturelle, encore accrue par la faiblesse de son tempérament, il lui arriva de boire parfois assez

Pour, vers le soir, être en goguettes.

s'il faut en croire Chapelle, qui aime à faire la confession de ses amis.

On s'assemblait souvent aussi au *Mouton-Blanc*. Pendant la durée de ces réunions, la *Pucelle* de Chapelain restait sur la table, et celui qui s'était rendu coupable d'une faute contre les statuts devait en lire quelques lignes. Après avoir quitté la rue du Vieux-Colombier, la société s'accrut de Furetière et de plusieurs courtisans, tels que le duc de Vivonne et le chevalier de Nantouillet. Cette petite académie familière, sans parler de la critique judicieuse qu'elle exerçait sur les ouvrages de ses membres, donna naissance à quelques badinages ingénieux, et même à des productions littéraires plus importantes : suivant la tradition, les *Plaideurs* avaient été en grande partie composés à table, à la *Croix-de-Lorraine*, et Chapelle avait fourni à Racine quelques-uns des meilleurs traits de la pièce. Ce fut au *Mouton-Blanc*, selon les uns, et selon Boileau dans un repas chez Furetière, que le *Chapelain décoiffé* se fit le verre en main. La dissolution de ces assemblées eut lieu vers 1665, et dès lors Chapelle, qu'elles avaient un peu maintenu dans les bornes, retomba plus bas que jamais, et ne sortit plus des tavernes.

Ce furent là, sans contredit, les hôtes les plus illustres des cabarets du temps. Après eux, et vers la fin du siècle, il ne faut pas oublier le marquis de Saint-Aulaire, mais surtout Chaulieu, qui ne dégénéra point de son maître Chapelle, dont il avait appris à faire des vers faciles *entre le tabac et le vin*, et son ami La Fare, qui fut aussi un des plus brillants habitués de ces lieux, en attendant qu'il en transportât les mœurs et les désordres dans son hôtel.

Je me suis contenté de choisir les enseignes devenues en quelque sorte historiques et les établissements hantés surtout par les gens de lettres. Il en reste bien d'autres, inutiles à nommer. Je ne veux point m'occuper davantage de ceux qu'on rencontrait dans les environs de Paris, à Sceaux, à Vincennes, à Charonne, à Bagnolet, à Meudon, à Passy, etc. Celui de la Duryer à Saint-Cloud, et le Petit-More, à Vaugirard, avaient pourtant une telle vogue parmi les écrivains, que je ne puis me dispenser de leur accorder une mention honorable; mais, si j'en disais davantage, le lecteur, qui a bien voulu me suivre jusqu'ici, serait en droit de se plaindre que je le retiens au cabaret plus longtemps qu'il ne sied.

IV

# DU ROMAN CHEVALERESQUE

ET POÉTIQUE AU XVIIe SIÈCLE,

## ET DE SON INFLUENCE.

D'URFÉ, Mlle DE SCUDÉRY, GOMBERVILLE, LA CALPRENÈDE,
Mme DE LA FAYETTE.

I

Depuis quelque temps, une petite réaction s'est prononcée en faveur de mademoiselle de Scudéry, comme en faveur des *Précieuses*. M. de Loménie, dans une série d'excellentes leçons dont je me ressouviendrai plus d'une fois en ce travail, a révélé les romans du XVIIe siècle à ses auditeurs du Collége de France. M. Saint-Marc-Girardin a réhabilité l'auteur de la *Clélie* dans le troisième volume de son *Cours de littérature dramatique*, et M. Cousin est venu à son tour, avec toute l'autorité de son nom et de son talent, compléter la révision du procès.

Cependant mademoiselle de Scudéry est morte et bien morte; on peut l'exhumer, mais non la ressusciter, et lorsqu'on remet en lumière, dans des éditions complètes et commentées savamment, jusqu'à Théophile, Saint-Amant et Sénecé, il est très-probable qu'on ne pensera jamais à rendre le même honneur à ces romans qui firent la passion des beaux esprits d'autrefois, et qu'on ne peut plus ouvrir aujourd'hui sans un ennui mortel, à peine contre-balancé par une de ces curiosités d'érudit, que pourtant, d'ordinaire, aucun ennui ne rebute. Que voulez-vous que fasse un homme, eût-il le cœur bardé d'un triple airain, quand, l'an de grâce 1862, il se trouve face à face avec un roman en vingt-deux volumes in-12, d'une impression compacte, qui, au lieu de porter la signature de M. Alexandre Dumas, porte celle de « M. de Scudéry, gouverneur de Notre-Dame-de-la-Garde, » et la date de 1650? Cet homme, s'il n'est pas M. Cousin, c'est-à-dire l'esprit aujourd'hui le plus passionné pour le xvii<sup>e</sup> siècle, que nul ne connaît plus à fond, fermera le livre en toute hâte. Vainement M. Cousin, de sa voix éloquente, convie le passant à s'embarquer sur cette onde enchantée qui ne connaît pas les orages : celui-ci, mesurant l'espace, recule épouvanté. Plus hardi, nous aurons le courage d'entreprendre cette navigation de long cours, à la suite de l'illustre académicien qui nous servira de pilote [1], mais nous ne répondons pas d'arriver jusqu'au bout, et nous nous garderons surtout de quitter les côtes pour nous lancer en pleine mer.

Les ouvrages de mademoiselle de Scudéry et de La Calprenède, les *Cléopâtre*, les *Clélie*, les *Grand Cyrus*, malgré leur titre, ne sont pas du tout des romans his-

---

[1]. *De la Société française au XVII<sup>e</sup> siècle, d'après le* GRAND CYRUS *de mademoiselle de Scudéry*, par M. Cousin.—Didier, 2 vol. in-8, 1858.

toriques, mais des romans de mœurs et de portraits contemporains sous des masques plus ou moins antiques. Encore ces masques n'ont-ils de l'antiquité que le nom, sans prétendre le moins du monde à la couleur locale. C'est le pendant de ces réunions de l'hôtel Rambouillet, où chaque précieux portait un nom grec ou romain, par suite d'une convention adoptée, et sans que l'usage tirât autrement à conséquence.

On n'a tant crié contre l'invraisemblance ridicule des romans d'alors que pour n'avoir pas compris le but des auteurs, et on n'avait pas compris leur but parce qu'on n'avait pas lu leurs ouvrages, ni même leurs préfaces, ce qui est pourtant le moins que puisse faire un critique, avant de prononcer son arrêt. Le premier verdict porté contre l'engouement des contemporains s'est transmis de bouche en bouche jusqu'à nos jours, par un procédé de justice expéditive et commode, renouvelé des moutons de Panurge. On a accusé l'*Astrée*, par exemple, d'avoir créé un berger faux et factice, prototype des Némorins du chevalier de Florian, aïeul de toute cette race de Corydons qui portent si coquettement la houlette parée des couleurs d'Amaryllis, dans les tableaux roses de Boucher et des peintres galants du XVIIIe siècle. Mais « on voit bien, en lisant le roman, que ces bergers-là ne le sont que par goût, et qu'en mettant l'amour à la campagne, d'Urfé, comme les poëtes pastoraux de l'Italie, a voulu seulement lui donner plus de charme et plus de liberté. Ses bergers et ses bergères... ne sont pas gens du village : ce sont gens qui font la *villégiature*. Ils ont le loisir que donne l'aisance ; ils sont de noble naissance ; ils sont enfin aussi discrets et aussi civils que les meilleurs courtisans... D'Urfé a voulu représenter l'amour tel qu'il le concevait dans la bonne compagnie, et s'il a préféré les champs au salon, c'est que, d'une part, il n'y avait guère encore de salons, et que, d'une autre part, la pastorale étant, dans l'usage du temps, consacrée à l'amour, il lui semblait naturel de donner à ses récits amoureux la forme pastorale [1]. »

Quant à *Cyrus* et à la *Clélie*, ce qui nous choque, nous qui sommes si intraitables, comme le sait M. A. Dumas, sur la question des invraisemblances et des anachronismes, c'est cette étrange alliance des noms antiques avec les usages et les passions modernes, cette transformation en Romains peu farouches des habitués du samedi. Mais on a été plus dupe que ne le voulait l'auteur, qui était loin d'attacher à ce cadre factice autant d'importance que nous. Pour mademoiselle de Scudéry, le roman n'est que l'accessoire, dont elle eût fait, je crois, bon marché elle-même. Son but était d'introduire et de faire passer, sous ce déguisement, non-seulement des portraits, des sentences, des dissertations morales, des conversations subtiles sur toutes les règles de la *politesse*, sur tout ce qui constitue l'*honnête homme* au xviie siècle, mais même quelque grande et sérieuse controverse sur des questions d'un haut intérêt social : c'est ainsi que dans la *Clélie* l'auteur a traité de tout ce qui tient à la condition des femmes dans le monde, et que nous y trouvons, revêtus d'une forme plus calme, tous les débats orageux qui se sont soulevés de nos jours sur la *liberté* du beau sexe [2].

---

1. Saint-Marc Girardin, *Cours de Littér. dram.*, t. III.

2. Il ne faut pas croire non plus d'une manière absolue à ces accusations, tant de fois répétées, qui reprochent aux romans du xviie siècle d'avoir entièrement négligé le côté réel et positif de la vie. Dans l'*Astrée*, par exemple, qui passe pour dûment convaincu de ce forfait,

Le *Grand Cyrus* est comme une mascarade ingénieuse et *galante*, où les déguisements sont, pour les invités, un charme de plus ajouté à la fête, et servent, en dépaysant les spectateurs profanes, à piquer la curiosité des adeptes. Dans le septième volume, on trouve toute une galerie fort curieuse des habitués de l'hôtel Rambouillet, qui lui-même est assez fidèlement dépeint. L'antiquité n'est que le cadre choisi par l'auteur pour y faire mouvoir des tableaux et des portraits modernes. C'est aussi le genre de La Calprenède, qui respecte à peu près les faits, mais sans se préoccuper des mœurs et des caractères de l'histoire ancienne. Il y a là sans doute une contradiction et une incohérence blâmables au point de vue de l'art; mais cette contradiction venait d'un système faux, et non d'ignorance. Les lecteurs savaient fort bien que ce n'était pas le vrai Cyrus qu'on leur présentait, et, loin d'y tenir, ils tenaient beaucoup plus à se reconnaître eux-mêmes sous ces accoutrements de convention, sans lesquels on ne pouvait produire en public les portraits de ses contemporains. Il n'y avait que les esprits prosaïques ou révolutionnaires, Scarron, Sorel, Furetière, Subligny, etc., pour se dérober à cette loi bizarre qui assimilait les romans à la solennelle épopée.

en face de l'idéal, représenté par Céladon et sa bergère; d'Urfé a peint, comme contraste, l'amour ordinaire et commun dans Galatée et Hylas. En outre, le même Hylas égaye l'ouvrage par ses bouffonneries, comme feront les satyres dans les pastorales, toutes inspirées par ce livre, la large source où puisèrent si longtemps le roman et le théâtre. Ainsi, par une singulière coïncidence, c'est d'Urfé qui a ouvert de ses propres mains la porte par où devaient passer ces romans comiques et satiriques, qui allaient peu à peu détruire son influence et renverser sa royauté.

Pour tout le monde, le grand Cyrus c'était le grand Condé, comme Artamène c'était le duc d'Enghien. Bossuet, en comparant Condé à Cyrus, dans sa magnifique *oraison funèbre*, pouvait céder à son insu à la tradition qui, depuis lors, semblait confondre ces deux noms en un seul. On s'est récrié sur l'aveuglement de Boileau, qui dans ses *héros de roman* n'a pas vu l'allégorie et l'allusion continuelles, qui a pris au sérieux cet appareil historique sans valeur. Si Boileau avait commis réellement cette méprise, elle pourrait bien prouver au moins autant contre l'ouvrage que contre lui-même. Mais est-il vrai qu'il n'ait point vu ces allusions? ou plutôt n'a-t-il pas affecté de ne les point voir? Avec son goût sévère et ennemi du faux, Boileau devait être choqué plus que tout autre de ces contrastes entre les caractères, les actes, les paroles, et les noms des personnages ou le lieu de la scène : que cette contradiction fût volontaire ou non, elle n'en restait pas moins ridicule à ses yeux; il eût même certainement pardonné à l'ignorance plutôt qu'au parti pris. Si la connaissance de cette clef du *Cyrus* et de la *Clélie* était devenue si populaire et si universelle, comment comprendre qu'un homme qui se tenait mieux que pas un au courant de toutes les choses littéraires, et qui écrivait les *Héros de romans* peu d'années après ces ouvrages, quoiqu'il ne les ait publiés que beaucoup plus tard, ait pu ne la pas connaître, bien plus, n'en pas soupçonner l'existence?

Malgré les ingénieux et éloquents plaidoyers des illustres avocats de *Sapho*, il nous semble que Boileau avait raison, au point de vue de l'art et du goût, de s'élever contre cette mascarade de personnages anciens travestis à la moderne. Pour le *Grand Cyrus*, passe encore : il n'y a, dans tout le roman, que ce seul nom historique ; et, d'ailleurs, la scène se déroule en un temps et dans un pays dont l'éloignement laisse le champ libre à l'imagination. Mais combien ce défaut n'est-il pas plus choquant dans la *Clélie*, composée très-peu de temps après ! Là il s'agit de personnages plus connus, d'une époque plus rapprochée de nous, de mœurs que nous avons étudiées davantage. Ce n'est pas seulement Clélie que mademoiselle de Scudéry travestit ; c'est Coclès, c'est Brutus, c'est Lucrèce, c'est Tarquin, ce sont vingt autres Romains dont Tite-Live et nos études classiques nous ont gravé les caractères ineffaçablement dans la mémoire. Et ce qui rend le contraste plus discordant encore, c'est que, tout en défigurant les mœurs des personnages, l'auteur reste fidèle à l'histoire quant aux faits généraux, et raconte assez exactement, par exemple, l'attentat contre Lucrèce, la folie simulée de Brutus, l'héroïsme d'Horatius Coclès et de Clélie, l'expulsion des Tarquins, etc. Jugez de l'harmonie d'un tel ensemble ! C'est à la *Clélie* que pensait Boileau dans ses vers célèbres de l'*Art poétique :* c'est là, en effet, qu'on peut voir Brutus, le farouche *patriote*, transformé en dameret du meilleur ton, en parfait galant qui connaît toutes les délicatesses de l'amour, et à qui il ne manque que des canons, la petite-oie et une perruque pour briller aux samedis. Brutus est l'amant en titre, le *mourant* de Lucrèce, et Lucrèce tient un bureau d'esprit comme mademoiselle de Scudéry elle-même.

La *Clélie*, qui porte tous les caractères du temps où elle fut composée, est tout simplement l'histoire de la Fronde sous un accoutrement romain. Les chefs de cette petite guerre aimaient à s'assimiler aux personnages romanesques et à se donner les noms des héros de l'*Astrée :* Mademoiselle de Scudéry les servit à souhait. On y trouve peut-être plus de portraits encore que dans le précédent roman. Cette nouvelle œuvre était l'exagération de l'idée qui avait inspiré le *Grand Cyrus*, mais elle en était aussi la suite naturelle. Voilà où cette idée devait fatalement aboutir.

De tous les romans de Sapho, l'*Illustre Bassa* est celui où elle a montré le plus de respect pour la couleur locale. Ses Turcs sont plus Turcs que ses Romains et ses Assyriens ne sont Romains et Assyriens. C'est sans doute à l'influence d'un peuple plus moderne et d'une époque plus contemporaine qu'il faut l'attribuer. Le talent de mademoiselle de Scudéry ne semblait guère constitué cependant pour peindre les mœurs barbares de ce peuple en dehors de la civilisation. Tels sont la fadeur habituelle de son style et son penchant aux teintes molles et claires, qu'elle ne sait pas mettre en scène un caractère vigoureux, dessiner une figure qui exige des traits fermes et nets. Dans la *Clélie*, elle adoucit singulièrement le portrait de la féroce Tullie, aussi bien que celui de Brutus; et, dans le *Grand Cyrus*, elle va jusqu'à présenter sous une physionomie qui ne manque pas d'un certain agrément la furie Tisiphone.

Toutefois il y a de grands coups d'épée dans ces romans, mais ces grands coups d'épée s'y donnent de la façon la plus chevaleresque du monde, et il est permis de croire que le frère de mademoiselle de Scudéry, qui lui a prêté l'égide de sa signature, comme plus tard Segrais à madame de La Fayette, et qui a fait les préfaces et les dédicaces, l'a aidé dans ces passages difficiles pour une plume féminine. A maint endroit qui sent le matamore, on soupçonne la collaboration du capitan Georges de Scudéry.

Par là, et aussi par la ressemblance du plan et du point de départ, les romans de notre Sapho ressemblent à ceux de La Calprenède; mais ils l'emportent de beaucoup sur eux, parce qu'ils entrent bien plus avant dans l'étude du cœur humain, étude quelquefois fausse ou superficielle, surtout trop subtile, mais réelle, et, en bien des pages, fine et délicate; parce qu'ils ne se bornent pas à faire mouvoir les fils d'une intrigue plus ou moins curieuse, et qu'à côté de ces aventures héroïques, qui ravissaient madame de Sévigné comme une petite fille, ils donnent une large place aux allusions, aux portraits contemporains, et principalement à la conversation, la grande affaire d'alors, celle dont se préoccupent non-seulement tous les *honnêtes gens,* mais tous les écrivains, poëtes, orateurs sacrés et moralistes. Si jamais on écrit une histoire de la conversation en France, les romans de mademoiselle de Scudéry devront tenir le premier rang parmi les documents à consulter pour le xviie siècle, et c'est là qu'on en pourra saisir sur le vif les défauts et les qualités. Mademoiselle de Scudéry était une des reines incontestables de ce domaine : elle a laissé un volume, intitulé *Conversations,* dans lequel il y a un traité spécial sur la matière. Elle en a tracé des modèles dans tous les genres,—dans le genre éloquent et dans le genre familier, dans le genre badin et dans le genre sérieux,— mais c'est toujours l'air *galant* et le ton de la *bonne cabale* qui dominent. Elle se plaît surtout à la peinture d'un certain ordre de sentiments mixtes et complexes, difficiles à analyser avec précision, et dont on n'avait guère abordé l'examen avant elle; elle aime à poser à ses personnages des questions raffinées, comme celles qui exerçaient si souvent les ingénieuses causeries de l'hôtel Rambouillet.

Si l'on en excepte les solitaires de Port-Royal, Bossuet qui, dans l'oraison funèbre de la duchesse d'Orléans, parle avec un mépris non dissimulé des romans et de leurs « fades héros, » et un très-petit nombre d'autres esprits sévères, les personnages les plus illustres professaient pour ces ouvrages une admiration hautement avouée qui rejaillissait en respect sur mademoiselle de Scudéry : c'étaient, par exemple, madame de Sévigné, le duc de Montausier, La Fontaine [1], Boileau lui-même, au moins dans sa jeunesse, comme il l'avoue dans la préface de ses *Héros de roman*, où il confesse n'avoir pas eu le courage de publier cette satire du vivant de Sapho, qu'il aimait et estimait beaucoup. Bien plus, les évêques, — Camus, Mascaron, Huet [2], Godeau, Fléchier, Massillon,—gagnés par l'extrême pureté de sentiment de ces ouvrages, où

---

1. Non que monsieur d'Urfé n'ait fait une œuvre exquise :
Étant petit garçon, je lisois son roman,
Et je le lis encore ayant la barbe grise...
Le roman d'*Ariane* est très-bien inventé ;
J'ai lu vingt et vingt fois celui de *Polexandre*.
En fait d'événements, *Cléopâtre* et *Cassandre*
Entre les beaux premiers doivent être rangés.
Chacun prise *Cyrus* et la carte du Tendre.
(*Ballade*, 1667.)

2. On sait que l'évêque de Belley, Camus, a fait de petits romans dévots ; mais ce qu'on sait moins, et ce que nous apprend d'Olivet, c'est que Huet, non content d'admirer ces productions, et d'en exposer l'origine dans un docte traité, avait fait lui-même un roman, resté manuscrit, dont le titre (*le Faux Incas*) semble indiquer une imitation du roman mexicain de Gomberville.

pourtant il n'est question que d'amour et de galanterie, mais d'amour élevé et de galanterie platonique, les avaient pris en quelque sorte sous leur protection. Ce qui séduisait encore et même passionnait de pareils lecteurs, c'était la grandeur et l'héroïsme des sentiments. Ils cherchaient dans ces livres un reflet de leur idéal, et passaient volontiers par-dessus les défauts d'un style dont ils ne se dissimulaient pas la lenteur et la monotonie fatigantes. Cette surabondance et ces détails inutiles, qui affaiblissent l'idée en la délayant, voilà les vrais défauts de mademoiselle de Scudéry, beaucoup plus que les subtilités, le précieux, le maniérisme. C'est l'ouvrage d'une femme qui écrit comme elle cause, avec des négligences, des répétitions, une prolixité languissante et terne, sans se revoir, en se laissant aller. Mais ces romans, dernier reste de la littérature héroïque et chevaleresque, n'en devaient pas moins charmer les lecteurs du XVIIe siècle, surtout joignant à leurs qualités réelles l'attrait des peintures contemporaines, cachées sous un voile suffisant pour exciter la curiosité, insuffisant pour la décourager. On sait à quel point les portraits étaient alors à la mode; on en mettait partout. La grande Mademoiselle en faisait un recueil et composait dans le même but sa *Princesse de Paphlagonie.* Dans les alcôves, chacun traçait son portrait et celui du voisin. Tout cela circulait de main en main, manuscrit ou imprimé, et formait la principale occupation de quiconque se piquait de bel air et de galanterie. Les choses en étaient venues au point que Sorel se crut obligé d'écrire un roman spécial contre cette manie : la *Description de l'isle de Portraiture,* où néanmoins, tout en critiquant l'engouement des portraits à la plume, il fait, par une exception caractéristique, le plus grand éloge de ceux de mademoiselle de Scudéry. Enfin, les *Caractères* de La Bruyère, qu'est-ce autre chose, après tout, qu'une réunion de portraits élevés à la perfection du genre, et reliés entre eux par des réflexions et des maximes, de manière à former un livre d'un intérêt général ? — Ainsi s'explique le prodigieux succès, de ces œuvres, qui ont transporté nos pères pendant près d'un siècle qui ont exercé une véritable influence sur les idées et les mœurs, et qui, par là même, indépendamment de leur valeur littéraire, méritent une étude sérieuse.

Mais peut-être le lecteur est-il curieux de connaître le fond du roman qui nous occupe. Voilà le point délicat. Je ne me hasarderai pas, pour bien des raisons, à en donner une analyse tant soit peu détaillée. Je ne manque pas de courage au besoin, et la preuve, c'est que j'ai lu les douze chants imprimés de la *Pucelle* de Chapelain ; mais j'avoue qu'après nombre de tentatives acharnées, il m'a fallu, la sueur au front, renoncer à la tâche d'une lecture suivie du *Grand Cyrus*. Je n'hésiterais pas à déclarer que cette besogne est aujourd'hui complétement impossible, si M. Cousin n'en était évidemment venu à bout. Tout ce que je puis dire, c'est que Cyrus, poursuivi par la haine d'Astyage, entreprend des voyages sous le nom d'Artamène ; il se rend à la cour d'Assyrie, où il rencontre au temple, suivant l'usage, sa belle cousine Mandane, dont il tombe amoureux subitement, comme frappé d'un coup de foudre. Il faut se rappeler ici la théorie de Madelon, cette Mandane bourgeoise : « Premièrement, l'amant doit voir au temple, ou à la promenade, ou dans quelque cérémonie publique, la personne dont il devient amoureux..., et sortir de là tout rêveur et mélancolique. » On sait le reste par cœur. Mais, j'y songe, Molière a fait pour moi cette analyse, qui me met si fort en peine, dans sa comédie des *Précieuses ridicules,* ce commentaire ironique et railleur du roman chevaleresque au XVIIe siècle.

« Il cache un temps sa passion à l'objet aimé, et cependant lui rend plusieurs visites, où l'on ne manque jamais de mettre sur le tapis une question galante qui exerce les esprits de l'assemblée. Le jour de la déclaration arrive, qui se doit faire ordinairement dans une allée de quelque jardin, tandis que la compagnie s'est un peu éloignée, et cette déclaration est suivie d'un prompt courroux qui paraît à notre rougeur, et qui, pour un temps, bannit l'amant de notre présence. Ensuite il trouve moyen de nous apaiser, de nous accoutumer insensiblement au discours de sa passion, et de tirer de nous cet aveu qui fait tant de peine. Après cela, viennent les aventures, les rivaux qui se jettent à la traverse d'une inclination établie, les persécutions des pères, les jalousies conçues sur de fausses apparences, les plaintes, les désespoirs, les enlèvements. »

C'est justement cela : Molière n'a pas oublié un seul point important. et mademoiselle de Scudéry eût été satisfaite de son style. Artamène entreprend des choses incroyables et fait des prodiges pour gagner sa belle ; mais il ne peut se dévoiler, parce que le père de Mandane a contre lui des projets aussi cruels que ceux d'Astyage.

Le roman s'ouvre par un tableau solennel. Sinope est en flammes, et l'amoureux Artamène, débouchant d'un vallon en face de la ville, où il accourt pour sauver Mandane, se trouve en présence de ce terrible spectacle. Après d'interminables monologues, il se détermine à se jeter avec sa troupe au milieu de l'incendie, et soutient un double combat contre le feu qu'il cherche à éteindre et contre les ennemis qui veulent lui fermer le passage. Au milieu de la mêlée, il remarque une tour, jusqu'alors épargnée par les flammes, sur le haut de laquelle se tient un homme qui ne cesse de regarder du côté de la mer ; pensant que sa princesse est peut-être enfermée dans cette tour, il s'en approche, monte jusqu'au sommet, et reconnaît son rival, le roi d'Assyrie, ravisseur de Mandane, qui, plongé dans la plus grande douleur, lui montre une galère encore en vue des côtes et ballottée par les vagues. Cette galère porte Mandane, qui vient d'être enlevée par le traître Mazare, de sorte qu'Artamène, oubliant sa colère contre le roi d'Assyrie, mêle ses lamentations aux siennes, et que tous deux confondent leurs imprécations contre ce nouvel ennemi. Mais ils ne savaient que souhaiter en cette triste occurrence, car lorsqu'ils suppliaient les dieux de retenir le vaisseau dans le port par les vents contraires, voyant qu'il courait risque de se briser au pied de la tour, ils en étaient réduits à désirer que la mer secondât les vœux du ravisseur. Il y a là, comme on voit, matière à de bien délicates antithèses et à des raffinements d'analyse du *dernier fin ;* mademoiselle de Scudéry ne s'en fait pas faute. Ce début met aussitôt le lecteur au diapason du roman, et dès les premières pages il peut juger du reste. La suite répond tout à fait aux promesses d'un si beau commencement. L'illustre et infortunée Mandane est enlevée cinq fois dans le cours de l'ouvrage, — huit même, suivant Boileau : je laisse à de plus consciencieux le soin de vérifier lequel de ces calculs est le bon. Ai-je besoin

d'ajouter que les cinq princes, poussés par leur passion
à ces extrémités, se montrent plus respectueux les uns
que les autres, et que la princesse sort intacte de ces
redoutables épreuves ? Les sceptiques raillaient cette
vertu si souvent exposée : « Voilà une beauté qui a
passé par bien des mains ! » s'écrie irrévérencieusement Minos, dans les *Héros de roman*. Et l'avocat Guéret,
traçant dans son *Parnasse réformé* le code des fictions
futures, fait décréter qu'on ne reconnaîtra plus désormais pour héroïne toute femme qui aura été enlevée
plus d'une fois. Mais Artamène est au-dessus de ces
vulgaires soupçons, et il finit par épouser Mandane à
la fin du dixième volume in-8° ou du vingt-deuxième
in-12.

« La belle chose, s'écrie encore à ce propos Madelon,
si d'abord Cyrus épousait Mandane !... En venir de
but en blanc à l'union conjugale, ne faire l'amour
qu'en faisant le contrat de mariage, et prendre justement le roman par la queue... J'ai mal au cœur de
la seule vision que cela me fait. » Mademoiselle de
Rambouillet était sans doute aussi de l'avis de Madelon
et de Sapho, et M. de Montausier put reconnaître dans
le *Grand Cyrus* un tableau, fidèle en bien des points, de
la longue attente qu'il dut subir avant de voir *couronner
sa flamme* par la main de la belle Julie.

Au canevas général il faut joindre les épisodes résul-
tant d'une centaine de personnages secondaires, qui
ont tous leur histoire à raconter, et qui la racontent
dans les moindres particularités. Mademoiselle de Scudéry est d'une conscience qu'on peut qualifier de désespérante : elle se ferait scrupule de retrancher une
parenthèse aux récits de ses derniers héros, de supprimer une réflexion, un mot, une virgule dans les dia-

logues ou les monologues, de rien laisser deviner à l'esprit du lecteur. Elle s'inquiète peu des répétitions de mots ou d'idées, quand ces répétitions sont demandées par la situation. L'intrigue se déroule avec une majestueuse lenteur, comme il sied entre gens qui causent en tête-à-tête et qui sont de loisir. Ses livres n'ont point été écrits pour des impatients qui voyagent en chemin de fer et qui trouvent la vapeur paresseuse. Les beaux esprits du temps à qui elle s'adressait n'avaient rien autre chose à faire qu'à lire, à savourer, à commenter toutes ces galantes inventions; et d'ailleurs il faut dire, pour expliquer encore comment ils n'étaient pas rebutés de ces longueurs qui nous tuent, qu'au lieu de se trouver comme nous aux prises avec ces dix in-octavo réunis en bloc, ils eurent cinq ans (1649-1654) pour les déguster, chaque tome paraissant tour à tour à des intervalles qui laissaient à la curiosité le loisir de se satisfaire sans se fatiguer.

Je n'entrerai pas plus avant dans l'analyse du roman. Suivant ma promesse, je me suis tenu près des côtes.

On n'a pas encore essayé de réhabiliter Gomberville, ni La Calprenède. Pourtant, avec des nuances diverses, ils sont tout à fait de la même famille; leurs succès furent de même nature et s'expliquent par des causes analogues. Nous ne pourrions que nous répéter en nous étendant sur leurs œuvres, et nous n'en voulons dire qu'un mot.

Gombauld avait commencé la transition du roman pastoral au roman héroïque avec son ennuyeux et obscur *Endymion*, dont le succès, tout d'allusion et de curiosité, passa vite. Un progrès plus décisif fut accompli par Gomberville, qui se rattache toutefois encore par beaucoup de points à l'époque des romans chevaleresques et fabuleux.

Parmi les ouvrages de ce dernier, le principal est *Polexandre* (1632, 4 vol. in-4°), que l'auteur transforma plusieurs fois, dans des éditions successives, et dont il donna la suite, mais sans l'achever, sous le titre de *la Jeune Alcidiane*, 1651, in-8°. Ce fut surtout *Polexandre* qui lui valut sa renommée. Si nous cherchons à nous rendre compte du succès de ce livre, nous trouverons qu'il faut probablement l'attribuer au caractère particulier du sujet et au choix du lieu de la scène. Gomberville, en effet, a placé l'action dans un pays étranger, inconnu, dont on racontait des merveilles et qu'on était très-avide de connaître, le Mexique. Pour satisfaire la curiosité des lecteurs, et donner de cette contrée lointaine un tableau aussi exact que possible, il se servit des récits de tous les voyageurs, compulsa les relations les plus accréditées, et fit entrer dans son cadre, avec plus ou moins de bonheur, tous les renseignements qu'il avait recueillis. La plupart de ses descriptions, au lieu de flotter dans ce vague, de s'abandonner à ces lieux communs indéterminés qui étaient la ressource ordinaire des ouvrages de ce genre, ont quelque chose de plus précis, de plus fixe, de mieux marqué; elles renferment même des particularités caractéristiques qui sont justes et vraies, et qui indiquent un homme instruit et sérieusement préparé sur ce point. Il est vrai que les Mexicains de Gomberville, comme les Romains de mademoiselle de Scudéry, sont beaucoup trop courtois et galants, et qu'ils semblent tous avoir fait le voyage de Tendre : c'est là un défaut qui tenait à trop de circonstances et d'influences extérieures pour qu'on s'étonne de le retrouver uniformément dans les romans héroïques de l'époque. Comme analyse des sentiments et des passions, Gomberville est inférieur à d'Urfé, et même à Camus, le pieux et singulier évêque de Belley, dont les romans chrétiens, *Palombe*, *Dorothée*, *Alexis*, etc., ont au moins, à défaut d'autre mérite, celui d'une certaine connaissance du cœur humain. Seulement, il a un style plus correct, une invention plus originale, sortant du moule reçu et des voies frayées, une intrigue plus fortement nouée, trop fortement même, car *Polexandre* est certainement un des livres les plus enchevêtrés que nous ayons dans la langue française; mais alors comme aujourd'hui ce n'était pas une raison d'insuccès, au contraire.

*Cléopâtre* est le chef-d'œuvre de La Calprenède, et maintenant encore on comprend jusqu'à un certain point l'intérêt que pouvait avoir ce roman pour des lecteurs peu pressés. On y trouve des combats singuliers, décrits avec verve; de grands coups d'épée, qui pourraient presque rivaliser avec ceux de l'Arioste; des écuyers qui sont des modèles accomplis de chevaliers fidèles et de confidents discrets, de mystérieux inconnus, des héros tous beaux et tous parfaits, des princesses qui vont se noyer dans la mer pour donner occasion à un prince mélancolique, se promenant par hasard sur le rivage, de les arracher à la fureur des flots; des sentiments poussés dans le dernier fin, des conversations d'une galanterie exquise, des lettres délicatement tournées, des histoires incidentes qui reviennent sans cesse interrompre la trame déjà si longue du récit; en un mot, tout l'attirail ordinaire du genre. *Cléopâtre* est le type complet du roman de l'époque.

Au milieu de ses énormes défauts, cet ouvrage a

un mérite réel, qu'il serait injuste de méconnaître. Sans doute, le style en est un peu lâche et traînant; toutefois il est presque toujours net et clair. Les périodes sont généralement moins diffuses et moins embarrassées que celles de mademoiselle de Scudéry. Mais ce qui augmente pour nous la difficulté de la lecture et ne contribue pas médiocrement à la fatigue, c'est que, dans les éditions originales, tout semble se tenir d'un bloc, et qu'il faut franchir des quatre-vingts pages à la file sans rencontrer un alinéa. Il y a bien aussi plus d'un passage empreint d'un étrange mauvais goût : « Oh! que cette nuit, tout aveugle qu'elle estoit, vit de beaux feux (*les feux de l'amour*) allumez dans cette petite retraite, et qu'ils y eussent apporté un beau jour, si, avec la puissance de brusler, ils eussent eu la faculté d'esclairer. [1] » Mais, en somme, un pareil phœbus est assez rare.

Quelques caractères sont tracés avec un incontestable talent. On connaît celui d'Artaban, dont le nom est passé en proverbe; celui de Britomare est moins célèbre, quoique non moins remarquable. Ce personnage, avec ses hautes aspirations et sa fierté au-dessus de sa naissance, mais non au-dessus de son mérite, avec le sentiment profond et douloureux de l'injustice du sort qui l'a relégué dans une condition inférieure, tandis que son courage, sa noble mine, son grand cœur, tous ses penchants et ses qualités le rendaient digne de la première place, est conçu d'une façon très-vraie et peint avec beaucoup de force et de finesse à la fois.

*Polexandre* et *Cléopâtre* précédèrent le *Grand Cyrus*. Mademoiselle de Scudéry vint à la fin, comme pour

---

1. Tome II, p. 3.

résumer le genre. Sous sa plume, le roman poétique et chevaleresque du XVIIe siècle prit sa forme la plus complète et la plus caractéristique, et pour l'étudier dans ses qualités comme dans ses défauts, il n'est pas besoin d'ouvrir d'autres livres que les siens.

## II

Avant tout examen, nous avons toujours été porté à croire que ces ouvrages, qui ont passionné nos pères, ne pouvaient être dénués de mérite, et que, si on les avait admirés avec excès autrefois, on les méprisait beaucoup trop aujourd'hui. Au lieu d'accuser le goût de nos ancêtres, qui valait bien le nôtre, il serait plus juste de se reporter aux mœurs et aux idées du temps, qui expliquent un succès désormais évanoui sans retour avec les causes qui l'avaient produit.

Ces livres obtinrent, d'ailleurs, un succès plus durable et plus décisif qu'on ne le croit généralement : il est facile de le démontrer en étudiant la trace qu'ils ont laissée après eux, l'influence qu'ils ont exercée sur les diverses branches, les plus sérieuses comme les plus frivoles, de notre littérature.

Ce qui distingue avant tout ces romans, c'est, d'une part, une grandeur de sentiments qui vise au chevaleresque et même à l'héroïque; de l'autre, ce qu'on peut appeler l'air et le tour *galants*, c'est-à-dire une recherche de la délicatesse, qui, par horreur de la vulgarité, va jusqu'à l'afféterie. La réunion de ces deux qualités constitue le parfait héros de roman. En descendant aux détails, on trouve, comme éléments essentiels et invariables de ces ouvrages, les fréquents monologues, les longues conversations, les analyses subtiles et raffinées des passions. Or, tous ces traits leur sont communs avec notre tragédie. Pour qui veut y regarder de près, il est certain que l'action des ouvrages de mademoiselle de Scudéry sur le théâtre a été incontestable, et l'on pourrait même dire, à un certain point de vue, que la tragédie française, telle qu'elle a été formée par le XVIIe siècle, est la fille du roman [1]. On y retrouve la grandeur des sentiments unie à la galanterie, les personnages à la fois héroïques et tendres; on y retrouve aussi les monologues, les longues conversations et les subtiles analyses des passions du cœur. On a reproché souvent à notre tragédie de trop développer le dialogue, au détriment de l'action : c'est un défaut qui vient du roman. Les éternels confidents tragiques font également partie du même héritage; ils ne sont rien autre chose que les dévoués écuyers, les « fidèles Féraulas, » transportés sur la scène, par suite de ce goût pour la dissertation, pour les causeries en tête-à-tête, pour les belles et complètes amitiés, qu'avait mis à la mode la littérature de l'hôtel Rambouillet. C'est à la même cause encore qu'on doit la part exagérée faite sur notre théâtre à l'amour, qui est l'âme de presque toutes nos tragédies classiques, et la tendance aristocratique de ces pièces, qui se passent toujours entre princes, et n'admettent que le ton noble et soutenu.

Bien d'autres considérations démontrent l'influence du roman sur le théâtre français. La Calprenède, Scu-

---

[1]. Je ne parle pas des emprunts matériels faits par nos écrivains dramatiques à ces romans et surtout à celui de d'Urfé.

déry, qui avait signé les ouvrages de sa sœur et pris part à leur composition, ont fait des pièces qui ne sont que des romans dialogués, et ces pièces ressemblent à presque tout ce qui se jouait alors à l'hôtel de Bourgogne. La tragi-comédie surtout, qui, jusqu'à Racine, remplit un rôle si prépondérant dans notre littérature dramatique, et qui finit par se fondre avec la tragédie, était un genre tout à fait romanesque, où les analogies que nous signalons allaient parfois jusqu'à la plus entière ressemblance. Les points de contact sont particulièrement visibles dans les auteurs secondaires : Rotrou, Tristan, Mairet, l'abbé Boyer, Pradon, Th. Corneille et bien d'autres, se rattachant plus ou moins directement pour la plupart à la coterie des *Précieux* et faisant partie de la *bonne cabale*, semblent avoir pris à tâche de modeler leurs œuvres sur les romans à la mode. Mais ce n'est pas assez, et nous allons voir que le véritable créateur de la tragédie française, et celui qui lui a donné sa forme la plus parfaite, les deux maîtres et les deux modèles qui résument le genre en eux seuls, ne se sont pas tenus davantage à l'écart de cette influence, quoique leur génie ait su en tirer un bien autre parti.

Pierre Corneille était le poëte favori des *Précieuses*, et cette prédilection s'explique aisément par ses défauts comme par ses qualités. Les héros et les héroïnes de Corneille sont tout à fait des personnages de roman : ils en ont à la fois la grandeur épique et la galanterie délicate. Qu'est-ce que le Cid, sinon un prédécesseur d'Artaban ? Quand il s'écrie, animé par un mot d'encouragement tombé des lèvres de Chimène :

> Paraissez, Navarrois, Mores et Castillans,
> Et tout ce que l'Espagne a nourri de vaillans !...

ne croirait-on pas entendre le héros de La Calprenède ?
Et jamais phénix de l'hôtel Rambouillet aligna-t-il de
plus doctes antithèses, de pointes plus fines et plus ingénieuses que celles des couplets qui terminent le premier acte ?

> Père, maîtresse, honneur, amour,
> Noble et dure contrainte, *aimable tyrannie*,...
> Cher et cruel espoir d'une âme généreuse,
> Mais ensemble amoureuse,
> Digne ennemi de mon plus grand bonheur,
> Fer qui causes ma peine,
> M'es-tu donné pour venger mon honneur ?
> M'es-tu donné pour perdre ma Chimène ?

Chimène ne reste pas en arrière : il semble qu'elle se pique d'émulation, et jusque dans le désespoir où l'a plongée la mort de son père, elle conserve la présence d'esprit de se plaindre en termes du *dernier fin*.

> Ce sang qui, tout sorti, fume encor de courroux
> De se voir répandu pour d'autres que pour vous...
> Pleurez, pleurez, mes yeux, et fondez-vous en eau :
> La moitié de ma vie a mis l'autre au tombeau,
> Et m'oblige à venger, après ce coup funeste,
> Celle que je n'ai plus sur celle qui me reste.

Philinte s'écrierait certainement ici :

> Ah ! qu'en termes galants ces choses-là sont mises !

Nous aurions trop beau jeu à nous arrêter plus longtemps au *Cid*, qui offre d'un bout à l'autre tous les caractères du roman, mais élevés, agrandis, portés à leur plus sublime expression par un génie supérieur.

On connaît les vers si souvent cités de *Rodogune :*

> Il est des nœuds secrets, il est des sympathies,
> Dont par le doux rapport les âmes assorties
> S'attachent l'une à l'autre et se laissent piquer
> Par ces je ne sais quoi qu'on ne peut expliquer.  (i, sc. 7.)

Le *je ne sais quoi*, sur lequel le *précieux* père Bouhours a écrit un chapitre dans ses *Entretiens d'Ariste et d'Eugène*, joue un rôle continuel dans les romans d'alors, et les nœuds secrets, les sympathies nées de l'influence des astres, qui unissent les âmes par leurs doux rapports, abondent dans les ouvrages de mademoiselle de Scudéry. Ce langage n'est pas rare chez les héroïnes les plus fières de Corneille, et on le retrouve encore, par exemple, sur les lèvres de la reine Laodice, au début de *Nicomède*.

Que serait-ce donc si nous voulions aborder les tragédies inférieures du grand poëte : *Attila, Agésilas, Tite et Bérénice*, etc.? Le côté romanesque qu'il y eut toujours en Corneille se marque de plus en plus, et sans contre-poids, à mesure que son génie baisse; mais il n'avait jamais entièrement disparu, on le rencontre jusque dans ses tragédies les plus sobres, les plus mâles et les plus correctes, dans celles où la maturité de son goût s'égale à la sévère grandeur du sujet. Les sentiments et la phraséologie romanesque se montrent en mainte scène d'*Horace* :

> Que les pleurs d'une amante ont de puissants discours,
> Et qu'un bel œil est fort avec un tel secours !
> Que mon cœur s'attendrit à cette triste vue !
> Ma constance contre elle à regret s'évertue.
> N'attaquez plus ma gloire avec tant de douleurs
> Et laissez-moi sauver ma vertu de vos pleurs :

> Je sens qu'elle chancelle et défend mal la place.
> Plus je suis votre amant, moins je suis Curiace. (ii, sc. 5.)

Ailleurs, Julie parlant des Horaces et des Curiaces, qui persistent à vouloir combattre les uns contre les autres, quoiqu'on ait tenté de les séparer, les appelle « ces cruels généreux. » Plus loin, Camille fait sur l'amour une théorie qui a dû jeter dans le ravissement toutes les ruelles :

> On peut lui résister quand il commence à naître,
> Mais non pas le bannir quand il s'est rendu maître,
> Et que l'aveu d'un père, engageant notre foi,
> *A fait de ce tyran un légitime roi.*
> Il entre avec douceur, mais il règne par force. (iii, sc. 4.)

Il y a vingt autres passages semblables dans *Horace*.
Et dans *Cinna*, tantôt c'est le petit-fils de Pompée qui dit à la pupille d'Auguste :

> Ah ! souffrez que tout mort je vive encore en vous !

Tantôt c'est Maxime qui raffine avec une subtilité admirable :

> Ouvrez enfin les yeux, et connaissez Maxime :
> C'est un autre Cinna qu'en lui vous regardez ;
> Le ciel vous rend en lui l'amant que vous perdez,
> Et puisque l'amitié n'en faisait plus qu'une âme,
> Aimez en cet ami l'objet de votre flamme. (iv, sc. 6.)

Tantôt, enfin, c'est Émilie elle-même qui exprime à Auguste son repentir avec une délicatesse charmante, qui n'est point exempte d'une nuance de *précieux :*

> Je sens naître en mon âme un repentir puissant,
> *Et mon cœur en secret me dit qu'il y consent.*

Dans *Polyeucte* même, l'air et le tour galant des héros de romans apparaissent encore, surtout au milieu des rôles de Pauline et de Sévère, si admirables pourtant, et développés avec tant de grandeur :

> Tant qu'ils ne sont qu'amants, nous sommes souveraines,
> Et jusqu'à la *conquête* ils nous traitent de *reines*...

Écoutez Sévère sur le point de revoir Pauline :

> Achevons de mourir en lui disant adieu :
> Que mon cœur, chez les morts emportant son image,
> De son dernier soupir puisse lui faire hommage...
> Je ne veux que la voir, soupirer et mourir...
> Laisse-la-moi donc voir, soupirer et mourir.

Tout cela dans la même scène. Jamais le mot de *mourants*, appliqué aux chevaliers fidèles dans la langue précieuse, n'a été mieux à sa place qu'ici.

Sévère, désespéré de ne pouvoir rien obtenir de la vertu de Pauline, manifeste l'intention d'aller chercher au milieu des combats

> Cette immortalité que donne un beau trépas...
> Si toutefois, après ce coup mortel du sort,
> J'ai de la vie assez pour chercher une mort.

Et la scène se clôt sur cet adieu :

> SÉVÈRE.
> Adieu, trop vertueux objet et trop charmant !
> PAULINE.
> Adieu, trop malheureux et trop parfait amant !

Corneille a encore emprunté au roman l'habitude des longs monologues et des longues conversations, où un personnage fait l'analyse subtile et détaillée de ses propres sentiments (voir le monologue d'Émilie au début de *Cinna*). Il aime les plaidoyers, les dissertations, les combats et les péripéties d'un cœur; ses pièces reposent presque toujours sur les luttes du devoir contre la passion, sur ces chocs et ces contrastes qui prêtent aux raffinements aimés des romanciers. Quelquefois c'est la nature même des faits matériels de son intrigue qui est toute romanesque : ce caractère n'apparaît nulle part avec plus d'évidence que dans *Rodogune*.

La tendance de Racine n'était pas moins marquée dans la même direction, et les deux pièces par lesquelles il débuta au théâtre le prouvent suffisamment; mais la perfection de son goût le sauva presque toujours de l'excès, et le maintint dans cette mesure parfaite qui donne un charme si exquis à ses œuvres. Qu'est-ce que Bajazet, sinon un Artamène moins langoureux, un Turc dans le genre de l'*illustre Bassa*, mais plus naturel et plus vrai ? Qu'est-ce que le Titus de *Bérénice*, sinon quelque chose comme le Brutus de la *Clélie*, mais moins outré et avec un respect plus grand pour la couleur locale? Ainsi que La Calprenède et mademoiselle de Scudéry, Racine transforme ses héros anciens en personnages modernes : l'Hippolyte, le Xipharès, le Pyrrhus de l'un, comme la Cléopâtre, l'Horatius Coclès et le Valérius Publicola des autres, n'ont de grec ou de romain que le nom; ce sont des Français du XVIIe siècle qui vivent à la cour de Versailles, et qui ont passé, sans y séjourner, dans la petite chambre bleue. C'est surtout par ces tendances générales de son talent que Racine se rattache au roman de l'époque : l'analogie est réelle, mais elle est vague et ne se peut guère préciser davantage. Il est cependant un petit nombre de passages où elle se trahit d'une façon plus nette. L'auteur d'*Andromaque* a prêté à Pyrrhus le langage d'un héros de mademoiselle de Scudéry :

> Mais que vos yeux sur moi se sont bien exercés,

dit-il à la veuve d'Hector :

> Qu'ils m'ont vendu bien cher les pleurs qu'ils ont versés!...
> Je souffre tous les maux que j'ai faits devant Troie :
> Vaincu, chargé de fers, de regrets consumé,
> Brûlé de plus de feux que je n'en allumai.   (I, sc. 4.)

Molière, qui s'est si bien moqué des romans dans les *Précieuses ridicules*, a pourtant, lui aussi, sacrifié sur leurs autels. Il n'est presque pas une de ses scènes d'amour qui n'en parle plus ou moins le style. Il n'a même pas entièrement échappé à cette faiblesse universelle dans son chef-d'œuvre, et Alceste, après avoir traité de la bonne manière le faux bel esprit d'Oronte, s'abandonne deux ou trois fois aux tournures galantes et un peu affectées, quand il s'adresse à Célimène :

> Ah ! que si *de vos mains je rattrape mon cœur!*...
> Ce n'était pas en vain que s'alarmoit ma flamme.
> Par ces fréquents soupçons qu'on trouvoit odieux,
> Je cherchois le malheur qu'ont rencontré mes yeux.
> Mon astre me disoit ce que j'avois à craindre.

En outre, Molière a un certain nombre de pièces purement et complétement romanesques, où cette influence se montre plus à découvert. La première scène surtout de la *Princesse d'Élide* semble copiée dans la *Cléopâtre* de La Calprenède, et on lit, dans les intermèdes des *Amants magnifiques*, des vers comme ceux-ci :

> Dormez, dormez, beaux yeux, adorables vainqueurs,
> Et goûtez le repos que vous ôtez aux cœurs...

Vengez-vous de mon cœur,
Tircis, je vous le donne.

Molière avait pour la tragédie romanesque une passion malheureuse dont il nous a laissé un témoignage dans *Don Garcie de Navarre*. C'est l'insuccès seul de cette pièce qui l'a détourné du genre, pour lequel il conserva toujours une prédilection secrète. On y rencontre *l'amour qu'inspire un astre*, les *chaînes du ciel qui tombent sur des âmes*, le *je ne sais quoi*, un *illustre effort* et de *doux périls*, une *flamme qui querelle un événement*, que sais-je encore? J'en pourrais citer cent passages comme celui-ci :

> Sans employer la langue, il est des interprètes
> Qui parlent clairement des atteintes secrètes :
> Un soupir, un regard, une simple rougeur,
> Un silence est assez pour expliquer un cœur. Etc.

Ainsi, comme on le voit déjà par l'exemple de Corneille et de Molière, ce ne sont pas seulement les esprits délicats et fins qui ont subi, en bien et en mal, l'influence des romans, ce sont aussi les génies les plus fermes et les plus virils, ceux qu'on eût crus les mieux à l'abri et les plus invulnérables. Je ne sais s'il en est un seul qui se soit entièrement dérobé au courant. Il n'y a guère, je crois, d'homme et d'écrivain qui, au au premier abord, paraisse moins romanesque que Pascal, et pourtant il n'a pas échappé lui-même à cette loi commune. Sans parler des quelques subtilités de ses *Pensées de littérature* et de son *Discours de la différence de l'esprit géométrique et de l'esprit de finesse*, arrêtons-nous un moment au *Discours sur les passions de l'amour*, qui est comme un écho de l'hôtel Rambouillet, et qu'on pourrait croire, sauf le style, sorti de la même plume que le *Grand Cyrus*. Écoutez plutôt :

« L'Amour n'a point d'âge ; il est toujours naissant, les poëtes nous l'ont dit : c'est pour cela qu'ils le représentent comme un enfant. »

Ailleurs :

« Tant plus le chemin est long dans l'amour, tant plus un esprit délicat sent de plaisir. Il y a de certains esprits à qui il faut donner longtemps des espérances, et ce sont les délicats ; il y en a d'autres qui ne peuvent pas résister longtemps aux difficultés, et ce sont les plus grossiers. » C'est pour cela que Julie d'Angennes fit attendre quatorze ans sa main au duc de Montausier, et que La Calprenède ne nous montre que juste au bout du douzième et dernier volume de son roman tous ses *illustres amants* réunis et mariés, « l'heureux Coriolan avec sa divine Cléopâtre, Artaban avec la charmante Élise, Césarion avec la reine Candace, Marcel avec la princesse Julie, Drusus avec la belle Antonia, la reine d'Arménie avec son Olympie, Philadelphe, roi de Cilicie, avec son aimable Arsinoé, Alexandre avec Arthémise, le roi de Cappadoce avec la vertueuse Andromède, le roi des Mèdes avec Uranie, et le vaillant Arminius avec sa chère Isménie. » Le passage de Pascal semble même une apologie de la longueur des romans, qui a précisément pour cause une idée tout à fait semblable à celle qu'il exprime. Madelon, dans les *Précieuses ridicules*, ne les justifie pas autrement.

Pascal continue :

« Le premier effet de l'amour, c'est d'inspirer un grand respect... Les auteurs ne nous peuvent pas bien dire les mouvements de l'amour de leurs héros : il faudrait qu'ils fussent héros eux-mêmes. »

« En amour, un silence vaut mieux qu'un langage. Il est bon d'être interdit... Qu'un amant persuade bien sa maîtresse quand il est interdit, et que d'ailleurs il a de l'esprit ! »

Là aussi, comparez avec la théorie de Madelon et avec les procédés habituels des romans.

« Il semble que l'on ait toute une autre âme quand on aime que quand on n'aime pas; on s'élève par cette passion et on devient toute grandeur ; il faut donc que le reste ait proportion... »

Encore une idée à l'usage des romans, où tout héros est imparfait tant qu'il n'est pas amoureux, et croît en courage, en magnanimité, en vertus de toutes sortes, sitôt qu'il le devient. Évidemment, Pascal s'était nourri de leur lecture avant d'écrire son *Discours*, et il ne fait que les répéter avec plus de mesure et de bon sens. Par bonheur, il s'est dérobé à temps à cette influence, et l'on ne retrouve plus sous sa plume ces banalités, alors à la mode, sur la *divinité* de l'amour respectueux et pur, qui, en accoutumant les esprits à voir cette passion partout, à l'admirer par-dessus toutes choses, à la regarder comme le complément indispensable de l'*honnête* homme, devaient aboutir peu à peu, par une évolution naturelle, aux « lieux communs de morale lubrique » dont les opéras de Quinault resteront les types accomplis.

On trouve aussi çà et là quelques traces de cette phraséologie précieuse ou de ces idées quintessenciées dans les *Réflexions morales* de La Rochefoucauld, ce qui s'explique aisément par son genre de vie, ses relations et ses amitiés. Sa passion pour madame de Longueville, son commerce affectueux avec mesdames de Sévigné, de Sablé et de La Fayette, avaient mêlé à son esprit misanthropique et désenchanté une certaine délicatesse ingénieuse et fine, qui se traduit quelquefois par des ressouvenirs du style romanesque. La manière dont il démontre que la constance en amour n'est autre chose qu'une inconstance perpétuelle, renfermée dans un même sujet, eût fait dire aux habitués des Samedis : « Ma chère, c'est le caractère enjoué. Je vois que c'est un Amilcar. » — « Quelques découvertes que l'on ait faites dans le pays de l'amour-propre, écrit-il ailleurs, il y reste encore bien des terres inconnues. » N'y a-t-il point là une réminiscence de la *carte de Tendre*, et de la géographie allégorique à laquelle ce jeu d'esprit avait donné naissance ?

De tous les auteurs du xviie siècle, le sévère Boileau, qui fit toute sa vie la guerre au style et aux idées du roman, est celui qui les a le mieux évités. On pourrait même dire qu'il les a évités complétement, si, en regardant de tout près, de trop près peut-être, parmi ses petites pièces, celles surtout qui sont des œuvres de sa jeunesse, on n'y trouvait quelques traits comme celui-ci :

> Mon cœur, vous soupirez au nom de l'infidèle ;
> Avez-vous oublié que vous ne l'aimez plus ?

Certes, pour un homme comme Boileau, voilà deux vers d'un tour bien galant, et qui touche au précieux ! Je me contente néanmoins de les indiquer discrètement du doigt, sans appuyer.

Après de tels exemples, je crois qu'il est inutile de passer aux écrivains d'un ordre secondaire, ou à ceux que leur nature d'esprit devait prédisposer à l'imitation des formes romanesques. Mais je veux faire voir maintenant que les écrivains sacrés eux-mêmes ont subi cette loi comme les autres, et qu'elle s'est fait sentir jusque dans la chaire chrétienne. Pour Mascaron et Fléchier, tous deux grands admirateurs de l'hôtel Rambouillet, nous n'aurons que l'embarras du choix. L'évêque de Tulle surtout a abreuvé son éloquence, qui n'en est pas moins réelle, parfois même éclatante et vigoureuse, à la source de la littérature précieuse et romanesque, et ce serait s'imposer une tâche trop longue et trop facile à la fois que de rechercher, d'un bout à l'autre de ses *Oraisons funèbres*, les preuves à l'appui de cette vérité évidente. Nous nous contenterons de feuilleter seulement celle d'Henriette d'Angleterre. On y trouve à chaque page les traces de l'un des deux caractères principaux que nous avons signalés dans le roman, — la délicatesse du sentiment ou de l'expression poussée jusqu'à la recherche et la subtilité : « Ce dôme superbe, qui montre de si loin aux hommes, et de si près aux anges, la grandeur de l'illustre princesse qui l'a élevé... — L'ombre, messieurs, est la fille du soleil et de la lumière, mais une fille bien différente des pères qui la produisent. Cette ombre peut disparoître en deux manières, ou par le défaut, ou par l'excès de la lumière qui la produit, etc.

« Cette illustre mourante se voit attaquée par la douleur de ceux qui pleurent sa mort, plus vivement que par la douleur même qui la fait mourir; tous les cœurs des témoins de ses maux attaquent son cœur... Le grand, l'invincible, le magnanime Louis, à qui l'antiquité eût donné mille cœurs, elle qui les multiplioit dans ses héros selon le nombre de leurs grandes qualités, se trouve sans cœur à ce spectacle. La mort, indignée de ne pouvoir l'ébranler sous des formes terribles par la crainte, prend une autre forme plus douce et plus touchante pour l'émouvoir... Cependant cette princesse s'avance vers la mort avec autant de majesté que le soleil vers son couchant. »

On connaît le magnifique éloge que Fléchier, dans son *Oraison funèbre de la duchesse de Montausier*, a tracé de la marquise de Rambouillet, « ce nom capable d'imprimer du respect dans tous les esprits où il reste encore quelque *politesse*, ce nom qui renferme je ne sais quel mélange de la grandeur romaine et de la civilisation françoise, » et de « ces cabinets que l'on regarde encore avec tant de vénération, où l'esprit se purifioit, où la vertu étoit révérée sous le nom de l'incomparable Arthénice. » Ces éloges, écrits en un style conforme au sujet, mais accommodé pourtant à la gravité de la chaire, indiquent assez la trace qu'avaient laissée chez l'auteur les relations et les lectures de sa jeunesse. L'abbé Fléchier, alors simple précepteur des enfants de M. de Caumartin, avait déjà montré, dans sa *Relation des Grands Jours d'Auvergne*, à quel point il s'était laissé pénétrer par l'influence romanesque. Mûri par l'âge et devenu un des principaux prélats de France, il garda toujours quelque chose, mais avec plus de réserve et de modération, de ce penchant au bel esprit; et nulle part ces grâces un peu affectées du langage et du sentiment ne pouvaient être mieux à leur place que dans l'éloge funèbre de la duchesse de Montausier. Il a mis aussi bien des tours délicats et *galants* dans celui du duc, son époux, qui n'en est pas moins, en nombre de pages, un chef-d'œuvre de pensée et de style harmonieusement pondérés. On prendrait les phrases suivantes pour un passage de la *Cythérée* ou de l'*Ariane* : « Déjà se formoient dans le ciel ces nœuds sacrés qui devoient unir éternellement son cœur à celui de l'incomparable Julie. Déjà s'allumoient dans son âme ces feux ardents et purs que la sagesse, la beauté, l'esprit et un mérite universel ont coutume de faire naître. »

L'autre caractère des romans, — c'est-à-dire une grandeur de sentiments qui vise à l'héroïque, et même une sorte de prédilection pour ces grands coups d'épée tant admirés de madame de Sévigné, — se remarque d'une façon non moins évidente en ces oraisons funèbres. Toutes, à l'occasion, parlent avec amour des batailles et des exploits de leurs personnages; elles s'y étendent, elles les exaltent. Voyez en quels termes Fléchier nous montre le duc de Montausier, à la bataille de Cerné, chargeant « trois fois les ennemis, couvert de sang et de poussière, et dressant, au pied de son général, comme un honorable trophée, trois drapeaux qu'il leur enleva. » Écoutez sa voix résonner comme un clairon, dans l'éloge de Turenne, quand il arrive aux derniers exploits, précurseurs de la mort du grand capitaine : « Déjà prenoit l'essor pour se sauver dans les montagnes cet aigle dont le vol hardi avoit d'abord effrayé nos provinces. Ces foudres de bronze, que l'enfer a inventées pour la destruction des hommes, tonnoient de tous côtés pour favoriser ou précipiter cette retraite, » etc.

Mascaron a bien dépassé ce mouvement martial dans l'oraison funèbre du duc de Beaufort, pleine tout entière d'une sorte d'exaltation fougueuse. Ici, son héros « sent l'ardeur d'un jeune lion qui se sauve de la cage où on l'a tenu longtemps enfermé[1]. » Ailleurs

---

[1]. Cette image fournit un peu plus loin à l'orateur l'idée d'un passage du goût le plus incroyable, lorsqu'il vient à parler de la garde du jeune roi confiée au duc : « On peut dire que l'orient de ce

il est comparé à ce fleuve d'Espagne qui, après un commencement vigoureux, disparaît un moment sous la terre, pour en sortir ensuite plus fort que jamais et s'aller décharger dans l'Océan. Enfin, quand Mascaron arrive au siége de Candie, où fut tué le vaillant *roi des halles*, le style se précipite, tout bouillant d'ardeur; les métaphores hardies, les images sonores, les apostrophes frémissantes se succèdent et se multiplient. Il y a là un reflet des romans, avec leur ton héroïque et leur fièvre de grandeur.

Mais c'est surtout dans les oraisons funèbres de Bossuet que ce côté de l'influence romanesque se marque avec d'autant plus d'éclat que la sévère élévation de son caractère et de son génie le fait mieux ressortir. Lisez certaines pages de l'éloge de la reine d'Angleterre; lisez celui du prince de Condé, et, en particulier, l'admirable récit de la bataille de Rocroy [1], où se

---

beau soleil (le roi, qui avait un soleil pour devise) fut l'orient de la gloire du duc de Beaufort. Le règne du lion n'est jamais plus brillant, ses influences ne sont jamais plus fortes, que lorsqu'il est joint au soleil et qu'il reçoit un redoublement d'ardeur de la conjonction de ce grand luminaire. Jusqu'ici le duc de Beaufort vous a paru comme un lion dans les combats;... mais ce lion joint à ce soleil brille de son plus bel éclat et est embrasé de ses plus beaux feux. »

1. Je note, comme une curiosité littéraire, qu'on trouve même à quelques endroits de ce récit un certain rapport d'idées et de phrases avec la description de la bataille d'Almaras, dans le roman de *Zayde*. Madame de La Fayette a rencontré par avance quelques-uns des traits de Bossuet : « Gonzalve recommença la même attaque jusqu'à trois fois. Enfin il enveloppa cette infanterie de tous côtés, et *touché de voir périr de si braves gens, il cria qu'on leur fît quartier*. Ils mirent tous les armes bas, et se jetant en foule autour de lui, *ils sembloient n'avoir d'autre application qu'à admirer sa clémence après avoir éprouvé sa valeur.* » Pour qui a bien présent à la mémoire le passage de Bossuet, le rapprochement saute aux yeux.

sent une sorte d'enivrement belliqueux, soit que Bossuet nous peigne ce jeune prince « qui portoit la victoire dans ses yeux, » soit qu'il nous montre « cette redoutable infanterie de l'armée d'Espagne, dont les gros bataillons serrés, semblables à autant de tours, mais à des tours qui sauroient réparer leurs brèches, demeuroient inébranlables au milieu de tout le reste en déroute, et lançoient des feux de toutes parts. » Dans l'entraînement de la narration, il écrit une phrase qui a certainement dépassé et trahi jusqu'à un certain point sa pensée : « Les deux généraux et les deux armées, dit-il, sembloient avoir voulu se renfermer dans les bois et dans les marais *pour décider leur querelle comme deux braves en champ clos.* » Est-ce bien Bossuet qui parle? Est-ce bien ce prélat austère, sans complaisance pour tout ce que condamne l'Église, et qui si souvent a tonné contre les combats particuliers? C'est là certainement un ressouvenir des traditions chevaleresques conservées dans les ouvrages de La Calprenède et de mademoiselle de Scudéry.

Bossuet, on le sait, était entré à l'hôtel Rambouillet, où il avait prêché à l'âge de seize ans : il s'en souvint dans quelques-uns de ses sermons et dans ses premières oraisons funèbres, antérieures à celle de la reine d'Angleterre. L'éloge du père Bourgoing (1662) est rempli de phrases antithétiques, d'images et de tournures qui ne sont pas exemptes d'une certaine afféterie :

« Détruirez-vous ces remparts en jetant des fleurs? Croyez-vous que ces superbes hauteurs tombent au bruit de vos périodes mesurées?... — La nature, cruelle marâtre, nous ôte tantôt un sens, tantôt un autre...; elle ne manque pas tous les jours de nous enlever quelque chose, comme pour l'intérêt de son prêt, sans se départir pour cela du droit qu'elle se réserve d'exiger en toute rigueur la somme totale à sa volonté. »

Et dans l'oraison funèbre de Nicolas Cornet (1663) :

« Vous verrez donc N. Cornet, trésor public et trésor caché, plein de lumière céleste, et couvert, autant qu'il a pu, de nuages épais. Vous verrez dans le premier point de ce discours les richesses immenses et inestimables qui sont renfermées dans ce trésor, et vous admirerez dans le deuxième l'enveloppe mystérieuse, et plus riche que le trésor même, dans laquelle il nous l'a caché. »

Et plus loin :

« Il a pris à quelques docteurs une pitié meurtrière qui leur a fait porter des *coussins* sous les coudes des pécheurs, chercher des *couvertures* à leurs passions. »

Mais c'est là tout simplement un trait de mauvais goût, bien capable de faire douter que nous ayons le texte exact de ce discours, tel qu'il a été prononcé par Bossuet.

Dans celles de ses oraisons funèbres qui sont devenues classiques, on trouve aussi, de loin en loin, quelques faibles vestiges du tour délicat et recherché mis en vogue par les romans. Il y en a dans celles de la princesse Palatine et de Marie-Thérèse. Le passage suivant, par exemple, tout en combattant la *doctrine*, si j'ose ainsi dire, et l'idée fondamentale sur laquelle reposent les romans, n'en rappelle pas moins le ton et le style : « Cessez, princes et potentats, de troubler par vos prétentions le projet de ce mariage : que l'amour, qui semble aussi le vouloir troubler, cède lui-même. L'amour peut bien remuer le cœur des héros du monde, et peut bien y soulever des tempêtes... Mais il y a des âmes d'un ordre supérieur à ses lois à qui il ne peut inspirer des sentiments indignes de leur rang. Il y a des mesures prises dans le ciel, qu'il ne peut rompre. »

« Représentons-nous, dit plus loin Bossuet, ce jeune prince que les Grâces sembloient elles-mêmes avoir formé de leurs mains (pardonnez-moi ces expressions); il me semble que je vois encore tomber cette fleur. »

N'est-ce pas à quelque réminiscence du même genre qu'il faut attribuer cette comparaison un peu mondaine, dont l'orateur se croit obligé de demander aussitôt pardon à ses auditeurs? Sans doute, ce n'est point là de l'afféterie, c'est simplement une délicatesse de style qui forme un agréable contraste avec l'ordinaire gravité de son éloquence; mais il ne faut pas croire que les romans et l'hôtel Rambouillet, — ce qui est à peu près la même chose, — n'aient eu que des résultats fatals pour le goût. On se rappelle le mot de Fléchier, sur « ces cabinets où l'esprit se purifioit, » et s'il arrivait souvent que cette influence conduisît certains écrivains à la recherche et à l'affectation, les faisant tomber du côté où ils penchaient déjà, il arrivait parfois aussi qu'elle attendrît et humanisât en quelque sorte un génie sévère, en mêlant à son austérité une grâce qui lui fût restée inconnue.

Mais les romans du XVII<sup>e</sup> siècle n'ont pas exclusivement agi sur les contemporains; on peut dire, sans aucun paradoxe, que leur action est arrivée jusqu'à nous. Rien ne semble, au premier abord, si profondément distinct de la littérature actuelle que ces ouvrages, dont notre époque a peine à comprendre le succès, et pour lesquels elle professe un si complet dédain; il n'en est pas moins vrai pourtant que le roman du XIX<sup>e</sup> siècle relève en plusieurs points de celui de Gomberville et de mademoiselle de Scudéry. Et ici, je ne veux pas parler de ces romans d'intrigue et d'aventure, qui ressemblent aux *Polexandre* et aux *Grand Cyrus* par leur invention générale, leur manière d'accommoder l'histoire, et jusque par leurs dimensions énormes, s'ils s'en éloignent par le style et les sentiments; je parle surtout du roman de mœurs et de la nouvelle. En effet, la nouvelle et le roman de mœurs ont été, pour ainsi dire, créés chez nous par madame de La Fayette, et les ouvrages de madame de La Fayette se rattachent directement à ceux de mademoiselle de Scudéry, dont ils ne sont guère qu'une réduction perfectionnée, et qu'ils ne voulaient que continuer en les abrégeant, quoiqu'ils leur aient porté un coup mortel.

Comme les précieuses au milieu desquelles elle vécut longtemps, comme Ménage qui lui avait appris le latin, et comme son amie intime, la marquise de Sévigné, madame de La Fayette admirait beaucoup les romans de *Sapho*, et ce fut précisément cette admiration qui lui inspira le désir de les refaire sur une plus courte échelle. Elle y trouvait des sentiments, des idées, des passions bien propres à charmer la délicatesse de son esprit et de son cœur; mais l'aimable femme, ainsi que la plupart des discrètes et fines natures, avait peur des longs ouvrages. Elle avait dû, plus d'une fois, s'armer de courage pour achever ces lectures, qui la ravissaient pourtant, et elle sentait combien cette prolixité fatigante et ces développements factices nuisaient à la valeur de l'ouvrage et à son succès, en dehors des ruelles. D'ailleurs, paresseuse avec délices, n'aimant pas à écrire longtemps, et donnant lieu à ses meilleurs amis de se plaindre de la brièveté de ses lettres, elle avait coutume de dire qu'une période retranchée d'un ouvrage vaut un louis d'or, et un mot vingt sols. Il lui sembla qu'en concentrant les traits épars et affaiblis par leur diffusion, elle donnerait à la fois plus d'intérêt à l'action et plus de force aux sentiments, et cette ambition modeste la conduisit à la conception du vrai roman de mœurs, ou plutôt du roman de passion, — tant il est vrai que tous les éléments essentiels se trouvaient dans ces ouvrages tombés en proie au ridicule, et qu'il ne s'agissait que de les en extraire et de les *déblayer!*

Ce dessein donna d'abord naissance à *Zayde*[1], qui n'est qu'un premier pas, encore timide, mais déjà décisif, dans cette voie. C'est là surtout que la véritable intention de madame de La Fayette se montre sans équivoque : cet ouvrage est le point de départ du petit roman de mœurs, qu'il rattache et qu'il soude au roman héroïque, galant et chevaleresque. *Zayde* est tout à fait un livre de mademoiselle de Scudéry, notablement abrégé et mieux écrit : même plan, mêmes personnages, mêmes aventures, même phraséologie, quoique plus rapide et plus nette. Ce jeune seigneur espagnol qui se promène mélancoliquement sur le bord de la mer, cet inconnu de noble mine, victime de la trahison des hommes et des persécutions de la fortune, qui s'est expatrié et cache son nom et son rang; ces rencontres *romanesques*, ce naufrage qui jette sur le sable de la rive une princesse évanouie, cette passion subite et profonde, tout cela, dès les premières pages,

---

[1]. Nous ne parlons pas de la *Princesse de Montpensier*, qui avait précédé *Zayde* de quelques années, non plus que nous ne parlerons de la *Comtesse de Tende*, qui suivit la *Princesse de Clèves*. Ce sont deux récits très-courts et dont l'étude ne nous offrirait rien de particulier.

nous introduit en pays de connaissance; et, en poursuivant la lecture, les subtilités et les raffinements, les idées ingénieuses et fines, pleines d'une tendresse ou d'une galanterie délicate, les exploits incroyables, les passions profondes et taciturnes, qui font mourir les princesses de désespoir, le lendemain du jour où elles ont perdu celui qu'elles aimaient, et juste à la même heure; les monologues du héros qui réfléchit à ses aventures, les longs entretiens des personnages, les histoires épisodiques mêlées au cours du récit, et s'enchevêtrant les unes dans les autres, les déguisements, les méprises; enfin toutes les conventions ordinaires du roman, viennent multiplier encore les traits de ressemblance, non-seulement dans l'intrigue, mais dans les pensées, les sentiments et jusque dans le langage. Il y a un astrologue qui joue un rôle dans l'ouvrage, et l'intrigue est fondée sur un portrait mystérieux, qui devient le *deus ex machinâ* du dénoûment. L'amour est le centre et le but du livre tout entier. C'est une œuvre de cour : il n'y est question que de rois et de princes; le reste du monde n'existe point. Enfin, il n'est pas jusqu'à ces Maures et ces Arabes, au milieu desquels se passe l'action, qui ne contribuent à donner à *Zayde* un cachet vraiment romanesque, et à le rapprocher des compositions de Gomberville et de mademoiselle de Scudéry. La seule différence essentielle, en dehors de la supériorité du style et de la rapidité beaucoup plus grande de la narration, c'est qu'on n'y trouve plus cette malheureuse manie de travestir l'antiquité, en l'habillant à la mode du temps. Cette solidité d'esprit, dont Segrais et d'autres encore louaient madame de La Fayette, lui a fait comprendre la nécessité de choisir des noms et des aventures modernes pour peindre des mœurs et des sentiments modernes.

*Zayde* est de pure invention, et l'intrigue s'y déroule dans un milieu strictement romanesque; dans la *Princesse de Clèves*, au contraire, comme dans les ouvrages de mademoiselle de Scudéry, le cadre est historique et la fiction se mêle à la réalité, mais sans discordance et sans anachronisme. D'ailleurs, il n'y a guère qu'une partie des noms qui appartiennent à l'histoire dans ce roman; du moins madame de La Fayette ne s'est pas fait scrupule de modifier à son gré les caractères et les événements, quoique le début semble d'abord promettre un tableau fidèle et rigoureusement étudié de la cour de Henri II. L'idée fondamentale de la *Princesse de Clèves*, c'est la lutte du devoir qui triomphe de la passion, c'est-à-dire le thème presque invariable des tragédies de Corneille, et en même temps, comme je l'ai déjà fait remarquer, des romans de *Sapho* et de La Calprenède. Aussitôt que la princesse découvre son penchant pour le duc de Nemours, elle ne pense plus qu'à l'étouffer; mais débordée, vaincue, sentant, malgré ses efforts, cette inclination naissante se transformer en amour, elle prend le parti d'aller trouver son mari, et de lui demander, comme avait fait madame de Montespan en pareil cas, de consentir à son éloignement de la cour, lui avouant, sans nommer personne, qu'elle ressent en dépit d'elle un entraînement dangereux qui doit être combattu par l'absence. Cette scène est fort belle, d'une simplicité égale à son élévation; mais elle était nouvelle dans un roman, et il ne faut pas s'étonner qu'elle ait excité beaucoup de discussions et de joutes d'esprit dans la *bonne cabale*.

La *Princesse de Clèves* nous offre à chaque page l'alliance de ces qualités si différentes, et souvent si opposées, que réunissait en elle madame de La Fayette : je veux dire la justesse d'esprit jointe à la finesse, la raison, et même une raison désabusée des chimères de la vie, et que n'effrayait pas trop la misanthropie de La Rochefoucauld, — jointe à la tendresse du cœur ; un fond d'exactitude et de solidité, se mariant, sans en souffrir, à une fleur de sensibilité presque maladive et à une tournure d'esprit romanesque. La lutte de la princesse contre elle-même est exposée dans toutes ses péripéties avec une franchise et un naturel parfaits, mais pourtant avec le tact exquis d'une femme. Elle est suivie dans toutes ses fluctuations, ses contradictions, ses compromis et ses faux-fuyants, démêlée en ce qu'elle a de plus insaisissable et de plus indécis. Ce rougissant amour, tout en demi-teintes, en clins d'œil, en battements de cœur, en espoirs muets ou en remords cachés, se trahit et se sent à mille symptômes saisis au passage ; et sans exagération, sans aucun incident dramatique, sans même que le duc et la princesse se soient fait confidence de leur passion, il arrive à produire l'intérêt, le trouble, l'émotion la plus pathétique. Madame de La Fayette indique tout d'un mot, d'un trait, avec une sorte de négligence et d'abandon charmants. Il lui a fallu autant de délicatesse dans le cœur que dans l'esprit pour étudier la naissance, le développement et les vicissitudes de cet amour à la fois pudique et coupable, avec une vérité tellement parfaite, tellement exempte, jusque dans ses moindres nuances, de tout maniérisme et de toute subtilité fausse.

Quelques incidents, par exemple l'histoire de la lettre, semblent cherchés d'un peu loin et empreints d'un certain raffinement ; mais ces défauts sont sauvés par le ton aisé et naturel du style, comme par je ne sais quel air de vérité et de simplicité qui, même alors, n'abandonne jamais l'auteur. Madame de La Fayette est si loin de toute affectation qu'elle ne recherche nulle part l'effet, le tableau, et que son ouvrage n'a même pas de dénoûment. Mademoiselle de Scudéry n'eût pas manqué de faire épouser le duc de Nemours à la princesse, après la mort de son mari; mais madame de La Fayette s'en est bien gardée, tant par une horreur instinctive de la vulgarité et du lieu commun, que par une dernière délicatesse qui achève le portrait de son héroïne.

Les caractères du style et du récit, ces tableaux de la cour, de ses usages, de ses galanteries, la nature même de quelques-unes des intrigues qu'elle raconte, tout cela n'est pas sans donner à la *Princesse de Clèves* un certain air de parenté lointaine avec les *Mémoires de Grammont*, par Hamilton, et même l'*Histoire amoureuse des Gaules*, de Bussy-Rabutin. Est-il besoin d'ajouter qu'elle n'est pourtant pas de la même famille, et que dans les veines de cette aimable et discrète personne il ne coule pas une goutte du sang de ces deux turbulents libertins? Mais, quels que soient la noblesse, le charme adorable, la fraîche et suave poésie du sentiment dans la *Princesse de Clèves*, quelles que soient la réserve et la retenue de la narration, il n'en est pas moins vrai qu'il n'est question, d'un bout à l'autre de ce livre, que de galanterie et d'amour. C'est l'atmosphère de la cour, et madame de La Fayette ne songe pas à s'en étonner ou à s'en effrayer; jamais un mot de blâme ne lui vient sous la plume, et elle raconte comme une chose toute simple que le vidame de Chartres, étant amoureux de madame de Thémines, et entretenant un commerce de galanterie avec une autre personne moins belle et moins sévère, se livre également à une tendre liaison avec la reine. Ce n'est point une moraliste, c'est une femme du monde dont le regard indulgent s'est habitué au désordre moral qui l'entoure ; mais elle porte dans son style la bienséance naturelle de son âme, et le respect de la décence est encore pour elle du goût et du savoir-vivre. La leçon qui résulte du roman, c'est que tout amour qui attaque le devoir ne peut être heureux ; cependant l'amour de la princesse n'est vaincu par le devoir qu'après tant de concessions, de résistances et de larmes, il est encore si beau et si touchant dans sa défaite, il en sort enfin une émotion si douce et si communicative, qu'il affaiblira certainement plus de cœurs que son dénoûment n'en pourra raffermir. Il faut le reconnaître, cette lecture est troublante, elle énerve en charmant. Ces amours profonds, ou plutôt ces adorations ardentes qui constituent le roman chevaleresque et poétique du xvii<sup>e</sup> siècle, madame de La Fayette en a accru la force, parce qu'elle en a perfectionné la peinture, parce qu'elle leur a prêté l'appui d'une observation plus fine et plus vraie, d'un sentiment plus intime, d'un style plus attrayant ; enfin et surtout parce qu'elle a réuni, pour ainsi dire, en faisceau les traits qui s'affaiblissaient par leur éparpillement dans les dix ou vingt volumes de *Cassandre* et du *Grand Cyrus*. De cette source vont découler ces petites nouvelles qui écourtent les descriptions, les passions et les situations, et qui, lorsqu'elles seront franchement immorales, comme au xviii<sup>e</sup> siècle, rendront le poison d'autant plus dangereux qu'il sera plus concentré.

C'est peut-être encore par le style que la *Princesse de*

*Clèves* a le mieux marqué sa place au rang des chefs-d'œuvre du XVIIe siècle : ce style est véritablement exquis, et il a un caractère original qui le fait reconnaître. Simple, aisé, naturel, arrivant sans effort et de son pas habituel au grand air, il a, dans une correction parfaite, je ne sais quelle négligence aristocratique et quel laisser-aller qui est une grâce de plus. On n'y sent point l'écrivain de profession, mais la femme du meilleur monde, qui, d'elle-même, sans y prétendre et sans le savoir, égale les premiers écrivains, avec ce charme tout particulier qu'offre le style d'une personne de condition, quand elle a de l'esprit et de la délicatesse.

Nous n'avons pas discuté l'opinion de ceux qui persistent à attribuer à Segrais, leur signataire, la composition de *Zayde* et de la *Princesse de Clèves*; nous ne nous sommes point occupé de rechercher jusqu'où peut s'être étendue sa collaboration, ou celle de La Rochefoucauld. Pour qui n'est point absolument dénué de sens critique, tout y trahit la main d'une femme, tout y proclame l'aimable comtesse de La Fayette. En voulant extraire des ouvrages de La Calprenède, de Gomberville et de mademoiselle de Scudéry une sorte de quintessence de leurs meilleures qualités, elle en fit sentir le ridicule et les défauts, et leur porta un coup aussi décisif que Boileau et Molière; elle tua ce qu'elle avait voulu renouveler. La *Princesse de Clèves* clôt l'histoire du roman poétique et chevaleresque et ouvre en même temps celle du petit roman de mœurs et de passion : elle est l'acheminement de l'un à l'autre et leur sert de trait d'union.

## V

# DU ROMAN COMIQUE

SATIRIQUE ET BOURGEOIS.

### I

LE ROMAN COMIQUE ET SATIRIQUE DANS BARCLAY, THÉOPHILE, SOREL, DE LANNEL, FURETIÈRE, SUBLIGNY, DASSOUCY, ETC.

D'où vient que ceux-là mêmes qui recherchent avec passion les coins les plus pittoresques et les plus inexplorés du grand domaine des lettres ont si complétement négligé ce chapitre de l'histoire littéraire du xvii<sup>e</sup> siècle, ou qu'ils ont à peine daigné jeter quelques phrases sur cette longue série d'œuvres originales et curieuses, comme on jette une pelletée de terre sur un mort? Il y a là pourtant une veine puissante et vive du vieil esprit français, passant à la dérobée à travers l'époque régulière et correcte de Louis XIV, pour relier le xvi<sup>e</sup> siècle au xviii<sup>e</sup>, l'âge de Rabelais, de Verville, de G. Bouchet et de Desperriers, à l'âge de Voltaire, de Diderot et de Mercier; — dernier reste de la verve fantasque des fabliaux et joyeux devis, protestation du bon sens narquois et un peu grossier, de l'esprit positif et railleur, non-seulement contre les subtilités, les raffinements, l'héroïsme guindé des *Cyrus* et des *Grand Scipion*, des *Astrée* et des *Polexandre*, contre le langage faux et les faux sentiments des pastorales, mais aussi contre les allures solennelles et disciplinées de la littérature officielle. Le besoin de la réalité, l'amour du détail se mettent en état d'insurrection contre ce caractère impersonnel qui va dominant de plus en plus dans les écrits, à mesure qu'on avance vers la fin du siècle. Il y a là enfin la préparation, et même l'avénement, sous une forme encore incertaine et souvent maladroite, du roman moderne, — non-seulement du roman de courte dimension et de la nouvelle, au lieu de ces interminables récits qui remplissaient dix et vingt volumes, mais du roman d'observation intime, voire du roman réaliste, comme on dit dans le jargon d'aujourd'hui.

La plupart des écrivains à qui l'on doit les œuvres que nous allons passer en revue étaient des esprits nets et vifs, mordants et familiers, ennemis de toute emphase, de tous grands airs, et, par haine d'un excès, se jetant dans l'excès opposé. Libres penseurs en littérature, dans la mesure de leur époque et de leur caractère; marchant à part, en dehors des salons et des coteries, ils joignaient presque tous à cette indépendance littéraire une hardiesse d'opinions plus ou moins grande dans la philosophie, la morale et la religion. Beaucoup d'entre eux se rattachaient à cette société de *libertins* qui faisaient fi du décorum et de l'étiquette, et s'oubliaient volontiers au cabaret.

*Don Quichotte* avait paru en 1617, et avait été traduit presque immédiatement en français. Au delà des Pyrénées, le triomphe du *quévédisme* et l'avénement du roman picaresque (dont le nom — de *picaro*, gueux, vaurien — indique assez la tendance) venaient de transformer la littérature. *Lazarille de Tormes*, *Marc Obregon*, *Guzman d'Alfarache*, *Don Pablos de Ségovie*, l'*Aventurier Buscon*, sans parler du Décaméron castillan, le *Comte Lucanor*, toute cette vivante et vaillante glorification de la misère, cette familière épopée du vagabondage, s'étaient succédé en peu de temps, et avaient pénétré en France, grâce aux communications incessantes qui existaient entre les deux pays, depuis la Ligue et les princesses de la maison d'Autriche. De 1600 à 1650 surtout, l'influence de Cervantes, de Hurtado de Mendoza, de Quevedo, de don Juan Manuel, est visible pour les plus aveugles, aussi bien que celle de Gongora et du cavalier Marin, dans presque toutes les branches de notre littérature; elle ne l'est nulle part davantage que dans les principaux romans que nous voulons étudier ici.

Dès les premières années du XVIIe siècle, le goût de la réalité commence à lutter, dans la littérature, contre les tendances abstraites qu'allait faire triompher la période classique. On trouve dans G. Colletet, dans Théophile, dans les poésies détachées de Saint-Amant, et même dans son *Moïse sauvé*, comme plus tard dans la *Pucelle* de Chapelain, une manie de description minutieuse dont s'est moqué Boileau, et qui ne recule même pas toujours devant la limite où la familiarité devient triviale, et la trivialité grotesque et repoussante.

Mais, sans nous arrêter davantage à ces considérations incidentes, il est temps de pénétrer au cœur même de notre sujet. La marche des romans de mœurs et d'observation, comiques, satiriques ou bourgeois, s'ouvre par un ouvrage d'un caractère encore indécis :

l'*Euphormion*, écrit par J. Barclay dans l'idiome universel des savants et des beaux esprits de la Renaissance. L'*Euphormion*, dont la première partie parut en 1602, est un vrai roman pour la forme; mais, s'il montre quelques velléités de satire, il n'a presque rien de commun, sauf dans certains détails accessoires où l'écrivain paraît s'être inspiré de ses souvenirs personnels, avec la peinture réelle de la société d'alors, avec l'observation vraie et la fidèle reproduction des mœurs, et il se maintient presque partout dans des généralités où la plaisanterie tourne sans cesse à l'amplification et l'épigramme à l'homélie. On ne pouvait demander davantage au futur auteur d'*Argenis*. Toute la satire se borne à peu près à des *discours* contre les procès, les médecins, les courtisans, les sorciers, etc., à des réflexions morales peu piquantes, à des déclamations vagues et sans but. C'est, avant tout, l'œuvre d'un rhéteur. Quoi qu'il en soit, cet ouvrage, bien certainement inspiré par les romans espagnols, où, en haine des grandes épopées chevaleresques, on racontait les aventures de quelque héros du commun, est d'une tout autre famille que les œuvres de Gomberville et de mademoiselle de Scudéry. Ce n'est pas que le style y ait beaucoup plus de simplicité et de naturel, mais du moins, malgré ses périphrases, sa froideur et son emphase un peu fatigante, il nous introduit souvent dans les intérieurs domestiques, et jusqu'à un certain point dans les détails familiers ou plaisants de la vie commune. On comprendra mieux la différence que je veux signaler, si l'on songe qu'Euphormion, au lieu d'être un héros grec ou romain, est un esclave qui raconte lui-même les malheurs de son existence vagabonde et méprisée, alternant dans son récit les tableaux d'orgies et d'émeutes, les combats de voleurs, les épisodes burlesques, les scènes d'alchimistes, de sorcières, de laquais, de sergents, d'archers. A travers cette succession de péripéties, le merveilleux apparaît et reparaît sans cesse : l'*Ane d'or*, que Barclay devait avoir relu bien des fois, a prêté aux *Satires d'Euphormion* un reflet de son réalisme fantastique. L'allégorie, trop souvent obscure, domine surtout dans la seconde partie, où l'on croit voir percer les allusions contemporaines à travers le voile d'une mythologie d'emprunt : aussi les clefs, fort diverses toutefois, n'ont-elles pas plus manqué à cet ouvrage qu'elles ne manquèrent plus tard à celui de La Bruyère.

Nous ne parlons pas du *Baron de Fœneste*, où d'Aubigné a voulu se récréer, comme il le dit, par la *description de son siècle*, mais qui est une satire pure et simple plutôt qu'un récit, un pamphlet dialogué et non un roman.

Théophile de Viau nous a laissé des *Fragments d'une histoire comique*, où se retrouve, affaiblie, il est vrai, et dans des proportions beaucoup plus modestes, la verve des cyniques railleurs du siècle précédent. Il a encadré dans ces quelques chapitres inachevés les principaux types de la vieille comédie : le débauché, le *libertin*, l'Italien, l'Allemand, le pédant surtout, dont il a laissé, dans la personne de Sidias, un modèle qui devait rester comme le type du genre, et que se rappelleront Cyrano et Molière. Toutefois ces fragments, malgré les excellents tableaux dont ils sont parsemés, me semblent écrits d'un style un peu lent, et les réflexions littéraires, les digressions philosophiques et morales, viennent trop souvent retarder la marche de l'intrigue.

Mais nous voici arrivés à une étape importante de

notre excursion. Parmi tous les auteurs de romans satiriques et bourgeois, Charles Sorel est celui qui a laissé les pages, sinon les plus remarquables, du moins les plus nombreuses, et peut-être les plus originales, après celles de Cyrano, qu'il n'a été donné à personne de surpasser en ce point. La *Vraie Histoire comique de Francion*, qu'il publia en 1622, l'année même où paraissaient le deuxième volume de l'*Astrée* et la *Cythérée* de Gomberville, est un essai tenté par un homme d'esprit, dans le but, ainsi qu'il le dit lui-même, de ressusciter le roman rabelaisien, — l'idéal du genre à ses yeux, — et de l'opposer aux compositions tristement langoureuses qui commençaient à envahir la littérature. Sorel aime la vérité toute nue; ses muses sont l'observation familière et la raillerie bouffonne. C'est surtout à la solennité, à l'emphase, au gonflement romanesque et prétentieux qu'il en veut. On ne s'en douterait pas, et pourtant rien de plus vrai : Sorel est un précurseur de Boileau. Comme lui, quoique dans un autre but et en employant d'autres armes, il fut un révolutionnaire qui s'attaqua à la littérature officielle et aux triomphateurs du moment. Avec une vigueur moindre et un talent bien inférieur, il s'imposa la tâche de faire une guerre infatigable au goût de son temps, et d'en prendre le contre-pied dans ses livres.

*Francion* est un roman de mœurs, mais c'est aussi un roman d'intrigue, qui a subi l'influence de la littérature espagnole, dans ses derniers chapitres surtout. Sorel savait que l'observation pure n'aurait pas chance de succès, et ce fut pour n'avoir pas pris les mêmes précautions que Furetière échoua plus tard. Cet ouvrage est un vrai roman picaresque; le héros, personnage d'humeur vagabonde et peu scrupuleuse, sorte de Gil-Blas anticipé, sert de lien entre les diverses scènes et les tableaux détachés dont se compose l'ouvrage, et qui se succèdent, sans former un tout, comme dans une lanterne magique. Il n'y faut pas chercher un plan solidement conçu ; mais ce qu'on y trouvera, c'est la satire littéraire et morale, c'est l'épigramme se mêlant à la comédie, et le trait de mœurs coudoyant l'anecdote. Pour qui veut l'étudier de près, *Francion* est particulièrement utile à l'histoire intime du temps, à celle des modes et des ridicules, aussi bien qu'à celle des usages et de l'opinion. Il va du Pont-Neuf aux boutiques des libraires, de l'intérieur des châteaux à celui des colléges : charlatans, rose-croix, opérateurs, paysans, courtisans et courtisanes, voleurs, bravi, pédants et cuistres, écoliers, hommes de loi, fripons, débauchés de toutes les espèces, défilent tour à tour sous nos yeux ; et il faut bien avouer que les mœurs de ce monde étrange soulèvent plus d'une fois, à juste titre, les nausées du lecteur délicat.

Ce sont surtout les classes dédaignées par ses glorieux confrères que Sorel a voulu peindre. A côté de ces romans à perruques et à grands canons, qui faisaient ou qui allaient faire les délices des réduits lettrés, dont ils représentaient les nobles habitués sous des noms mythologiques et avec l'accoutrement romain, à peu près comme ces statues qui nous montrent Wellington en Achille, et la princesse Borghèse en Vénus, notre auteur, esprit original et systématiquement positif, prosaïque même, par réaction contre les fadeurs et les mensonges de la poésie, déroule ses tableaux plébéiens, traités avec un entrain familier et une vérité grotesque. Il ne craindra pas de reproduire, au besoin, le patois rustique aussi bien que le jargon d'un Suisse ou d'un Anglais; il ne reculera pas devant les bouges les plus suspects; il descendra même au fond des égouts, pour compléter sa peinture du *monde inférieur*.

Le plus souvent, c'est avec des aventures réelles, avec des anecdotes et des personnages historiques, que Sorel a composé son roman. *Francion* n'est pas seulement un tableau des mœurs générales de l'époque, il est encore, suivant la mode particulière du temps, un recueil de portraits déguisés. Il était naturel que, voulant peindre la société contemporaine dans toute sa réalité, Sorel choisît parmi ceux qui l'entouraient les modèles de ses personnages. Chacun d'eux est un masque qui recouvre une figure connue. Pour en citer quelques exemples, on y trouve l'aventure des trois Sallustes, c'est-à-dire celle des trois Racan, que Tallemant des Réaux et Ménage ont mise en récit et Boisrobert en comédie; ailleurs il a représenté Boisrobert lui-même, son effronterie et ses procédés ingénieux pour s'enrichir aux dépens des seigneurs, dans le personnage du joueur de luth Mélibée. Le pédant Hortensius, avec sa fatuité naïve et son orgueil béat qui le font bafouer sans qu'il s'en doute, ne parlant que par hyperboles recherchées, par doctes antithèses, par images et comparaisons exquises, n'est ni plus ni moins que Balzac. Celui-là est Neufgermain, cet autre est Porchères-l'Augier. Bien des épigrammes aussi, qui paraissent d'abord frapper dans le vide, se laissent deviner à mesure qu'on les regarde de plus près et qu'on les contrôle au témoignage des contemporains. Dans le v<sup>e</sup> livre en particulier, le plus curieux de tous comme peinture des mœurs littéraires, il suffit, pour donner une valeur historique à beaucoup de traits détachés, de les comparer aux satires de Boileau, au *Poëte crotté* de Saint-Amant, aux comédies de Molière : ces rapprochements faciles éclairent les tableaux de Sorel, et ceux-ci complètent à leur tour les renseignements qu'on rencontre ailleurs.

Il y a dans ce livre de piquants et véridiques détails sur la pauvreté, la servilité, la cupidité des petits poëtes de l'époque, leurs moyens de capter la réputation, les flatteuses préfaces et les vers louangeurs qu'ils se commandaient les uns aux autres, ou qu'ils composaient eux-mêmes en leur propre honneur sous le nom d'un ami, leur prédilection poussée jusqu'à la manie pour le genre épistolaire, leur haine contre certains mots, leurs projets de réforme de l'orthographe, où ils veulent retrancher les lettres superflues, absolument comme nos modernes *révolutionnaires de l'A, B, C*, leur libertinage, leur vie de cabaret, etc., etc. Il n'existe pas, que je sache, de clef proprement dite pour *Francion;* mais les écrivains contemporains, en particulier Tallemant, peuvent y suppléer jusqu'à un certain point. Tout est si bien pris dans le vif du temps, dans les mœurs et les faits d'alentour, qu'on reconnaît au passage, en dehors des portraits, beaucoup de détails historiques et de reparties connues. Quand il ne copie pas tout d'un bloc, l'auteur est un mosaïste qui, de divers traits choisis çà et là, compose une figure ou une scène non moins vraie que les autres.

Sorel n'a certes pas fait preuve dans cet ouvrage d'un talent extraordinaire : son style est presque toujours lent, pâteux, embarrassé ; il sait rarement tirer un parti complet d'une situation heureuse ou d'une donnée comique ; il manque, sinon d'esprit et d'imagination, du moins de verdeur, de nerf, de vivacité, de précision. Le goût et la mesure lui faisant défaut, il pousse la gaieté jusqu'au cynisme, et ses meilleures intentions se mélangent de puérilités et de farces enfantines. Il gâte ses récits par de lourds et maladroits commentaires; à force d'appuyer, il émousse la pointe de ses traits malins. Le conteur amusant se double en lui du pédant gourmé. Plus ingénieux que spirituel, doué de plus d'abondance que de force, il passe souvent à côté du but, et manque ses effets, qu'il veut trop marquer. C'est un des types les plus curieux de l'avortement littéraire.

On trouve néanmoins dans *Francion* bien des germes qui ne demandaient qu'à mûrir, bien des mots et des situations que de plus illustres n'ont pas dédaigné d'y prendre. Il est évident que Molière avait lu et relu *Francion* et qu'il y a puisé largement. Je noterai quelques-unes de ces imitations, qui ne sont pas les seules, mais qui suffiront à mon but. Au troisième livre, dans une curieuse description de la vie de collége, Sorel fait citer à Hortensius, aussi avare que pédant, la sentence de Cicéron, dont Harpagon fera plus tard son profit, « qu'il ne faut manger que pour vivre, non pas vivre pour manger. » Ailleurs (xie livre), on trouve, en une phrase un peu crue, l'original des fameux vers :

> Quand sur une personne on prétend se régler,
> C'est par les beaux côtés qu'il lui faut ressembler;
> Et ce n'est point du tout la prendre pour modèle,
> Ma sœur, que de tousser et de cracher comme elle.

Thomas Diafoirus m'a bien l'air d'avoir volé dans l'une des harangues de Francion à sa maîtresse Nays, la belle comparaison du souci qui se tourne toujours vers le soleil; seulement il a changé le souci en un héliotrope. Enfin, pour me borner là, la cérémonie du mamamouchi est plus qu'indiquée dans le xie livre de *Francion*, où l'on feint d'élire roi de Pologne Hortensius, qui prend la chose au sérieux, se prête à tous les détails de la cérémonie, et développe fort au long les extravagants projets de réforme qu'il se propose de mettre à exécution pendant son règne[1]. Avant l'*Histoire comique* de Cyrano, Sorel a prêté à Hortensius le plan d'un voyage dans la lune, et il a émis quelques-unes des plus étranges idées qu'on rencontre dans les œuvres du mousquetaire périgourdin.

Si de ces rapprochements il ne faut pas toujours conclure à un plagiat, ils montrent du moins qu'on ne doit pas trop dédaigner ce livre ni son auteur.

Je passe par-dessus une infinité d'autres imitations, et j'arrive à une dernière, qu'on ne s'attendait pas, j'en suis sûr, à rencontrer ici. Francion, devenu charlatan, s'avise d'un moyen ingénieux pour découvrir les femmes qui ont violé la fidélité conjugale (x<sup>e</sup> livre) : il déclare que les maris trompés doivent être, le lendemain, métamorphosés en chiens ; l'un d'eux, au point du jour, feint d'aboyer comme un dogue, et sa moitié, effrayée et tremblante, lui fait sa confession. Or, on peut se rappeler avoir vu au Vaudeville, il y a quelques années,

---

[1]. Pour juger les cas douteux, les tribunaux feront tirer les parties à la courte paille. Il mandera de Paris, afin d'adoucir les mœurs farouches des Cosaques, un quarteron de poëtes qui fonderont une académie et des cours sur leur art. Tout le monde écrira des livres et sur toutes sortes de matières, le drapier sur son commerce, l'avocat sur sa pratique, car qui empêche de régénérer la littérature en l'étendant aux finances et à l'industrie? Hortensius avait deviné nos poëmes lyriques sur les hauts-fourneaux et nos romans sur la popularisation du drainage. Tout le monde sera de bonne compagnie, et on payera les vers, qui seront même reçus comme monnaie courante. — Bref, il veut régner d'après les livres anciens et les règles des philosophes, et témoigne l'intention de ne plus parler que par apophthegmes.

une petite comédie qui reposait absolument sur la même donnée et sur des développements analogues. Ce ne sont donc pas seulement les érudits qui lisent et qui étudient *Francion*[1].

Ce livre eut un succès prodigieux : on le réimprima soixante fois dans le courant du siècle, on le traduisit ou on l'imita dans presque toutes les langues, et Gillet de la Tessonnerie en tira une comédie du même titre. Néanmoins Sorel, qui l'avait publié sous le nom de Moulinet du Parc, ne voulut jamais en avouer franchement la paternité, sans doute à cause des gravelures innombrables et souvent dégoûtantes qu'il renferme, et dont son titre officiel d'historiographe lui faisait un devoir de rougir. Par un contraste bizarre, il mêle à ses licences les réflexions les plus morales et les plus édifiantes, et souvent il tâche, après coup, de déduire d'une page obscène, pour se la faire pardonner, de sages et vertueuses conclusions. Si vous l'écoutez, il vous prouvera qu'il ne peint si crûment le vice que pour mieux faire aimer la vertu. Pas un livre de *Francion*, pour ainsi dire, qui ne se ferme par la moralité fort imprévue de la fable ; presque pas un surtout qui ne s'ouvre par quelque préface où perce le bout d'oreille de l'historiographe futur. Il respecte toujours la religion proprement dite, même quand il outrage le plus les mœurs, et, dans une grande débauche, qu'on croirait en partie empruntée à Pétrone, l'un des conviés voulant commencer un conte gras sur un

---

[1]. Il est vrai que l'auteur de cette comédie avait fort bien pu ne pas remonter lui-même jusque-là, et qu'il a probablement puisé dans quelque source plus moderne et plus à la portée des vaudevillistes, par exemple dans les *Mémoires de Fleury*, qui ont repris le même conte avec quelques variantes (ch. xxx).

prêtre, il lui fait imposer silence avec indignation, et s'emporte contre Érasme, Marot, Marguerite de Navarre, qui ont mis le clergé en scène dans leurs contes licencieux. Cet imitateur de Rabelais semble flotter sans cesse entre l'auteur du *Pantagruel* et le curé de Meudon.

Le désaveu de l'auteur, qui pourtant prit soin quelquefois d'en atténuer la portée, laissa le champ libre à la tourbe des écrivains de bonne volonté, trop pauvres pour créer un ouvrage de leur propre fonds; et, son succès aidant, ce roman fut considéré comme une sorte de canevas commun sur lequel chacun pouvait broder à sa guise. La première édition n'avait que sept livres; Sorel en ajouta cinq à la seconde, et d'autres se chargèrent d'y coudre qui une page scandaleuse, qui une anecdote satirique, de sorte que *Francion* se trouva bientôt être le fils anonyme de plusieurs pères.

Déjà, dans cet ouvrage, Sorel avait montré son aversion pour les romans à la mode, et il avait aussi décoché quelques traits contre les poëtes, les rangeant parmi les bouffons, et déclarant que « c'est un grand avantage pour la poésie que d'être fou. » Ce n'était là qu'un faible prélude : il allait maintenant porter les coups définitifs. Après avoir réagi indirectement contre le genre reçu et consacré, il allait l'attaquer droit au cœur et le charger à fond, avec plus ou moins de bonheur, mais avec une fougue et une audace incontestables.

Depuis *Francion*, le succès de l'*Astrée* et des *Bergeries* avait été croissant. Sorel s'en indignait et pestait en silence contre le mauvais goût public. Enfin la patience lui échappe : « Je ne puis plus souffrir, dit-il, qu'il y ait des hommes si sots que de croire que, par leurs romans, leurs poésies et leurs autres ouvrages inutiles, ils méritent d'être au rang des beaux esprits[1]. » Le réquisitoire continue sur ce ton cavalier et exaspéré. L'auteur en vient même aux gros mots; on sent que c'est un homme à bout de longanimité et qui brûle de faire prompte et complète justice. En conséquence, il prend sa plume de pourfendeur, et il écrit le *Berger extravagant, où, parmi des fantaisies amoureuses, l'on voit les impertinences des romans et de la poésie*[2]. Poëtes et romanciers, tenez-vous fermes, car voici venir un rude adversaire, armé de pied en cap, et traînant à sa suite la cavalerie légère de la raillerie et la pesante artillerie de l'érudition!

*Le Berger extravagant* (1627) est une évidente imitation de *Don Quichotte*. Lysis est devenu fou par la lecture des romans et des pastorales, et son innocente folie consiste à prendre au sérieux toutes les inventions des poëtes, à interpréter littéralement toutes les fictions de la mythologie, à vouloir reproduire et retrouver dans la réalité les rêves de l'âge d'or et les fantaisies de la fable. Le plan est conçu, on le voit, de manière à présenter en action une satire continuelle du genre d'ouvrages auquel s'attaquait l'auteur : satire multiple, minutieuse, qui s'en prend à la fois au côté littéraire et à l'influence morale, s'éparpillant en d'interminables longueurs et ne reculant pas même devant la caricature et la bouffonnerie burlesque. Cette satire se produit presque toujours sous la forme de l'antithèse, soit entre le lyrisme de Lysis et le bon sens positif du bourgeois

---

1. Préface du *Berger extravagant*.
2. Quelques éditions de ce livre furent données sous le nom de l'*Antiroman*, qui en marquait nettement le but.

Anselme, soit entre l'amour mystique du pauvre homme et la vulgarité de sa bien aimée Catherine, vraie Dulcinée du Toboso, soit entre sa folie poétique et la sottise triviale de son valet Carmelin, une doublure de Sancho. C'est surtout l'*Astrée* qui est en cause; mais Ch. Sorel ne ménage personne, et, une fois dans la mêlée, il frappe comme un sourd, à droite et à gauche, toujours fort, souvent juste, avec un bon sens rude et mordant, mais grossier, qui a horreur des banalités romanesques, des lieux communs de style et d'invention. L'auteur attaque en mathématicien les fictions les plus souriantes, les dépeçant une à une et en prouvant l'absurdité par $A + B$. Je pourrais indiquer plus d'un point de détail où il se rencontre non-seulement avec Furetière, mais avec Molière et Boileau. Malheureusement ce beau zèle, légitime dans son principe, cesse de l'être dans l'extrême rigueur de ses impitoyables conclusions : il faut plaindre un écrivain qui va jusqu'à envelopper la poésie elle-même dans la ruine du roman, qui la condamne comme coupable au premier chef de fausseté et d'invraisemblance, qui la poursuit sous toutes ses formes avec une bouffonnerie sacrilége, et la chasse honteusement de sa république, sans même la couronner de fleurs. Qu'eût dit Boileau s'il eût entendu ce verdict contre Homère, dans lequel Sorel devance La Motte en le dépassant? Même lorsqu'on reconnaît la justesse et la vivacité de son esprit, on est contraint d'avouer qu'il est presque toujours étroit, chagrin et prosaïque. Le *Berger extravagant* est un recueil de taquineries vétilleuses en trois volumes, dirigées contre la lignée tout entière des romanciers et des poëtes. Et pourtant Sorel, lui aussi, avait été poëte et romancier.

Le lecteur pourra se donner une idée à peu près exacte des qualités et des défauts de l'ouvrage en lisant quelques pages détachées du v<sup>e</sup> livre. Lysis, qui s'est fait berger, comme don Quichotte s'est fait chevalier errant, tombe dans le creux d'un vieux saule en voulant reprendre son chapeau, qui s'est accroché aux branches, et ce faible cerveau, malade de ses récentes lectures, se persuade aussitôt qu'il est changé en arbre. On ne peut parvenir à le convaincre du contraire; il s'obstine à rester dans le tronc, et, aux profanes qui le contredisent, prouve doctement, par exemples catégoriques tirés des *Métamorphoses d'Ovide*, de l'*Endymion* de Gombauld et de tous les « bons auteurs, » que cette métamorphose n'est ni impossible ni même invraisemblable. Il est assez difficile de lui répondre, car ses démonstrations sont toujours appuyées sur les ouvrages les plus accrédités et reçus avec le plus de respect. Rien de bouffon comme la manière dont on s'y prend pour le déterminer à manger et à boire, sous le prétexte de l'arroser; les nécessités humaines du plus bas étage auxquelles, malgré sa qualité d'arbre et de demi-dieu, il se trouve obligé de satisfaire, ce qui fournit à Sorel une ample matière de plaisanteries peu ragoûtantes, dont il ne manque pas d'abuser; les cérémonies mythologiques auxquelles le convient à la clarté de la lune de feintes Hamadryades, qui sont forcées de lui citer Desportes pour lui prouver qu'il peut sortir de son tronc; ses aventures nocturnes avec le dieu Morin, la collation des arbres qui mangent du pâté, le cyprès qui joue du violon, et au milieu de tout cela les savantes et poétiques réflexions de Lysis. Mais à la longue toutes ces inventions, qui avaient réjoui d'abord, et où l'on trouvait à bon droit de la gaieté, de l'imagination, une certaine verve, finissent par devenir puériles, forcées, monotones, invraisemblables. Une folie poussée à ce point, — quoique Sorel ait eu le bon esprit de donner à Lysis, comme Cervantes à don Quichotte, des accès lucides, mais trop rares et trop effacés, et quoique cette folie soit la condamnation du prétendu bon sens des poëtes et des romanciers, — a peu de chose qui puisse nous intéresser longtemps. L'auteur ne s'en est pas aperçu, et l'on dirait souvent qu'il ne songe qu'à accumuler des mystifications sans aucun but précis; il ne sait pas s'arrêter à temps, et gâte ses plaisanteries à force de les vouloir épuiser.

Chaque livre est suivi de longues remarques où Sorel commente lui-même son œuvre en détail, avec plus de respect et de conviction que s'il s'agissait de l'*Iliade*. On ne peut s'en étonner, quand on a lu ces préfaces où il parle de lui et de ses écrits sur le ton d'une confiance si fanfaronne, d'une si naïve outrecuidance. Dans ces remarques il revient, en son propre nom, sur les hommes et les ouvrages dont il est question dans son livre, sur les idées qu'il a émises, pour les appuyer et les compléter à son aise; et, chemin faisant, il trouve moyen de déployer une érudition littéraire des plus étendues, sinon des plus discrètes et des mieux dirigées, qui témoigne d'une immense lecture. Le *Berger extravagant* est, pour ainsi dire, une encyclopédie, où toutes les productions de la littérature pastorale, romanesque et poétique, de l'antiquité et des temps modernes, de la France et des nations étrangères, comparaissent les unes après les autres par-devant le tribunal souverain de ce Minos inflexible, qui les juge et les condamne sans se laisser émouvoir à l'éloquence ni aux grâces des coupables.

Avec tous ses défauts, le *Berger extravagant* fut une œuvre salutaire et qui porta coup. Il contribua certainement à la chute de la pastorale, qui, surtout après le succès de l'*Astrée*, avait envahi les livres et le théâtre. Déjà compromise sur la scène par l'abus qu'on en avait fait, par l'absence d'un caractère bien déterminé qui la séparât nettement du drame et de la comédie, elle fut enfin tuée par le ridicule. On avait vu Des Yveteaux, dans sa maison de la rue des Marais, tout enguirlandée de lacs d'amour, se promener une houlette à la main, couvert de rubans, côte à côte avec sa bergère, et transformer son jardin en pastiche de l'Arcadie. N'y avait-il pas là de quoi justifier l'idée qui fait la base du livre de Sorel, et le berger Lysis ne semble-t-il point la parodie légitime du berger Vauquelin? Quoi qu'il en soit, la pastorale mourut pour ne ressusciter que plus tard, — sous une autre forme et sans remonter sur le théâtre, — avec Segrais et madame Deshoulières; seulement Molière, qui a recueilli toutes les traditions scéniques, même celles de l'opéra, du ballet et de la tragi-comédie, s'y essaya, en passant, pour varier les amusements de la cour, ce qui ne l'empêcha pas de s'en moquer dans le *Malade imaginaire*.

Je ne relèverai pas tous les emprunts qu'on a faits au *Berger extravagant*[1] : ils sont plus nombreux encore

---

1. En voici un des plus curieux. On connaît la pensée de Pascal : « Qui s'imaginera une femme vêtue sur ce modèle, verra une jolie demoiselle toute couverte de miroirs et de chaînes de laiton ; et au lieu de la trouver agréable, il ne pourra s'empêcher d'en rire, parce qu'on sait mieux en quoi consiste l'agrément d'une femme que l'agrément des vers. Mais ceux qui ne s'y connaissent pas l'admireroient peut-être en cet équipage, et il y a bien des villages où on la prendroit pour la reine. » M. Alphonse Karr, en un de ses romans (*Sous*

que pour *Francion*, et Molière, en particulier, s'en est souvenu plus d'une fois, ainsi que La Fontaine et Scarron. Je me bornerai à dire qu'il eut assez de succès pour mettre de toutes parts en mouvement le servile troupeau des imitateurs. Thomas Corneille, toujours à la piste du goût et de la mode du moment, fit de l'ouvrage de Sorel sa comédie en vers du *Berger extravagant*, où il a transporté les personnages et les aventures les plus saillantes du roman, sans rien ou presque rien y ajouter du sien.

Et pourtant Ch. Sorel est oublié aujourd'hui ! Ne nous hâtons pas de crier à l'injustice : ce n'est qu'un écrivain à l'état d'embryon; ses livres ne sont guère que des ébauches inégales, qui auraient besoin d'être dégrossies par une main plus habile; ils valent plus par le but et l'intention que par la réalité, mais c'est précisément ce but *excentrique*, cette intention originale, qui les rendent dignes d'examen. Il y a là une curiosité littéraire dont l'étude ne peut manquer d'être piquante pour les simples amateurs et utile pour les érudits, — rien de plus.

Théophile, au début de ses *Fragments d'histoire comique*, avait déjà raillé le jargon des romans; Scarron le parodia de même, comme Sorel et Furetière. En

*les tilleuls*), a spirituellement tourné en ridicule les métaphores dont se servent les poëtes pour dépeindre les charmes féminins, et Grandville, dans un dessin du *Magasin pittoresque*, s'est amusé à représenter une figure de femme d'après le type habituel des romanciers et des faiseurs de vers, c'est-à-dire avec des joues couvertes de lis et de roses, des perles, des soleils, des globes en place de seins, etc. Mais Sorel les avait devancés l'un et l'autre dans son *Berger extravagant*, où l'on trouve même, à l'appui de ses épigrammes, le portrait de Charite ironiquement gravé d'une façon tout à fait analogue à celle du dessin de Grandville.

1626, un auteur inconnu, Fancan, publia aussi un opuscule : le *Tombeau des romans*, où il plaide tour à tour le pour et le contre, et, dans cette dernière partie, il s'en prend surtout aux romans de chevalerie, et, parmi les modernes, à l'*Astrée*[1] et à l'*Argenis*. On voit que les idées de révolte avaient déjà commencé à se répandre avant Molière et Boileau. Plus tard, au XVIII<sup>e</sup> siècle, le père Bougeant, qui ne manquait point d'esprit, devait reprendre la même thèse et la traiter à sa manière en son *Voyage merveilleux du prince Fan-Feredin dans le pays de Romancie*.

Mais, pour ne pas sortir de l'époque que nous avons choisie, le *Berger extravagant*, imitation de *Don Quichotte*, comme nous l'avons dit, donna lui-même naissance à plusieurs imitations, parmi lesquelles il faut distinguer le *Gascon extravagant*, de Clerville, et le *Chevalier hypocondriaque*, de du Verdier, qui, après avoir jeté bon nombre de romans dans le moule banal, se laissa entraîner par le succès de Sorel à railler ce qu'il avait adoré jusqu'alors. Le *Chevalier hypocondriaque*, dont la lecture n'a rien de particulièrement récréatif, surtout à la longue, tend tout au plus à combattre la dangereuse influence des livres de chevalerie sur les cerveaux faibles, sans chercher directement à démontrer l'ineptie de leurs inventions, leurs contradictions et leurs invraisemblances ; par là, comme par d'autres points de détail, il serre de fort près *Don Quichotte*, et

---

1. Citons encore, parmi les attaques les plus vives dirigées contre l'*Astrée* au plus fort de sa faveur, celle qu'on lit dans le *Don Quixote gascon* (*Jeux de l'inconnu*). L'auteur va jusqu'à ranger ce roman parmi les livres « que les hommes accorts et capables rejettent comme excréments, avortons de l'esprit... où il n'y a ni invention, ni locution, ni disposition, » etc.

pousse parfois jusqu'au plagiat ce qui chez Sorel n'avait été qu'une imitation originale et discrète. Ce n'est pas une satire littéraire, pas même, à proprement parler, une satire morale, mais un roman comique où domine la fantaisie, et dont le côté plaisant repose surtout sur l'intrigue et les situations, comme dans l'*Etourdi* de Molière et les comédies espagnoles. Malgré son but satirique et ses traits contre les romans, le *Chevalier hypocondriaque*, par une contradiction qui est assez commune dans les ouvrages du même genre, ressemble, pour le plan et les procédés, au premier roman venu de l'époque.

En plusieurs passages de son livre, du Verdier prend plaisir à accabler les villageois d'expressions méprisantes. La plupart des écrivains d'alors professaient pour les bourgeois, et à plus forte raison pour les paysans, un dédain superbe, dont les traces ne sont pas rares dans leurs œuvres, quand ils daignent faire mention de ces petits personnages. Sans parler ici de la fameuse lettre de madame de Sévigné et des passages non moins fameux de La Bruyère, — Furetière, et surtout Sorel, deux petits bourgeois pourtant, et deux esprits qui paraissaient peu faits pour se laisser prendre à cette morgue aristocratique, en offrent de nombreux exemples. Il semblait qu'aux yeux des gens de lettres, qui en étaient venus à partager les manières de voir des gentilshommes et des courtisans, leurs Mécènes, les paysans fussent des espèces d'animaux mal léchés, et qu'il fût permis d'assommer sans scrupule *ces coquins*, comme les nomme du Verdier, en les laissant *se guérir comme ils peuvent des coups qu'ils ont reçus.*

Un mot des autres ouvrages de Sorel qui se rattachent à la même catégorie. *Polyandre, histoire comique*

(1648), renferme, a-t-il dit lui-même, « les aventures de cinq ou six personnes de Paris qu'on appelle des originaux... Il y a l'homme adroit, le poëte grotesque, l'alchimiste trompeur, le parasite, le fils de partisan, l'amoureux universel. » La *Description de l'île de Portraiture* est une satire de la mode des portraits, qui s'était répandue depuis quelque temps dans les lettres. Sous forme de voyage, Sorel y étudie tour à tour, d'une manière assez mordante, les peintres héroïques, les peintres comiques et burlesques, les peintres satiriques, les peintres amoureux, etc.; il raille leurs défauts ou leurs ridicules, et n'épargne pas davantage les prétentions de ceux qui se font peindre. L'intrigue est fort légère, mais le récit ne manque ni de vivacité ni d'intérêt. Ce qu'il y a de plus remarquable, c'est que l'auteur place dans la bouche de son guide un grand éloge des portraits que Scudéry frère et sœur ont semés dans le *Cyrus* et la *Clélie*, qu'il a si vertement attaqués ailleurs [1].

Mettons côte à côte avec cet ouvrage la *Relation du royaume de Coquetterie*, par l'abbé d'Aubignac. Le début de ce livret satirique, évidente imitation du *Voyage de Tendre*, fourmille de personnifications abstraites, et nous rencontrons, dès les premiers pas, les châteaux d'Oisiveté et de Libertinage, la place de Cajolerie, la plaine des Agréments, le gué de l'Occasion, etc. Mais cette géographie métaphysique fait bientôt place à quelque chose de plus vif et de plus piquant : les ro-

---

1. Il est peut-être aussi l'auteur des *Aventures satiriques de Florinde, habitant de la basse région de la Lune* (1625), dirigées « contre la malice insupportable des esprits de ce siècle, » suivant les expressions de la préface.

mans y sont critiqués, surtout au point de vue moral ; la galanterie raffinée du jour y est criblée d'épigrammes ; les diverses catégories de coquettes qui peuplent l'empire de la mode, défilent successivement sous nos yeux, et les petits manéges de cette capricieuse et changeante république sont étudiés avec une verve parfois ingénieuse, quoiqu'elle n'égale point celle de Ch. Sorel.

Pour en finir avec ce dernier, dont l'abbé d'Aubignac nous a écartés un moment sans nous en éloigner tout à fait, j'ajouterai que dans ses *Nouvelles françoises*, il a tracé les aventures de personnages de la condition médiocre en un style qui, à ce qu'il assure, est approprié au sujet. C'est toujours, on le voit, les mêmes tendances bourgeoises et positives : il n'a guère sacrifié aux faux dieux que dans l'*Orphize de Chryzante ;* mais il était si jeune, et le roman est si court en regard de l'*Astrée !* Enfin citons, pour ne rien omettre, quoique cet ouvrage ne rentre que fort incidemment dans notre sujet, la *Relation de ce qui s'est passé au royaume de Sophie, depuis les troubles excités par la rhétorique et l'éloquence,* composée pour faire suite à l'*Histoire des derniers troubles arrivés au royaume de l'Éloquence,* de Furetière[1]. Ces allégories, le plus souvent mêlées de satires, qui nous paraissent d'un genre si froid aujourd'hui, étaient alors en grande faveur[2]. On avait créé une espèce de géographie symbolique, qui dressait la carte des senti-

---

1. Dans plusieurs endroits de cette *Nouvelle allégorique*, Furetière préludait déjà à ses futures attaques contre le roman officiel.

2. Elles se retrouvent souvent disséminées dans divers ouvrages de l'époque. Il n'est presque pas d'auteur qui n'ait fait la sienne ; une des plus curieuses est la topographie des régions habitées par le Bon Goût, que Sénecé a décrites dans sa *Lettre de Clément Marot.* On remarquera que Sénecé place la demeure du Goût dans les Plaines allégoriques.

ments et des opinions, des vices et des ridicules, des systèmes et des partis. Les plus connus parmi ces ouvrages, avec celui que nous venons de nommer, furent la *Carte du royaume des Précieuses*, attribuée au comte de Maulevrier, la *Carte du royaume d'Amour* attribuée à Tristan ; la *Carte de la cour*, le *Parnasse réformé* et la *Guerre des auteurs*, de Guéret ; plus tard, vers la fin du siècle, l'*Histoire politique de la nouvelle guerre entre les anciens et les modernes*, de Callières, et la *Relation du siége de Beauté*, etc.

La longue suite des ouvrages de Sorel nous a entraînés loin ; il faut maintenant remonter jusqu'en 1624, pour retrouver le *Roman satirique* de J. de Lannel, quoique, en vérité, il mérite à peine de nous arrêter en chemin. L'ouvrage n'a guère de satirique que le titre, mais on doit tenir compte à l'auteur de l'intention, car c'est déjà quelque chose d'avoir songé à un roman qui peignît les mœurs et combattît les vices contemporains, au milieu de tant de récits pastoraux ou chevaleresques, sans réalité ni vraisemblance. Cette concession faite, hâtons-nous de reconnaître que c'est chose déplorable et risible à la fois de voir comme le pauvre homme s'y est pris pour conduire son idée à bonne fin. Il déclare, dans la préface, qu'il a voulu « représenter le déréglement des passions humaines sous des noms supposés, » et, pour cela, il n'a rien trouvé de mieux que de copier maladroitement et à profusion, comme s'il eût craint d'en laisser un seul de côté, les procédés les plus banals et les plus outrés de toutes les intrigues romanesques, en exagérant, avec une bonne foi désespérante, chaque défaut et chaque ridicule. Dans l'intrigue, niaise et prolixe, ce ne sont que duels et grands coups d'épée, amours, enlèvements, pleurs abondants et longs récits épisodiques. Dans le style, pâle décalque de la phraséologie usuelle, ce ne sont que *flammes et feux*, *soupirs*, *mains qui arrachent les cœurs sans faire mal*, *etc.* Quant aux personnages, ils se nomment Boittentual, Ennemidor, Gardenfort, Argentuare, Regnault-Chanfort : cet échantillon suffit.

Où donc est la satire là-dedans? Elle est dans certains discours moraux, j'allais dire dans certains sermons, que l'auteur prête parfois à ses personnages; dans les réflexions générales jetées de page en page, dans les épigrammes, presque toujours fort anodines et même puériles, où triomphe le *génie observateur* de l'écrivain, et qu'il n'avait certes pas besoin de défendre, comme il l'a fait, contre tout soupçon de personnalités offensantes. Cependant, de loin en loin, surnagent quelques satires indirectes d'une saveur un peu plus relevée, quelques remarques justes, principalement sur les femmes, exprimées avec assez de bonheur. Mais ces débris sont noyés *in gurgite vasto*, et il faut les pêcher patiemment en eau trouble. Il semble vraiment, à voir toutes ces belles pensées, qui ressortent en caractères italiques dans le texte du récit, pour mieux frapper les yeux, que de Lannel se soit surtout proposé de faire une anthologie de réflexions banales, dans le goût « des quatrains de Pibrac ou des doctes tablettes du conseiller Mathieu. »

Il ne faut rien moins que le nom suivant pour nous consoler de tant de platitude, rien moins que Cyrano de Bergerac avec ses *Histoires comiques de la Lune et du Soleil*, pour nous faire oublier de Lannel et son prétendu roman satirique. Les *Histoires comiques* de Cyrano, quoique n'appartenant point au monde réel, puisqu'elles se déroulent tout entières dans le capricieux domaine de l'imagination, rentrent pourtant dans notre étude par leur côté satirique et bouffon, sans parler des points de détail qui les rattachent aux récits familiers et bourgeois : je ne pouvais donc me dispenser de les énumérer à leur rang.

Cette forme de voyages imaginaires a souvent été employée par les auteurs satiriques, à qui elle fournit un cadre commode. Le xvii⁰ siècle, outre ceux que nous avons déjà rencontrés, en offre divers autres exemples, parmi lesquels je me borne à citer ici, pour ne point tomber dans des répétitions fatigantes, l'*Histoire des Sevarambes* (1677-1679), utopie philosophique, aux idées hardies, aux vues téméraires, qui fut proscrite dans presque toute l'Europe pour la coupable audace de ses allusions.

La chronologie est féconde en contrastes. L'année même où paraissait l'*Histoire comique de la Lune,* l'abbé de Pure, sous le pseudonyme de Gelasire, publiait le premier volume d'un roman bien différent, si même on peut donner le nom de roman à la *Précieuse ou le Mystère des ruelles.* Rien n'est plus éloigné de la verve de Cyrano que cette satire languissante, pâteuse, prolixe, par le moyen de laquelle l'abbé tenta de se venger des ruelles, dont il avait été d'abord un des fidèles les plus dévots et les plus assidus. Cette rapsodie en quatre volumes n'est pourtant pas à dédaigner pour l'histoire littéraire de l'époque, parce qu'on y découvre, en les déblayant des puérilités inouïes qui les cachent d'abord, un assez grand nombre de révélations intéressantes sur la société des précieuses. Ce n'est, au fond, qu'une série de dialogues raffinés et d'interminables conversations. Le roman, absent du reste de l'ouvrage, s'est réfugié dans les histoires incidentes, parfois assez scabreuses, même pour des oreilles moins chastes que ne devaient l'être, ce semble, celles de ces *divines et incomparables* personnes. De Pure a eu soin aussi de multiplier les vers, les lettres, les portraits; car, bien qu'il ait semé son ouvrage d'épigrammes, directes et indirectes, contre le genre en vogue, il tâchait néanmoins de s'en rapprocher, n'étant point un esprit assez vigoureux pour s'affranchir de cette routine à laquelle ne savaient pas toujours se dérober les plus indépendants eux-mêmes. Pourtant, dans les premières pages du quatrième volume, il a prêté à l'une des précieuses une dissertation assez remarquable, où elle propose de substituer un nouveau genre de romans qui seraient basés tout entiers sur les développements de l'amour, à ceux où la curiosité et l'inquiétude sont les principaux aliments de l'intérêt. Elle voudrait éviter l'uniformité habituelle de ces ouvrages, y proscrire l'abus des grands coups d'épée, l'introduction parasite et envahissante des éléments extérieurs[1]. La conversation se continue longtemps sur ce projet de réforme, mais elle finit par une protestation de l'assemblée contre le retranchement des actions héroïques et contre les tendances bourgeoises.

Outre bien d'autres défauts, la *Précieuse* en a deux qui suffiraient pour en faire une œuvre avortée, même aux yeux des juges les plus indulgents. Loin d'avoir la netteté de toute bonne critique, ce livre est, au contraire, d'une obscurité rare, et le sens en reste trop souvent caché; la pensée de l'auteur s'y confond si bien, la plupart du temps, avec celle des personnages, qu'on ne

---

1. C'est tout à fait le plan réalisé par madame de La Fayette dans la *Princesse de Clèves*.

peut toujours les démêler sans embarras. En beaucoup de pages, l'esprit du lecteur hésite et ne sait s'il a affaire à un panégyrique ou à une satire. L'autre défaut, plus grave encore peut-être, c'est qu'il appartient corps et âme au genre ennuyeux : si ce sont là les conversations des précieuses, et tout nous porte à le croire, il fallait que ces dames y missent beaucoup de candeur et de bonne volonté pour s'en amuser comme elles le faisaient.

De Pure a poursuivi la même tâche contre les précieuses, dans une comédie introuvable jouée sur le théâtre italien. On peut aussi rapprocher de son ouvrage la pièce de Somaize, les *Véritables Précieuses*, et le tableau qu'a tracé de la même société, dans ses *Portraits*, la grande Mademoiselle, un an avant la comédie de Molière.

Une autre satire qui, suivant nous, n'est guère plus claire et plus amusante, mais qui a le mérite d'être plus courte, c'est l'*Histoire de la princesse de Paphlagonie*, écrite vers la même époque par mademoiselle de Montpensier. Il lui prit un jour fantaisie de railler, sous des noms supposés, quelques dames de la cour, et, pour arriver à ses fins, elle eut recours à la forme du roman, — sinon dans le style, plus simple et moins emphatique, quoiqu'il reproduise toutes les expressions consacrées, — du moins dans la fable et l'invention, farcies de tous les ingrédients habituels recommandés par la recette du genre. Cet ouvrage, où manquent l'observation générale et l'imagination, n'a d'intérêt que par la clef, qui lui donne la valeur d'un document historique[1]. Pris en soi, ce n'est qu'un récit embrouillé,

1. V. la clef complète dans le *Segraisiana*.

diffus, sans but et sans méthode, écrit lourdement, mais non sans prétention. Mademoiselle de Montpensier fut moins heureuse encore dans la *Relation de l'île imaginaire,* dont on lui attribue la composition, bien qu'elle porte la signature de Segrais [1], qui servit également de prête-nom à madame de La Fayette. Au moins y avait-il quelques peintures de mœurs dans le précédent ouvrage ; il n'y en a point dans celui-ci, qui est écrit sans gaieté, sans netteté et sans vraisemblance, malgré l'excellent modèle qu'avait l'auteur dans un épisode de *Don Quichotte.* On y trouve tout au plus quelque mérite de style. Je n'ai pu guère démêler, pour toute intention satirique, que deux ou trois traits timides décochés contre Nervèze, qui était alors, avec des Escuteaux, son compère, le bouc émissaire de la littérature.

Joignons encore à notre liste l'*Heure du berger, demi-roman comique ou roman demi-comique,* par C. Le Petit, livre burlesque et quelque peu licencieux, plein de galimatias et de mauvais goût, ne manquant pas toutefois d'un certain esprit qui en fait supporter la lecture ; la *Prison sans chagrin, histoire comique du temps,* mais histoire fade, longue et sans intérêt ; les *Aventures tragi-*

---

[1]. Segrais a composé aussi, comme on sait, un volume de *Nouvelles françoises.* Dans le préambule, tout en traçant l'éloge des romans en vogue, il fait quelques réserves, au point de vue de la vraisemblance et de la réalité, contre leurs imitateurs. Il remarque qu'il serait plus naturel de choisir des aventures françaises et des héros français. C'est peu de chose, mais c'est quelque chose. Ce titre de *Nouvelles françoises* fut souvent donné alors, en guise de protestation contre les romans grecs et romains, à de petites narrations prises dans les mœurs et les événements du jour, comme les comédies dont elles forment le pendant. Les *Illustres Françoises,* de Challes, *histoires véritables,* rentrent dans ce genre ; mais elles appartiennent aux premières années du XVIIIe siècle par la date de leur publication.

*comiques du chevalier de la Gaillardise*, par le sieur de Préfontaine, l'un des écrivains facétieux les plus abondants de l'époque, dont le nom est aujourd'hui aussi oublié que les œuvres.

Enfin nous voici, — il était temps, — sortis du fatras des infiniment petits, et arrivés à deux livres d'une plus haute valeur, les premiers sans contredit de ceux que nous étudions, par le nom de leurs auteurs et par leur mérite propre : je veux parler, on le devine, du *Roman comique* de Scarron et du *Roman bourgeois* de Furetière.

Le titre du *Roman bourgeois* (1666) indique assez son but. Furetière, intime ami de Boileau, s'est proposé de peindre en action les mœurs de la bourgeoisie d'alors. Il a voulu faire un roman *réaliste* [1], sans tomber, sinon en de rares accès d'humeur bouffonne, dans la charge et la caricature. Prenant cinq ou six physionomies marquées, le procureur et la procureuse, l'avocat, le plaideur [2],

---

1. « Je vous raconteray sincèrement et avec fidélité plusieurs historiettes et galanteries arrivées entre des personnes ny héros ny héroïnes..., mais qui seront de ces bonnes gens de médiocre condition, qui vont tout doucement leur grand chemin, dont les uns seront beaux et les autres laids, les uns sages et les autres sots ; et ceux-cy ont bien la mine de composer le plus grand nombre. »

2. C'est surtout à ces premiers types qu'il s'est attaché ; toute la gent chicanière est fustigée par lui avec une verve impitoyable. Furetière, ancien avocat et fils de procureur, nourri dans le sérail de la chicane, en connaissait les détours. La tradition qui lui attribue une large part de conseils dans la composition des *Plaideurs* doit être vraie : il avait profondément étudié la question, et Racine, qui donna sa comédie plus de deux ans après, put trouver en germe quelques-unes de ses scènes dans le roman de son ami. Il est probable, d'après les dates, qu'ils travaillaient en même temps à ces deux ouvrages, et qu'ils mirent plus d'une fois leurs idées et leurs observations en commun.

la fille bourgeoise et coquette, l'homme de lettres, etc., il les a encadrées dans une intrigue peu variée, comme celle de presque tous les romans contemporains, qui cachaient une grande monotonie et une pauvreté excessive sous leur complication apparente. Tous ces personnages ont des noms (Pancrace, Javotte, Nicodème, Vollichon, Jean Bedout, Philipote, et non Mandane, Polexandre, Artamène), des caractères, des façons de parler et d'agir, qui sont aux antipodes des romans poétiques. Rien d'héroïque dans ce monde terre à terre, pas de grands sentiments ni de belles paroles dans ces prosaïques chevaliers du pot-au-feu. Au lieu de placer la scène dans un temple ou dans un palais d'Assyrie, Furetière nous transporte, dès le début, sur la place Maubert : nous sommes avertis.

Le *Roman bourgeois* est une satire continuelle où l'allusion perce à chaque instant le tissu du récit, où la critique ingénieuse et sensée voyage côte à côte avec la parodie, mais une parodie de bon ton et de bon goût, qui laisse place à l'observation. Furetière n'idéalise pas les mœurs qu'il retrace, il les étudie à fond et dans des classes entières, non plus seulement à l'extérieur et sous leur côté individuel. Ses procureurs et ses bourgeois sont des masques frappants de vérité : nous reconnaissons au passage ce Vollichon, fieffé ladre, fessemathieu, *fort en gueule* comme la Dorine de Molière, grand diseur de proverbes et quolibets, qu'on séduit en faisant sa partie de boules, et en ayant soin de perdre *la belle* — vieux coquin qui ne se fait nul scrupule d'*occuper*, sous divers noms, pour deux ou trois parties à la fois, — au demeurant *bon enfant*, surtout lorsqu'il est en joyeuse humeur, et méditant de devenir honnête homme dans sa vieillesse, depuis qu'il a remarqué que d'ordinaire cela rapporte davantage; ce prédicateur *poli*, jeune abbé de bonne famille, très-bien frisé, qui parle un peu gras pour avoir un langage plus mignard, et qui veut qu'on juge de l'excellence de ses sermons par le nombre des chaises louées à l'avance; cette petite Javotte, dont la beauté, splendidement insignifiante, égale la niaiserie, ou, si l'on veut, l'ingénuité, qui emprunte un laquais et des diamants pour quêter avec plus d'éclat à l'église, et met tout son orgueil à surpasser la collecte de ses rivales; ce Nicodème, galant avocat toujours vêtu à la dernière mode, qui tourne un madrigal comme M. de Voiture et abuse d'un poireau placé au bas du visage pour y étaler une mouche assassine; ce Villeflatin, digne confrère du grand Vollichon, qui tire si admirablement parti d'une imprudente promesse de mariage, afin d'en extorquer de solides dommages-intérêts, et cet infortuné Charroselles, le plus à plaindre et le plus berné des hommes de lettres. Tout le monde a son *paquet* dans ces railleries aussi spirituelles qu'impitoyables : les académies de beaux esprits, les ruelles, et surtout les ruelles bourgeoises, les poëtes, et même les marquis. La satire littéraire s'y mêle sans cesse à la satire morale, et le récit fait souvent place aux malignes remarques de l'auteur et aux digressions, trop fréquentes et trop détournées peut-être, où il aime à égarer sa verve. Mais cet ouvrage est plutôt un pamphlet qu'un roman, parce que le développement de l'intrigue et des caractères se fait dans un plan trop artificiel, dont l'action n'est pas suffisamment nouée.

A peu près vers le même temps où le livre de Furetière ouvrait en quelque sorte la voie au roman d'observation, les autres branches de la littérature se trouvaient entraînées par un mouvement semblable, et quittaient les caprices de la fantaisie et d'une intrigue fondée sur l'imagination pure pour le domaine de l'étude des mœurs et l'analyse du cœur humain. La tragédie, avec Racine, passait de la *Thébaïde* et d'*Alexandre* à *Andromaque*; Molière, après avoir fait l'*Étourdi*, qui correspondait assez bien aux imbroglios des vieux romans, composait le *Misanthrope* et *Tartufe*. Le roman chevaleresque lui-même franchissait l'immense espace qui sépare *Clélie* et *Polexandre* de *Zayde* et de la *Princesse de Clèves*. La Rochefoucauld et La Bruyère allaient bientôt venir.

A côté du *Roman comique* (dont nous parlerons spécialement dans la seconde partie de cette étude), inspiré à Scarron par les romans picaresques de l'Espagne, avec lesquels il était très-familier, on doit citer quelques-unes des *Nouvelles tragi-comiques*, du même, puisées à une source analogue. Bien que la plupart des personnages principaux appartiennent aux classes élevées, ce n'en sont pas moins des récits bourgeois, par les rôles subalternes que l'auteur y mêle et par les mœurs qui s'y trouvent retracées. L'intrigue y domine sans doute, mais les peintures de caractère et l'observation n'y manquent pas : il suffira de citer, dans le *Châtiment de l'avarice*, don Marcos, dont la lésinerie est peinte de main de maître, et, dans l'*Hypocrite*, ce passage admirable de vérité et de profondeur dont Molière devait faire la plus belle scène de son *Tartufe* (III, 6).

Boursault s'est inspiré des mêmes modèles dans son petit roman : *Ne pas croire ce qu'on voit* (1670), au bout duquel on lirait sans trop de surprise la signature de Scarron. La physionomie de cet imbroglio ressemble tout à fait à celle des *Nouvelles tragi-comiques*, par le mélange des personnages, la rapidité du style, le genre des aventures et le ton dont elles sont racontées. Boursault, du reste, avait tout ce qu'il faut pour réussir dans cette voie : ses *Lettres*, spirituelles et curieuses, renferment des modèles de narrations enjouées, et l'introduction qu'il plaça en tête d'*Arthémise et Poliante* offre le cadre d'un petit roman satirique, bien que la mise en scène ne tarde pas à s'effacer devant la discussion.

Il ne nous reste plus maintenant que des ouvrages dont l'intérêt pâlit à côté de ceux-là. C'est d'abord la *Fausse Clélie* de Subligny (1670), recueil d'*histoires françoises, galantes et comiques*, dont les héros sont presque tous des gens de qualité, mais passant par des aventures familières et plaisantes. L'héroïne est une fille que la lecture de la *Clélie* a rendue folle, et qui se prend elle-même pour cette romaine illustre. On voit que la pensée première se rapproche de celle du *Berger extravagant*. Depuis les noms des personnages jusqu'aux lieux successifs de la scène, tout y est moderne, contrairement aux usages reçus, et l'on y surprend parfois des railleries contre les *romans romanesques*. — C'est ensuite le *Louis d'or politique et galant* (1695), par Ysarn, un des littérateurs qui hantaient les samedis de mademoiselle de Scudéry, « garçon bien fait, dit Tallemant, qui a bien de l'esprit, et qui fait joliment les vers. » Le *Louis d'or* est une sorte de petit roman satirique, dont le cadre, souvent repris et remanié depuis, offre quelque analogie avec celui du *Diable boiteux* de Le Sage. Mais l'auteur, malgré des passages assez piquants, et certaines protestations, qui ne manquent pas de hardiesse, contre la politique de Louis XIV, n'a pas su remplir son sujet: le lecteur perd bientôt l'espérance que les premières pages lui avaient fait concevoir, et, au lieu d'un roman de mœurs et d'observation satirique, il n'a guère qu'un mince recueil d'anecdotes sans grande portée et de discussions peu intéressantes.

De la *Fausse Clélie* et des *Nouvelles tragi-comiques* se rapprochent quelques autres œuvres, telles que les *Nouvelles* et *Contes aux heures perdues* de Douville, frère du bouffon Boisrobert, et le *Gage touché, histoires galantes et comiques*, des dernières années du siècle, attribué à Le Noble. Ce volume est un recueil de récits bourgeois, qui souvent ne sont pas sans ressemblance avec ceux de Boccace et de la reine de Navarre, dont l'auteur a même calqué le plan, comme La Fontaine en avait imité la libre et joyeuse allure dans ses *Contes*. Les uns sont conçus dans la manière espagnole; les autres sont simplement de petits romans d'intrigue, avec une pointe de réalisme. Le Noble a un penchant marqué à choisir ses sujets et ses personnages dans les classes les plus humbles : ce ne sont que jardiniers, tailleurs, donneurs d'eau bénite, laquais, sages-femmes, etc., qu'il fait agir et parler suivant leur condition. On retrouve dans ces pages l'original du fameux drame populaire de Mercier, la *Brouette du vinaigrier*. Les caricatures ne sont pas rares non plus dans le *Gage touché*, qui se heurte même parfois au burlesque, et l'ouvrage, qui avait débuté par des peintures plus exactes du monde réel, tombe de plus en plus vers la fin dans le romanesque et l'invraisemblance.

Que le *Gage touché* soit ou non de Le Noble, il y a dans les œuvres authentiques de celui-ci un certain nombre de nouvelles que nous ne pouvons oublier, comme les *Aventures provinciales*, et beaucoup d'autres histoires analogues qui font partie de ses *Promenades*. Tout cela est assez vif, preste, comique, de couleur moderne et française, souvent bourgeoise et familière, plein d'observation, mais d'une observation un peu superficielle et rarement satirique.

Joignons encore à cet inventaire, que nous voudrions faire le plus complet possible, tout en avouant bien haut qu'il doit nécessairement y rester beaucoup de lacunes, quelques autres productions d'un genre mitoyen, qui se rattachent, par certains points de contact, à la même catégorie, sans y rentrer directement. Tels sont le *Barbon* et la *Défaite du paladin Javerzac*, pièces satiriques de Balzac, qui, par la forme et le ton, sont presque de petits romans; le *Mamurra* de Ménage; quelques-unes des pages échappées à la plume trop facile de du Souhait et de le Pays; un grand nombre de facéties et de morceaux divers qu'on peut découvrir dans les recueils du temps (par exemple l'*Histoire du poëte Sibus*, etc.), quelques *Nouvelles* de Rosset, qui, du reste, avait traduit *Don Quichotte;* quelques contes de la Fontaine, d'Hamilton et de Sénecé; enfin toute une série de romans historico-satiriques, ou, si l'on aime mieux, de satires historico-romanesques, relatives surtout aux amours des grands personnages, fort licencieuses pour la plupart, et sorties des officines de Hollande pour être débitées sous le manteau, mais dont l'examen, un peu en dehors de mon sujet, m'entraînerait beaucoup trop loin.

J'ai bien envie de réunir à cette liste le *Page disgracié*, qui est une auto-biographie de Tristan l'Hermite. Il me paraît fort probable, en effet, que l'auteur ne s'est pas fait faute de glisser quelques particularités de son invention dans ces pittoresques mémoires; et je le croirais d'autant plus volontiers, que la narration a l'air arrangée à souhait pour toutes les exigences du roman, et que le titre même semble renfermer un aveu implicite de l'auteur (*Le Page disgracié, où l'on voit de vifs caractères d'hommes de tous tempéraments et de toutes professions*). S'il n'eût voulu que faire le simple récit de ses aventures, fort variées et fort intéressantes par elles-mêmes, je l'avoue, qui l'empêchait de mettre partout les noms propres, au lieu d'employer ces déguisements et ces détours qui donnent à l'ouvrage toute la physionomie d'un roman? Aussi est-ce de ce nom que l'appelle, dans sa *Bibliothèque françoise*, Ch. Sorel, qui le range parmi « les romans divertissans. » Or les scènes de la vie commune et vulgaire se succèdent de fort près dans ces confessions; on y rencontre même parfois des portraits grotesques et des tableaux de genre tout empreints du vieil esprit gaulois, qui ressemblent aussi peu aux tableaux ordinaires des romans chevaleresques et pastoraux qu'une toile de Van-Ostade à une de Lebrun.

Les *Avantures* de Dassoucy, livre curieux et même d'une certaine valeur littéraire, offrent plus d'un rapport avec le *Page disgracié*. Vous n'y trouverez point la verve exubérante et les bouffonneries de mauvais goût que le nom de l'auteur pourrait faire attendre, mais tout au plus un enjouement tranquille et modéré qui confine à une sorte de gravité relative. Il y a nombre de passages sérieux, dont l'un, sur la vanité de la faveur des princes, a mérité d'être comparé par Bayle, non pour le style, mais pour les idées, à une page de La Bruyère. Le récit, en général, a une allure de placidité et de bonhomie qui sent un peu le vieillard. Sans doute Dassoucy se livre assez souvent à une pointe de gaieté triviale, il entre dans des détails *ultra*-familiers ; il cultive le paradoxe et la bizarrerie, mais on dirait qu'au milieu même de ses imaginations les plus réjouissantes, il a voulu se poser en lettré, parfois en rhéteur. Lisez les *Pensées du Saint-Office*, si vous voulez savoir jusqu'à quelle profondeur de mysticisme et de mélancolie peut descendre l'âme d'un bouffon qui a peur. Dassoucy affirme que ces pensées lui ont été dictées directement par le Saint-Esprit, et il ne rit pas, je vous jure. De même, dans sa préface, il montre l'opiniâtre iniquité de ses ennemis confondue par un Dieu vigilant, et promet au lecteur qu'il apprendra, dans ses *Avantures*, non-seulement la science du monde, mais la science du ciel, qui est la science des sciences. Dassoucy aime à philosopher de temps à autre de cette façon solennelle. Il est plus à son aise et il réussit mieux dans les pages bouffonnes, où l'on trouve quelques scènes peintes avec un réel talent descriptif, quelques types dessinés avec assez de bonheur [1].

Enfin se récrierait-on beaucoup si, à la suite de tous ces noms, j'en introduisais un autre qu'on ne s'attend peut-être pas à rencontrer en cette compagnie, celui de Charles Perrault, qui, du reste, dans ses *Parallèles*, et dans toute la part qu'il prit à la querelle des anciens et des modernes, avait montré les idées d'un véritable novateur littéraire? Les *Contes de Fées* sont du fantastique et du merveilleux, sans doute; mais ils tiennent souvent par les détails à la réalité familière, et quelquefois à l'intention comique ou satirique : il en était déjà ainsi des fables milésiennes chez les anciens, et chez nous des voyages de Cyrano dans la lune et le soleil. Qui-

---

1. Voir l'*Appendice I*.

conque a lu le *Petit Poucet*, la *Barbe Bleue*, le *Petit Chaperon rouge* et *Peau d'Ane*, c'est-à-dire quiconque a dépassé l'âge de sept ans, se rappelle ces tableaux d'intérieur bourgeois ou populaires, ces scènes de forêts, de fermes, de villages, qui s'y trouvent mêlés, et font de ces gracieux contes de petits romans naïfs, d'allure simple et familière.

Ainsi, pour nous résumer en quelques lignes, le caractère commun à la plupart des œuvres que nous venons d'étudier est un caractère de protestation, directe ou indirecte, réfléchie ou spontanée, sérieuse ou plaisante, contre la dignité solennelle du genre à la mode, contre la subtilité, l'emphase, l'exagération des idées, des sentiments et des personnages. Elles se tiennent plus près de la terre, ne dédaignent point les menus détails et les peintures vulgaires, entrent dans la voie d'une observation plus vraie des mœurs et du cœur de l'homme; en un mot, au lieu de se lancer dans un monde factice et monotone, elles étudient la société réelle, et surtout ses régions inférieures, pour en faire le portrait ou la satire. Presque tous ces ouvrages semblent vouloir aussi protester par la licence des détails et la crudité de l'expression contre la galanterie précieuse et raffinée, la langueur discrète et un peu prude, la quintessence de platonisme, mises en vogue par d'Urfé : c'est comme un ressouvenir du siècle précédent conservé en toute sa verdeur par ces esprits rebelles, qui s'effrayent de voir la langue se décolorer, la libre et forte séve des joyeux conteurs d'autrefois s'effacer devant un jargon prétentieux, affadi, *éviré*. Lieux, héros, aventures, tout y change de nature et de ton; le style lui-même s'assortit au sujet : moins régulier souvent et moins correct, il a, dans les meilleures de ces œuvres, plus d'originalité, de verve pittoresque ; il abonde à la fois en hardiesses heureuses et en trop fréquentes négligences. Bien plus, la majorité de ces romans offrent les mêmes singularités de détail et une physionomie toute semblable jusque dans les moindres traits : c'est ainsi que l'on y retrouve fort souvent la préface orgueilleuse et cavalière, poussant le dédain du public jusqu'à l'outrecuidance ; mais c'est un ridicule que Scudéry et La Calprenède partagent avec de Lannel, Sorel, de Pure et Subligny. Enfin, par un hasard étrange, un très-grand nombre d'entre eux sont restés également inachevés : cette fatalité est commune aux *Histoires comiques* de Théophile et de Cyrano, au *Polyandre* de Sorel, au *Roman bourgeois*, au *Roman comique*, à la *Fausse Clélie*, etc.

Indépendamment du mérite propre et de l'intérêt littéraire qui les recommandent aux érudits et aux simples curieux, ces œuvres, dont beaucoup ont à peu près l'attrait de l'inédit et de l'inconnu, méritent encore d'être consultées, comme d'inépuisables mines de renseignements sur les mœurs, les usages et les opinions de l'époque, qui s'y reflètent avec plus de vivacité, d'exactitude et d'abandon, qu'elles ne pouvaient le faire dans des récits grecs et assyriens, où la convention laissait si peu de place à l'observation véritable. Comme les romans héroïques, et beaucoup plus qu'eux, les romans comiques et satiriques ont presque tous une clef, dont la connaissance complète, si la plupart du temps on n'était réduit sur ce point à des conjectures incertaines, ajouterait beaucoup à leur intérêt et à leur utilité. Mais, en outre, ils sont, pour qui les comprend bien, une histoire intime du XVII$^e$ siècle, et toutes les classes de la société y parlent et y agissent, comme dans le théâtre de Molière. Sans compter les très-nombreux emprunts à l'aide desquels nos poëtes comiques, principalement le plus grand de tous, se sont enrichis à leurs dépens, on pourrait y retrouver la plupart des types de la vieille comédie française, de ces *masques* glorieux illustrés par Larivey, Grevin, Jodelle, Scarron, Tristan, Rotrou, Corneille, et qui cédèrent la place aux *caractères*, après avoir jeté un dernier et faible éclat dans quelques pièces de Molière lui-même [1].

Il est fâcheux seulement que, sauf un trop petit nombre d'exceptions, ces œuvres aient eu pour auteurs des écrivains d'ordre inférieur, dont le système, à y regarder de près, semble fondé non sur une originalité vigoureuse, mais sur les lacunes et l'infirmité de leur intelligence, incapable de se hausser jusqu'à cette poésie de convention qu'ils combattaient moins par haine du faux que par impuissance d'y atteindre. Ils ont compromis la valeur de leur protestation, les uns par la fade et insipide médiocrité de leurs livres, les autres par une imagination sans goût et sans mesure, confondant la grossièreté avec la verve, la bizarrerie avec l'originalité et la platitude avec le naturel.

---

[1]. On peut étudier le matamore dans le *Baron de Fœneste*, le pédant sous ses diverses faces dans l'*Histoire comique* de Théophile, le *Francion* de Sorel, etc.; la femme d'intrigue dans *Francion*, le valet bouffon dans le Carmelin du *Berger extravagant*, etc.

## II

LE *ROMAN COMIQUE* DE SCARRON ET SES ORIGINES.

Dans cette longue série de romans comiques et familiers du xviie siècle, le plus important, sans contredit, le meilleur, comme le plus répandu, est l'ouvrage de Scarron[1]. On connaît ce rieur de bonne foi, ce stoïcien d'un nouveau genre, plus fort que celui qui disait : « Douleur, tu n'es pas un mal, » car sa gaieté semblait dire à toute heure du jour : « Douleur, tu es un plaisir! » Malgré le dédain des critiques de son temps, son nom vit encore aujourd'hui, et ses œuvres mêmes sont loin d'être mortes; elles ont été conservées par cette bonne humeur naturelle, cette naïveté et cette étonnante puissance du rire qui rachètent chez lui de si nombreux et de si grossiers défauts. Mais, indépendamment de ces qualités qui forment l'essence même de son *génie*, cet homme, qui paraissait si peu fait, sinon pour la justesse, du moins pour la sobriété, la convenance et la mesure de l'observation, s'est rangé, par son *Roman comique,* au nombre de ceux qui ont le mieux vu et le mieux peint un coin de la société d'alors.

En écrivant le *Roman comique*, Scarron a eu le bon

---

[1]. Ou Scaron, comme son nom se trouve souvent écrit à cette époque, en particulier dans les anciens registres manuscrits du Mans, contemporains de son séjour en cette ville. Ce n'est que plus tard que l'orthographe actuelle a prévalu.

esprit ou la chance de faire choix d'un sujet qui lui permît d'être en même temps vrai et burlesque, de se livrer à son irrésistible penchant pour la bouffonnerie sans sortir de la nature et sans blesser le goût. Vienne en cette matière, faite à souhait, sa verve féconde en traits badins, en trivialités grotesques et en vives caricatures ! Loin d'être déplacée, elle se trouvera, cette fois, en rapport si complet avec les personnages et le fond même du sujet, que souvent l'auteur ne serait pas vrai s'il n'était pas burlesque. Le livre n'est bouffon que parce que les personnages sont bouffons et doivent l'être.

Scarron lui-même a marqué nettement la différence tranchée qui sépare son œuvre des romans ordinaires de son siècle en qualifiant de *très-véritables et très-peu héroïques* (liv. I, ch. xii) les aventures qu'il raconte. *Très-véritables*, dans le sens littéral et rigoureux du mot, je n'en sais rien ; cela pourrait bien être, au moins pour l'ensemble des faits, car nous retrouverons les origines historiques de quelques-uns de ses épisodes et de plusieurs de ses types ; mais, quoi qu'il en soit, très-véritables certainement dans le sens littéraire, c'est-à-dire très-vraisemblables, prises dans la réalité telle qu'elle est, non dans ce monde factice où s'agite habituellement l'imagination des romanciers. *Très-peu héroïques*, cela est évident, et ni d'Urfé, ni Gomberville, ni mademoiselle de Scudéry, n'eussent trouvé leur compte dans cette absence presque totale de beaux sentiments, d'illustres catastrophes et de glorieux coups d'épée. Aussi était-ce là précisément ce qui devait alors faire condamner cet ouvrage par quelques faux délicats. « Le *Roman comique* de Scarron, dit Segrais, n'a pas un objet relevé ; je le lui ai dit à lui-même. Il s'amuse à critiquer les actions de quelques comédiens : cela est trop bas. » Il n'est plus nécessaire aujourd'hui de réfuter méthodiquement cette accusation. Ce que Molière, Regnard, Dancourt, etc., ont pu faire dans leurs comédies, Scarron avait incontestablement le droit de le faire aussi dans son roman, qui est une vraie comédie : le titre le dit, et le titre ne ment pas. Toutes les classes, tous les degrés de la société, sont du domaine de l'observation, dans les limites que le goût réclame et que l'art enseigne; mais Segrais, façonné aux fadeurs timides de la pastorale de cour, devait s'effaroucher de la hardiesse familière de ces peintures, comme Louis XIV des *magots* de Téniers.

Grâce à cet heureux choix, heureusement exploité, le comique sort des entrailles du sujet, sans efforts, j'ajouterai même sans burlesque proprement dit, quoique j'aie plus haut employé cette expression à défaut d'autre plus exacte. En effet, l'essence du burlesque consiste, à rigoureusement parler, dans le contraste entre l'élévation du sujet et la trivialité du style, ce qui n'est point ici le cas. Le rire arrive naturellement et sans grimace; Scarron ne cherche pas à s'égayer aux dépens de la réalité des peintures, rarement même aux dépens de la convenance et d'une certaine bienséance relative. Un grand nombre des réflexions qu'il intercale dans son récit, sous une forme plaisante et dénuée de toute prétention, renferment des traits d'observation ingénieux et justes. En outre, comme par un désir instinctif d'atteindre une fois au moins à la dignité de l'art, il a su, sans choquer en rien le naturel et la vraisemblance, sans la moindre apparence d'emphase romanesque ou de contraste systématique, mais au contraire en une mesure discrète et même délicate, introduire dans l'intrigue des parties un peu plus sérieuses, qui relèvent heureusement ce que le reste pourrait avoir de trop exclusivement bouffon. Dès l'abord, le comédien Destin, malgré la singularité de son accoutrement, nous prévient en sa faveur par *la richesse de sa mine;* bientôt mademoiselle de l'Étoile accroît cette première impression, sans parler de la figure un peu plus effacée de Léandre. Ce sont là trois rôles qui gardent presque toujours la dignité des *honnêtes gens*, tout en se déridant parfois, comme il sied en si plaisante compagnie.

Le *Roman comique* — on ne s'en douterait guère — a même du sentiment et de l'émotion çà et là, par exemple en plusieurs endroits de l'histoire du Destin et dans le passage où la Caverne exprime sa douleur, lors de l'enlèvement de sa fille Angélique, qu'elle croit déshonorée. Puisque j'ai commencé à indiquer les côtés sérieux de cette œuvre, j'ajouterai qu'on ne sait pas assez généralement que de graves questions s'y trouvent soulevées en passant, et résolues autant que le permettait la nature du livre. On y rencontre la théorie du drame moderne posée en face de la tragédie aristotélique, et l'auteur en démontre, en quelques lignes, la légitimité, la nécessité même (I, ch. XXI). Le même chapitre renferme également des aperçus justes et fins, qui ne manquaient pas alors de nouveauté, ni d'une certaine hardiesse littéraire, sur une réforme à introduire dans le roman. Scarron a eu une fois cette bonne fortune de pouvoir révéler complétement les qualités de son esprit dans une occasion propice et sous leur jour le plus favorable, et, le bonheur du sujet aidant, il est même arrivé que cet écrivain, dont le vice ordinaire est la vulgarité de sentiment et l'incurable prosaïsme, s'est élevé, en quelques pages de son *monument*, au-dessus de ces graves défauts qui semblaient complétement inséparables de toutes ses créations.

Le côté burlesque domine tellement dans Scarron qu'il a éclipsé tous les autres. Il est juste de remettre ceux-ci en lumière. On trouve dans ses *OEuvres mêlées* deux ou trois pièces écrites d'un ton noble, qui, je l'avoue, ne sont pas toujours les meilleures. Son épitaphe est un petit chef-d'œuvre de grâce, de tristesse voilée et doucement souriante. D'autres morceaux offrent de la délicatesse et du sentiment autant que de l'esprit. Quelquefois ses drames, soulevés par le souffle du génie castillan, arrivent jusqu'à de fiers accents qu'on croirait échappés à un poëte de race cornélienne, non pas, bien entendu, des plus près du maître (voyez *Jodelet, ou le Maître valet*, v, 4); il en est ainsi de quelques-unes des nouvelles intercalées dans le *Roman comique*, par exemple : *A trompeur trompeur et demi*, où son style a pris de la fermeté et de l'élévation. L'auteur du *Virgile travesti*, de cette débauche d'esprit dont le Poussin parle avec mépris dans une de ses lettres, commandait des tableaux à ce même Poussin, qui nous l'apprend lui-même en un autre passage de sa correspondance [1]. Il est donc permis de dire qu'il avait le sentiment du beau.

---

1. « J'ai trouvé la disposition d'un sujet bachique pour M. Scarron. Si les turbulences de Paris ne lui font point changer d'opinion, je commencerai cette année à le mettre en bon état. » (7 février 1649.) Et le 29 mai 1650 : « Je pourroi envoyer en même temps à M. l'abbé Scarron son tableau du *Ravissement de saint Paul*. » C'est indubitablement Paul Scarron, avec qui le Poussin était en relation, notre auteur l'ayant rencontré dans son voyage à Rome, vers 1634. Il en avait

J'ai dit que le livre de Scarron est une comédie : on y retrouve les types et les caractères de la scène, et des types supérieurement tracés, dans une intrigue un peu décousue, qui forme, pour ainsi dire, ce qu'on nomme en style technique une pièce *à tiroirs*. Voici d'abord Ragotin, petit bourgeois hargneux, querelleur, enthousiaste, bel esprit et esprit fort, très-chevaleresque, très-galant et très-empressé près des dames, ardent à se poser en champion, mais malheureux en querelle comme en amour, personnage ridicule au physique aussi bien qu'au moral. Voici la Rancune, ce fripon misanthrope, crevant de vanité et d'envie, et néanmoins exerçant toujours une sorte d'ascendant incontesté par la supériorité de son imperturbable sang-froid. La Rappinière, qui est aussi dessiné de main de maître, surtout dans les premières pages, ne me paraît pourtant point à la hauteur des précédents, parce qu'il ne se soutient pas dans le caractère où nous l'a d'abord montré l'auteur. Scarron commence par le présenter comme le *rieur* de la ville du Mans, et nous ne le voyons plus guère ensuite que comme un coquin pendable, riant peu et faisant des méchancetés qui n'ont rien de plaisant. Le poëte Roquebrune, avec sa physionomie gasconne et ses naïves prétentions de *mâchelaurier*, n'est point inférieur, quoique relégué sur le second plan. Il n'est pas jusqu'aux *rôles* accessoires et secondaires dont les portraits ne nous arrêtent au passage, tels que ceux de madame Bouvillon, du curé de Dom-

---

déjà parlé auparavant ; ainsi il écrit (12 janvier 1648) que Scarron lui a envoyé son *Typhon*, et il ajoute : « Je voudrais bien que l'envie qui lui est venue lui fût passée, et qu'il ne goûtât pas plus ma peinture que je ne goûte son burlesque. » On voit que le doute n'est pas possible.

front, et de ce flegmatique la Baguenodière, si curieusement dessiné en deux traits de plume[1].

Tout cela est, certes, autre chose que du burlesque : c'est du comique; sinon très-profond et très-fin, au moins en général très-vrai, plein de vivacité, de verve et de vie. Il est fâcheux que cette *comédie* soit quelque peu gâtée par certaines scènes où se retrouve trop le grotesque auteur du *Typhon*. Ainsi, on retrancherait volontiers du *Roman comique* l'aventure du pot de chambre, pour parler son langage, et quelques plaisanteries sans portée qui ne paraissent avoir d'autre but que d'exciter le rire pour le seul plaisir du rire. Mais quoi! Scarron ne pouvait entièrement cesser d'être Scarron, et, même dans ses meilleurs moments, il ne faut pas lui demander les délicatesses du goût. Ne lui en veuillons pas non plus d'avoir employé souvent dans le *Roman comique* les mêmes procédés que dans le *Virgile travesti* et ses autres vers burlesques, pour dilater la rate du lecteur, c'est-à-dire l'intervention fréquente et inattendue de la personnalité de l'auteur se montrant tout à coup derrière les personnages et à travers l'action; le mélange de quelque réflexion comique cousue à quelque passage d'un ton plus élevé, d'une remarque ironiquement naïve aux images les plus poétiques, de la solennité grotesque à la trivialité. Ce sont là les ressources

---

[1]. Les érudits me pardonneront-ils de rappeler, à propos de ce personnage, le nom bien connu du mousquetaire Porthos, géant taciturne comme la Baguenodière, et présentant, comme lui, les mêmes caractères de force, de bravoure et de simplicité d'esprit? Je sais bien que M. A. Dumas a été mis sur la voie par le type primitif, tel qu'il est simplement esquissé dans les *Mémoires de d'Artagnan*, de Sandras de Courtilz, et surtout par la figure historique de M. de Besmond; mais serait-il impossible qu'il se fût souvenu aussi du la Baguenodière de Scarron, lui qui s'est souvenu de tant de choses?

ordinaires du genre, dont il a usé largement sans doute, mais cette fois sans abus.

Scarron a donné à la plupart de ses personnages des noms allégoriques et expressifs, qui ressemblent à des sobriquets ridicules : le Destin, la Rancune, la Caverne, la Rappinière, madame Bouvillon. Si on voulait le lui reprocher comme une puérilité de mauvais goût, il serait facile de le justifier d'une accusation qu'encourent avec lui Racine (le Chicaneau des *Plaideurs*), Molière, dans ses farces et même dans ses grandes comédies (le Trissotin des *Femmes savantes*, l'huissier Loyal du *Tartufe*, etc.). Cet usage, originaire d'Italie, et assez fréquent dans la littérature espagnole imitée par Scarron (on le retrouve même dans *Don Quichotte*), est suivi par tous les romans comiques. Quant à ses noms de comédiens, Scarron n'a fait que se conformer à une coutume reçue au théâtre; et pour ses personnages manceaux, il s'est également conformé aux habitudes locales et aux traditions de grosses plaisanteries qui avaient cours dans le Maine, où le goût de la raillerie à tout propos et des sobriquets ridicules a toujours été répandu. « Les noms transmis par nos vieilles chartes, nous écrit à ce sujet M. Anjubault, bibliothécaire du Mans : *Malus canis*, *Mala musca*, *Sanguinator*, *Bibe duas*, *Frigida Coquina*, ne sont pas moins caustiques que ceux qu'a inventés Scarron[1]. »

On pourrait reprocher à Scarron d'avoir un peu trop multiplié les infortunes de Ragotin, qui sont souvent

---

1. Scarron, comme on sait, avait habité le pays où se passe la scène de son roman assez longtemps pour se pénétrer de ses mœurs, de son esprit, de ses usages. Renouard prétend qu'il était au Mans dès 1637. Cette opinion est peu suivie; mais ce qui semblerait la

de la nature la moins relevée; mais ces infortunes, qui vont de pair avec celles des héros burlesques de tous les autres romans de même genre [1], rentrent tout

confirmer, c'est un passage de l'*Épithalame du comte de Tessé*, par notre auteur :

> A Verny, maison bien bâtie,
> Un jour, en bonne compagnie,
> Je mangeai d'un fort grand saumon, etc.

Le château de Vernie, à vingt-trois kilomètres du Mans, appartenait au comte de Tessé, qui s'était marié en 1638. Il est probable que l'épithalame est de la même année ou à peu près, ce qui prouverait que dès lors au moins Scarron était sur les lieux. Ses épîtres à madame de Hautefort démontrent qu'il y était encore en 1641 et 1643. C'est à cette dernière date que sa protectrice lui fait obtenir un bénéfice, qui ne lui est point accordé, comme presque tout le monde l'a dit, par M. de Lavardin, *évêque du Mans*, car le prédécesseur de M. de Lavardin sur ce siége épiscopal ne mourut que cinq ans après, le 1er mai 1648; mais il n'en est pas moins vrai qu'à cette date de 1643 l'*abbé* de Lavardin n'était pas étranger au Maine, qu'il visitait souvent. « De quelle nature étoit ce bénéfice et comment en jouit-il? La question est difficile à éclaircir pour qui ne connoît point à fond la discipline cléricale et les subterfuges propres à l'éluder. Scarron, n'ayant jamais eu d'un ecclésiastique que l'habit, se sera peut-être servi d'un prête-nom pour la possession de sa prébende, comme il l'appelle. Quoi qu'il en soit, au mois de mars 1646, il habitoit une des maisons canoniales, contrairement aux statuts. Le chanoine le Comte, qui devoit l'occuper en personne, s'excuse de ses retards devant le chapitre et déclare, le 25 mai suivant, qu'il n'a pu aller habiter sa maison dans le délai prescrit, parce que M. Scarron, en partant, y a laissé son valet malade, mais qu'il y couchera la nuit prochaine. » (Lettre de M. Anjubault.) Scarron demeurait au Mans, place Saint-Michel, 1; la maison subsiste encore, et une rue de la ville porte son nom. Le musée communal possède vingt-sept tableaux sur toile fort médiocres, œuvre d'un artiste dont on ignore le nom et représentant des sujets tirés du *Roman comique*. Il subsiste quelques dépendances du château de Vernie, entre autres un pavillon qu'on appelait le Pavillon du Roman comique, et qui renfermait les tableaux dont nous venons de parler.

1. Cf. l'Hortensius de *Francion*, le Lysis du *Berger extravagant*, le Nicodème du *Roman bourgeois*, etc.

à fait dans le rôle du personnage, et servent à en mieux marquer le caractère, à en compléter la peinture ; seulement, au moins en un endroit, Scarron a dépassé la limite du rire et poussé la plaisanterie jusqu'à la cruauté, quand il nous montre Ragotin renversant sur lui les ruches et tout couvert de piqûres.

Ces *farces,* d'ailleurs, ces grêles de coups et ces avalanches de taloches, qui reviennent si souvent, trouvent, aussi bien que les noms ridiculement expressifs dont nous venons de parler, leur justification dans les mœurs et coutumes des Manceaux du temps, — car Dieu me garde de médire des Manceaux d'aujourd'hui ! D'une part, la jovialité, le gros rire, l'amour du plaisir, les *bons tours* de tout genre ; de l'autre, les querelles et batailles continuelles, étaient leur fort. Nous voyons la police locale obligée d'intervenir souvent dans l'un et l'autre cas. Ainsi, « un chanoine, ayant représenté une farce scandaleuse le jour de Pâques, est puni par le chapitre, qui fait jurer à ses confrères de ne plus fréquenter les cabarets ni les brelans. — Dans la cathédrale, on donne permission, pendant l'office de la Pentecôte, de jeter du haut de la voûte une colombe et des fleurs ; mais on défend de lancer de l'eau et des poulets. — Sur la place du cloître, devant la maison même de Scarron, il faut, certains jours, laisser à sec la coupe de la fontaine, afin d'éviter les insolences que se permettent les valets, etc. Lisez sur une carte de Jaillot ou de Cassini les noms anciens des localités, et recherchez-en le sens à l'aide d'un lexique roman, de toutes parts vous trouverez des souvenirs de plaisir, de faits licencieux ou turbulents. Quant aux distributions de coups de raquettes, de soufflets et de claques, Scarron ne les a que médiocrement exagérées. »

Partout les disputes se terminent le plus souvent par des voies de fait. « Les archives du Mans sont pleines de récits concernant des églises, des cimetières et d'autres lieux consacrés, qui ont été déclarés pollus par suite de coups d'épée ou d'arquebuse qui s'y sont donnés ou reçus. Dans les assemblées publiques, au milieu même des cortéges officiels, il n'était pas rare de voir surgir de violents débats au sujet des préséances[1]. » Aussi les statuts *contra rixantes* sont-ils sans cesse renouvelés.

Les mœurs dont Scarron s'est fait le peintre ont donc, en grande partie, le caractère essentiellement provincial, par contraste avec Molière, qui est surtout le peintre des mœurs de Paris. La province, et en particulier le Mans, qui était alors à trois journées de marche environ de la capitale, offraient alors plus de caractères tranchés, de types originaux et indigènes qu'aujourd'hui.

Comme beaucoup des œuvres que j'ai passées en revue dans la première partie de ce chapitre, le *Roman comique* tombe par endroits dans la satire; il ne fuit pas l'épigramme et la parodie, même littéraires, qui se trahissent dès le début. Plusieurs traits malins, bien moins nombreux toutefois que dans le *Roman bourgeois* de Furetière, et surtout dans le *Berger extravagant* de Sorel, sont décochés contre les invraisemblances et les ridicules des romans chevaleresques ou héroïques. Mais, outre ces épigrammes de détail, il y en a une plus générale répandue dans tout le corps de l'ouvrage et qui en fait l'essence même. Quelques personnages du *Roman comique* semblent conçus et tracés dans un sys-

---

[1]. Lettre de M. Anjubault.

tème de parodie : la Rancune est le traître, le Ganelon ; Ragotin est la caricature du héros galant et valeureux, du chevaleresque servant des dames ; les grands coups d'épée sont remplacés par de grands coups de pied et de poing.

Mais voyez la contradiction ! Tout cela n'empêche pas l'auteur de sacrifier, comme la plupart de ses confrères, à deux ou trois des défauts les plus habituels aux romans dont il se moque : car, sans parler de quelques longues conversations, il a intercalé dans son roman quatre nouvelles et l'histoire de Destin, qui s'interrompt et se reprend à plusieurs reprises. Ces récits, trop nombreux, sont amenés brusquement, sans préparation, sans lien avec le reste du livre ; en outre, la plupart ont le tort de se ressembler par le fond, et, quelques-uns, d'exiger une attention très-soutenue, si l'on veut ne se point embrouiller dans cette intrigue enchevêtrée et un peu confuse. Toutes ces histoires, qui ne sont même pas des épisodes, pouvaient d'autant mieux se retrancher que le roman proprement dit, assez court par lui-même, ne comportait pas de si longs et de si fréquents hors-d'œuvre, en disproportion avec l'ouvrage, dont ils ralentissent la marche. C'est là que s'est réfugié l'élément romanesque, bien que l'écrivain comique s'y trahisse toujours à quelques phrases.

Une considération, à laquelle Scarron n'a sans doute pas expressément songé, peut servir à justifier ce mélange de l'intrigue à l'observation, fait dans une mesure, avec une convenance et un bonheur plus ou moins contestables. D'une part, la vie de salon au XVIIe siècle, l'usage des réunions et des coteries avaient dû naturellement amener l'emploi et accréditer l'usage de ces continuels récits, comme celui des longues conversations ; de l'autre, on était encore trop près des grands *romans romanesques* pour se plaire à l'observation pure et simple, débarrassée du fracas d'une intrigue curieuse et embrouillée ; il fallait faire passer l'étude de mœurs à la faveur de ces aventures auxquelles on avait habitué les lecteurs. Pour n'avoir pas pris cette précaution, le *Roman bourgeois*, malgré le nom, l'esprit et la malignité de Furetière, eut peu de vogue, tandis que le *Roman comique* de Scarron en eut beaucoup. Il est vrai qu'on peut encore indiquer une autre raison de cette différence de succès. Furetière s'est astreint à observer simplement la vie privée et les mœurs bourgeoises de la famille ; il a voulu se renfermer dans le côté intime et domestique, se donnant tort ainsi aux yeux des lecteurs du jour, avides d'émotions plus vives, de sujets moins connus, de tableaux plus variés. Scarron, au contraire, comme l'auteur de *Francion*, quoique à un moindre degré, s'en tint surtout à ce côté des mœurs qui prêtait le plus à l'aventure, au burlesque, à la parodie ; son observation court les tripots, les auberges, les théâtres, les grandes routes, au lieu de demeurer au coin du foyer. Tout en restant juste et vraie, elle est plus en dehors, par la nature même du sujet.

Quant au style du *Roman comique*, il est d'une rapidité singulière ; il va sans appuyer, mais en marquant d'un mot caractéristique les hommes et les choses qu'il veut peindre. Ce style ne respire pas, tant il a hâte de courir au but. Bien autrement net et précis que celui des grands romans héroïques, malgré ses négligences et ses incorrections, il a plus de prestesse, moins de lourdeur et d'embarras dans les tournures. La langue de Scarron est remarquable par le naturel, le trait, la clarté, sans avoir une force ou une élévation que ne comportaient ni le genre, ni le talent de l'auteur ; elle est en progrès sur celle de beaucoup de contemporains, du moins parmi les romanciers. Pour mieux en apprécier le mérite, il ne faut pas oublier que le *Roman comique*[1] précéda les *Provinciales*, dont la première ne parut qu'en 1656. Tout cela explique son légitime succès. Au reste, chaque production du cul-de-jatte était fort recherchée, à cause de sa bonne humeur. Généralement, et c'est là un éloge qu'il ne faut pas négliger en parlant de Scarron et d'un roman comique, il n'a pas cherché à être plaisant aux dépens de la décence. La seconde partie surtout, composée après son mariage[2], se ressent, tout le monde l'a remarqué, de l'heureuse influence de madame Scarron, qui, au témoignage de plusieurs contemporains, en particulier de Segrais[3], lui servait à la fois de secrétaire et de critique. Il faut se garder pourtant d'exagérer cette remarque, car c'est dans cette seconde partie que se trouve l'épisode de madame Bouvillon ; mais on y trouve moins de trivialités grotesques et de plaisanteries peu ragoûtantes, le style même est meilleur et s'est débarrassé de beaucoup de termes anciens et surannés.

Suivant Ménage, l'ami de l'auteur, le *Roman comique* est le seul de ses ouvrages qui passera à la postérité ;

---

1. La première partie est de 1651 ; la deuxième ne fut publiée qu'en 1657, mais le privilége est de 1654.

2. Scarron épousa Françoise d'Aubigné, non en 1650 ou 1651, comme beaucoup l'ont dit, mais en 1652. Cette date me paraît solidement établie par une note de M. Walckenaër. (*Mémoires de madame de Sévigné*, II, p. 447.)

3. *Mém. anecd.*, II, p. 84, 85.

le savant homme va jusqu'à lui appliquer solennellement le vers de Catulle :

Canescet seculis innumerabilibus.

Boileau lui-même, l'irréconciliable ennemi du burlesque et du mauvais goût, qui gourmandait si vertement Racine de sa faiblesse quand il le surprenait à lire Scarron, exceptait, dit-on, le *Roman comique* de son anathème. Les hommes les plus graves et les plus éloignés, par état comme par nature d'esprit, de si frivole matière, le lisaient également, par exemple Fléchier, comme on le voit en un passage de ses *Grands Jours*, où il compare à la troupe de Scarron une bande de méchants comédiens qui viennent jouer à Clermont pendant les assises [1]. Le public en masse ratifia l'impression de ces amis devant lesquels il essayait son livre, et qui en riaient de tout leur cœur. Il est malheureux que l'inachèvement de l'ouvrage nous empêche de prononcer un jugement définitif sur l'ensemble des aventures, leur rapport et leur dénoûment, sans parler de l'intérêt de curiosité qui demeure en souffrance : « On auroit su, dit Sorel, s'il n'auroit pu empêcher que son principal héros ne fût pendu à Pontoise, comme il avoit accoutumé de le dire. » (*Bibl. fr.*, p. 199 [2].)

---

1. Il est vrai que Fléchier n'était alors qu'un petit abbé et un simple précepteur, et que, dans cette comparaison même, il montre qu'il a lu son auteur bien vite et n'en a pas conservé un souvenir bien net, car il prend la Rappinière pour un acteur, et du Destin il fait M. l'Étoile.

2. Scarron a écrit, dans sa dédicace à Ménage et à Sarrazin de la *Relation du combat des Parques à la mort de Voiture* (1648) : « Aussi avois-je fait dessein d'y ajouter un petit roman que j'ai commencé, il y

Entre toutes les questions que soulève le *Roman comique*, celle de ses origines, quoiqu'elle soit une des plus importantes, a été l'une des plus négligées. On savait bien que l'ouvrage montrait de loin en loin, surtout dans ses nouvelles épisodiques, les traces de cette littérature espagnole où l'on puisait si largement à cette époque, Scarron tout le premier ; mais jusqu'à quel point avait-il imité ou traduit, soit dans ses nouvelles, soit dans le reste de l'œuvre ? Qu'avait-il pris et où avait-il pris ? Quelle était sa part d'invention et d'originalité dans l'ensemble comme dans les détails ? Toutes questions qu'on laissait sans les résoudre, et qui depuis deux siècles attendaient une réponse.

Peut-être, quoique le souvenir ne s'en soit pas conservé dans le Maine, le sujet du *Roman comique* lui a-t-il été inspiré par des faits réels[1], sur lesquels a brodé son imagination bouffonne. La plupart de ces types, si vrais et si plaisants, lui avaient, sans doute, été fournis par des originaux en chair et en os, dont on peut encore aujourd'hui retrouver quelques-uns dans l'histoire[2], ce

---

a quelque temps, qui promettoit quelque chose. Mais je n'ai pu empêcher mon héros d'être condamné à être pendu à Pontoise, et cette penderie-là est si vraisemblable que je ne crois pas la pouvoir changer... sans donner une mauvaise suite à mon roman. » Il s'agit évidemment ici du *Roman comique*, et le passage de Sorel suffirait à le prouver.

1. Par exemple, le *Segraisiana* nous indique le nom du personnage dont une aventure a suggéré à Scarron l'idée du ch. vi de la 1re partie : M. de Riandé, receveur des décimes.

2. Ainsi le petit Ragotin n'est autre que René Denisot, avocat du roi au présidial du Mans, mort en 1707, comme nous l'apprennent les chroniqueurs du pays, entre autres Lepaige, dans son *Dictionnaire du Maine*. Le marquis d'Orsé, dont il est parlé en termes si magnifiques au chapitre xvii de la seconde partie, paraît être le comte de Tessé, avec qui Scarron s'était trouvé en rapports excellents, et dont

qui tend tout d'abord à écarter l'hypothèse d'un travail d'imitation étrangère, comme celui qu'il a fait dans ses comédies. Scarron, tandis qu'il jouissait de son bénéfice au Mans, avait eu probablement des démêlés avec toutes ces personnes, et il s'en vengea en les mettant dans son roman. Placé dans une position équivoque, aimant à railler les provinciaux, il n'est pas étonnant qu'il se soit fait des ennemis et qu'il ait voulu les punir à sa manière. Il a introduit également dans son œuvre, sans déguisement, un certain nombre de personnages historiques, locaux et contemporains, qui, il est vrai, n'y jouent pas un rôle proprement dit et ne s'y trouvent mentionnés qu'en passant, mais qui sont, pour ainsi dire, autant de liens rattachant son roman à la réalité[1] : ici c'est le sénéchal du Maine, baron des Essards; là, ce sont les Portail, famille célèbre dans la magistrature[2], etc.

la physionomie répond bien au portrait tracé par notre auteur. Suivant une clef manuscrite trouvée par M. Paul Lacroix dans les papiers non catalogués de l'Arsenal, et que nous donnons sous toutes réserves, la Rappinière serait M. de la Rousselière, lieutenant du prévôt du Mans; le grand la Baguenodière, le fils de M. Pilon, avocat au Mans; Roquebrune, M. de Moutières, bailli de Touvoy, juridiction de M. l'évêque du Mans; enfin madame Bouvillon serait madame Bautru, femme d'un trésorier de France à Alençon, morte en mars 1709, belle-mère de M. Bailly, maître des comptes à Paris, et grand'mère du président Bailly.

1. Scarron, comme plusieurs de nos romanciers modernes, et en particulier Balzac, semble vouloir prendre ses précautions pour mieux faire croire à la réalité de ces *très-véridiques* aventures, tantôt par certaines formes de phrases, tantôt en se mêlant lui-même au récit, tantôt en y faisant intervenir des faits historiques en dehors de ceux du roman.

2. On peut aussi retrouver à peu près sûrement quelques-uns des personnages que Scarron avait en vue, à l'aide des pièces et des archives locales. Ainsi il met en scène le curé de Domfront; or le curé

Il est à croire aussi que Scarron avait rencontré, pendant ses voyages et son séjour au Mans, cette troupe nomade immortalisée par lui. Il a bien certainement copié sur le vif les figures de ses comédiens, comme celles de ses bourgeois. Les crayons qu'il en trace sont de ceux derrière lesquels on voit l'original, et dont on sent d'instinct la ressemblance. Je ne veux pas dire, on le comprend bien, qu'il se soit astreint à la tâche d'un simple copiste, qui ne se fût guère accordée avec les libres allures de son génie; mais, à voir cette variété de types si franchement accentués, peints de traits si nets et si précis, on ne peut guère douter qu'il n'ait voulu faire des portraits, comme tous les romanciers contemporains.

Il serait piquant de retrouver la troupe comique qui a posé devant lui. Que serait-ce donc si l'on pouvait démontrer que cette troupe est celle avec laquelle Molière, à peu près inconnu, courait alors la France? Quelques considérations semblent militer en faveur de cette conjecture, que je signale aux nombreux et passionnés historiographes de Molière. Ce fut en 1646 ou

de Domfront était alors Michel Gomboust, fils du sieur de la Tousche. Il est peu probable que Scarron, qui s'arrête assez longuement à cette charge bouffonne, ait employé une désignation si claire et si compromettante, d'une manière vague, sans intention et au hasard, surtout dans un roman de mœurs d'une action contemporaine et d'une donnée satirique autant que comique, dont il devait penser qu'on rechercherait aussitôt la clef. Que son portrait soit fidèle, qu'il n'ait point cédé au plaisir de la caricature ou à l'attrait de quelque vengeance burlesque, c'est une autre affaire, et je suis loin de vouloir jurer de son innocence. L'abbesse d'Estival, qu'il introduit plus loin avec son directeur Giflot, était alors Claire Nau, qui gouverna la maison d'Estival en Charnie de 1627 à 1660. Le prévôt du Mans, qui avait épousé une Portail, (II, 16), doit être Daniel Neveu, prévôt provincial du Maine, qui épousa Marie Portail en 1626.

47, nous le savons, que Scarron conçut l'idée de son ouvrage, après avoir été prendre possession de son bénéfice au Mans, et son biographe (édit. de 1752) rapporte l'origine de ce projet à la présence d'une troupe de comédiens qui se trouvaient alors dans cette ville. Or, Molière avait quitté Paris en 1646, et, en 1648, il était à Nantes ; d'où il suit qu'il pouvait parfaitement, entre ces deux dates, c'est-à-dire à l'époque même désignée par la biographie de Scarron, être dans la ville du Mans, qui se trouve justement, en un point intermédiaire, sur le chemin de Paris à Nantes. Du reste, les troupes qui couraient alors la province, en dehors de celles des opérateurs, auxquelles on ne peut songer ici, étaient assez peu nombreuses pour que cette hypothèse acquière un degré de vraisemblance de plus. Si les personnages qui composaient la troupe de Molière étaient mieux et plus intimement connus, on y retrouverait peut-être, en tout ou en partie, les originaux des types de Scarron ; mais, dès maintenant, ne serait-il pas permis, sans trop de témérité, de rapprocher dans ses lignes générales la figure même du jeune Poquelin, qui s'était fait comédien par amour pour Madeleine Béjart, de celle du Destin, que sa passion pour mademoiselle de l'Étoile a poussé à la même résolution ? Comme Molière encore, le Destin est jeune, bien fait, de noble mine, d'un caractère plutôt porté à la tristesse et à la contemplation qu'à la joie, d'un esprit plus élevé et d'une meilleure naissance que ses compagnons. Je me borne à indiquer ce rapprochement sans m'y appesantir. Il est fâcheux que la clef se taise justement sur les types originaux des comédiens de Scarron ; mais peut-être la découverte de quelque nouveau document relatif aux pérégrinations de Molière viendra-t-elle un jour transformer en certitude ce qui n'est aujourd'hui qu'une conjecture assez vraisemblable.

Quelques-uns ont voulu voir l'original du *Roman comique* dans un ouvrage d'Augustin Rojas de Villandrado, *El viage entretenido*, vrai *Roman comique* espagnol, roulant, lui aussi, sur les troupes ambulantes de comédiens, racontant leurs tournées en province et leurs aventures, les suivant de stations en stations, nous les montrant dans leur intérieur, peignant leurs mœurs, leur misère et leurs vices. L'auteur de ce livre curieux, qui n'a jamais été traduit en français, homme expert, *chevalier du miracle*, comme on l'appelait, caustique, insouciant, aventureux, vieilli lui-même sur les planches, était bien celui qu'il fallait pour écrire cette histoire. Le *Voyage amusant* (ou plutôt le *Voyage où l'on s'amuse*) de Rojas parut pour la première fois en 1603. Tout ouvrage espagnol était alors connu aussitôt, lu et exploité avec une promptitude extraordinaire, de ce côté des Pyrénées; quelquefois même, traduit sur un manuscrit avant d'avoir été imprimé en Espagne. Il est donc probable que Scarron connaissait le livre de Rojas, et il est très-possible aussi que ce livre lui ait inspiré l'idée de son roman; mais, en vérité, c'est tout ce que l'on peut admettre, et, si l'imitation a eu lieu, elle est tellement libre, elle a si bien dévié de son point de départ pour entrer dans une voie personnelle, que le *Roman comique* est tout au plus un pendant, et n'a rien d'un calque ni d'une copie. Il se rencontre pourtant avec l'ouvrage de son devancier en quelques légers points de détail; mais ce sont de ces rencontres vagues que devait forcément amener la ressemblance générale du sujet, et qui disparaissent dans la diversité du style, du plan et de l'intrigue, car le *Roman comique*, bien supérieur en somme au *Voyage amusant*, est surtout écrit sur un ton complétement différent de ce dernier livre.

Quant aux quatre nouvelles espagnoles intercalées par Scarron dans le corps de son roman, suivant l'usage de l'époque, c'est autre chose. Là, l'imitation, la traduction même, étaient tellement flagrantes à la simple lecture et si peu déguisées[1] que le doute ne semblait guère permis; seulement, dans une littérature aussi luxuriante et aussi peu connue que la littérature espagnole, les recherches devaient être naturellement longues et pénibles, et c'est pour cela sans doute que personne ne les avait faites jusqu'à présent, ou que personne du moins n'y avait réussi. Le récit circonstancié de mes propres excursions intéresserait peu les lecteurs; aussi me bornerai-je à en constater le résultat.

A force de fouiller dans l'inextricable et touffue végétation du théâtre espagnol, j'étais parvenu, aidé par quelques indications bienveillantes, à retrouver dans Lope de Vega, dans Calderon, dans Moreto, dans Tirso de Molina, les premières traces et les premiers germes, à ce qu'il me semblait, des nouvelles du *Roman comique*,

---

1. Scarron va même jusqu'à dire, avant l'*Amante invisible* : « Je m'en vais vous conter une histoire tirée d'un livre espagnol qu'on m'a envoyé de Paris, » et avant le *Juge de sa propre cause* (*Rom. com.*, II, 14) : « Il lut... une historiette *qu'il avoit traduite de l'espagnol*, que vous allez lire dans le suivant chapitre. » Mais ces seules paroles ne seraient point une preuve suffisante : car, à la rigueur, elles pourraient n'être qu'une petite supercherie destinée à mettre ses récits sous la protection de la vogue. Au chapitre XXI de la première partie, il montre assez, sous forme d'une conversation, combien il prisait les nouvelles espagnoles et à quel point il s'en était occupé.

et j'allais me résoudre à croire que Scarron avait transformé les pièces en récits, quand le savant auteur de l'*Histoire comparée des littératures espagnole et française*, M. de Puibusque, me signala, dans un livre rare de don Alonso Castillo Solorzano, *los Alivios de Cassandra* (*les Délassements de Cassandre*, Barcelone, 1640, in-12), un récit dont le titre, *A un engaño otro mayor*, ressemblait exactement à celui de la seconde nouvelle du *Roman comique* : *A trompeur trompeur et demi*.

*Los Alivios de Cassandra*, imités des *Auroras de Diana*, de don Pedro Castro y Anaya, contiennent cinq nouvelles et une comédie. L'auteur, poëte, historien, et surtout romancier distingué dans le genre comique et picaresque, a fait d'autres ouvrages de valeur et de succès divers. Ses *Alivios* ont été traduits en 1683 et 1685 par Vanel. En jetant les yeux sur ce livre, je vis que ce n'était pas seulement les titres qui se ressemblaient des deux parts, mais le récit complet, et que Scarron s'était à peu près borné à le mettre en français, sans même se donner la peine de changer les noms des personnages. Ce n'est pas tout. Je découvris, dans le reste du même volume, les originaux de deux autres nouvelles du *Roman comique*, traduits par Scarron avec aussi peu de gêne et à peu près aussi littéralement. Il est évident qu'en 1646, époque vers laquelle, selon toute probabilité, il commença la composition du *Roman comique*, il avait entre les mains ce livre récent, qui lui avait plu, et qu'il avait trouvé commode d'en détacher les trois premiers récits pour les prêter à ses personnages, au lieu de se mettre lui-même en frais d'invention.

Maintenant procédons par ordre, et entrons dans quelques détails. L'*Amante invisible* (*Rom. com.*, I, 9) est simplement traduite, avec intercalation de quelques phrases burlesques, de la troisième nouvelle des *Alivios de Cassandra*, intitulée *los Efectuos que haze Amor*. Que le sujet de cette nouvelle soit ou ne soit pas de Solorzano lui-même, je n'ai point à m'en préoccuper ici. Bien que la littérature espagnole compte à bon droit parmi les plus originales de l'Europe, il n'en est pas moins vrai que Solorzano, et beaucoup de ses contemporains, Cervantes, Salas Barbadillo, Juan de Timoneda, Tirso de Molina, etc., avaient largement puisé dans les productions de l'Italie. Mais il me suffit d'avoir retrouvé l'origine immédiate, sans vouloir remonter à l'origine primitive : la question des sources premières en littérature est encore plus incertaine et plus obscure que celle des sources du Nil. Il est possible, probable même, que le théâtre espagnol, qui a touché à tous les sujets, et à qui celui-là devait particulièrement plaire, l'ait également traité. Calderon a fait *la Dama duende* (1629), imitée par Douville sous le titre analogue de l'*Esprit follet* (1642)[1], mais où l'on trouve fort peu de ressemblance, sauf en un ou deux points de minime importance, avec la nouvelle de Scarron[2]. Il a également donné *el Galan Fantasma*; Lope, *la Discreta enamorada*; enfin, Tirso de Molina, *la Celosa de si misma*, dont les titres ont du rapport avec celui de l'*Amante invisible*.

*A trompeur trompeur et demi* (I, 22) n'est autre chose, comme je l'ai dit plus haut, que la deuxième nouvelle

---

1. Pièce qui a été, elle aussi, imitée par Hauteroche sous le même titre.
2. Remarquons que Douville a traduit de Solorzano *la Garduna de Sevilla* (la Fouine de Séville, 1661). Il connaissait donc cet auteur, et par conséquent il est possible que dans son *Esprit follet* il ait un peu songé aussi à la troisième nouvelle des *Alivios*.

du même livre. Mais je dois mentionner en outre, comme ayant pu influer aussi, quoique de beaucoup plus loin, sur Scarron, quelques pièces de théâtre : *Trampa adelante*[1], de Moreto (à qui notre auteur a également emprunté *el Marques de Cigarral*, pour en faire *Don Japhet d'Arménie*); *Cautela contra cautela*, de Tirso de Molina, et *Fineza contra fineza*, de Calderon.

Les *Deux Frères rivaux* (II, 19) constituent un sujet qu'on trouve souvent traité sur notre théâtre pendant la première partie du XVIIe siècle, époque où nos auteurs prenaient à pleines mains dans la littérature espagnole; et par cela seul sa filiation se trouvait déjà indiquée. Beys a donné en 1637 *Céline, ou les Frères rivaux*, tragédie; Chevreau, en 1644, les *Véritables Frères rivaux*, dont le sujet a quelque analogie générale avec celui de Scarron; Scudéry, en 1644, *Arminius, ou les Frères ennemis*, etc. La nouvelle de Scarron est la traduction libre, mais où la plupart des noms sont restés les mêmes, du premier récit des *Alivios de Cassandra*, intitulé *la Confusion de una noche*. Ceux qui ont lu le récit de notre auteur comprendront, en se rappelant la confusion qui se fait entre les deux frères, la nuit, dans le jardin de don Manuel, père de leur commune amante, comment la nouvelle espagnole peut porter cette étiquette, si différente de celle de la nouvelle française qui en est tirée. N'oublions pas non plus que Moreto a donné au théâtre *la Confusion de un jardino*, dont le titre indique aussi une certaine ressemblance de sujet.

Reste le *Juge de sa propre cause* (II, 14), qui n'a pas été

---

1. Seulement il faudrait que cette pièce, qui, je crois, n'a été imprimée qu'en 1654, eût couru manuscrite plusieurs années avant sa publication.

pris dans le livre de Solorzano. Au premier coup d'œil, l'origine espagnole n'en saurait être douteuse pour qui se rappelle le *Médecin de son honneur*, le *Geôlier de soi-même*, et tous ces titres par rapprochements et par antithèses que cette littérature affectionne. Lope de Vega a fait *el Juez en su causa;* mais la source immédiate de la nouvelle de Scarron doit être cherchée ailleurs. C'est le ixe récit des *Novelas exemplares y amorosas*, sorte de Décaméron dû à la plume de doña Maria de Zayas[1] : *el Juez de su causa*. Scarron a fait plus qu'imiter un modèle; sauf quelques interversions et quelques légers changements, portant soit sur les noms, soit sur les détails, qu'il modifie au goût du pays et de l'époque, il s'est borné à traduire.

Voilà ce que le *Roman comique* doit à l'Espagne. On y pourrait joindre peut-être quelques courts passages, quelques réflexions, où se retrouvent tantôt une phrase du *Nouvel art dramatique* de Lope, tantôt un souvenir de *Don Quichotte*[2], et surtout de la première partie. Encore ces endroits, fort rares en dehors des quatre nouvelles épisodiques, sont-ils plutôt, j'en suis convaincu, de brèves rencontres inspirées par une certaine analogie de situation que des imitations réelles, et c'est fort peu de chose dans l'ensemble du livre. En somme, le *Roman comique* proprement dit est bien une composition originale, dont on n'est pas en droit de ravir la gloire à Scarron.

---

1. Barcelone, Joseph Giralt; l'approbation est de juin 1634.
2. Les titres de plusieurs chapitres semblent calqués sur ceux de Cervantes : « Qui ne contient pas grand chose, — Qui contient ce que vous verrez si vous prenez la peine de le lire, — Des moins divertissants du présent volume, » etc.

# VI

# DU BURLESQUE EN FRANCE

### ET EN PARTICULIER

## DU *VIRGILE TRAVESTI*

### DE SCARRON

---

## I

Le seul moyen d'étudier à fond une question étendue, c'est d'en circonscrire nettement les diverses parties. Sans donc nous attacher ici à l'histoire générale du burlesque, qui nous entraînerait dans des développements infinis ; sans aller rechercher dans l'antiquité grecque et latine, non plus que chez les nations étrangères, les ouvrages qui rentrent plus ou moins directement dans ce genre (si l'on veut bien nous permettre de donner le nom de *genre* à cette branche parasite et suspecte de la littérature), nous nous bornerons au pays et à l'époque où parut l'archétype du burlesque, Paul Scarron. Ce que nous nous proposons surtout, sans nous interdire absolument quelques rapides excursions sur les terrains d'alentour, c'est d'examiner la floraison maladive et bizarre de la littérature burlesque en France, dans ce siècle correct et solennel qu'on s'est accoutumé longtemps à ne voir qu'à travers les œuvres classiques et les histoires officielles. Aussi bien n'aurons-nous pas besoin de remonter plus haut pour constater, sinon sa première origine, du moins sa première apparition régulière, sa première existence viable et sensible : le xvii<sup>e</sup> siècle, le siècle de Racine, de Boileau et de Louis XIV, celui qui a donné naissance à la tragédie qu'on sait, est aussi celui qui, par un singulier contraste, dont il offre bien d'autres exemples, a créé chez nous le burlesque proprement dit. Auparavant le mot n'existait même pas, et, quand la chose se produisit, ce ne fut que par accident. Quelques pages de Rabelais (par exemple, la harangue macaronique de Janotus de Bragmardo)[1], de ses imitateurs, de Marot, et de deux ou trois autres, voilà tout ce qu'il avait jusqu'alors mis au jour, et l'on ne s'était même jamais préoccupé de créer un nom à part pour en baptiser ce qui était né à peine, et dont on ne pouvait prévoir les développements futurs.

Ce fut le xvii<sup>e</sup> siècle qui, en travaillant sur ce germe à peine visible, et en lui donnant tout à coup croissance, sentit le besoin de faire un terme nouveau pour une chose nouvelle. Suivant Ménage, dans ses *Origines*, et Pellisson, dans son *Histoire de l'Académie*, Sarasin est le premier qui se soit servi de ce terme, emprunté à l'italien *burla* (plaisanterie ou farce), et *burlesco*, qui en dérive. On voit, par un passage de Pellisson, qu'en 1637 le mot n'était pas encore en usage, et qu'on y sup-

---

[1] Le genre macaronique touche de si près au burlesque, qu'on peut les regarder comme deux rameaux, et les plus voisins, d'un seul et même arbre.

pléait par celui de *grotesque*, sans parler de bien d'autres, plus ou moins synonymes, que l'on trouve souvent chez les auteurs du temps, comme *narquois, familier, goguenard, enjoué, comique*. C'est tout ce que nous dirons sur l'étymologie de ce vocable, qui, grâce aux circonstances, prit bien vite et bien définitivement racine dans la langue.

Avant d'aborder l'histoire du burlesque, je crois n'avoir pas besoin de donner une définition mathématique de ce mot : peut-être serait-ce aussi difficile que superflu. Il importe toutefois d'établir quelques distinctions préliminaires, qui aideront à en préciser le sens en peu élastique. Pris dans sa signification absolue, le burlesque diffère du bouffon, de l'héroï-comique et de la parodie, avec lesquels on l'a souvent confondu. Il s'attaque à de hauts personnages, qu'il fait agir ou parler bassement, comme Scarron dans son *Virgile travesti*, Dassoucy, dans son *Ovide en belle humeur*, et, avant eux, l'auteur de la *Batrachomyomachie*, ceux du *Margitès* et de l'*Apokolokyntose*. Or c'est là justement le contre-pied du poëme héroï-comique, qui prête le langage et les allures des héros à des gens de basse condition, et qui cherche un contraste plaisant entre la grandeur du style et la petitesse des actes. La *Batrachomyomachie*, qui appartient au burlesque par une de ses faces, par l'autre, aussi bien que par la pompe de l'expression, se rattache surtout au genre héroï-comique ; car, en rabaissant les dieux à des proportions ridicules, elle relève les grenouilles jusqu'à la taille héroïque. Dans une préface de sa traduction, que nous ont conservée les Mémoires de Trévoux, le savant Boivin y voit une seconde espèce de burlesque, plus noble que la première. Il est certain qu'elle alarme moins le goût, et que les esprits délicats qui rejettent celle-ci peuvent se plaire à celle-là. Boileau l'a abordée, on sait avec quel succès, dans le *Lutrin*, resté le modèle et le type du genre, avant les poëmes ingénieusement puérils et solennellement badins de Pope et du Tassoni.

La parodie, qui peut se confondre souvent et par beaucoup de points avec le burlesque, en diffère toutefois en ce que, lorsqu'elle est complète, elle change aussi la condition des personnages dans les œuvres qu'elle travestit, tandis que le burlesque trouve une nouvelle source de comique dans cette perpétuelle antithèse entre le rang et les paroles de ses héros. Le premier soin d'un parodiste aux prises avec l'œuvre de Virgile eût été d'enlever à chacun son titre, son sceptre et sa couronne : il aurait fait, par exemple, d'Énée (puissent les émérites pardonner à un profane, en faveur de son inexpérience, la maladresse de ses hypothèses) un commis voyageur sentimental et peu déniaisé; de Didon une aubergiste compatissante, et de la conquête de l'Italie quelque grotesque bataille pour un objet assorti à ces nouveaux personnages.

Quant au mot *bouffon*, il a une signification plus large et plus générale : il s'applique à toute œuvre plaisante, populaire et sans gêne, en dehors du travestissement des caractères. Le poëme bouffon n'offre que des physionomies basses et triviales, en rapport avec la bassesse et la trivialité même de son style. Il rit enfin dans le seul but de rire, tandis que le burlesque proprement dit et bien entendu doit quelquefois cacher une critique sous une plaisanterie.

On trouvera peut-être ces définitions et ces distinctions bien subtiles, et, en effet, elles sont plus faciles à établir dans la théorie que dans la réalité. Le plus souvent même, si l'on en excepte le genre héroï-comique, essentiellement distinct du burlesque, ces frontières, tracées ou reconnues avec tant de soin par les rhéteurs, se confondent entre elles. A vrai dire, et en se plaçant à un point de vue moins scolastique, il y a autant d'espèces de burlesque qu'il y a de gens pour le cultiver, et il varie presque nécessairement suivant la tournure d'esprit de ceux qui s'y consacrent. Tel est le propre des genres qui, au lieu de reposer sur les lois de la raison et l'observation de la nature, ne reposent que sur la fantaisie d'une imagination capricieuse : ils ne peuvent avoir de règles fixes. Ce n'est pas d'hier que Montaigne l'a dit, et on l'avait dit avant lui : « Le revers de la vérité a cent mille figures... Mille routes dévoyent du blanc; une y va. » Si nous voulions nous borner ici à l'examen des œuvres qui réunissent tous les caractères assignés au burlesque proprement dit, notre tâche serait bientôt terminée; mais nous étendrons un peu la portée rigoureuse de ce terme, pour comprendre dans notre étude les ouvrages que leur physionomie générale y rattache, bien qu'ils ne répondent pas exclusivement aux conditions énoncées plus haut.

Dans les premières années de l'Académie, Saint-Amant, nous apprend Pellisson, demanda et obtint d'être exempté des discours que devait prononcer chaque membre à tour de rôle, se chargeant, en échange, de recueillir, pour la partie comique du Dictionnaire, tous les termes *grotesques*, « c'est-à-dire, comme nous parlerions aujourd'hui, *burlesques*, » ajoute l'historiographe de la célèbre compagnie. Saint-Amant était l'homme qu'il fallait pour cette tâche, car ses nombreuses chansons bachiques, ses petits poëmes satiriques et familiers, étincelants d'une verve congruente au sujet, s'ils ne sont pas du burlesque dans le sens absolu du mot, y touchent du moins d'aussi près que possible, et y rentrent tout à fait par la langue. On peut dire la même chose de beaucoup d'autres écrivains de ce temps : sous Louis XIII, la littérature a je ne sais quelle séve bizarre et désordonnée qui la confine presque tout entière au burlesque, lors même qu'elle est sérieuse au fond. Ces pointes, ces *concetti*, ces métaphores extravagantes, ces épithètes qui font la grimace, ces accouplements bouffons, ce style de capitan qui passe, ivre et fier, le plumet au chapeau et la moustache en accroche-cœur, n'est-ce pas au moins le vêtement et la physionomie du genre? Tous ces écrivains font du burlesque sans le savoir, comme tant d'autres, et ce n'est pas toujours le plus mauvais. Aussi est-ce à cette époque que Leroux a pu prendre les principaux éléments de son Dictionnaire [1], et M. Th. Gautier, la plupart des figures qui composent son Musée des *Grotesques*.

Il y a des traces de burlesque dans Boisrobert, dans Théophile, comme dans la plupart des autres poëtes du *Cabinet*, du *Parnasse*, de l'*Essence*, des *Délices* et de l'*Espadon satiriques*. Cyrano de Bergerac en a plus d'une fois le style, surtout dans ses *Lettres*. On lit, dans le recueil des œuvres de Voiture, des poésies que leur auteur a intitulées *burlesques*, sur Neufgermain, qui était lui-même un poëte burlesque sans le vouloir. Mais le vrai burlesque, le burlesque complet et proprement dit, dont le goût avait été importé chez nous

---

1. *Dictionnaire comique, satirique, critique, burlesque, libre et proverbial*, 2 vol. in-8.

d'Espagne et surtout d'Italie, fut créé en France par Scarron, qui n'imita personne et que tout le monde imita.

On a coutume de ranger sous cette étiquette l'œuvre presque entière du joyeux cul-de-jatte : c'est un tort. Toutes ses petites pièces, requêtes à la reine, *estocades* au ministre, Foire de Saint-Germain, Légendes de Bourbon, etc., désignées sous le titre commun de vers burlesques, seraient plus justement appelées vers bouffons. Il en est de même de ses comédies. Mais la confusion était facile à faire et elle est pardonnable. A cette date, les gens experts la poussaient quelquefois eux-mêmes beaucoup plus loin, trompés par le sens encore vague et mal fixé de ce mot naissant, qui se prenait le plus souvent pour synonyme d'une certaine plaisanterie ingénue et triviale. Ainsi, dans sa vingt-neuvième dissertation critique, Balzac présente comme les modèles du burlesque, outre l'*Épître* de Scarron au cardinal de Richelieu, les *Aventures de la souris* par Sarasin, et la *Requête des dictionnaires*, par Ménage. Or ces deux dernières pièces surtout s'éloignent beaucoup plus encore que la première des conditions du genre, que Balzac paraît avoir toutes réduites au naïf, comme il semble avoir confondu le style marotique avec le style burlesque. La naïveté est sans doute une des qualités essentielles du burlesque, de celui-là, du moins, que peut avouer le goût; mais elle est loin de suffire : le burlesque, en particulier celui de Scarron, qui est resté le type, admet aussi la bouffonnerie, et ne peut se passer d'un extrême enjouement. La définition de Balzac s'arrêterait à la Fontaine, à Chapelle, à Voiture, et n'irait même pas jusqu'à la plupart des œuvres de Scarron. Gabriel Naudé, qui a écrit l'apologie du burlesque en son *Mascurat*, n'en a pas eu une idée beaucoup plus nette. Le P. Vavasseur, dans un traité *ex professo* sur la matière (*De ludicra dictione*), dont nous reparlerons, fit une confusion semblable, ou plutôt prit dans sa signification la plus large ce mot auquel nous avons cherché à restituer son sens légitime.

En 1644, Scarron publia le *Typhon ou la Gigantomachie*, poëme en cinq chants, dont Boileau convenait lui-même, au rapport de Brossette, que les premiers vers sont d'une plaisanterie assez fine, bien que, dans son *Art poétique*, il le renvoie à l'admiration des provinces. Mais s'il est vrai, comme nous l'avons déjà dit, et comme, avant nous, l'avait dit mieux que nous M. Gérusez, dans ses *Essais d'histoire littéraire*, que le burlesque soit « la transformation des caractères et des sentiments nobles en figures et en passions vulgaires, opérée de telle sorte que la ressemblance subsiste sous le travestissement, et que le rapport soit sensible dans le contraste, » on ne trouve pas de burlesque proprement dit dans le *Typhon*, où Scarron n'avait point de modèle primitif à transformer et agissait sur ses propres créations. Le caractère et la physionomie des dieux, avec les idées vagues, contradictoires et souvent peu élevées qu'on ont données les mythologues, laissaient beaucoup de latitude aux bouffonneries du poëte; ils n'avaient point par eux-mêmes des traits assez nettement, assez majestueusement accusés, pour qu'on pût voir, entre leur nature réelle et la fantastique peinture de Scarron, un de ces contrastes tranchés qui forment une des bases les plus essentielles du genre. Ce contraste, du moins, à supposer même qu'il fût possible et réel, était loin d'être aussi sensible que dans le *Virgile travesti*, où Scarron s'attaquait, pour les défigurer, à des types fixés par le poëte latin dans tous les esprits et toutes les mémoires. Mais c'est surtout Typhon et les géants ses frères qui, au lieu d'être des travestissements, sont simplement des figures grotesques : personnages de pure convention, ou n'ayant qu'une existence légendaire et abstraite qui n'en est pas une, ils pouvaient être peints en toute liberté sous la physionomie qu'il plaisait à Scarron de leur donner, sans qu'il y eût d'opposition réelle entre leur nature primitive et la vulgarité plaisante de leurs actes ou de leurs propos. Il faudrait donc plutôt appeler le *Typhon* un poëme bouffon, comme la *Baronéide* une satire bouffonne, comme *Don Japhet d'Arménie*, l'*Héritier ridicule* et les *Jodelets*, des comédies bouffonnes. C'est ainsi d'ailleurs que Scarron le qualifie lui-même. Ajoutons que cette bouffonnerie est le plus souvent excellente, et qu'elle mérite certainement d'être sauvée de l'oubli.

Les premiers livres du *Virgile travesti* suivirent de près (1648). Ce fut le succès de tous ces ouvrages, et surtout du dernier, qui jeta alors la littérature dans la passion et, pour ainsi dire, dans le vertige du burlesque. Le public avait été charmé de cette invention, les lecteurs étaient accourus en foule, on s'était pris d'enthousiasme pour cette gaieté intrépide. Un grand éclat de rire avait répondu à Scarron d'un bout de la France à l'autre, et Quinet, se frottant les mains, demandait force burlesque au cul-de-jatte et à tous les poëtes qui entraient dans sa boutique. On vit alors se renouveler un de ces phénomènes intellectuels comme il s'en produit à toutes les époques : l'engouement pour un genre poussé à un tel point, que rien, pour ainsi dire, n'est plus admis en dehors et n'existe plus aux yeux des libraires ni de la plupart des lecteurs.

Cette mode, cette rage plutôt, dura une vingtaine d'années, avec des péripéties diverses, de 1640 environ, mais surtout de 1648 à 1660, où elle tomba tout à coup comme elle était venue, feu de paille que le vent allume et que le vent abat. Il semble même, si nous n'interprétons pas trop rigoureusement deux vers bien connus de Boileau, que quelques-uns des meilleurs poëtes et des plus hauts genres en furent infectés comme les autres :

> Le Parnasse parla le langage des halles...
> Apollon travesti devint un Tabarin.

Aujourd'hui le burlesque, du moins pris dans le sens que nous avons dit, est bien mort, et depuis longtemps déjà. Ce n'a été qu'un accident, mais un accident qui mérite d'être étudié par sa fécondité et sa bizarrerie.

La Fronde se rencontra à point nommé pour lui donner un plus large essor, pour le développer et l'affermir. Ce ne fut pas elle qui le créa, sans doute. Il est vrai qu'il y a un rapport réel entre cette petite guerre d'écoliers en insurrection contre leur pédagogue, et ces petits vers à la taille des combattants, qui semblaient des armes faites tout exprès pour eux ; le règne du burlesque est dans notre histoire littéraire, comme on l'a dit, ce que fut la Fronde dans notre histoire politique, c'est-à-dire une révolte contre un joug pesant, une protestation légitime au fond, quoique souvent ridicule et outrée par la forme. Seulement il ne faut pas exagérer ce rapport, et il est fort douteux que les sectateurs du burlesque aient eu conscience de la *philosophie* de leur réaction, et qu'ils aient prétendu se poser en réformateurs. Quoi qu'il en soit, il prit subitement une puissance et une extension si considérables, qu'on put croire un moment à l'apparition d'un genre national. Scarron fut l'Homère bouffon de cette guerre bouffonne, qui voulait des instruments en rapport avec sa nature. Ce fut surtout par sa *Gazette burlesque* et par sa *Mazarinade*, qui toutefois dépasse de beaucoup les limites de la plaisanterie, et dont la verve atroce eut le don de piquer au vif l'impassible Mazarin, que notre poëte paya directement de sa plume dans la bagarre. Mais on le sent, pour ainsi dire, partout où on ne le voit pas; on le devine caché derrière cette nuée de pamphlétaires qu'il anime de sa comique audace, qu'il inspire de sa colère plaisante et de ses audacieux lazzi. L'imitation du maître est patente dans la moindre de ces facéties satiriques, guêpes menaçantes et bourdonnantes qui s'abattent chaque jour du Pont-Neuf sur le cardinal. C'est lui qui est l'âme de toute cette bataille enragée des scribes et des poëtes contre le malencontreux Italien, si chiche aux quémandeurs. A tout instant, le mot *burlesque* reparaît dans les titres des livrets et journaux qui sortent de dessous chaque pierre. Ce ne sont que *Courriers burlesques*, *Gazettes burlesques*, *Récits burlesques*, etc., et tout cela semble plus ou moins grossièrement calqué sur les patrons fournis par Paul Scarron.

N'oublions pas, dans le même genre, la *Muse historique* de Loret, qui a laissé aussi des *Poésies burlesques* (Paris, Sommaville, in-4°, 1647). Ce recueil périodique, écrit avec beaucoup de facilité et de naïveté, à défaut d'un plus grand mérite littéraire, est le type de nombre d'autres moins connus, parmi lesquels nous citerons ceux de son continuateur Robinet et de Mayolas, la *Gazette* de Colletet, la *Muse de la cour* de Subligny, nommée ensuite *Muse dauphine*, enfin la *Gazette burlesque*, qui valut à Boursault, à peine âgé de vingt ans, quelques mois de Bastille, et qu'il remplaça plus tard par sa *Muse enjouée*, destinée à divertir tous les mois le duc de Bourgogne[1].

La *burlescomanie*, ainsi avivée, devint une frénésie qui ne connut plus de bornes. Tout le monde s'en mêla, jusqu'aux femmes de chambre et aux valets, dit Pellisson. C'est à cette époque que se rapportent les vers indignés de Boileau :

> Au mépris du bon sens le burlesque effronté
> Trompa les yeux d'abord, plut par sa nouveauté ;
> On ne vit plus en vers que pointes triviales...
> Cette contagion infecta les provinces,
> Du clerc et du bourgeois passa jusques aux princes.
> Le plus mauvais plaisant eut ses approbateurs,
> Et, jusqu'à Dassoucy, tout trouva des lecteurs.
>
> (*Art poét*. I.)

Aussi arriva-t-il que, soit ignorance, soit calcul, pour mieux débiter leurs marchandises, en les mettant sous la protection de la mode, les libraires donnèrent le nom de burlesques aux ouvrages même les plus sérieux, — voire à un poëme sur la Passion imprimé en 1649, — pourvu qu'ils fussent écrits en petits vers, qui étaient le mètre réservé à ce genre, et qu'on nommait pour cette raison vers burlesques. Le rhythme octosyllabique était si bien consacré par une habitude passée en loi, que Brébeuf, lorsqu'il publia son travestissement de Lucain, se crut obligé de faire des excuses au public pour avoir employé des vers de sept syllabes.

Mais ce ne furent pas seulement les pamphlétaires

---

1. Voir M. L. de Laborde, le *Palais Mazarin*, n. 1. Naudé cite au nombre des meilleures pièces burlesques de la Fronde : l'*Histoire des Barricades*, la *Lettre au cardinal Burlesque*, la *Plainte du Carnaval et de la Foire Saint-Germain*, le *Ministre flambé*, etc.

de la Fronde qui s'attachèrent en foule à marcher sur les traces de Scarron, à imiter son style, à copier sa manière. Aussi bien que la *Mazarinade*, le *Virgile travesti* piqua d'émulation la tourbe moutonnière des imitateurs à l'affût, toujours empressés d'exploiter la vogue. Pendant que les uns suaient à suivre le cul-de-jatte sur le terrain politique, si ce n'est pas là un trop gros mot pour un homme qui ne voyait guère de politique en dehors de ses pensions et de son pot-au-feu, les autres s'évertuaient à rivaliser avec lui sur le terrain purement littéraire. On vit paraître coup sur coup diverses parodies des principaux classiques de l'antiquité. Dès 1649, Furetière, alléché par les triomphes de Scarron, se hâtait de publier avant lui son travestissement du quatrième livre de l'*Enéide*, sous le titre des *Amours d'Enée et de Didon*, œuvre peu digne de l'auteur du *Roman bourgeois*, malgré le chaleureux suffrage de l'abbé Marolles. La même année parut l'*Enfer burlesque, ou le sixième livre de l'Enéide travestie et accommodée à l'histoire du temps, par un anonyme* (M. C. P. D.) : c'est une véritable satire où l'auteur s'échappe souvent, comme le titre le fait suffisamment entendre, à des allusions contre l'histoire contemporaine. La même année encore, Sommaville publiait l'*Enéide en vers burlesques*, par Dufresnoy (le livre II). En 1650, Barciet donnait la *Guerre d'Enée en Italie, appropriée à l'histoire du temps, en vers burlesques*, et Brébeuf le septième livre de l'*Enéide enjouée*. On doit à Claude Petit Jehan, avocat (tel est du moins le nom que donne le privilége, tandis que l'Épître dédicatoire est signée L. D. L.), le *Virgile goguenard, ou le douzième livre de l'Enéide travesti, puisque travesti il y a* (1652). Suivant Marolles, l'auteur était un jeune abbé, fils d'un magistrat. L'ouvrage, dédié à Henri de Savoye, archevêque de Rhodes, est précédé d'une épître et d'une préface très-longues, qui contiennent l'apologie du style burlesque ou goguenard, mélangée de fréquentes digressions et d'historiettes en français farci de latin.

Les frères Perrault firent aussi un travestissement, resté inédit, du sixième livre de l'*Enéide*, et c'est là qu'on trouve ces vers, souvent cités, en particulier par Voltaire et Marmontel, comme de Scarron :

> Tout près de l'ombre d'un rocher,
> J'aperçus l'ombre d'un cocher
> Qui, tenant l'ombre d'une brosse,
> Nettoyoit l'ombre d'un carrosse.

En 1653, les mêmes avaient publié les *Murs de Troie, ou l'Origine du burlesque*, en deux chants, ou du moins ils en avaient publié le premier chant, composé en commun ; mais le second, tout entier de Claude, est resté manuscrit. Dans cette œuvre fastidieuse et maussade, ils attribuent la naissance du burlesque à la fable que les poëtes nous ont laissée sur la construction des murs de Troie par Neptune et Apollon. Les frères Perrault préludaient par ces plaisanteries à leurs attaques contre l'antiquité. Remarquons d'ailleurs que tous ces travestissements, toutes ces parodies irrévérencieuses, étaient les préliminaires naturels de la guerre contre les classiques anciens : elles l'annonçaient et y préparaient en même temps les esprits.

Malgré la décadence du burlesque, depuis longtemps disparu de la scène, notre siècle a aussi donné naissance à une de ces bizarres mascarades du *Cygne de Mantoue*: le *Virgile travesti en dix chants* (dont il n'a paru que les quatre premiers), par M. Chayrou (Paris, Doudey-Dupré, 1817, in-8°) [1].

Le patois, lui aussi, s'en mêla, et le poëte romain ne fut pas épargné dans le dialecte du midi de la France. L'année même où Scarron avait commencé son œuvre, c'est-à-dire en 1648, nous pouvons citer *Virgilo deguisat, o l'Eneido burlesco*, par Devales de Mountech (Toulouso, Boudes, in-4°). Plus tard parut l'*Eneido, libre IV, revestit de naous et habillat à la burlesco*, par le sieur de Bergoing, 1652 [2]. *Virgille virai en borguignon* (Dijon, 1718-20, in-12), contient les deux premiers livres et le commencement du troisième de l'*Énéide* : Pierre Dumay est auteur du premier livre et d'une partie du deuxième, le surplus est de l'abbé Paul Petit; ce n'est pas, à proprement parler, une parodie burlesque, mais le résultat est à peu près le même par la nature de l'idiome choisi pour cette version. La traduction complète des douze livres de l'*Énéide* en vers bourguignons, lit-on dans Brunet (IV, 662-3), existe en manuscrit : c'est un badinage un peu long, comme on voit, auquel ont eu part le P. Joly, jacobin, et François-Jacques Tassinot. Afin que le travail de ces joyeux Bourguignons ne fût pas entièrement perdu pour le public, on en a publié les livres II, IV et VI, avec quelques épisodes, sous le titre primitif, en 1831 [3].

---

1. En 1807, parut le *Plat du Temple, Virgile en France ou la Nouvelle Énéide*, poëme héroï-comique en style franco-gothique (Bruxelles, 2 vol. in-8). Ce n'est pas une parodie burlesque de Virgile, comme on pourrait le croire d'après le titre, mais une violente satire contre la Révolution, Napoléon et sa famille.

2. En 1666, Guillaume Duprat publia *los Bucolicos de Virgilio, tornados en bers agenes*.

3. Si l'on veut avoir une idée des travestissements de Virgile en

Virgile fut sans doute celui qui eut le plus à souffrir de cette espèce de démence littéraire ; néanmoins les autres poëtes, grecs ou latins, ne furent guère plus épargnés. Ovide, par exemple, avait un côté par lequel il se prêtait à merveille au travestissement : c'est un ancien par la date, mais par la nature de ses ouvrages, un bel esprit moderne, presque un Français du dix-huitième siècle. On se le représente volontiers poudré et frisé, faisant la cour aux dames de Trianon, en compagnie du chevalier de Boufflers. Richer publia avec succès, en 1649, l'*Ovide bouffon, ou les Métamorphoses burlesques*, d'abord les quatre premiers livres seulement ; il n'y en a qu'un de plus dans les éditions de 1662 et 1665. Scarron a mis un madrigal en tête de cette œuvre rivale, presque digne de la sienne.

L'année suivante vit éclore le premier livre de l'*Art d'aimer travesti en vers burlesques*, par D. L. B. M. (rien dans Barbier sur cet anonyme). Ce fut la même année aussi que parut la plus célèbre de ces mascarades : l'*Ovide en belle humeur* du sieur Dassoucy, empereur du burlesque, qui s'est attaqué également à Claudien, dans son *Ravissement de Proserpine*. L'*Ovide en belle humeur* est une facétie souvent fort ennuyeuse et toujours fort plate. Il s'y rencontre sans doute quelques endroits plaisants, mais qui ne se prolongent pas, et provoquent rarement un vrai rire. Dassoucy cherche le burlesque surtout dans les anachronismes les plus violents. Il appuie avec complaisance sur les équivoques obscènes, et répète à satiété les termes grossiers qui constituent

---

anglais, allemand, russe, hollandais, etc., on peut consulter les *Additions* faites par Barbier à la *Notice raisonnée* de Heyner sur les éditions de Virgile (collect. Lemaire, t. CXXXII ; p. 573-4) ; la *Bibliographie des auteurs grecs et allemands*, par Guillaume Engelmann, in-8, etc.

la plus grande partie de sa verve. La Fontaine et Molière n'ont pas, dédaigné d'extraire quelques faibles parcelles d'or brut [1] de ce fumier. On trouve en tête de ce pitoyable recueil de lazzi, dus à la verve grimacière de celui qu'on a si justement surnommé le singe de Scarron, des vers de Tristán l'Hermite, Chavannes, le Bret, Cyrano de Bergerac, parmi lesquels un sonnet fort louangeur de Corneille semble tout honteux d'un tel voisinage.

En 1662, un anonyme, sur le compte duquel le Dictionnaire de Barbier ne nous renseigne pas non plus, travestit encore l'*Art d'aimer* et le *Remède d'amour*, avec une préface cavalière où il avertit le lecteur qu'il se soucie fort peu de ce qu'on dira de son œuvre : c'est pourquoi nous n'en dirons rien. Ce dernier poëme fut platement translaté en vers burlesques par le médecin du Four, en 1666. L'année précédente, le chevalier de Lontaud avait traduit dans la langue de Dassoucy les harangues d'Ulysse et d'Ajax pour la dispute des armes d'Achille, et le changement du sang d'Ajax en hyacinthe.

Les Héroïdes avaient fourni aussi, en 1650, à Henri de Picou, le sujet d'une *épître burlesque de Pénélope à Ulysse ;* mais ce n'était là que l'accessoire et l'appendice d'une œuvre plus considérable du même auteur : l'*Odyssée d'Homère ou les Aventures d'Ulysse en vers burlesques* (les deux premiers livres seulement), dédiée au prince de Conti. En 1657, un anonyme publiait le premier livre de l'*Iliade* en vers burlesques, d'un style

---

1. Si toutefois ils ne les ont pas trouvés ailleurs, car la question des sources littéraires est fort embrouillée. D'ailleurs, dans le cas présent, la chose a trop peu d'importance pour nous arrêter.

assez aisé. On voit que la parodie ne respectait pas même le père des poëtes et de la poésie.

Au siècle suivant, Marivaux, se faisant à son tour l'adepte d'un genre qui semblait devoir révolter tous ses instincts littéraires, donnait (1716) l'*Homère travesti ou l'Iliade en vers burlesques*. Mais, indépendamment de sa nature d'esprit, qui était la moins faite pour réussir dans une pareille œuvre, il y avait deux raisons qui suffiraient à expliquer l'échec de l'auteur. D'abord il voulut travestir Homère sans l'avoir lu, se réglant simplement sur la prétendue traduction de la Motte, qui ne l'avait pas lu davantage. En outre, il eut assez peu de goût pour dénaturer un genre innocent et inoffensif, en essayant d'en faire un instrument de polémique contre Homère. Cette parodie, au lieu d'être un badinage d'esprit, affichait les prétentions d'une machine de guerre contre les partisans de l'antiquité : il était impossible d'y mettre plus de maladresse. Marivaux fut également soupçonné, malgré ses dénégations, d'être l'auteur du *Télémaque travesti*[1], et c'est encore à lui qu'on l'attribue généralement aujourd'hui. Il avait raison de se défendre de cette œuvre honteuse, mais il eût mieux fait encore de ne pas l'entreprendre.

En 1726 paraissait *Homère danseur de corde ou l'Iliade funambulaire*, petit volume in-12, attribué à l'abbé Faure par Goujet, qui dit n'en connaître que le titre.

Homère n'est pas le seul écrivain grec auquel se soit attaqué le burlesque. Hippocrate lui-même, qui le croirait? paya son tribut à la contagion générale, et

1. On a aussi l'*Élève de Minerve ou Télémaque travesti*, 1759, 3 vol. in-12, par Junquières, sans compter une autre parodie du même ouvrage, par Purigot, qui a réduit les vingt-quatre livres en douze. (Paris, 1825, in-18, 3ᵉ édit.)

l'on vit, en 1654, l'*Hippocrate dépaysé, ou la Version paraphrasée de ses aphorismes en vers françois*. Deux ans après, c'était le tour de l'École de Salerne, que Martin mettait en vers bouffons (Leyde, Elzév., in-12), aidé, dit-on, par la collaboration de Guy-Patin.

Revenons aux auteurs latins, dont nous sommes loin d'avoir épuisé la liste, car ils se prêtaient plus facilement aux tentatives de la Muse comique, et chacun, en fouillant dans ses souvenirs de collége, y pouvait trouver sans peine une base suffisante pour y asseoir son monument burlesque. En 1652, parurent trente-huit odes d'Horace travesties, sans avertissement, préface, ni nom d'auteur. La plaisanterie était fade; l'ouvrage rempli de quolibets maussades et triviaux. Ce petit livre, lancé dans le monde sans répondants, fut attribué par les uns à Dassoucy, à l'*Ovide* duquel on le trouve souvent réuni; par les autres, à Henri de Picou; par d'autres encore, et avec toute vraisemblance, à Charles Beys, dont Scarron se disait l'élève.

Brébeuf, non content de son *Énéide enjouée*, publia, en 1656, un travestissement du premier livre de Lucain, qu'il avait si fièrement traduit un an auparavant. Les esprits les plus graves se laissaient entraîner comme les autres. Sans adhérer entièrement au panégyrique outré de du Hamel, adopté par Baillet, ni même aux éloges de Guéret, qui, dans son *Parnasse réformé*, fait louer le travestisseur par la bouche du travesti, il faut reconnaître qu'en somme, malgré des longueurs, des bouffonneries froides et forcées, il y a dans cet ouvrage un assez grand nombre de passages agréables, et qu'on n'y trouve pas la platitude qui fait le principal caractère de tant d'autres.

En 1657, François Colletet, le fils de l'académicien

Guillaume, donna le *Juvénal burlesque*, satire sur les mœurs du temps, où il se borne à imiter quelques endroits de la première pièce de Juvénal.

De toutes ces mascarades de poëmes sérieux, la meilleure peut-être, après le *Virgile travesti*, c'est la *Henriade travestie*, publiée par Monbron en 1758 (Berlin, in-12, aux dépens du public), et qu'on réimprime quelquefois encore. Déjà, en 1725, Grandval avait parodié en partie l'épopée de Voltaire, dans son *Cartouche, ou le Vice puni*.

On a souvent rangé dans la même catégorie beaucoup d'autres ouvrages qui se rattachent bien mieux au genre badin ou héroï-comique. Tels sont le *Dulot vaincu* de Sarasin, la *Stimmimachie ou le Grand Combat des médecins modernes touchant l'usage de l'antimoine*, poëme histori-comique, du P. Carneau, Célestin (1656, in-8°). D'autres appartiennent au paradoxe plaisant, comme l'*Éloge de la folie*, d'Érasme, type d'une foule de badinages de même nature, qui n'ont pas tous, à beaucoup près, ce bon goût, cette finesse, cet élégant atticisme.

En dehors des travestissements cités plus haut, nous ne devons pas négliger un certain nombre d'ouvrages, burlesques aussi, si l'on veut bien prendre ce mot dans son sens usuel le plus large, et, en définitive, celui auquel nous sommes obligés de revenir sans cesse, pour ne pas dérouter les idées du lecteur. Nous rencontrons d'abord cette étiquette en tête de beaucoup de productions, comme le *Tracas du pré de la Foire en vers burlesques*, 1620 [1]; le *Procès burlesque entre M. le Prince et*

---

[1]. Si ce dernier mot fait partie du titre, comme semble l'indiquer le *Manuel* de Brunet, il faut en conclure qu'il était employé en France avant Sarasin.

madame la duchesse d'Esguillon, 1649 ; la *Guerre burlesque*, par de la Frenaye, à la même date; la *Ville de Paris en vers burlesques*, par Berthaud, 1654 ; les *Tracas de Paris en vers burlesques*, par Fr. Colletet; la *Description de la ville d'Amsterdam en vers burlesques*, par Pierre le Jolle, 1666; la *Relation du voyage de Brême en vers burlesques*, par Clément, 1676. Puis des pièces de théâtre : l'*Apothicaire dévalisé*, comédie burlesque (1660) de l'acteur-auteur de Villiers, qui a fait aussi des *Fragments burlesques*, petites pièces à la façon de Scarron ; la *Mort burlesque du mauvais riche*, par Les Iles le Bas (Caen, 1663), une de ces tragédies bouffonnes comme il y en eut alors un certain nombre; les *Ivrognes*, comédie satiri-burlesque (Cologne, 1687), etc.

Ce n'est pas tout à fait sans doute une pièce de théâtre, comme ce n'est pas tout à fait non plus une œuvre burlesque, que le *Chapelain décoiffé*, mais il tient d'assez près aux deux genres pour que je le mentionne ici. On sait que Boileau y a largement contribué. Bien plus, cet adversaire intraitable de Scarron, de Dassoucy et de leurs adhérents, a fait expressément une parodie burlesque de la première ode de Pindare, en la tournant contre Perrault ; il l'a commencée du moins : on en peut lire le début dans ses œuvres, et Brossette nous apprend que, sans sa réconciliation avec l'auteur de *Peau-d'Ane*, il l'aurait poursuivie jusqu'au bout. Voilà donc Boileau lui-même rangé parmi les auteurs des classiques mis en burlesque ! On lui doit encore un *Arrêt burlesque*, qu'il rédigea, en collaboration avec Racine et Bernier, lorsqu'il fut question, en 1674, d'interdire l'enseignement de la philosophie de Descartes. Cet arrêt avait été précédé d'une *Requête burlesque* de Bernier, beaucoup moins connue.

Citons enfin les *Fantaisies, Imaginations et Paradoxes* de Bruscambille; les œuvres de Tabarin et de ses disciples; les prologues et chansons de Gaultier-Garguille; les productions du Savoyard, le chantre patenté de la Samaritaine; les *Bigarrures et Touches du Sr. des Accords*, Tabourot; les *Jeux de l'inconnu*, d'Adrien de Montluc, comte de Cramail; le *Paris ridicule* de Claude le Petit et la *Rome ridicule* de Saint-Amant; les *Amitiés, Amours, Amourettes*, du bouffon le Pays; la plupart des ouvrages de du Souhait, son digne confrère; les *Œuvres burlesques* de Nouguier (1650)[1], etc., etc. Les recueils du temps, sottisiers, trésors des récréations, courriers facétieux, sont remplis de beaucoup de pièces analogues, qui se vendaient par milliers sur le Pont-Neuf. Tout cela ne mérite guère de nous retenir.

La dévotion même s'était aussi lancée dans le burlesque, et l'on vit paraître coup sur coup la *Seringue spirituelle pour les âmes constipées en dévotion*[2]; le *Démon travesti, découvert et confus*, par Jacques-Jacques; la *Tabatière spirituelle pour faire éternuer les âmes dévotes vers le Sauveur*, ouvrages fort sérieux, non par la forme, mais par le but et par le fond.

Marigny, le chansonnier de la Fronde, Colletet, Bautru, Ch. Sorel, Pelletier, Oudin, Gabriel Chapuys, de Cholières, et cent autres, ont également fourni leur contingent. L'auteur anonyme de la *Pompe funèbre de*

---

1. On trouvera l'indication d'une foule d'autres dans Brunet, t. V, p. 366-7.
2. Peignot nomme cet ouvrage, mais il faut probablement le ranger dans la catégorie des livres imaginaires. M. Brunet ne l'a jamais vu (*Manuel du Libraire*, III, p. 470). Peut-être ne doit-il sa prétendue existence qu'à la mention qui en est faite, avec citation à l'appui, dans le *Sermon du R. P. Protoplaste de Zorobabel*, facétie attribuée à Fléchier.

*Scarron*, une de ces pièces comme on en faisait alors à la mort de chaque écrivain marquant, et qui se rattachent souvent par quelque point au burlesque, met les statues de Regnier, Douville et Maynard dans le temple où s'accomplissent les funérailles de l'auteur du *Typhon*. Mourant, celui-ci a choisi pour successeur Bois-Robert ; mort, son cercueil est escorté par Audin, Bardou, Monbrun, du Bosc, etc. Cette fiction peut nous aider à reconstituer les forces actives de l'armée du burlesque à cette époque, en nous indiquant quels étaient, dans l'opinion, les meilleurs rivaux et les héritiers présomptifs de Scarron.

Mais on juge bien que, dans cette rapide et très-incomplète esquisse, nous avons beaucoup moins prétendu épuiser chaque série, ce qui serait absolument impossible, qu'en donner simplement une idée suffisante pour notre dessein, et qui mettra le lecteur curieux à même de compléter nos recherches. Une fois sur ce terrain, le champ qui s'offre à nos yeux est, pour ainsi dire, illimité : il faudrait énumérer jusqu'à la moindre de ces facéties innombrables, jusqu'au dernier de ces livrets bouffons, que l'on voit éclore par myriades, surtout aux alentours de la Fronde, dans les bas-fonds de la littérature. Toutes ces productions infimes, dont les meilleures sont presque toujours pitoyables, étaient engendrées par l'apparente facilité de la tâche. Scarron rimait si aisément, ses vers coulaient à la douzaine, comme il dit, avec tant de négligence et de laisser-aller, qu'on n'avait, ce semble, qu'à mettre la main à la plume et à jeter sur le papier les premières billevesées venues, pourvu qu'elles fussent contre la raison et le bon sens, pour rivaliser avec lui. Ces avortons de la Muse, qui, ne pouvant atteindre au poëme ni même au sonnet, se rejetaient sur le burlesque, s'étaient mépris sur le genre, qu'ils pensaient consister simplement en fades jeux de mots et en plats et grossiers badinages; ils n'avaient pas réfléchi que la vraie supériorité de Scarron, c'étaient un naturel et une naïveté qui ne s'imitent point. Le burlesque coulait chez lui de source, et il lui eût été impossible de n'en pas faire, tandis que, chez eux, c'est une allure qu'ils prennent de propos délibéré, un masque qu'ils revêtent à force d'efforts, une physionomie *empruntée*, c'est-à-dire fausse et froide.

Dès qu'ils furent à l'œuvre, ils virent, à leur honte, qu'ils s'étaient trompés. Le nombre est immense alors de ces victimes de Scarron. Tous ces échecs sont peut-être le meilleur éloge qu'on puisse faire de notre auteur; mais, sur le moment, ce fut ce qui contribua le plus à décrier le genre et à le faire tomber dans un irrémédiable discrédit.

En 1658, ce débordement malsain de la vase littéraire en était venu au point que le père Vavasseur jugea urgent de jeter le cri d'alarme, dans un in-quarto latin, portant pour titre: *De ludicra dictione*. Il y démontrait catégoriquement, avec toutes sortes d'élégances cicéroniennes: 1° qu'aucun écrivain grec n'avait usé du burlesque; 2° qu'aucun écrivain latin n'en avait usé davantage; 3° qu'il n'en est même question nulle part dans l'antiquité, non plus chez Aristote ou Longin que chez Quintilien ou Horace; 4° qu'il n'y a pas une seule raison qui en puisse autoriser l'usage; 5° qu'il y en a beaucoup, au contraire, qui l'interdisent. La conclusion découlait naturellement de ces prémisses rigoureuses. Comment résister à ce formidable appareil de logique, d'éloquence et de beau style; et que voulez-vous que fît ce pauvre burlesque contre un si rude jouteur? Évidemment, il n'était ni assez docte ni assez grave pour répondre sur le même ton : il ne lui restait qu'à rire du savant homme qui s'évertuait à broyer une fourmi avec des pieds d'éléphant, et c'est là ce que dut faire Scarron, j'imagine, s'il lui prit fantaisie de lire, dans son fauteuil mortuaire, cette admirable dissertation.

Le père Vavasseur n'avait oublié qu'un point : c'était d'éclairer sa lanterne. Son livre est sans portée, faute d'avoir nettement défini le burlesque proprement dit, d'en avoir discerné le caractère précis et dessiné les contours. Il est vrai que c'était difficile, mais ce n'était pas moins indispensable. D'ailleurs, on se fera une idée des préventions du révérend père quand on saura que, rencontrant sur son chemin, dans l'antiquité, le petit poëme bouffon *Marcus Grunnius Corocotta Porcellus*, testament d'un pourceau dicté par lui-même, il ne manque pas d'en faire gravement l'éloge. Dès lors, il est permis de conclure que la question était jugée pour lui *à priori*, avant tout examen, et qu'il eût loué de même le *Virgile travesti*, s'il l'eût rencontré chez les Grecs ou les Latins.

C'est d'après le conseil et sur la demande de Balzac qu'il avait entrepris son œuvre. Celui-ci étant mort avant qu'elle fût achevée, il n'en conserva pas moins la forme adoptée d'abord : dans tout le cours du livre, c'est à Balzac qu'il adresse la parole, et dans sa péroraison, c'est encore lui, avec l'Académie tout entière, qu'il appelle à la rescousse contre les barbares. Il était un peu tard, on en conviendra, et les vivants n'ont pas grand'chose à redouter d'un mort. Auparavant, toutefois, Balzac lui-même avait dit son mot dans le débat. Sa vingt-neuvième dissertation critique, justement adressée au père Vavasseur, est une sévère condamnation du burlesque ; mais il a eu soin de mettre cette condamnation sur le compte d'un ami, dont il n'est que le secrétaire, ajoutant que, pour lui, il gardait un tempérament entre une trop grande indulgence et une rigueur excessive ; qu'il voudrait au moins, comme nous l'avons vu, excepter quelques pièces de la proscription, mais qu'il n'admet point un burlesque continu et sans rémission pas plus qu'un carnaval perpétuel. Ce jugement est fort sage. Si nous avions besoin de compléter son opinion et de l'éclairer par ses fluctuations mêmes, pour mieux faire voir encore que ce pompeux écrivain, ami de toutes les élégances, n'allait pas jusqu'à l'hostilité systématique contre une littérature qui semblait devoir exciter toute son antipathie, nous citerions cette lettre à Costar, reproduite en tête des œuvres du cul-de-jatte [1], où il exalte, en prose française et en vers latins, la personne et les productions de Scarron.

En dépit de ses adversaires et de ses champions, le burlesque n'eut qu'une courte durée de vogue. Le *législateur du Parnasse* acheva de lui porter les derniers coups. Passé 1660, cette monographie ne pourrait plus guère enregistrer que des pièces aussi courtes que rares. Seulement le mot s'était implanté dans la langue, et il reparaît souvent.

1. In-4, 1648, Touss. Quinet.

## II

L'idée du *Virgile travesti* a pu être fournie à Scarron par l'*Eneide travestita* de l'Italien Jean-Baptiste Lalli (Roma, 1633, in-8), comme celle de son *Roman comique* par le *Viage entretenido* de l'Espagnol Rojas. Mais, dans l'un aussi bien que dans l'autre cas, ce ne fut qu'une inspiration lointaine, dépouillée de toute imitation directe, et où l'on aurait peine à découvrir quelques réminiscences. Malgré la ressemblance du fond, les détails et l'exécution diffèrent entièrement, et portent dans chaque ouvrage l'empreinte particulière de la personnalité de chaque auteur.

Un pareil sujet offrait la ressource immense d'un contraste prononcé, non-seulement entre les personnages et leur manière de parler et d'agir, mais encore entre le poëme original et celui du parodiste. Par là se trouvaient élevées à un degré plus haut, pour quiconque avait lu Virgile et s'en souvenait, c'est-à-dire à peu près pour tout le monde, la puissance et la portée de la plaisanterie de Scarron.

J'ai démontré comment et pourquoi le *Virgile travesti* est un poëme burlesque, tandis que le *Typhon* n'est qu'un poëme bouffon. Cette même différence est cause également de la supériorité essentielle du premier sur le second. Pour mieux le comprendre, qu'on se représente la distance qu'il y aurait entre une caricature de fantaisie, spirituelle sans doute, mais ne répondant à aucun objet réel, et une *charge*, juste et vraie dans sa comique exagération, qui consisterait à travestir des types connus de tous, et auxquels tous s'intéressent ; par exemple, entre ces magots chinois qui grimacent sur les potiches, et ces dessins où Grandville a si bien su, en outrant certains traits, qui existent réellement dans le modèle, et qui ressemblent encore, même sous ce nouveau masque, donner à l'homme une physionomie d'animal. Dans le premier cas, nous ne pouvons éprouver que l'intérêt d'une curiosité vulgaire et de ce rire instinctif qu'excite en nous une certaine espèce de difformité ; ou, si quelque idée de comparaison s'y mêle, c'est d'une manière vague, et sans s'arrêter sur un point fixe. Dans le second, à ce banal attrait de curiosité et de rire s'ajoute l'attrait plus relevé du rapprochement entre l'original et la caricature, de la signification qu'on cherche à la parodie.

Figurez-vous qu'un dessinateur, d'un crayon alerte, facile, spirituel, exécute devant vous la *charge* de l'Antinoüs ou de la Vénus de Milo : il y aura là, sans doute, quelque chose de sacrilége, au premier abord, pour les esprits délicats et les goûts sévères ; mais que cette *charge* soit faite avec candeur, sans intention de dénigrement, par le naturel et invincible penchant d'un esprit tourné vers le côté plaisant des choses, bien qu'il n'en comprenne pas moins ce bel original et qu'il le montre même dans sa parodie ; qu'il ait ingénieusement saisi les points vulnérables du chef-d'œuvre, et qu'il ait su les noter avec une malignité naïve et sans prétention ; enfin que son œuvre soit vraiment d'un effet irrésistible ; que ce travestissement qui, manqué, ferait mal au cœur, soit absous par un franc succès de rire, — car c'est là le point difficile et la justification sans réplique, — il y aura dans ces qualités de quoi faire passer son audace aux yeux de tous, de quoi même intéresser les meilleurs et les plus judicieux esprits. Or voilà justement ce qu'a fait Scarron : nous le verrons plus à loisir et en détail.

J'espère qu'on a compris maintenant l'avantage que le *Virgile travesti* a sur le *Typhon*, du moins par le sujet, car il n'entre pas dans mon but de poursuivre la comparaison jusque dans les détails. Je désire seulement qu'on ne m'accuse pas, dès à présent, de traiter ce badinage en chef-d'œuvre et d'exagérer la louange. Le tour de la critique viendra après celui de l'éloge ; ou plutôt mon intention ici est moins de tracer un éloge que d'expliquer ce livre et d'en exposer la nature précise.

Scarron trouvait donc non-seulement son canevas entièrement fait, mais, pour ainsi dire, les contrastes même indiqués d'avance. Virgile lui fournissait les vers, le langage, les actes, les caractères tout prêts pour son travestissement. La route s'ouvrait en ligne directe ; il n'avait qu'à marcher droit devant lui, en se laissant aller à son génie naturel, porté à tout voir sous la physionomie la plus commune et avec les particularités les plus bourgeoises. De là devait résulter une discordance perpétuelle, qui ne pouvait manquer d'être féconde en situations plaisantes. Il était bien sûr d'avance que là où, de lui seul, il eût excité le rire, il l'exciterait doublement par l'opposition avec son modèle, et que Virgile se chargerait, en quelque sorte, de donner une nouvelle force aux bouffonneries de Scarron. Et combien ce choix n'était-il pas le plus heureux de tous, car je n'ose dire le plus judicieux, de peur que le mot ne paraisse déplacé en semblable matière ! Virgile, en effet, se prêtait beaucoup mieux à cette entreprise, sinon qu'Homère, du moins qu'Horace et Lucain. C'était une étrange aberration du *sens burlesque* de s'attaquer à Horace, qui n'offre pas de caractères à parodier, c'est-à-dire qui manque de la plus précieuse ressource du genre ; à Lucain, le poëte austère, ou plutôt l'historien éloquent et tendu, auquel font défaut et le merveilleux et la variété. Scarron n'eût pas commis cette maladresse.

Que ceux qui n'ont pas lu l'*Enéide*, s'il en est qui ne l'aient point lue, ne lisent pas non plus le *Virgile travesti :* la plupart des traits de Scarron, et ses meilleurs, seraient perdus pour eux. Mais les autres, sans en excepter ceux-là qui refuseront le plus complétement leur suffrage à l'entreprise, seront certainement frappés, je ne dis pas de l'art (il n'y en a pas, à proprement parler, dans Scarron), mais du bonheur singulier avec lequel il trouve toujours le côté burlesque des plus grandes choses, des plus nobles personnages et des plus beaux vers, et de la verve abondante et facile avec laquelle il le met en lumière. A défaut d'atticisme, ils lui reconnaîtront un si riche fonds de bonne humeur, qu'il est impossible de ne pas se laisser envahir par cette gaieté communicative, dont les grimaces mêmes ne trahissent jamais l'effort. C'est une mascarade sans doute ; mais il y a des mascarades ingénieuses et divertissantes dont les esprits les plus sérieux ne peuvent s'empêcher de rire. Quant aux critiques qui s'évertuent à démontrer doctement que cette mascarade est contraire au bon goût, ils ressemblent à ces gens moroses qui, voyant passer un homme en carnaval sous un déguisement grotesque, l'arrêteraient pour lui dire que son habit n'est pas conforme aux idées reçues et au décorum. « Eh ! mon ami, pourrait répondre Scarron, comme ce masque, je le sais bien, et c'est précisément ce que j'ai voulu. »

Mais il ne faut pas seulement chercher dans le *Virgile travesti* l'épanouissement d'une haute faculté comique, on y trouve aussi une véritable critique littéraire, souvent sérieuse sous sa bouffonnerie : MM. Guizot et Gérusez l'on fait remarquer avant nous, et, avant eux, Marmontel voyait dans Scarron un homme de beaucoup de goût, et assurait que c'est dans son poëme burlesque qu'on rencontre les critiques les plus fines de l'*Iliade* et de l'*Enéide*. De ce côté, en effet, le cul-de-jatte est bien supérieur à Perrault et à La Motte. Sous l'enveloppe la plus folle peut se cacher une grande somme de philosophie, de jugement et de raison : on assure qu'il en est ainsi pour Rabelais ; il en est certainement de même, au moins quelquefois, pour Scarron. Qu'il transforme *dame Elise* en une grosse, grasse et vigoureuse dondon, camuse, sentimentale, à qui le veuvage pèse ; Anne, sa sœur, en une entremetteuse complaisante ; Cassandre en faiseuse d'almanachs, Vénus en *gouge ;* Anchise en bonhomme ennuyeux et paterne, Évandre en un vieux radoteur qui se perd dans des souvenirs puérils et d'interminables parenthèses, Priam (dont le portrait est la perfection du genre) en un barbon crédule et envieux, Junon en une dame acariâtre, troublant sans cesse le ménage divin, il n'y a là, d'une part, qu'une bouffonnerie adroite, sachant tourner au burlesque les plus sérieuses peintures par la seule exagération de quelques traits ; de l'autre, qu'une satire individuelle de certains personnages historiques ou fabuleux, sans que le poëme de Virgile soit précisément en cause. Mais il n'en est plus de même dès qu'il s'agit d'Énée, qui appartient en propre à l'*Enéide*, et qui *existe* à peine en dehors. Il y a autre chose et plus qu'une bouffonnerie dans la création de ce bigot pleurard, un peu niais, prolixe, ennuyeux, tout confit en oraisons jaculatoires et en tendresses inopportunes, que nous voyons reparaître de l'un à l'autre bout du *Virgile travesti*; il y a, comme je le disais plus haut, une critique littéraire, et très-finement conçue, quoique souvent écrite avec grossièreté. C'est moins à Énée qu'à Virgile lui-même que s'adresse cette joyeuse parodie. Pour faire son héros, Scarron n'a rien eu à inventer, rien même à dénaturer dans le sens rigoureux du mot; il n'a eu qu'à appuyer plus fort et à marquer davantage. Ainsi ce travestissement n'est pas aussi grotesque qu'on pourrait le croire. Les héros de Virgile sont déguisés, non en caricatures, mais en bons bourgeois de Paris, naïfs, naturels, appartenant à la comédie plutôt qu'à la farce. Ce qui est burlesque, c'est le contraste, et le contraste seul. Qu'ils soient des personnages de fantaisie au lieu d'être consacrés par la poésie et l'histoire; qu'ils agissent dans un autre milieu, dépouillés de leurs titres et de leur dignité, et ils seront simplement comiques.

C'est donc à la fois, d'une part, avec des traits pris dans le vif et le vrai de la nature humaine, de l'autre, avec les propres caractères de ces personnages et les propres idées du poëte latin, que Scarron a fait sa parodie, en se donnant l'allure d'un conteur ignorant, ingénu, positif et trivial.

On a souvent reproché à Virgile la faiblesse, l'indécision, les larmes continuelles de son héros, et cette fastidieuse répétition du *pius Æneas*, qui revient à chaque page. Ces défauts, Scarron les lui a reprochés aussi à sa manière. Il a fait mieux, il les a mis en relief, comme un critique qui, voulant démontrer à un peintre les mauvaises proportions d'une figure à peine dessinée dans la pénombre de son tableau, accuserait plus fortement, en les marquant d'un crayon un peu brutal, mais sans les déformer, des traits que leurs contours trop vagues dérobent aux regards. Le *Virgile travesti* est plein de vers coulant de source, qui sont autant de coups de crayon donnés sur les contours de la figure d'Énée.

> ... Il étoit homme fort tendre...
> Et son visage de rosée
> Avoit la peau tout arrosée
> Quand quelqu'un devant lui pleuroit. — (v.)

> Pour Æneas, je sais fort bien
> Qu'il parloit longtemps en un rien,
> Tant sa langue étoit bien pendue. — (viii.)

> Æneas pleurant comme un veau...
> Je crois vous avoir déjà dit
> Qu'il donnoit des pleurs à crédit
> Et qu'il avoit le don de larmes [1]. — (vi.)

Si des caractères nous allons aux détails des faits, nous retrouverons souvent encore la critique mêlée à la parodie, et toujours, ce qu'il importe de remarquer, avec une incontestable justesse. Scarron relève au passage, d'une façon dont l'auteur le plus irritable aurait peine à se fâcher, les invraisemblances, les impossibilités, les singularités, les inadvertances de son modèle,

---

1. Scarron pouvait bien avoir ses raisons particulières d'appuyer si souvent sur ce larmoiement d'Énée : lui-même ressemblait, de ce côté, au héros de Virgile; nous en trouvons le témoignage en maint endroit de ses œuvres. (*Ép. à madame Tambonneau; Ép. chagrine au maréch. d'Albret; II*e *Légende de Bourbon; Lettre à M. de Vivonne.*)

tantôt directement, tantôt indirectement, sans avoir l'air d'y toucher. Ce n'est pas que je veuille lui prêter l'impertinent dessein de se poser en redresseur et en Aristarque de Virgile. Non. Son poëme burlesque ne visait certes pas si haut : il n'y a vu qu'un magnifique thème à bouffonneries; mais cela ne l'empêche pas, chemin faisant, de noter d'un doigt malin les taches de l'original, plutôt par espièglerie d'écolier que par fatuité de critique.

Nous allons citer quelques exemples à l'appui de cette remarque, parce que le fait est curieux, et qu'il y a assez à reprocher à Scarron pour qu'il soit équitable de relever ce qui est à son honneur.

Dans le premier livre, Énée et Achate, arrivés à Carthage, examinent une galerie de tableaux,

> Mais qui n'étoient pas peints à huile,

ajoute aussitôt Scarron. Et voilà l'anachronisme de Virgile discrètement souligné. Ces tableaux représentent les malheurs de Troie. Comment la nouvelle a-t-elle pu en parvenir assez vite jusqu'à cette contrée lointaine, pour que les Troyens, en débarquant, les trouvent déjà reproduits dans un musée? C'est de quoi n'oublie pas de s'étonner Scarron, mais avec bonhomie, sans contester la chose, puisqu'elle est avancée par Virgile, et se bornant à s'écrier :

> Eh! qui l'auroit jamais pensé
> Que de tout ce qui s'est passé
> Dans les affaires de Phrygie,
> On eût nouvelle en la Libye?

Si Énée et Anchise demeurent cachés dans la nue plus longtemps qu'il ne semble nécessaire, surtout lorsqu'ils sont assurés de la bonne volonté de Didon, notre auteur a soin de faire dire à ce dernier :

> Passerons-nous ici l'année ?
> Qu'espérons-nous gagner ainsi ?
> Nous n'avons plus que faire ici.

A ces passages déjà signalés avant nous, nous en ajouterons d'autres, choisis au milieu d'un grand nombre.

Scarron n'a pas manqué de se récrier, toujours avec la même candeur apparente, à propos de ce cheval de bois, l'une des plus singulières machines épiques, et contre laquelle Napoléon, à Sainte-Hélène, s'élevait avec tant de force, la regardant comme une imagination impossible et ridicule :

> Je ne sais comment diable ils firent :
> Dans ce grand cheval ils bâtirent
> Toutes sortes de logements,
> Sans oublier des aisements,

Un peu plus loin, Priam interrompt Sinon qui commence, lorsqu'on lui demande son histoire, par entretenir ses auditeurs de Palamède, fils de Bélus :

> ... Laissons, je vous prie,
> En repos ce Palamedes,
> Sa femme et son père Aulides,
> Et nous racontez votre vie
> Sans tant de généalogie.

Il est vrai que là Scarron avait un peu enchéri sur l'original, pour avoir le droit de placer cette boutade dans la bouche de Priam.

Après la distribution des récompenses aux vainqueurs

dans la course des vaisseaux, il nous fait remarquer un oubli du poëte :

> En cet endroit maître Virgile
> Ne nous fait point savoir qui fut
> Celui qui ces beaux présents eut.

A propos du rameau d'or que cueille Énée, voici une observation fort juste sous sa forme plaisante :

> Messire Maron le compare
> A la gomme jaune qui luit
> Sur la branche qui la produit.
> La comparaison est foiblette,
> N'en déplaise à si grand poëte :
> Il devoit en sujet pareil,
> Mettre lune, étoile ou soleil.

On connaît le beau vers que Virgile place dans la bouche de Salmonée au Tartare :

> Discite justitiam moniti, et non temnere divos.

Il n'a qu'un tort, et Scarron va nous l'apprendre :

> Cette sentence est bonne et belle ;
> Mais en enfer à quoi sert-elle ?

A la théorie déroulée par Anchise à Énée, sur les corps et l'âme du monde, théorie d'une poésie élevée, mais dont la clarté n'est pas la qualité première, notre auteur burlesque fait répondre irrévérencieusement par le héros ce que beaucoup de lecteurs se sont dit à coup sûr, quoique avec plus de respect :

> Ma foi, je ne vous entends pas,
> Et, dès la quatrième ligne,
> Soit que je n'en sois pas trop digne,
> Je n'ai rien du tout entendu.

Ailleurs, sa critique est plus générale, et va droit à

la plupart des poëtes anciens et aux fictions mythologiques. C'est ainsi que, nous représentant Mercure qui s'ajuste des talonnières, comme un postillon mettrait ses bottes, il ajoute :

> Car ce dieu ne pourroit sans elles,
> Quoique Dieu, non plus qu'un caillou,
> Voler sans se casser le cou.

S'agit-il de la comparaison classique, et si mal fondée, des chants les plus mélodieux avec celui du cygne :

> Je crois savoir, de bonne part,
> Qu'un cygne non plus qu'un canard,
> N'a pas la voix fort agréable.

Quelquefois même, c'est un trait de satire qui s'adresse aux mœurs du temps, aux vices, aux ridicules, aux modes, comme eût pu faire Boileau, par exemple, mais en tout autre style. Ici, il nous représente Didon, parlant un peu gras pour se donner bon ton (liv. I); là, il exclut des champs Élysées (liv. VI)

> Les fats qui contrefont les tristes,
> Les plus importuns des humains,
> Ceux qui montrent leurs belles mains,
> Ceux qui se disent sans mémoire,
> S'imaginant qu'ils feront croire
> Qu'ils en ont plus de jugement...
> Ceux qui ne disent jamais mot,
> Finesse ordinaire à tout sot
> Qui de soi ne peut rien produire,
> Et qui croit que, par un sourire
> Et par un silence affecté,
> Il couvre sa stupidité, etc.

On trouve ainsi plus d'une page, dans le *Virgile travesti*, où se trahit l'observateur à côté du bouffon.

Il y a plus : parfois le bout de l'oreille du *philosophe* (si l'on veut bien me passer ce mot singulier en parlant de Scarron) apparaît derrière le masque grotesque, et le poëte profite des libertés du genre pour glisser son utopie sous le couvert de Virgile. Avant l'auteur de *Télémaque*, il avait rêvé sa ville de Salente, et il nous a tracé son idéal, en nous montrant (liv. I) la manière dont la reine rend la justice et fait la police à Carthage.

Scarron a cinq ou six sources où il va puiser habituellement son burlesque, et un petit cercle de procédés dont on peut noter les diverses allures. Tout son poëme est une mascarade triviale, un travestissement très-familier des caractères, des faits et du langage; une antithèse perpétuelle entre la grandeur des actes et la manière dont ils sont racontés, la grandeur des personnages et la façon dont il les peint. Il aime à mettre à l'improviste une réflexion bien bourgeoise, un point de vue sentant son petit rentier du Marais, sur les lèvres d'un héros. Énée, par exemple, demande à Jupiter, pour éteindre l'incendie de ses navires, un peu de cette pluie qu'il donne si souvent en abondance,

> Alors qu'on s'en passeroit bien,
> Qu'un chapeau neuf ne dure rien.

Quand le fils d'Anchise abandonne si singulièrement Didon, Scarron, enveloppant sa critique sous son air de bonhomie habituel, ajoute encore une remarque du même genre :

> Il gratte et regratte sa tête
> Pour trouver un prétexte honnête
> De quitter ces aimables lieux...
> En cet endroit, maître Maron

> N'a point approfondi l'affaire,
> Tellement qu'il se peut bien faire
> Que maître Æneas étoit soûl
> D'avoir toujours femme à son cou.

Cette naïveté, vraie ou feinte, tantôt narquoise ou moqueuse, tantôt d'une innocence extrême, est un des principaux mérites de Scarron. Les exemples fourmillent. Au milieu du sac de Troie, Énée voit accourir Panthus,

> Ayant quasi perdu l'haleine
> A force de crier au feu.
> Il portoit son petit-neveu
> Et tous nos dieux dans une hotte...
> — Notre citadelle est donc prise?
> — Hélas, oui, brave fils d'Anchise...
> Et pour moi qui la commandois,
> Voyant bien que je me perdois
> Si je contestois davantage,
> J'ai fui comme un homme bien sage,
> Non tant par la crainte des coups,
> Que pour mourir auprès de vous.

Énée retourne chez lui pendant la mêlée pour sauver sa famille. Il frappe rudement à sa porte. Les siens ont peur :

> On me cria par la fenêtre
> Que l'on n'ouvroit jamais la nuit,
> Et que je faisois trop de bruit.

Ailleurs, il nous montre son héros, faisant *apporter pinte* pour une libation, et la répandant sans en boire,

> Chose très-difficile à croire !

Il aime ces étonnements et ces réflexions *bonasses*. « Un vilain vent, sans dire gare, » vient-il fondre sur

Énée, en dépit du discours onctueux qu'il est en train de débiter aux Troyens,

> Il falloit qu'il fût bien barbare
> D'attaquer un homme si bon,

ajoute avec indignation notre poëte.

C'est encore de la même manière qu'il proteste à chaque instant de sa véracité, surtout dans les passages les plus invraisemblables. Il s'écrie, la main sur le cœur : « Maudit soit qui ment ! » Il prend les contradicteurs à partie :

> Certain auteur a dit que non,

et il les réfute avec une conviction profonde.

Partout apparaît, dans le *Virgile travesti*, une espèce de « naturel enfantin, » suivant le terme de M. Guizot; de mouvement prime-sautier, d'une grande vérité comique. Vénus donne à Énée un coup sur les doigts au moment où il allait tuer Hélène :

> Ce coup dont ma main fut cinglée,
> Et dont j'eus l'âme un peu troublée,
> Me fit dire, en quoi j'eus grand tort,
> Certain mot qui l'offensa fort.
> Elle me dit, rouge en visage :
> « Vraiment, je vous croyois plus sage.
> Fi, fi, je ne vous aime plus.
> — Je suis de quatre doigts perclus,
> Lui dis-je, et qui diable ne jure,
> Alors qu'on reçoit telle injure ?
> — Eh bien, ne jurez donc jamais,
> Dit-elle. — Je vous le promets,
> Lui dis-je ; et trêve de houssine,
> Car il n'est divin ni divine,
> A qui, s'il m'en faisoit autant,
> Je ne le rendisse à l'instant. »

A propos du chien de Ganymède, aboyant après le ravisseur de son maître, écoutez cette exclamation admirative :

> Que le chien de Jean de Nivelle,
> Auprès de ce mâtin de bien,
> Est un abominable chien !

Il faudrait rapporter en entier la description de l'amour naissant de Didon pour Énée, et les réflexions qui le trahissent, d'abondance de cœur :

> Le défunt ne le valoit pas...
> Oh! qu'il est frais, oh! qu'il est gras,
> Qu'il est fort, qu'il est beau gendarme !
> Que sa riche taille me charme !...
> Quand quelqu'un a l'âme poltronne,
> A tout bruit il tremble, il s'étonne,
> A tout coup il saigne du nez ;
> Mais ce roi des déterminés,
> Combien de places enlevées, etc.

Énée emporte sur ses épaules son père Anchise, qui ne cesse de lui donner de grands coups de poing dans le dos, en l'appelant tantôt *mon cher fils*, tantôt *sot* et *mâtin*, pour le faire aller plus vite. Créuse se perd en route parce qu'elle s'est arrêtée pour remettre sa jarretière. Lors de son entrée aux enfers, le héros, s'obstinant à tirer l'épée contre les ombres, tombe le nez en terre, entraîné par la force de ses coups dans le vide. Scarron n'oublie pas de peindre la mauvaise humeur de son personnage jurant « en charretier embourbé, » et la civilité avec laquelle la sibylle lui tend la main, pour le relever de sa chute.

Un des moyens les plus fréquents de Scarron, c'est l'emploi des anachronismes, mais si naturellement amenés, si naïvement plaisants, qu'on les croirait faits par quelque bon bourgeois ignorant, qui traduirait Virgile sans y entendre malice. Lorsque le héros aborde sur la terre africaine, après mille voyages que l'auteur compare à ceux du Juif errant, il brûle avant tout de

> ... Savoir si les habitants
> Sont chrétiens ou mahométans.

La nymphe Déiopée

> ... Entend et parle fort bien
> L'espagnol et l'italien ;
> Le *Cid* du poëte Corneille,
> Elle le récite à merveille.

Didon, en voyant Énée sortir de la nue, bien frisé, couvert de pommade et de poudre de jasmin, fait, de saisissement, le signe de la croix. A table, elle commence par dire dévotement son *Benedicite*. Pygmalion tue Sichée d'un coup d'arquebuse à rouet, tandis qu'il récite son bréviaire. Mézence est un farouche blasphémateur qui ne va jamais à confesse.

Ces anachronismes inattendus, d'un effet irrésistible, Scarron les tire surtout de ses habitudes, de ses idées familières, de tout ce qui l'entoure. Que la sibylle fasse à Caron l'éloge d'Énée, par exemple, elle ne manquera pas de dire qu'il n'est *point Mazarin*. Mais, si je voulais tout citer, je n'en finirais pas.

Puis c'est l'intervention soudaine de la personnalité du poëte burlesque, en un retour familier qu'il fait sur lui-même, dès que l'occasion s'en offre :

> Porté tant par-là que par-ci,
> Ou par-ci, par-là, l'un vaut l'autre :
> En un métier comme le nôtre,
> On ne rime pas comme on veut,
> Mais seulement comme l'on peut.

Un peu plus loin, il nous représente

> Messire Æneas, dont l'esprit
> Ne songeoit alors qu'à Carthage,
> Et bien moins à faire voyage,
> Que moi, cul-de-jatte follet,
> Ne songe à danser un ballet.

Scarron a sans cesse aussi recours à l'énumération comique. Doué d'une imagination qui lui faisait trouver dans chaque événement, avec une prosaïque abondance, les moindres détails, surtout les plus vulgaires, il ne manque pas de les aligner les uns après les autres, donnant ainsi à son récit un grand air de vérité bourgeoise et triviale. On peut lire, par exemple, la description du déménagement d'Énée, lorsqu'il quitte Troie; celle de tous les objets pillés par les Grecs, et entassés par eux près du palais de Priam (liv. I); celle des prix que fait apporter le fils d'Anchise pour les vainqueurs des luttes (liv. V); ou la liste des questions que Didon lui adresse :

> Si dame Hélène avoit du liége,
> De quel fard elle se servoit,
> Combien de dents Hécube avoit,
> Si Pâris étoit un bel homme,
> Si cette malheureuse pomme
> Qui ce pauvre prince a perdu,
> Étoit reinette ou capendu...
> S'ils moururent tous du farcin
> Les bons chevaux de Diomède,
> Qu'elle y savoit un bon remède ; etc.

Ajoutez à tout cela des digressions nombreuses et toujours excellentes, assez semblables à celles de ces conteurs bavards et prolixes, mais amusants, dont certaines comédies ont tiré si bon parti, qui commencent un récit, s'accrochent à tous les incidents et dérivent à toutes les parenthèses.

Sous peine de reproduire ici la moitié du poëme, je ne puis rapporter tous les passages où triomphe le génie burlesque de notre auteur par la réunion générale des qualités que je viens de dire. Il en est pourtant quelques-uns que je voudrais signaler parmi les meilleurs. C'est d'abord la manière dont Hécube gâte le petit Astyanax (liv. II) :

> Cet enfant étoit son idole,
> Et la vieille en étoit si folle,
> Qu'avec lui troussant hoqueton,
> Entre les jambes un bâton,
> Elle couroit la prétantaine
> Jusqu'à perdre souvent l'haleine.
> Andromaque s'en tourmentoit,
> Connoissant bien qu'on le gâtoit.
> Priam, le voyant à toute heure
> S'empiffrant de pain et de beurre,
> Disoit avec sévérité :
> Ce sera quelqu'enfant gâté.

Ensuite la description de Polyphème, le discours furieux de Didon à Énée après sa trahison, plein d'une verve et d'une énergie burlesques si caractérisées ; la description de la lutte des vaisseaux et l'apparition d'Anchise à son fils ; le radotage du vieil Évandre, rendu avec une vérité si comique, etc.

Quelques passages, peu fréquents et peu longs, il est vrai, ont été rendus avec un certain souffle poétique, et pourraient passer pour une vraie, pour une belle traduction. Tels sont la plupart des vers par lesquels Sinon atteste les dieux et Calchas qu'il est délié de toute fidélité envers les Grecs (liv. IV), et les suivants sur le désespoir de Didon :

> Elle s'effraya de son sort ;
> Le désespoir saisit son âme
> Et prit la place de sa flamme ;
> Sa flamme se change en fureur :
> Ce qu'elle aima lui fait horreur...
> Elle s'abandonne à la rage ;
> Le jour même lui fait ombrage :
> Elle le hait, elle le fuit,
> Souhaite une éternelle nuit,
> Pour ne se pas voir elle-même. Etc.

Et l'invocation de Didon lorsqu'elle va mourir :

> Soleil qui chauffes l'univers,
> Qui tout vois et qui tout regardes,
> Et par les rayons que tu dardes,
> Produis la lumière et le jour,
> Vis-tu jamais plus lâche tour ?
> Junon, qui sais toutes ces choses,
> Et qui peut-être me les causes,
> Et toi, ténébreuse Hécaté,
> Toi qui, par mon ordre, as été
> La nuit aux carrefours hurlée,
> Et par tes saints noms appelée ;
> Dames des ténébreux manoirs,
> Vengeresses des crimes noirs,
> Dieux de la moribonde Élise,
> Si la vengeance m'est permise,
> Prenez, justes divinités,
> Part en mes maux et m'écoutez !

Tout le désespoir amoureux de Didon, après la trahison d'Énée, est rendu avec une vigueur et un mouvement singuliers, surtout dans ses imprécations, dont l'extrême familiarité n'enlève rien à l'extrême énergie. Par ces endroits, comme aussi par beaucoup d'autres, plus exclusivement burlesques, on peut voir que Scarron entend très-bien son auteur. Il en comprend à merveille la langue et les beautés, parfois même beaucoup mieux que tel qui l'a sérieusement traduit. Il n'y a pas un contre-sens dans le *Virgile travesti*. Scarron était instruit, et il a certainement fait sa version sur le latin.

Notre auteur diffère complétement, et tout à son avantage, des travestisseurs dont la parodie est une arme de guerre, et qui veulent déprécier un classique en l'habillant en burlesque. Ceux-là sont sacriléges et maladroits; Scarron n'a été qu'espiègle et quelquefois taquin. Jamais il n'a amoindri Virgile à mes yeux. En relisant le poëte latin après cette mascarade inoffensive, mon admiration, quand elle ne s'est pas accrue par le contraste, n'a pas baissé d'un degré. On peut même dire, avec les critiques les plus graves, que mieux on connaît et on sent Virgile, plus on s'amuse de ce joyeux déguisement.

Pour être apprécié justement, le burlesque de Scarron doit être considéré dans ses rapports avec sa personne; ce point de vue seul peut en compléter l'intelligence et en expliquer la nature. Le genre est en relation intime avec sa maladie, ses souffrances, sa position particulière; on peut dire qu'il lui est propre et comme réservé. Son talent est à l'image de son corps, contrefait et rabougri, ennemi du grand, du noble et du beau, non par rage de nain jaloux, qui salit et mutile ce qu'il ne peut égaler, mais par joyeuse humeur de bouffon, qui travestit à son image tout ce qu'il ne peut atteindre, afin de rire des autres comme de lui. Ceux même qui condamnaient le plus sévèrement le burlesque, pour la plupart le comprenaient et l'excusaient chez lui, soit parce qu'ils le considéraient comme le produit naturel d'un génie particulier et irrésistible, soit parce que ses douleurs extraordinaires autorisaient comme antidote une extraordinaire gaieté. On pardonnait tout à ce pauvre cul-de-jatte, stoïcien d'une nouvelle espèce, en qui s'était conservée, accrue par les souffrances physiques, fomentée par la goutte, la lymphe et la paralysie, la séve du vieil esprit gaulois s'échappant en ramifications bizarres, comme ces branches folles qui poussent sur un tronc noueux.

Mille auteurs ont cultivé le burlesque; seul, Scarron y a vraiment réussi; seul peut-être, au moins à son époque, il a mis du goût dans un genre antipathique au goût, ou que du moins le goût voit avec une juste défiance, s'il ne le réprouve pas absolument. Il est le classique et le seul classique de la littérature burlesque; il a cette grande et incontestable marque de supériorité, d'avoir incarné en lui et fini le genre, comme a fait la Fontaine pour la fable. Le burlesque, c'est lui, et lui, c'est le burlesque; il en est resté la personnification, le seul représentant admis. On peut dire que, littérairement, le burlesque n'existe pas en dehors de lui, et que, plus la chose semble méprisable, plus il mérite de louanges d'avoir su la relever à ce point, même aux yeux de beaucoup de juges sévères. Quoi qu'on pense du genre, et à supposer même qu'on en pense du mal, ce qui est assurément très-permis, on ne peut nier que ce ne soit un de ceux où il faut le plus de verve, d'esprit, d'originalité, de traits naïfs et comiques : il ne peut se sauver que par là et n'admet rien de froid ni de forcé, de tous les personnages le plus fastidieux étant celui d'un mauvais bouffon [1].

On a souvent avancé que l'influence morale de madame Scarron s'apercevait dans les derniers livres du

---

1. V. Marmontel, *Élém. de littérat.*, art. *Burlesque*.

*Virgile travesti*, comme dans la seconde partie du *Roman comique*. Ceux qui l'ont dit n'ont pas bien lu ces derniers livres : le septième est au moins aussi libre que n'importe quel autre [1], et le fragment du huitième ne le cède guère aux précédents. Ce n'est pas qu'il y ait du libertinage dans Scarron; mais il y a trop souvent des mots et des phrases cyniques, des grossièretés de mauvais ton et de mauvaise compagnie, qui étaient encore chez lui une nouvelle forme de plaisanterie. « Cet homme-là n'est pas un empoisonneur, disait Voltaire de Beaumarchais : il est trop drôle. » Scarron n'est pas immoral, il est trop drôle. Il a parfois le libertinage de la plume, jamais celui du cœur. Nous ne le disons pas pour le justifier entièrement, mais du moins pour atténuer ses torts.

Ses qualités mêmes le conduisent à d'autres défauts : dans l'emploi de ces procédés naturels dont nous parlions plus haut, Scarron se copie souvent lui-même ou s'arrête à des circonstances triviales, qui n'ont rien de plaisant. Dans le seul fragment du huitième livre qu'il a traduit, il arrive deux fois que des coups d'encensoir mal dirigés font choir toute la braise et causent des accidents divers qu'il est facile de s'imaginer. A chaque instant on voit le héros ou les Troyens rire de contentement comme des fous, danser et *se claquer la fesse* en signe de joie. Plus fréquemment encore re-

---

[1] Cela viendrait encore à l'appui de l'opinion que nous avons déjà émise, après M. Walckenaër, que le mariage de Scarron, généralement fixé à 1650 ou 1651, n'est en réalité que de 1652. Loret semble le dire expressément (l. III, lettre xxii et xliv), et Loret est informé jour par jour de tout ce qui se passe autour de lui. Alors il serait tout simple que madame Scarron n'eût pu influer sur la composition de ce septième livre, qui parut la même année, et qui était probablement terminé lors du mariage.

viennent d'autres plaisanteries peu délicates, qu'il serait malaisé de citer; et ces répétitions d'idées amènent naturellement des répétitions de mots. Scarron admet trop facilement toute bouffonnerie qui lui passe par l'esprit; ses habitudes et son tempérament ne le disposaient ni à la sévérité ni au choix. Et puis les nécessités de la rime suggèrent à sa plume l'idée la plus inattendue, le mot le plus éloigné de ce qu'il voulait dire d'abord; et il n'est pas homme à se creuser la tête pour se mettre d'accord avec la logique, comme il l'avoue en maint endroit de son poëme. C'est un écolier en rupture de ban, à qui tout est bon pour jouer des niches à son maître. Où ne peut conduire, d'ailleurs, la nécessité d'une parodie et d'un rire continu, même quand le sujet n'y prête pas, même quand l'esprit, mal disposé, ne se trouve point en verve? La prolongation de cette plaisanterie diffuse, que rien n'arrête et qui se ressemble trop, ne tarde pas à fatiguer. Souvent heureux, en effet, et fertile en gais développements, ce flux de paroles n'est parfois que la stérile abondance d'un flot sans saveur et sans force, coulant partout et toujours avec la même facilité banale. Çà et là, le dégoût, que Scarron ne paraît pas connaître, saisit le lecteur le moins ombrageux, et il est quelques passages où cette éternelle et impitoyable plaisanterie révolte comme une cruauté et une profanation. Tel est, dans le deuxième livre, l'endroit où Pyrrhus tue Polyxène sous les yeux de son père, et le vieux Priam lui-même. Il répugne de voir un bouffon grimacer en un pareil sujet consacré par l'attendrissement de nos souvenirs, et il nous semble qu'on ne peut se jouer ici du poëte sans se jouer aussi des sentiments qu'il a exprimés avec une si noble et si communicative émotion.

Si nous passons au style du *Virgile travesti*, il faudra bien avouer que rien n'en égale la négligence et le sans-façon. En dehors de ses incorrections fréquentes, il a des périodes qui n'en finissent pas et s'embrouillent si bien, qu'il est parfois impossible d'y voir clair; d'innombrables parenthèses s'enchevêtrant les unes dans les autres, comme en ces bavardages des conversations familières, où l'on perd à chaque instant de vue son point de départ. Le vers est rempli d'étranges licences, les unes encore tolérées alors, quoiqu'elles fussent rejetées par les poëtes soigneux; les autres que Scarron admet de son propre chef. Il compte comme une syllabe l'*e* muet précédé d'une voyelle, il fait l'élision devant un *h* aspiré, il se permet les hiatus, il a même quelques vers faux. Mais à quoi bon le lui reprocher? Scarron sait parfaitement tout cela, il vous le dira lui-même. Il est le premier à se moquer de lui au besoin, et il se moquera de vous si vous mettez vos lunettes pour éplucher ses vers. Écoutez-le, interrompant le récit des amours de Didon et d'Énée, pour faire contre les mauvais rimeurs une tirade où il ne s'épargne pas plus que les autres :

> Tels rimeurs mériteroient bien
> D'être nommés rimeurs de rien,
> Ou bien rimeurs à la douzaine.
> Ceci soit dit pour prendre haleine :
> Si quelqu'un n'en est pas content,
> Il en peut de moi dire autant ;
> Je crains fort peu les coups de langue.

Que répondre? Avec un auteur de ce tempérament, la critique perd ses droits.

Tous ces défauts, et d'autres encore, n'empêchent pas le *Virgile travesti* d'être un ouvrage original, et

d'avoir parfaitement atteint son but principal, qui était
d'exciter la gaieté et de tenir les lecteurs en joie. Je sais
bien qu'on ne peut le lire longtemps de suite; il a besoin d'être pris à petites gorgées, et, pour ainsi dire,
page par page. Il en est de même de toutes les œuvres
où les plaisanteries se suivent sans interruption. Notre
esprit se fatigue de ce qui est continu, et les plus frivoles aiment à se reposer, même du rire.

Louis XIV, le monarque solennel, poussait le goût
pour le burlesque de Scarron jusqu'à se faire représenter trois fois en un jour sa comédie de l'*Héritier
ridicule* : il est vrai qu'il était jeune alors. Racine, on
le sait, se délectait à lire le *Virgile travesti* : il est permis de partager avec Racine cette faute, si c'en est
une, dût Boileau en froncer les sourcils. Guéret (*Parnasse réformé*) et Sorel (*Bibliothèque française*) ont jugé
que Scarron avait donné à l'*Enéide*, dans le genre burlesque, le même rang qu'elle tient dans le genre sublime. Les critiques étrangers, nous apprend Baillet,
en ont été également charmés. Olaüs Borrichius (*Dissert.* IV, *de poetis latinis*, n° 139) a vu dans ses ouvrages
quelque chose d'analogue aux Silènes d'Alcibiade et
aux Mimes de Sophron qui, sous un aspect difforme,
cachaient la divinité intérieure. Sorbière, un esprit sérieux, un philosophe, compare, non sans raison, le
burlesque de Scarron aux grotesques de Rembrandt
et de Callot, « lesquels ne sont admirés que des maîtres
de l'art, qui voient la symétrie des postures parmi le
ridicule et l'irrégularité, qui seule est remarquée du
vulgaire, » et il poursuit son éloge sur le ton du plus
lyrique enthousiasme.

Il est certain que, là où les lecteurs ordinaires ne
verront que les bouffonneries et les trivialités risibles,

les intelligences cultivées seront charmées de cette naïveté et de ce naturel, de cet enjouement si communicatif, de cette parodie quelquefois si fine dans sa grossièreté même, de cette critique à la fois plaisante, pleine de verve et de justesse, comme on est charmé, — soit dit sans vouloir pousser plus loin la comparaison, — de retrouver l'atticisme jusque sous les ordures d'Aristophane.

On le voit donc, ce ne sont point seulement les esprits légers qui se plaisent à la lecture de Scarron : ce ne sont même pas eux, peut-être, qui s'y plaisent le plus, parce qu'ils n'en aperçoivent qu'un côté. Il y a de quoi frapper les plus dédaigneux dans cet ensemble de graves témoignages dont je n'ai donné que la plus minime partie. Sans chercher à y joindre les noms de tous les autres critiques, savants, érudits, qui se sont prononcés dans le même sens, je veux abriter ici mon opinion, comme Teucer s'abritait derrière le bouclier d'Ajax, sous l'autorité d'un grave littérateur et d'un grave historien, hommes de goût et certainement peu suspects de frivolité. M. Guizot, dans sa *Vie de Scarron*, a fait ressortir avec prédilection les qualités remarquables de cette œuvre, qui scandalise les *faibles*. Quant à M. Géruzez, après avoir traité notre auteur d'esprit naïf dans son affectation, délicat sous sa grossièreté d'emprunt, voici comme il conclut :

« C'est par ces traits de critique ingénieuse, par le rapport constant de la caricature au modèle, par le sel, la vivacité et le naturel de la plaisanterie, que Scarron a désarmé le rigorisme des gens de goût, et qu'il a presque justifié l'engouement de Guéret, qui, dans le *Parnasse réformé*, le réconcilie avec Virgile, et scelle la conciliation par de longs embrassements. »

Voilà qui est, je pense, d'un grand poids en faveur de Scarron. Pour nous, qui ne sommes point tenu peut-être à la même sévérité de jugement que des professeurs de la Faculté des lettres, nous n'oserions aller si loin dans l'apologie; et nous avons cru faire la part encore assez belle à notre auteur, en en parlant avec moins d'enthousiasme.

Par une fatalité commune à la plupart des ouvrages comiques de ce temps, Scarron n'a pas achevé son *Virgile travesti* non plus que son *Roman*. Il s'est arrêté vers le milieu du huitième livre. C'est, a-t-on dit, parce que les derniers chants du poëme latin, moins intéressants, moins variés, moins connus, ne se prêtaient plus si bien que les premiers au travestissement. Sans examiner jusqu'à quel point l'opinion généralement répandue sur l'infériorité de la dernière moitié de l'*Énéide* est juste et vraie, il faut reconnaître, en effet, que Scarron devait s'y trouver plus mal à l'aise, plus à l'étroit, moins servi par les caractères et les événements. Il le déclare dans les premières pages du septième livre. Mais il me paraît plus simple d'attribuer surtout cette désertion à sa fatigue, sur laquelle il revient souvent. Scarron était un grand enfant, qui se lassait bien vite de ses jouets. Le pieux Énée avait fini par lui peser beaucoup. Il se dégoûtait même du burlesque, comme il en a rendu témoignage dans la dédicace de son cinquième livre, et ailleurs encore. Il nous apprend avec découragement, — et nous avons vu jusqu'à quel point cette plainte était fondée, — que la troupe servile des imitateurs s'était élancée sur ses traces, envahissant Virgile, épuisant gloutonnement le grotesque et le discréditant à tous les yeux. Ainsi exploité et gaspillé de toutes parts, le genre, devenu banal et traîné dans les ruisseaux, n'était plus qu'une guenille qu'il fallait laisser à terre. Scarron avait l'air, lui qui était le créateur, de suivre l'ornière commune. Il aima mieux céder la place. Quoi qu'il en soit de ces raisons, on sent sa lassitude et son ennui dans les derniers livres. Sauf quelques excellents passages, le septième est bien inférieur aux précédents, et le fragment du huitième ne se relève guère qu'au discours d'Évandre.

De même encore que le *Roman comique*, le *Virgile travesti* a été continué par quelques écrivains qui ont fait preuve, dans ce travail, de moins de talent que de bonne volonté, comme s'ils eussent voulu se charger de démontrer une fois de plus, à leurs dépens, le mérite original de Scarron! La plupart de ces *suites*, celle de Moreau de Brasei, comme celle de Le Tellier d'Orvilliers, sont au-dessous de la critique, et nous jugeons parfaitement inutile de nous en occuper ici. Scarron a laissé une triste école, et, s'il y a quelque plaisir à étudier le maître, rien ne pourrait nous dédommager de la tâche fastidieuse et pénible d'étudier les disciples.

# VII

# LA CRITIQUE LITTÉRAIRE

## AU XVIIᵉ SIÈCLE

### ET LA QUERELLE DES ANCIENS ET DES MODERNES.

---

Il n'est pas dans la nature et dans les destinées générales de la critique de se développer en même temps que l'art. Chez tous les peuples anciens ou modernes, son histoire s'ouvre à une date bien postérieure à celle de la littérature proprement dite. En effet, comment la concevoir et quel rôle lui donner dans ces époques où la poésie naît d'elle-même comme une fleur du sol, chante d'instinct comme l'oiseau, et semble le souffle naturel de toutes les aspirations, de tous les désirs, de tous les amours qui s'éveillent? De même que, dans la création, la vie végétative précède logiquement la vie animale, de même dans l'existence physique ou morale des hommes, la vie spontanée précède la vie réfléchie. L'art primitif est, pour ainsi dire, un enfant, qui parle et marche de lui-même, sans savoir qu'il parle et qu'il marche; la critique vient ensuite, qui lui donne la conscience de son existence et de ses actes. Elle est l'œuvre de la raison et de l'expérience, qualités de l'âge d'homme, tandis que la poésie est surtout le résultat de l'imagination et du sentiment, qui ne s'épanouissent à l'aise que dans la jeunesse des peuples comme des individus.

 Les règles, en ce qu'elles ont d'essentiel et d'inhérent à la nature même de l'esprit humain, ne précèdent pas les modèles, car ce ne sont point des combinaisons abstraites et mathématiques que l'on puisse créer dans le vide, sans point d'appui : elles se manifestent dans les œuvres qui en donnent l'exemple et la révélation; elles éclatent jusque dans leurs erreurs et leurs chutes, où les esprits attentifs vont puiser les principes destinés à servir de guide à ceux qui suivront. Il faut que la littérature se soit constituée, qu'elle ait, pour ainsi dire, atteint son point culminant et fourni sa carrière, pour que la critique, œuvre qui *termine* et résume, arrive à son tour. Un homme qui a toute autorité pour en parler, M. Villemain, l'a qualifiée sévèrement, en l'appelant « une occupation des littératures vieillies. » Le mot est vrai, si l'on n'oublie pas toutefois que c'est par elle que les littératures vieillies se sauvent de la caducité. Non pas qu'elle puisse aider beaucoup à les rajeunir, mais elle peut aider du moins à les conserver. Il n'appartient point à la critique de rallumer le feu sacré dans les foyers éteints, et elle se flatterait vainement de diriger à son gré l'inspiration. Celle-ci, semblable à l'Esprit d'en haut dont parle l'Évangile, souffle où elle veut, et ne s'inquiète guère des conseils et de l'appui de personne. C'est lorsque la source semble tarie que la critique vient remplir sa tâche, en s'efforçant de substituer au génie l'art et le goût, de suppléer à l'instinct par le calcul, à la nature épuisée par l'*in-*

*dustrie*, d'appeler, en un mot, le jugement, la raison et l'étude au secours de l'inspiration défaillante.

Ainsi, ce qu'on a souvent constaté comme un phénomène bizarre, — l'épanouissement de la critique parvenu à son plus haut degré, précisément aux époques où il ne se produit en quelque sorte plus rien qui soit digne d'elle, — est un fait logique et normal. Alors la littérature tout entière est absorbée dans la critique, et celle-ci devient une littérature à son tour. C'est de cette façon que, nulle sous Périclès, elle envahit tout sous les Alexandrins. C'est ainsi encore que, de la sphère étroite où elle resta blottie chez nous, sous Louis XIV, elle s'éleva, dans la première moitié de ce siècle, à la hauteur où nous l'avons vue.

Mais ici une réflexion bien naturelle se présente à l'esprit. Le siècle de Louis XIV n'est pas une de ces époques primitives dont nous parlions tout à l'heure, où la poésie germe et se développe d'elle-même; c'est l'âge viril de notre littérature, le moment où, parvenue à sa maturité après une longue et laborieuse adolescence, elle se marque au plus haut point des caractères de raison et de réflexion, d'équilibre et d'harmonie, qui forment comme ses qualités distinctives. Il semble que, si la critique n'a rien à voir dans les périodes où l'art naît d'une nature heureusement prodigue, abandonnée à ses inspirations, il n'en doit plus être de même quand il est le fruit d'une culture raffinée et d'une civilisation savante, le produit de l'étude, l'effort de l'esprit replié sur lui-même, et procédant par voie de comparaison et d'imitation. La littérature latine, imitatrice comme la nôtre, et qui s'en rapproche par tant d'autres points de contact, a eu ses meilleurs critiques, Cicéron, Horace et Varron, aux plus beaux temps de sa floraison, et ceux-ci comptaient eux-mêmes parmi ses premiers écrivains. Dans un siècle d'ailleurs, où tous les genres littéraires étaient cultivés avec émulation, il paraît impossible que les auteurs ne se trouvassent pas conduits à exposer les principes, à discuter les règles. Seulement, plusieurs causes contribuent alors à effacer l'importance de la critique, à en dérober, pour ainsi dire, l'existence aux regards : c'est d'abord la façon, toute différente de nos idées, dont elle a été comprise, c'est ensuite qu'elle est disséminée çà et là et comme ensevelie, soit dans de petits traités spéciaux dont la réputation n'a point passé jusqu'à nous, et que le changement des opinions littéraires a fait sombrer dans l'oubli; soit dans des chapitres isolés, des préfaces, des lettres, des *anas* (comme ceux de Segrais, de Ménage, du savant évêque d'Avranches et les *Mélanges* de Vigneul-Marville), des ouvrages de circonstance, nés et morts avec l'intérêt du moment. C'est là surtout qu'il faut chercher, et nous y avons trouvé beaucoup plus que nous ne l'espérions.

Et puis, au XVII<sup>e</sup> siècle, la critique se fait dans les salons, les *réduits*, les *ruelles* : il n'est pas une de ces assemblées, échelonnées du faubourg Saint-Germain au fond du Marais, qui n'écrive son feuilleton à propos du livre ou de la pièce du jour, et qui n'épuise en ses doctes causeries le cercle entier des questions littéraires [1]. Les Aristarques les plus accrédités, les grands

---

[1]. Indépendamment des salons et ruelles que tout le monde connaît, et de la multitude d'assemblées moins célèbres qu'on peut voir énumérées dans le *Dictionnaire des Précieuses* de Somaize, il y avait un assez grand nombre de conférences d'éloquence et de critique, dont un historien de Paris, trop rarement consulté, Le Maire, nous donne la liste à la fin de son dernier volume. C'étaient, par

juges reconnus des auteurs, ceux que l'on consultait de toutes parts, étaient souvent des gens qui n'écrivaient pas, comme le silencieux Conrart ou l'avocat Patru. A coup sûr, la critique, en tant qu'elle représente le jugement et le goût, loin de manquer alors, s'affirme au plus haut degré, et il n'en faut d'autre preuve que les chefs-d'œuvre du siècle. Mais il est vrai de dire que, considérée comme art spécial, comme profession, si l'on peut s'exprimer de la sorte, elle est aussi restreinte que le sens et l'esprit critiques se montrent développés. Très-peu d'écrivains, même en tenant compte des noms du second et du troisième ordre, en font leur occupation principale, et la plupart de ceux qui ont abordé publiquement la discussion des doctrines littéraires se sont placés à un point de vue exclusif, souvent même étroit et routinier, bien propre à exciter la commisération dédaigneuse des grands esthéticiens de nos jours.

Par la position inférieure et subalterne où il a géné-

---

exemple, les conférences, d'abord publiques puis particulières, de Ménage, qui se tenaient les mercredis au cloître Notre-Dame, et les conférences non publiques de M. de Villevant, maître des requêtes, *tenant cabinet* rue Hautefeuille, et successeur de son beau-père Salmon, qui avait été précédé lui-même par MM. du Puis. Celles de l'abbé Bourdelot, tous les mardis, rue de Tournon, étaient surtout scientifiques; celles de M. de Launay, conseiller du roi, historiographe de France, avaient lieu les mercredis et roulaient principalement sur la philosophie : l'auteur combattait Aristote et Descartes au profit de Gassendi. Les conférences de M. de Fontenay, tous les samedis, rue Christine, étaient scientifiques et philosophiques ; celles de l'abbé de la Roque, rédacteur du *Journal des Savants*, — les jeudis, rue Guénégaud, — embrassaient toutes les variétés des connaissances humaines. Enfin, pour nous borner là, il y avait encore les conférences universelles du burlesque sieur de Richesource, en son *Académie des philosophes orateurs*, place Dauphine.

ralement relégué la critique, le xviie siècle ressemble donc aux époques créatrices. C'est qu'il fut vraiment créateur lui-même, et profondément original, malgré des apparences qui peuvent tromper les esprits superficiels. Son imitation de l'antiquité est quelque chose de purement extérieur, qui n'atteint que l'épiderme de la littérature, et ne va pas jusqu'à l'âme. Dans son culte pour l'antiquité, le siècle de Louis XIV veut paraître l'imiter, même quand il ne l'imite pas. La Fontaine, publiant la première édition de ses *Fables*, l'intitule : *Fables choisies, mises en vers par M. de La Fontaine*, comme s'il s'était borné à versifier en français des apologues empruntés à Ésope et à Phèdre. Il croyait par là donner un passe-port à son livre, et le plaçait sous la protection du goût dominant. A la fin du siècle encore, La Bruyère effaçait humblement son œuvre derrière celle de Théophraste. Racine, qui se pose en imitateur de Sophocle et d'Euripide, qu'a-t-il pris à celui-ci dans *Iphigénie* et dans *Phèdre*? Les noms et quelques détails de la fable. Mais les passions, la pensée, l'esprit général, le fond du drame, tout cela est à lui, et y a-t-il rien de plus *original* dans le sens absolu du mot que ces prétendues imitations, c'est-à-dire de plus imprégné des goûts et des tendances du temps, de l'idée chrétienne, de la politesse galante et de l'amour chevaleresque, du langage et des sentiments de la cour de Versailles? Corneille, même lorsqu'il vient de créer la tragédie la plus fièrement indépendante, n'a d'autre souci que de s'évertuer dans ses préfaces à prouver qu'il a suivi les exemples et les préceptes des anciens. Il était donc logique que le xviie siècle, imitateur à la surface, mais original au fond, rentrât dans la loi commune à tous les siècles originaux et créateurs. On peut dire qu'il a prouvé une fois de plus, d'une part que le génie, le talent même, peut naître avant le goût; d'autre part, que le goût, lui aussi, naît parfois, comme le génie, d'une sorte d'instinct de l'esprit, qui n'est pas toujours capable d'analyser ce qu'il produit, et de rendre compte de ses opérations. Au temps du *Cid*, il y avait du génie sur la scène française, il n'y avait pas encore de goût, j'entends ce goût sûr et ferme qui allait bientôt dominer; plus tard, à côté du génie il y eut le goût, mais un goût qui n'avait pas encore appris à s'approfondir et se creuser lui-même, et qui se contentait d'être sans se définir, de s'affirmer par ses œuvres sans s'affirmer par ses théories.

## I

Dès les premières années du siècle, Regnier se plaignait avec amertume que la critique se réduisît à des questions de grammaire, et s'emportait en termes caractéristiques contre ces pédants chicaneurs, dont toute la science gisait

> A regratter un mot douteux au jugement.

Il eut beau faire, ce fut la tradition de Malherbe qui triompha, et les *regratteurs de mots* affermirent de plus en plus leur empire. En tout temps, ce genre de critique a eu son utilité; il avait alors une importance toute spéciale, par la nécessité de fixer la langue. C'est là aussi ce qui donnait tant de prix aux traductions et aux grammaires. De 1600 à 1650, il n'est, pour ainsi dire, pas un auteur grec ou latin, sans préjudice des italiens et des espagnols, qui n'ait été traduit trois ou quatre fois : ces versions, s'attachant beaucoup plus à l'élégance du style qu'à l'exactitude littérale, et ne reculant pas toujours devant un contre-sens pour arrondir une période, étaient considérées comme des ouvrages originaux et avaient presque autant de succès que les romans : elles donnaient la gloire et conduisaient en droite ligne à l'Académie ; il suffira de rappeler Du Vair, Coëffeteau, Perrot d'Ablancourt avec ses *belles infidèles*, et ce fameux Quinte-Curce auquel Vaugelas avait travaillé trente ans. C'étaient des travaux d'assimilation : on faisait passer les anciens dans notre langue moins pour les révéler au commun des lecteurs que pour se les approprier. Une fois traduits, ces ouvrages grecs ou latins devenaient des livres français, destinés à servir de modèles à leur tour. On ne disait plus l'*Histoire romaine* de Florus, mais l'*Histoire romaine* de M. Coëffeteau. Dès lors, il était naturel que les traducteurs missent beaucoup trop de leur propre fonds dans ce travail, et habillassent leur auteur à la mode du temps. Cette tendance, jointe à une connaissance très-imparfaite des langues anciennes, en cette époque où les études philologiques étaient loin d'avoir pris tout leur développement, produisit cette multitude de versions malheureuses qui nuisirent à la cause de l'antiquité qu'elles prétendaient servir.

Quant aux grammairiens, le besoin général et dominant d'arriver à une constitution définitive de la langue, jusque-là restée en quelque sorte individuelle, ou du moins livrée à l'arbitraire, aboutit à les faire considérer comme les premiers ministres de la critique [1]. On les

---

1. Je trouve même leur nom employé dans le sens latin comme synonyme de critiques, par exemple dans Balzac. Beaucoup, du reste,

voit se mêler au mouvement du monde, briller dans les salons, cultiver les lettres; l'étendue même de leur rôle, son influence littéraire et sociale, contribuent à agrandir le cercle de leurs relations comme de leurs études : ce ne sont point des pédants étroits et exclusifs, ce sont des écrivains, comptés et honorés comme tels.

Ce travail exercé sur la langue, et qui, par lui-même ou par les résistances qu'il suscite [1], forme toute une branche de la critique, surtout dans la première moitié du siècle, peut se résumer dans le nom de Vaugelas, et dans celui de l'Académie française, qui, à l'origine, fut moins une compagnie littéraire qu'une société grammaticale, constituée pour établir et conserver la pureté de la langue. On voulut surtout atteindre le but par l'élimination et l'élaguement, et cette œuvre, où Vaugelas et l'Académie furent directement appuyés par quelques écrivains comme le père Bouhours, et indirectement par un grand nombre d'autres, rencontra des contradicteurs acharnés qui soutinrent la lutte pied à pied. On connaît les satires de Ménage et de Saint-Évremond contre cette frénésie d'épuration qui avait pris les académiciens : il faut joindre à ces champions du libre et vigoureux langage du XVIe siècle, dont Fénelon devait également plaider la cause beaucoup plus tard, et auquel La Fontaine se montra toujours fidèle, la vaillante amazone, mademoiselle de Gournay, La Mothe le Vayer, et Scipion Dupleix qui, à l'âge de quatre-vingt-

---

étaient à la fois grammairiens, ou du moins philologues, et critiques, comme Ménage et un peu plus tard la Monnoye.

[1] Ce fut toute une guerre civile, ainsi que s'exprime, vers la fin du siècle, où elle durait encore, l'avocat et médecin Alemand, dans le titre d'un de ses livres : *Nouvelles observations, ou guerre civile des Français sur la langue.*

deux ans, s'élança au combat avec une ardeur toute juvénile pour défendre les vieilles franchises que rien ne devait sauver. Cette division en deux camps s'étend de la grammaire à la critique proprement dite; elle peut servir à tracer les lignes de démarcation entre les esprits du temps; elle indique la diversité de leurs tendances littéraires.

Ainsi, à côté et en dehors de la tradition de Malherbe qui se continuait en s'affermissant, celle de Regnier soutenait la lutte avec vivacité. L'histoire littéraire du XVIIe siècle est celle du triomphe progressif de la première sur la seconde, qui toutefois ne fut jamais entièrement domptée. Cette dernière se marque et se transmet surtout dans toute une série d'ouvrages mordants et positifs, de romans comiques et bourgeois, de facéties satiriques et *réalistes*, qui forment la contre-partie de la littérature officielle et protestent à leur façon contre la domination chaque jour croissante de l'esprit de cour, de l'élément épique ou chevaleresque. Ch. Sorel, Furetière, Scarron attaquent de la parole et de l'exemple les idées dominantes, et vont parfois jusqu'à hasarder des ombres de théories. Ces protestations furent impuissantes contre la tendance générale, et l'esprit gaulois dut se laisser absorber dans l'esprit français, comme nous verrons tout à l'heure les efforts de la liberté littéraire se briser contre le principe triomphant de l'ordre et de l'autorité.

Le plus important auxiliaire de Vaugelas et de l'Académie française, dans leur action sur la langue et la littérature, ce fut l'hôtel Rambouillet, si toutefois il est permis de placer en un rang subalterne cet illustre salon, dont l'influence fut longtemps prépondérante; cette autre Académie, plus célèbre encore et non moins recherchée que sa rivale. L'hôtel Rambouillet ne se borna pas à épurer, il créa. Il rendit au vocabulaire autant de termes et de tournures qu'il lui en voulait enlever, guidé dans ce double travail par une même inspiration, et s'efforçant de modifier le style dans le sens de la délicatesse et de la *politesse*. Ce n'est pas seulement sur la langue, c'est sur toute la littérature, et même sur les mœurs, que s'est exercée cette action de l'hôtel Rambouillet, qui partait d'un principe plus élevé que celui d'une pure réforme grammaticale : celle-ci n'était, au contraire, que la conséquence naturelle de toute une croisade entreprise pour ramener dans une société grossière le règne des idées chevaleresques, de la galanterie, des cours d'amour. Le travail de l'hôtel Rambouillet sur la langue un peu abrupte et sauvage, léguée par le xvie siècle au xviie, et qui avait besoin d'être dégrossie, raffinée, spiritualisée, si j'ose ainsi dire, a été utile et salutaire en principe, mais poussé trop loin. Dans toutes les réformes, le zèle emporte au delà des limites, tant on a peur de ne les pas atteindre! L'hôtel Rambouillet ne tarda pas à glisser sur la pente qui conduit de la délicatesse à la subtilité, et sa révolution littéraire, tombée dans le ridicule par l'exagération, vers la fin de son existence, acheva surtout de se discréditer par les maladresses et les inepties des coteries secondaires, qui cherchèrent à le singer, en outrant ses défauts, sans pouvoir atteindre à ses qualités.

C'est à l'hôtel Rambouillet et aux petites académies familières formées sur son modèle, qu'on doit cette puérilité des discussions littéraires, si fréquentes dans la première moitié du xviie siècle, que nous ne pouvons comprendre aujourd'hui, et qui nous fait sourire : la guerre contre la particule *car*, attaquée surtout par Gomberville et sur laquelle Voiture a écrit une lettre à madame de Rambouillet; les polémiques sur la prééminence de *muscadin* ou de *muscardin*; les luttes acharnées entre les partisans des deux *Belles Matineuses*, entre les Jobelins et les Uranistes, à propos des sonnets de Voiture et de Benserade [1]. En cette époque de transitions, les moindres choses acquéraient une réelle importance, et la passion sincère qu'on apportait dans toutes les questions relatives aux lettres contribuait à les agrandir. Par là même aussi, cette puérilité et ce pédantisme s'accompagnaient d'une violence peu en rapport avec la futilité des sujets, violence qui n'était que l'accent d'une conviction profonde, et qui l'emportait bien vite sur l'urbanité dont les combattants s'honoraient de faire profession. On peut même dire que les luttes littéraires du temps présentent pour la plupart ce singulier phénomène, que l'ardeur s'y montre en raison inverse de leur gravité: qu'il me suffise de rappeler ici les batailles qui se livrèrent entre dom Goulu, le prieur Ogier et Balzac, et plus tard entre Girac et Costar, sur la tombe à peine fermée de Voiture [2]. Les *Factums* de Furetière, entrepris d'ailleurs pour la vengeance d'une injure personnelle, sont un des monuments de la polémique littéraire au XVIIe siècle. Je ne parle pas des pamphlets de Garasse, où il y avait autre chose et plus que des passions d'écrivain. C'était un ressouvenir de ces duels entre érudits du XVIe siècle, où les auteurs se traitaient réciproquement

[1]. Vingt-quatre ans après la première apparition du sonnet d'*Uranie*, Balzac écrivait encore sur la question toute une longue dissertation, divisée en treize chapitres.

[2]. Voir l'appendice II.

de *carnifex*, *parricida*, *porcellus*, *rabidus canis*, *putidus auctor* et *latro sceleratissimus*, à propos d'une divergence sur un signe de ponctuation. La langue française naissante ne s'était pas encore entièrement débarrassée des audaces du latin de la Renaissance, et l'aigre levain des Scaliger et des Scioppius, mal comprimé, surnageait parmi le miel de l'hôtel Rambouillet. Ils sont innombrables alors ces gladiateurs de plume, comme les appelait Balzac. Il ne fallait qu'un éclair de passion pour communiquer l'étincelle au foyer, et les discussions de la petite chambre bleue, en raffinant outre mesure la délicatesse et la sensibilité littéraires, étaient de nature à allumer ces fièvres qui éclataient ensuite en luttes peu courtoises.

D'autre part, il est aisé de comprendre comment ces assemblées de beaux esprits devaient inévitablement aboutir au précieux. C'est là l'éternel écueil de la littérature des salons et de la société polie. La réunion de ces intelligences cultivées, multipliant l'une par l'autre la finesse littéraire inhérente à chacune d'elles, arrivait à un résultat d'ensemble dont on pouvait d'avance calculer mathématiquement la force. Ce qui était d'abord une qualité, se développant sans contre-poids, et incessamment accru par l'exercice et l'émulation, atteignit bien vite à son excès. Le poëte, le moraliste, le romancier, qui va lire son œuvre devant cet auditoire au sens fin et à l'esprit délicat, sachant qu'aucune nuance ne passera inaperçue, que les pensées les plus ingénieuses, les sentiments les plus subtils seront saisis au vol et compris à demi-mot, cède au conseil des applaudissements, et penche de plus en plus dans le sens où on le pousse. Le caractère qui marque les productions de l'hôtel Rambouillet nous sert à démêler avec certitude quel devait être celui de sa critique journalière. Il nous reste là-dessus quelques légendes, fondées sur les récits contemporains, qui ne sont pas très-propres à nous donner une haute idée de la sûreté [de ses appréciations. Le goût n'était nullement formé alors ; il tâtonnait dans l'ombre en cherchant sa voie, et n'avait pas encore trouvé ces fermes principes autour desquels il allait se rallier quelques années après. Les traces écrites ne nous font pas non plus absolument défaut : on les trouvera dans Ménage, dans le *Dictionnaire des Précieuses* de Somaize, dans la *Précieuse* de l'abbé de Pure, un *précieux* lui-même, malgré ses attaques contre les *ruelles* dont il avait été l'un des hôtes les plus assidus ; dans l'*Histoire de l'Académie*, de Pellisson, un esprit tout trempé de bienveillance qui admire également Chapelain et Boileau ; dans le traité sur l'*Origine des Romans*, de Huet ; dans divers opuscules de Sarasin, qu'il serait pourtant trop cruel de juger d'après son apologie de l'*Amour tyrannique* de Scudéry, car cette apologie est la préface d'un ami et non l'œuvre d'un critique ; dans bien d'autres encore, que nous ne pouvons nommer ou que nous rencontrerons plus loin.

Il est vrai que, à côté de ces noms, on en trouverait aisément qui ont fait preuve d'un goût plus sévère et plus sûr dans leurs jugements littéraires ; mais il n'en est pas moins vrai que la marque originelle est restée, ne fût-ce qu'au talon, sur la plupart d'entre eux. L'étoile de l'hôtel Rambouillet, et la fondatrice d'une autre Académie presque aussi célèbre, celle des Samedis, a mêlé çà et là la critique littéraire à ses *Conversations*, où nous avons à la fois un reflet du salon qui les a inspirées, et comme une révélation, bien affaiblie néanmoins, du charme exercé par Sapho sur son siècle. Ce sont des causeries, où les considérations morales et les ressouvenirs de la société polie dominent, même lorsque l'entretien dérive vers la littérature. Il y a pourtant quelques pages de théorie et de critique, celles, par exemple, qui traitent *de la Manière d'inventer une fable*, pages à la fois ingénieuses, délicates et vraies, qui ne sont, au fond, qu'une apologie indirecte du *Grand Cyrus*, mais présentée en un tel sens que Boileau lui-même n'y eût rien trouvé à reprendre.

Balzac est tout à fait l'homme, le héros sérieux de l'hôtel comme Voiture en est le héros badin et galant, l'Amilcar. Il a précisément trois lettres adressées à madame de Rambouillet, qui sont trois petits traités sur le vrai caractère des romans, où ne manquent point les remarques excellentes, écrites d'un style à la fois précis et coloré. Ses idées littéraires étaient plus exactes et plus sensées qu'on ne le pourrait croire, à la puérile emphase et à la solennité vide de la plupart de ses œuvres. Sans doute, il n'a ni beaucoup de suite dans la pensée, ni grande force dans le raisonnement, et il ne dépasse guère la superficie des choses; mais, dans ces limites, il a rencontré des aperçus justes et vrais. Les *Dissertations critiques*, par le sens droit et le jugement sain dont elles font preuve, à défaut de profondeur, méritent de nous arrêter un moment. Balzac ne se laisse point abuser par ses propres défauts sur les conditions qu'il trace aux écrivains, et loin de les ériger en principes, il prêche la vérité, le naturel, une certaine familiarité même au besoin, toutes choses qui nous paraissent bien simples aujourd'hui, mais qui l'étaient moins alors, et qu'il s'évertue à prouver longuement. Il n'exagère pas l'importance des règles, et sans les mépriser, les met à leur place, en s'efforçant toujours de remonter aux vraies sources de l'art. C'est, à coup sûr, une des œuvres critiques les plus remarquables du siècle, malgré quelques singulières erreurs d'appréciation, quand il descend des principes aux personnes, et quelques puérilités où l'on voit reparaître le docteur de l'hôtel de Rambouillet. Ce qui nuit surtout à ses dissertations, dont les dernières sont loin d'avoir l'importance des autres, c'est l'abus de l'érudition, la proxilité, la solennité d'un style toujours tendu jusque dans la plaisanterie, la facilité de l'auteur à se payer de mots et à se laisser *piper* à ses phrases, enfin la bienveillance et l'urbanité de l'homme du monde dominant parfois l'impartialité du juge. Balzac s'est quelque part occupé de l'éloquence, et il l'a décrite par ses qualités réelles et caractéristiques, sans s'apercevoir qu'il indiquait justement tout ce qui lui manque. Sa définition est exacte, mais elle prouve par sa forme même que, s'il avait l'intelligence de ce que c'est que l'éloquence, il n'en avait ni l'instinct, ni le sentiment intime et inné.

Pour le dire en passant, l'éloquence semble avoir toujours particulièrement attiré les regards et excité l'émulation des esprits critiques au XVIIe siècle. C'est un thème sur lequel ils s'exercent à l'envi, et il ne serait pas difficile d'en expliquer la cause. Plusieurs de ceux qui en ont parlé n'en avaient pas même une aussi juste notion que Balzac. Le traité du cardinal Duperron, malgré l'autorité de l'écrivain en pareille matière, n'a pas grande valeur. Écrit d'un style prolixe, lourd, arriéré, avec une facilité un peu terne, il exprime quelques idées bizarres, et d'ailleurs n'a guère encore en vue que le perfectionnement de la langue. Le chancelier du Vair a mieux réussi dans son *Traité de l'éloquence française et des raisons pourquoi elle est demeurée si basse.* Le titre à lui seul dénote un esprit assez juste pour ne se point abuser sur l'état d'un art dont on croyait volontiers, à cette époque, avoir atteint les dernières limites, — assez élevé pour remonter aux principes et chercher le remède au mal. Il rappelle ses contemporains à l'étude et à l'imitation intelligente des anciens, trop négligés alors. Vingt-quatre ans après, La Mothe le Vayer, dans ses *Considérations* sur le même sujet, reprochait de nouveau aux Français d'abandonner l'antiquité, qu'il exaltait comme le modèle à suivre et le but à atteindre. Et pourtant La Mothe le Vayer était imbu du mépris philosophique de Descartes pour l'autorité et pour le passé; il tenait que c'est nous qui sommes, à proprement parler, les anciens, puisque nous sommes les plus éloignés de l'enfance du monde. Mais son sens littéraire le sauvait des conséquences extrêmes de ce raisonnement dangereux.

Un certain nombre des lettres de La Mothe le Vayer se rattachent à notre sujet. Ce sont des ouvrages mixtes, tenant en partie de la causerie familière, en partie de la dissertation érudite, qui se recommandent par l'esprit, l'abandon, une certaine grâce piquante et même un peu rustique, une indépendance enfin qui n'est peut-être qu'un entier scepticisme.

L'enchaînement des idées nous a détourné quelque temps de l'hôtel Rambouillet. Rentrons-y. Son histoire se confond par bien des points avec celle de l'Académie. Au fond, les deux assemblées poursuivaient le même but. On y retrouvait les mêmes hommes, non-seulement Voiture, Balzac et quelques autres que nous avons déjà cités, mais Scudéry, Godeau, Huet, Conrart, surtout Chapelain, l'un des noms les plus importants de la critique dans la première moitié du XVIIe siècle. Chapelain, que Boileau n'avait pas encore voué au ridicule, était à cette date l'arbitre et le juge suprême de la république des lettres. On a voulu restituer à Chapelain, pour le dédommager du coup mortel porté à sa poésie, sa vieille réputation de critique : aujourd'hui surtout, cette concession semble passée à l'état de lieu commun. Mais, en les examinant de près, ses titres perdent beaucoup de la valeur que leur ont prêtée de trop complaisants apologistes. Il débuta par un panégyrique, en style vieux et embarrassé, de l'*Adone* du cavalier Marin. Rien n'égale le pédantisme naïf de cette préface, avec son luxe de divisions et de subdivisions, et ses interminables catégories. C'est tout un manuel scolaire de poétique, dont le prétexte semble assez mal choisi, et à propos duquel on se rappelle le mot de Rivarol comparant les commentateurs trop zélés des pièces légères à ceux qui attachent des garnitures de plomb à des robes de gaze.

Le début n'était pas heureux ; tout au plus peut-on plaider les circonstances atténuantes, en le mettant sur le compte de cet engouement pour la poésie italienne qui possédait alors les meilleurs esprits, et qui s'explique tout naturellement par de nombreuses affinités. La littérature précieuse des salons devait trouver son expression idéale dans ce clinquant, ces délicatesses, ces raffinements, ces *concetti*, dont le cavalier Marin résume tous les brillants défauts portés à leur dernière expression. Un tel penchant ne contrariait en rien le respect des règles les plus étroites et cet amour d'un scrupuleux formalisme, qui n'en était peut-être même qu'une conséquence logique. La littérature italienne réunissait tous ces caractères, — le culte des règles aussi bien que celui de la forme ; et de là, sans doute, son influence et sa séduction. Ce sont précisément ces deux points qui ont séduit Chapelain dans l'*Adone*, et sur lesquels il a fondé son enthousiaste apologie. Son erreur s'explique donc aisément, mais elle ne justifie pas le critique.

La liste des gens de lettres proposés par le même aux encouragements de Colbert est une œuvre d'un singulier éclectisme, où les noms les plus disparates, les plus grands et les plus infimes, se trouvent accouplés dans un éloge d'une bienveillance générale, sinon universelle, qui prouve plus en faveur du *bonhomme*, comme disait Boileau, que du juge équitable et éclairé. Pour quelques articles touchés avec assez de justesse, combien d'autres où la louange semble à peu près choisie au hasard! Cette liste n'est pas très-sensiblement au-dessus de celle du pédant Costar, c'est tout dire. On retrouve mieux l'esprit judicieux que les apologistes de Chapelain s'accordent à lui reconnaître, dans les *Mélanges* extraits de sa correspondance, et dans ses lettres imprimées ou manuscrites. Voilà ce qu'on oppose avec le plus de prédilection au verdict de Boileau et à l'indifférence de la postérité. On peut y signaler sans doute des qualités estimables, mais purement relatives, qui ne s'élèvent guère au-dessus des moyennes régions du bon sens, et n'appartiennent même pas à la critique proprement dite. Les renseignements précieux qu'on y trouve ont fait prendre le change à beaucoup de lecteurs. Puis il y a la *Pucelle* qui sert de repoussoir, et prête par le contraste un plus grand charme aux moindres beautés.

A mes yeux, l'œuvre qui fait le plus d'honneur à Chapelain, son grand titre critique, comme celui de l'Académie naissante, à laquelle il servit de secrétaire en cette circonstance, c'est l'examen du *Cid*, entrepris par ordre de Richelieu. On a souvent loué la modération que sut garder la compagnie, au risque de blesser le terrible ministre, et l'adresse avec laquelle elle accorda, en les menant de front, l'envie bien naturelle de complaire à son protecteur, et les droits de la justice et de la vérité. Ce n'est point là le seul mérite de ce morceau, qui me paraît devoir être placé dans les meilleurs rangs de la critique au XVIIe siècle. Un sens droit et ferme, bien que poussant parfois la sévérité à l'extrême, s'y allie constamment à une extrême convenance de langage, et les règles y sont appliquées avec une discrétion qu'on n'eût attendue ni du docte corps, ni du rédacteur qui tenait la plume. Une fois le point de vue admis, il est impossible de ne pas reconnaître la justesse d'esprit et la netteté de jugement qui dominent toute l'appréciation. Les *Sentiments de l'Académie sur le Cid* sont, du reste, aussi souvent une censure des ennemis de Corneille, particulièrement de Scudéry, que du chef-d'œuvre par lequel a été fondé le théâtre français. Ils disent les erreurs, ils les disent même avec trop d'insistance, en les démontrant parfois d'une manière toute grammaticale, mais ils ne dissimulent pas les qualités, et, en finissant, l'illustre compagnie atténue encore la portée de ses observations, puisqu'elle proclame qu'il y a dans la pièce assez de beautés pour couvrir les défauts et pour expliquer le succès. Il est fâcheux que l'Académie se soit crue obligée, dans cet examen, de suivre pas à pas les *Observations* de Scudéry, ce qui devait inévitablement la faire tomber dans des minuties au-dessous d'elle. Elle avait déployé, au début, une certaine largeur de vues, elle s'était élevée même à des considérations générales sur le fondement et le but de l'art, qui étaient plus dignes du génie de Corneille que ces misérables chicanes sous lesquelles une nuée de rivaux jaloux essayait de le tuer en détail.

L'Académie avait été tout spécialement stimulée à donner sa mesure en cette occurrence. Il s'agissait de montrer ce qu'elle savait faire, d'imposer du premier coup silence aux détracteurs, de répondre dignement à la confiance de Scudéry et de ne pas prêter le flanc aux récriminations de Corneille; de contenter le cardinal et de ne pas rester inférieure à l'attente publique. Il fallait que son œuvre fût un monument. Cet *Examen* a eu une influence considérable. Il fut le point de départ d'une nouvelle ère au théâtre. Jusqu'au *Cid*, la scène française avait joui des libertés du drame, qui se développait en paix à côté de la tragédie régulière et classique, et qui allait peut-être définitivement triompher, si Richelieu et l'Académie n'y avaient mis bon ordre, par une condamnation solennelle des audaces de Corneille. Une multitude de brochures se chargèrent de préparer ou de confirmer la sentence. Les auteurs se firent « tout blancs d'Aristote » pour accabler leur rival, et il ne se rencontra dans la foule qu'un critique de quelque sens, le « bourgeois de Paris, marguillire de sa paroise, » qui, envisageant les règles dans leur but et dans leur signification philosophique, les réduisit à la question du succès, comme devaient faire plus tard Molière et Racine[1]. Principe élémentaire et libéral qui résume tous les autres, pourvu qu'on le comprenne bien, et qu'on l'applique en son sens le plus élevé: « Sçavoir l'art de plaire ne vaut pas tant que sçavoir plaire sans art, » écrivait à ce propos Balzac

---

1. *Critique de l'École des femmes* et Préface de *Bérénice*.

à Scudéry avec sa recherche habituelle, mais aussi avec cette intelligence littéraire que nous lui avons déjà reconnue, et qui le quittait rarement, même lorsque, comme ici, elle était la condamnation de ses propres livres.

La déclaration officielle de l'Académie décida la victoire de la tragédie régulière, et Corneille passa du *Cid* à *Horace* et à *Cinna*. On connaît, outre ses discours sur l'art dramatique, les *Examens* de ses pièces, qu'il écrivit lui-même avec une bonne foi, une naïveté si touchantes. Rentré dans le giron classique, il n'y est préoccupé d'un bout à l'autre qu'à ranger ses ouvrages dans le cadre aristotélique, à prouver qu'ils sont d'accord avec les règles, et qu'il n'a pas eu tort, au point de vue des principes, d'écrire des chefs-d'œuvre. Ces amendes honorables sont toutefois mêlées de protestations timides, où l'on sent revivre les anciennes aspirations du poëte, et le libre génie de Corneille se soulever sous les liens ridicules dont le garrottait le formulaire dramatique. Bien d'autres se débattaient plus activement contre la tyrannie des unités, et rompaient des lances pour les libertés du théâtre. Il s'éleva autour de cette question toute une guerre de traités et de préfaces, qui, après des péripéties diverses, se termina définitivement par le triomphe des règles. L'abbé d'Aubignac se chargea de rédiger en code les nouvelles lois, dans sa lourde et pédante *Pratique du théâtre*, où il n'est question ni de la poésie, ni de la nature, ni de la passion, ni du sens commun, mais simplement de ce qu'a dit ou de ce que n'a pas dit Aristote, — autorité qui lui tient lieu de tout, de sens commun, de passion, de nature et de poésie, et à laquelle il ne semble même pas soupçonner qu'on puisse rien trouver à répondre.

C'est là, du reste, le caractère général de presque tous les traités *ex professo* sur les diverses branches de la littérature. Il n'en est pas un, peut-être, qui apprenne rien de sérieux et d'utile, pas un surtout que doive ouvrir un poëte. Tous confondent l'érudition avec la critique, et le *magister dixit* leur tient lieu de raison. Ils se croient irrécusables et irréfutables, parce qu'ils savent le grec, ou du moins parce qu'ils jugent le savoir, — car leur confiance en eux et leur assurance doctorale sont d'autant plus grandes que leur science réelle est petite, et qu'ils dénaturent souvent ce qu'ils prétendent expliquer. Tous, La Mesnardière, le père Le Bossu, G. Colletet, dans cette série de divers traités qui furent réunis ensuite sous le titre d'*Art poétique,* se tiennent à la hauteur de l'abbé d'Aubignac : leurs livres ne sont, pour ainsi dire, que des manuels de collége qui ne se distinguent pas de la *Rhétorique* de Barry ou du *Traité de la Poésie française* du père Mourgues. Cette Faculté de la république des lettres s'inquiétait beaucoup plus, comme l'autre, des ordonnances d'Hippocrate que du salut du malade. Pour ces docteurs scrupuleux, les règles d'Aristote sont aussi invariables que la table de Pythagore, et l'art est une science absolue qu'on peut professer par principes et réduire en théorèmes comme les mathématiques. Certains mots, posés par eux en axiomes fondamentaux d'une indiscutable évidence, servaient de point de départ et d'assises à tout l'édifice, réglé dans ses détails les plus minutieux, et ces axiomes n'étaient pas des principes recueillis à la lumière de l'intelligence, mais des formules copiées dans les livres. C'est de très-bonne foi qu'ils appliquent avec rigueur à la poésie de leur temps, jusque dans les particularités les plus profondément empreintes de la couleur locale, le système établi pour des Grecs morts depuis deux mille ans; et il ne leur vient même pas à l'esprit l'idée que les transformations profondes de la religion, des mœurs, de la civilisation tout entière, amenées par une si longue évolution de siècles, puissent donner naissance à de nouveaux besoins et rejaillir sur les lettres qui sont une des faces de la société. Tout s'est modifié de la base au sommet, les idées, les croyances et les sentiments aussi bien que les faits, et ils veulent que la poésie seule, se dérobant à cette loi commune de l'humanité, demeure condamnée à une immobilité éternelle et enfermée dans d'inflexibles limites qu'elle ne peut dépasser quand tout le monde les a franchies autour d'elle.

Sans doute, l'essence de l'art est immuable; il y a un beau absolu et un idéal souverain qui dominent toutes les vicissitudes des âges. Mais lors même que le but ne change pas, les chemins varient, et c'est par la diversité des moyens et des formes, par le changement de la discipline et du costume, que l'art, tout en restant inaltérable dans sa substance, s'accommode à la marche de l'esprit humain dont il est l'expression la plus élevée. Comme les auteurs, les critiques partaient d'un principe que notre siècle révolutionnaire a partout ébranlé, mais qui alors était respecté dans les lettres comme en politique : l'autorité. En somme, l'inspiration de cette critique, si étroite et si méticuleuse, était la même que celle de cette littérature dont nul ne songera pourtant à nier la grandeur : elle se fondait sur le respect, l'admiration, l'imitation de l'antiquité; idée assurément fort légitime, et qui, bien comprise, contenue dans de justes bornes, pouvait être aussi féconde pour celle-là qu'elle l'a été pour celle-ci. Mais il est aisé de concevoir comment la littérature proprement dite, sans parvenir à se constituer sur une base vraiment nationale, fut pourtant sauvée des dangers d'une imitation servile par l'originalité foncière et la valeur propre de ceux qui la cultivaient, tandis que la critique, n'ayant pas les mêmes causes de salut, y succomba, autant par l'infériorité et l'inexpérience de la plupart de ceux qui s'y consacrèrent que par les défauts du système.

En outre, quelle que fût la considération accordée à la critique, les écrivains n'en faisaient guère que par accident et en quelque sorte dans les entr'actes, pour se délasser de leurs œuvres originales, — ceux-là, du moins, qui se sentaient capables d'œuvres originales. La critique, je l'ai déjà dit, n'existait point par elle-même, mais seulement dans ses rapports directs, étroits, positifs, avec la création littéraire, dont elle n'était que l'humble auxiliaire, chargée de tracer minutieusement sa route. Ceux qui s'y étaient fait un grand nom à la Renaissance et au commencement du xvii<sup>e</sup> siècle, les Scaliger et les Juste-Lipse, aussi bien que les Saumaise et les Casaubon, avaient légué à leurs descendants la tradition de la critique philologique, grammaticale, érudite, dont l'antiquité, d'ailleurs, leur offrait également des exemples, avec Aristarque, dès longtemps regardé comme le type le plus parfait de la profession, et avec Aristote. Ménage, Huet, La Monnoye et nombre d'autres, marchèrent dans cette voie. Sans doute, la Grèce pouvait leur proposer un autre modèle, l'auteur du *Gorgias*, d'*Ion* et de *Phèdre*, Platon. La critique platonicienne, fondée sur le sentiment du beau, sur la notion de l'idéal, est celle qui a dominé dans la littérature moderne, et c'est sur ce fondement que repose la nouvelle science, baptisée par les Allemands du nom ambitieux d'esthétique. Mais la critique aristotélique, avec ses catégories exactes, sa méthode rigoureuse et cette puissante analyse, qui, après avoir décomposé tous les objets de nos connaissances, a assigné à chaque genre ses limites précises et sa place, et déterminé les conditions d'existence de toutes les branches du grand tronc, devait mieux répondre aux besoins d'ordre, de discipline, d'unité forte et rigoureuse qui caractérisent le XVIIe siècle. Si, du moins, en choisissant Aristote pour guide, ils avaient pris en même temps son esprit philosophique! Mais ils se contentèrent de lui emprunter ses formules toutes faites, et de les appliquer telles quelles aux créations de l'intelligence.

Aux tendances représentées par l'Académie, et surtout à celles qui avaient leur principale expression dans l'hôtel Rambouillet, se rattachent les critiques produits par la célèbre corporation des jésuites qui, de tout temps, a marqué sa place dans le domaine littéraire. Ils tiennent à l'Académie par le respect des règles, le goût pour la discipline de l'esprit et de la correction du style; à l'hôtel Rambouillet par de certains côtés délicats et subtils qui sentent parfois le *précieux*, par le raffinement du goût et le zèle pour l'épuration de la langue. Un de ceux qui se firent alors le plus de renommée, fut le père Vavasseur, auquel on doit surtout un grave traité latin contre le burlesque, dont la solidité judicieuse confine à la pesanteur. Nous ne nous y arrêterons pas, non plus qu'aux ouvrages des pères Mourgues, de Bretteville, Jouvency, et de bien d'autres encore. Mais les *Réflexions sur la Poétique* et *sur l'Éloquence* du père Rapin ne peuvent être mentionnées d'une façon aussi sommaire. Comme l'indique le titre, ce dernier ouvrage n'est pas un traité en règle, c'est un recueil d'observations, de remarques, de conseils sensés, qui, toutefois, manquent un peu d'unité et de précision. Il vise moins à remplir la partie technique du sujet qu'à s'abandonner aux considérations littéraires et morales qui lui sont suggérées par la matière. En un mot, comme il le dit lui-même de ses *Réflexions sur la Poétique*, ce n'est pas tant pour instruire que pour exercer les esprits qu'il a donné son œuvre au public, — mot excellent et qui indique le vrai but que devrait toujours se proposer un livre de cette nature. Sans doute, le père Rapin s'attache scrupuleusement à Cicéron, à Quintilien, et surtout à Aristote, qu'il regarde comme « la nature mise en méthode, » et « l'unique source d'où il faut prendre des règles quand on se mêle d'écrire; » mais au moins il met du sien dans l'exposé et dans l'application de ces doctrines : il en a compris l'essence, il en montre la raison, et les explique philosophiquement. Lors même qu'il les suit de plus près, c'est avec une aisance et une liberté remarquables. Parmi les critiques du temps qui se sont bornés à n'être que les reproducteurs de la poétique grecque, ou plutôt latine, il est assurément un de ceux qui ont su le mieux conserver un caractère propre et une certaine largeur de vues.

C'est surtout dans ses *Comparaisons entre divers écrivains de l'antiquité*, qu'on peut saisir quelque trace de ce penchant au bel esprit, de ce goût pour la grâce, l'élégance, la gentillesse, aux dépens de la simplicité et de la grandeur, qu'on a notés, d'une façon beaucoup trop absolue, comme le caractère général des œuvres littéraires de la compagnie. Ce qui nous autorise à faire cette remarque, c'est la préférence évidente, quoiqu'un peu déguisée, qu'il donne à la finesse, à l'art, à la perfection de la forme, à l'habileté de l'imitation, sur l'originalité vigoureuse et puissante, — à Cicéron sur Démosthènes, et surtout à Virgile sur Homère, — préférence motivée, d'ailleurs, par des raisons judicieuses, qui dénotent en lui un excellent professeur de rhétorique.

En pareil cas, le père Bouhours eût certes montré les mêmes préférences et pour des motifs analogues, mais il l'eût fait en un style moins grave, avec plus de recherche dans la pensée et de coquetterie dans l'expression. Esprit agréable et souriant, ingénieux et fin, le père Bouhours ne cherche pas à sortir du cercle des idées reçues, qu'il se garde bien seulement de présenter sous l'aspect le plus simple. Il s'efforce de renouveler un lieu commun par le changement du point de vue, et se donne beaucoup de mal pour arriver à dire *délicatement* les choses ordinaires. Dans ses *Entretiens d'Ariste et d'Eugène*, le charme de l'écrivain l'emporte sur la solidité du critique. Parfois, les deux amis habillent la raison en précieuse, et poussent leur causerie jusqu'au *dernier fin,* jusqu'au *fin du fin.* Il y a, par exemple, un entretien sur le *je ne sais quoi* (fort en vogue alors, et qu'on retrouve jusque dans Corneille), dont l'auteur s'efforce d'expliquer la nature dans les arts et les lettres, aussi bien que dans les mœurs ; un autre sur le bel esprit, dont il chante les louanges, mais en restituant au mot son véritable sens, défiguré par l'abus. Il ne faut pas se laisser tromper à l'apparence : le fond vaut mieux, quoiqu'il n'y ait pas là une nourriture bien substantielle pour l'intelligence.

Dans celui de ses entretiens qui roule sur la langue française, il est à remarquer que le père Bouhours loue justement tous les points que plus tard Fénelon souhaitera réformer, en les signalant à l'attention de l'Académie française : l'absence de mots composés qui se forment par juxtaposition, comme en grec; l'ordre rigoureusement logique de nos phrases, qui les jette toutes dans un moule uniforme; le travail d'élimination exercé sur la vieille langue, travail qui l'a, suivant lui, perfectionnée et enrichie en la dépouillant. Il ajoute, sans prévoir à qui s'adresse son accusation, que ceux qui se plaignent de sa pauvreté ne devraient se plaindre que de leur ignorance. Lorsque le cours de la conversation le conduit à passer en revue plusieurs ouvrages récents, alors la confusion et l'incertitude de ses jugements éclate dans tout son jour, et il accouple les noms les plus discordants en un étrange pêle-mêle. C'est là, un des plus fréquents défauts de la critique du second ordre au XVIIe siècle. Boileau lui-même n'y a pas échappé, quand il place Voiture et Benserade, dans son *Art poétique*, à la hauteur des grands écrivains, et pour ainsi dire sur la ligne de Racine et de Molière. De pareilles méprises, qui étonnent la postérité, s'expliquent de la part d'un contemporain par l'absence de perspective et d'espace, qui ne permet pas d'apprécier nettement la différence des tailles, et par mille influences du moment auxquelles l'intelligence la plus droite ne peut entièrement échapper.

Les défauts du père Bouhours sont peut-être plus frappants encore dans sa *Manière de penser sur les ouvrages de l'esprit*, fidèle écho des discussions ingénieuses et délicates que devait entendre chaque jour la petite chambre bleue. Tout en se montrant sévère sur quelques points, l'auteur fait sur d'autres de surprenantes concessions; il recommande le vrai avant tout, mais il ne trace pas bien nettement la ligne de démarcation entre le vrai et le faux. Le bel esprit déborde dans ces argumentations minutieuses, qui tombent çà et là dans la puérilité; on y trouve un entassement d'érudition sur des riens, et je ne sais quel pédantisme folâtre. Là encore pourtant, le sens de l'auteur, quand il n'est pas gâté par les finesses de son goût, est généralement juste et droit; mais ses défaillances deviennent de plus en plus nombreuses.

Le père Bouhours fut un critique à la mode : il eut les avantages de la réputation et de l'autorité; mais il en eut aussi les inconvénients. Barbier d'Aucour se chargea de troubler par une mordante satire (*les Sentiments de Cléanthe*) le triomphe de son premier ouvrage. Le livre de Barbier d'Aucourt représente la critique littéraire de Port-Royal contre les jésuites, comme les *Provinciales* en représentent la critique théologique et morale. Pascal lui-même l'avait déjà précédé sur ce terrain, par ses *Pensées sur la littérature*, et son fragment sur l'*Art de persuader*, qui offrent toutes les qualités de cet esprit vigoureux et original. Ces dernières pages surtout joignent une rigueur toute géométrique à une simplicité austère et à une complète indépendance de l'autorité des anciens. Comme le grand Arnauld, Pascal, bien qu'adversaire de Descartes, est cartésien sur ce point, ne fût-ce que par l'ardeur de son christianisme. Mais il faut convenir que l'exagération des principes religieux et moraux professés par les jansénistes, les rendait peu propres à goûter les jouissances littéraires et à apprécier le beau dans les créations de l'esprit. Ils étaient portés à voir un danger dans les lettres et un ennemi dans l'art, tant que l'art et les lettres n'étaient pas justifiés par une intention strictement chrétienne.

Port-Royal, avec son esprit minutieux et sévère, sa raideur et sa sécheresse, représentait la tradition la plus opposée au bel esprit : l'occasion était doublement favorable, lorsqu'il s'agissait de l'attaquer dans la personne d'un jésuite. Aussi Barbier d'Aucourt se hâta-t-il de tailler sa meilleure plume et de lancer son pamphlet. C'est si bien une œuvre de parti, qu'il n'y est pas question seulement du livre du père Bouhours, de son style et de ses idées littéraires, mais aussi de la religion, de la morale, et de la doctrine de tous les révérends pères. A proprement parler, il n'y a point là de critique, mais une polémique de détail et toute personnelle, un persiflage spirituel et piquant, quoiqu'un peu long. L'auteur a mis bien de la verve et de l'ironie dans ce libelle, qui parfois s'élèverait à la hauteur des *Provinciales*, si le sujet pouvait le permettre. Le père Bouhours trouva un défenseur dans l'abbé de Villars, et, pour lui répondre, Barbier d'Aucourt revint à la charge et écrivit un second volume. Cette fois, c'est beaucoup trop; à la longue, la plaisanterie s'alourdit et le sel s'évapore. Réduit au quart de sa dimension, ce livre serait un petit chef-d'œuvre.

C'est pourtant ce même homme qui a fait contre les tragédies de Racine la plate et fade satire intitulée : *Apollon vendeur de mithridate*. Son rival, l'abbé de Villars, l'année même où il entreprenait l'apologie du père Bouhours, s'attaqua, lui aussi, au poëte par son examen de *Bérénice*, qui eut un retentissement immense, et divisa la ville et la cour. Madame de Sévigné s'en montra enchantée : elle ne prévoyait pas alors que le même écrivain allait bientôt s'en prendre plus rudement encore à *Tite et Bérénice*, de son idole P. Corneille. Par la préface qu'il ajouta à sa pièce, en la faisant imprimer, Racine laisse voir qu'il avait été plus ému de cette attaque qu'il ne le voulait paraître. C'est qu'en effet la dissertation de l'abbé de Villars, parmi ses erreurs, ses plaisanteries froides et forcées, a quelques traits qui touchent droit au but. Notre intention n'est nullement d'examiner ici tous les travaux de critique qui se sont produits en divers sens à l'occasion de chaque pièce de Racine, comme de Boileau, de Molière, et de plusieurs autres écrivains, — diatribes passionnées ou panégyriques poussés à l'extrême, sempiternels parallèles, où le besoin du contraste et la séduction de l'antithèse entraînent presque toujours l'écrivain au delà de la justice et de la vérité : ouvrages de circonstance qui n'ont pas survécu à l'intérêt du moment, et qui rentrent dans cette vaste catégorie de la polémique, constituant à elle seule les deux tiers au moins de la critique du XVII<sup>e</sup> siècle. Boursault, Visé, Pradon, Segrais, madame Deshoulières, Robinet, non plus que Longepierre et Valincour[1] dans le camp opposé, ne méritent guère de nous arrêter. Nous passerons également sur les variations critiques du fécond Subligny, qui combattit à diverses reprises dans les deux armées. Ce n'est pas que quelques-uns n'aient fait preuve de délicatesse et de sagacité dans ces escarmouches, mais nous n'en finirions pas.

La multitude des agresseurs de Racine étaient guidés dans leurs attaques, soit par leurs relations avec Corneille et sa famille, soit par les souvenirs de la vieille cour et le culte de l'ancienne poésie, soit par des raisons toutes personnelles et des ressentiments particu-

---

1. Mentionnons de Valincour ses jolies lettres sur *la Princesse de Clèves*, où il y a de la finesse et de la sagacité, avec un peu de minutie

liers, auxquels Boileau, le plus fidèle ami de Racine, n'était pas toujours étranger. Ces piqûres de taon, en harcelant l'écrivain, l'aiguillonnèrent, et servirent son talent par les blessures qu'elles faisaient à son amour-propre. On reconnaît encore l'inspiration toujours dominante de l'hôtel Rambouillet dans cette guerre contre un grand poëte qui semblait pourtant sorti de son sein. Cette assertion se justifie non-seulement par les noms de ses ennemis, mais encore par la nature de quelques-uns des principaux reproches, fort singuliers à nos yeux, qui lui sont adressés, et qui, mieux que toutes les réflexions du monde, en faisant toucher du doigt les idées du temps, expliquent les sacrifices que Racine a dû nécessairement leur faire. Ainsi, on l'incrimine d'expressions familières et bourgeoises, de termes bas et rampants ! On l'accuse de violer les règles ! On se plaint que les sentiments délicats et les belles passions manquent à ses tragédies ! Le campagnard qui s'écrie, dans la satire du *Repas ridicule* :

> Je ne sais pas pourquoi l'on vante l'Alexandre :
> Ce n'est qu'un glorieux qui ne dit rien de tendre,

n'avance nullement une grosse ineptie de rustre ignare, comme nous pourrions croire ; c'est un critique qui exprime l'opinion commune des beaux esprits du temps. Comparé à l'Antiochus de Quinault ou à l'Artamène de mademoiselle de Scudéry, Alexandre était, en effet, un barbare qui n'entendait rien à la galanterie. Racine n'a donc pas poussé la tragédie au ton doucereux et aux fades passions : il serait plus juste de dire, au contraire, qu'il a lutté dans une certaine mesure contre le goût public pour l'en retirer.

Si l'abus de l'amour lui a été reproché alors, c'est

par des moralistes plutôt que par des critiques proprement dits, et au point de vue religieux plutôt que littéraire, par exemple dans les *Entretiens sur les tragédies de ce temps*, de l'abbé de Villiers, qui est parti de l'idée chrétienne pour apprécier le théâtre, comme avait déjà fait le prince de Conti et comme devait le faire Bossuet, mais tous deux d'une façon plus rigoureuse et plus absolue. L'abbé de Villiers ne condamne pas les ouvrages dramatiques; il voudrait seulement en bannir, ou peu s'en faut, l'amour, et il croit qu'ils auraient tout à gagner à cette exclusion, même sur le terrain purement littéraire. Suivant lui, l'art et le théâtre peuvent s'accorder avec la morale religieuse, et pour tenter cette conciliation, il s'appuie sur l'exemple des anciens et sur quelques-unes des plus belles pièces modernes. Cette vue donne un intérêt assez élevé à son ouvrage, écrit, du reste, avec sens et justesse, et où l'auteur montre qu'il comprend bien les conditions essentielles et la véritable base de l'intérêt tragique.

Racine répond à ses détracteurs, dans les préfaces de ses tragédies, presque toujours avec une ironie hautaine et dédaigneuse. C'est une sorte de lutte corps à corps, où tout l'avantage est pour lui; il lui suffit de quelques coups pour s'assurer la victoire. Juge et critique supérieur dans son beau discours académique sur P. Corneille, il se montre en peu de lignes, dans ces pages préliminaires, polémiste redoutable et dialecticien lumineux. Très-soumis aux règles, quoiqu'il s'en inquiète infiniment moins que Corneille, il y rend compte de ses pièces plutôt dans leur accord avec l'histoire, la raison et les grands principes littéraires, que dans leur accord avec la poétique de l'école. Il n'a même pas craint d'attaquer en passant la préoccupation exclusive des règles en tête des *Plaideurs*, et surtout de *Bérénice*. Molière s'est montré plus explicite encore dans sa *Critique de l'École des femmes*. Il y raille spirituellement les spectateurs scrupuleux qui consultent Aristote pour savoir s'ils doivent admirer une pièce, et se demandent toujours s'ils ont ri dans les règles. La première règle, dit-il, est d'intéresser et de plaire, — proposition fort vraie, sans doute, comme nous l'avons déjà dit, mais dont il serait facile pourtant d'abuser. Il eût dû ajouter : de plaire aux esprits justes et aux goûts délicats, ce qui suppose de la part de l'écrivain lui-même une règle antérieure et supérieure à celle que Molière prend pour base, comme à toutes les autres, c'est-à-dire le sentiment même des conditions essentielles de l'art et de l'idéal particulier à chaque genre. Dans cette pièce aussi, comme dans toutes celles où il a eu occasion de toucher aux questions littéraires (en particulier dans les *Précieuses ridicules*, et dans le *Misanthrope*, à la scène du sonnet), il se montre l'intraitable ennemi de la recherche, de l'affectation, de la grimace, pour employer un terme dont il a usé jusqu'à l'abus et qui révèle la plus profonde de ses antipathies. Partout on retrouve dans ses œuvres, à côté de cette aversion pour le bel esprit précieux, un égal amour du naturel et de la vérité. C'est la réaction contre l'hôtel Rambouillet qui commence à se marquer avec décision dans le goût dominant, et dont Boileau va bientôt achever la victoire.

De tous les grands écrivains de cette période, qui forme le vrai siècle de Louis XIV, il n'en est, pour ainsi dire, aucun qui n'ait trouvé moyen d'exprimer directement ses idées littéraires. La critique, qui se produit encore assez rarement en ouvrages spéciaux, se mêle du moins par échappées aux œuvres de presque tous les auteurs. On la voit dans La Fontaine, comme nous l'avons déjà vue dans Racine et Molière; elle se rencontre dans Bossuet même, comme nous la rencontrerons bientôt chez Fénelon. La Bruyère, indépendamment de quelques autres pages disséminées çà et là, a consacré tout un chapitre de ses *Caractères* aux *Ouvrages de l'esprit*, et il a rassemblé sous ce titre un faisceau de fines remarques où brillent, comme toujours, sa raison lumineuse et vive, et toutes les saillies de son ingénieux bon sens. C'est encore sur le grand principe de l'autorité qu'il fonde le salut des lettres; il élève l'antiquité comme un modèle idéal, et proclame qu'on ne peut atteindre à la perfection que par l'imitation des Grecs et des Romains; mais son admiration est raisonnée, elle vient d'un sentiment profond de la beauté dans l'art, non d'une érudition étroite et d'un pédantisme obstiné. Ce n'est pas lui qui fera de la critique un de ces métiers « où il faut plus de santé que d'esprit, plus de travail que de capacité, plus d'habitude que de génie,... moins de discernement que de lecture. » Il ne demande ses appréciations qu'à lui-même, et ne pense point par le ministère de Longin ou d'Horace. Ses réflexions justes et nettes, relevées par le tour piquant de la phrase, qui chez lui donne au lieu commun même le charme de l'originalité et parfois l'attrait du paradoxe, n'abordent guère les théories générales. La Bruyère est surtout un excellent appréciateur des écrivains et des œuvres; ses jugements sont encore une série de *Caractères*, et c'est là surtout ce qui frappe dans son discours de réception à l'Académie, où il a su élever la critique particulière à la hauteur de l'éloquence.

à dépasser la nature par une recherche trop exclusive de la noblesse et de la dignité. Fénelon l'a senti, et il appuie le doigt sur la plaie. Il blâme sans hésitation les habitudes de pompe, d'emphase et d'enflure de notre tragédie, défauts que Corneille et Racine n'ont pas toujours évités, et ce contemporain de Louis XIV, dans son amour de la simplicité et du naturel, trouve des éloges pour les *mayots* de Teniers. Il est à remarquer que Fénelon est un des écrivains du xviie siècle qui se sont le plus complètement tenus à l'écart des influences persistantes de l'hôtel Rambouillet : cet esprit si ingénieux et si fin, qui semblait un disciple tout prêt, s'y est mieux dérobé pourtant que des écrivains d'une trempe plus virile, — Corneille, Pascal et même Bossuet.

Nommer Saint-Évremond après Fénelon, c'est toute une antithèse : le hasard des dates l'amène sous notre plume. Ces deux noms si opposés, et qu'on ne pourrait associer sans une sorte de profanation, se ressemblent du moins par la délicatesse du goût littéraire. Non-seulement les lettres n'eurent pas alors de juge plus habile et plus autorisé que Saint-Évremond, mais il est, de tous les écrivains du xviie siècle, celui qui se rapproche le plus du critique de profession, tel qu'on le trouve établi dès le siècle suivant. Il marque la transition entre les deux époques, et d'ailleurs, par la date de sa vie aussi bien que par le caractère de ses écrits, il appartient également à toutes deux. Déjà fort connu des beaux esprits, lorsqu'il dut quitter la France pour l'Angleterre, son exil ne fit que le mettre plus en vue par l'isolement. Il semblait que de Londres il présidât encore, dans le salon de la duchesse de Mazarin, à toutes les discussions littéraires. Là-bas, du café de Will, où il trônait au premier rang près du vieux Dryden, il avait l'oreille à tout bruit venant de France, lisait tout nouveau livre et toute pièce nouvelle, et suivait avec attention dans ses moindres symptômes le mouvement des intelligences. De toutes parts on le consultait comme l'oracle familier des lettres : un illustre venait-il de mettre au jour quelque ouvrage, une question intéressante avait-elle divisé les esprits chez quelque marquise, chacun prenait Saint-Évremond pour arbitre, et sa décision faisait loi. Très-facilement accessible à toute requête de ce genre, le résigné proscrit, qui resta jusqu'au bout aussi Français de style et d'idées que s'il n'eût jamais quitté la cour de Versailles, répondait sans pédantisme, avec une grâce légère et un aimable laisser-aller qui excluent toute prétention ; et sa réponse, après avoir franchi la Manche, courait de main en main et faisait les délices des gourmets de salons.

Les dissertations littéraires de Saint-Évremond sont nombreuses, mais généralement courtes : il ne vise pas à épuiser le sujet, se contentant d'exprimer ses vues personnelles et d'ouvrir des aperçus féconds, comme en se jouant à la surface des choses. Il frappe souvent par la justesse, toujours par la délicatesse, la sagacité ingénieuse, la finesse de sa raison. Toutes ses pages portent le même cachet de mesure et de modération, — modération qui est peut-être autant celle de l'épicurien sceptique que de l'homme de goût, — et d'un libéralisme intelligent, fondé sur le sentiment des nécessités d'un nouvel ordre social. Les critiques grammairiens et pédants sont l'objet tout particulier de son aversion. Sans afficher en rien le rôle d'un révolutionnaire, il dédaigne les conventions reçues ; il a mis bas toutes les opinions de l'école pour juger uniquement et librement d'après ses impressions personnelles. Quand il se prononce, on peut être sûr que c'est bien son avis qu'il donne, et non celui du maître. Nul n'a mieux compris que lui la grande erreur de presque toute la critique au xviie siècle; on en jugera par quelques citations : « Il faut convenir, dit-il, dans sa dissertation *sur la tragédie ancienne et moderne*, que la poétique d'Aristote est un excellent ouvrage; cependant il n'y a rien d'assez parfait pour régler toutes les nations et tous les siècles. » Et ailleurs (*sur les poëmes des anciens*) : « Il n'y a personne qui ait plus d'admiration que j'en ai pour les ouvrages des anciens,... mais le changement de la religion, du gouvernement, des mœurs, des manières, en a fait un si grand dans le monde, qu'il nous faut comme un nouvel art pour entrer dans le goût et dans le génie du siècle où nous sommes... Si Homère vivoit présentement, il feroit des poëmes admirables, accommodés au siècle où il écriroit. Nos poëtes en font de mauvais, ajustés à ceux des anciens, et conduits par des règles qui sont tombées, avec des choses que le temps a fait tomber. Je sais qu'il y a de certaines règles éternelles, pour être fondées sur un bon sens, sur une raison ferme et solide; qui subsistera toujours; mais il en est peu qui portent le caractère de cette raison incorruptible. Celles qui regardoient les mœurs, les affaires, les coutumes des vieux Grecs, ne nous touchent guère aujourd'hui. On en peut dire ce qu'a dit Horace des mots : elles ont leur âge et leur durée. Les unes meurent de vieillesse; les autres périssent avec leur nation, aussi bien que les maximes du gouvernement, lesquelles ne subsistent pas après l'Empire. Il n'y en a donc que bien peu qui aient droit de diriger nos esprits dans tous les temps, et il seroit ridicule de vouloir toujours régler des ouvrages nouveaux par des lois éteintes... C'est à une imitation servile et trop affectée qu'est due la disgrâce de tous nos poëmes. Nos poëtes n'ont pas eu la force de quitter les dieux, ni l'adresse de bien employer ce que notre religion leur pouvoit fournir. Attachés au goût de l'antiquité, et nécessités à nos sentiments, ils donnent l'air de Mercure à nos anges, et celui des merveilles fabuleuses des anciens à nos miracles. Ce mélange de l'antique et du moderne leur a fort mal réussi, et on peut dire qu'ils n'ont su tirer aucun avantage de leurs fictions, ni faire un bon usage de nos vérités. Concluons que les poëmes d'Homère seront toujours des chefs-d'œuvre, non pas en tout des modèles. Ils formeront notre jugement, et le jugement réglera la disposition des choses présentes. »

On ne saurait mieux dire. Partout se retrouvent les mêmes idées et les mêmes vues. Il semble que la critique de Saint-Évremond ait puisé comme un souffle de vie dans les libertés de la littérature anglaise, au milieu de laquelle il vivait, servant, pour ainsi dire, de trait d'union entre les deux pays. Çà et là apparaît quelque paradoxe, mais toujours présenté sous ses côtés spécieux, et sans que jamais le lettré et l'homme de goût cessent de se montrer en première ligne. Saint-Évremond a des préjugés et des sympathies qui le conduisent parfois à de singulières illusions : par ses rapports de société, comme par les préférences de son esprit, il appartenait au parti de la vieille cour et de l'ancienne littérature ; aussi se déclare-t-il partisan outré de Corneille, jusqu'à défendre son *Attila*, proclamer en toute occasion *Sophonisbe* un chef-d'œuvre, et ne voir qu'un caprice injuste de l'opinion dans le peu de faveur qui accueille ses dernières pièces. Puis l'absence de sens moral, dont on ne s'aperçoit nulle part mieux que dans son étude sur Pétrone, est encore une autre cause de défaillance pour sa critique, car la morale n'est pas une chose si distincte du beau qu'on a souvent trouvé intérêt à le dire, et elle se rattache par de nombreux points de contact au goût lui-même, ou plutôt elle en est une des faces.

A part ces défauts, dont nous ne dissimulons pas la gravité, Saint-Évremond est vraiment un excellent juge des choses de l'esprit, et qui donne l'idée, sinon tout à fait la mesure, d'un critique supérieur. Par le style, tantôt il rappelle Hamilton, et tantôt il annonce Voltaire; mais, comme critique, il nous semble offrir surtout quelques-uns des caractères par lesquels, un siècle et demi après, M. Sainte-Beuve devait se marquer une place à part. Saint-Évremond avait tout ce qu'il fallait pour remplir au XVIIe siècle, dans la mesure du temps et de la situation, ce rôle de dissertateur élégant et fin, de *causeur* ingénieux et délicat, qui se charge de présenter les auteurs au public. Comme M. Sainte-Beuve, il se préoccupe de l'influence des idées et des mœurs environnantes sur la littérature; ce n'est pas à un point de vue abstrait, mais dans leurs rapports avec ce milieu social qu'il étudie les livres et les écrivains. Assurément, je suis loin de vouloir établir un rapprochement absolu : les différences sont grandes et nombreuses, et l'une des principales, c'est que Saint-Évremond dépouille beaucoup moins sa personnalité pour entrer dans celle de l'auteur qu'il apprécie, et qu'il *dogmatise* davantage. L'analogie m'a toutefois paru assez frappante pour mériter d'être signalée au passage.

A peu près en même temps, et d'un autre côté, quoique sur une voie parallèle, la critique tendait de plus en plus à se transformer, par la création du journal, qui allait en faire un instrument si puissant, quelquefois si terrible, et, avant l'invention du roman-feuilleton, la forme littéraire la plus active et la plus vivante. On n'a peut-être pas assez remarqué la prodigieuse influence exercée par le journal sur la nature et les destinées de la critique : avec lui, elle a dû changer de physionomie, se faire, pour ainsi dire, toute à tous, viser aux qualités spéciales que lui imposaient ses nouvelles conditions d'existence; par lui, elle a acquis une extension immense, elle est devenue une arme toujours en mouvement, dont la pointe est partout, une force immodérée, qui s'applique à tout, qui mesure tout, qui tient lieu de tout, qui devance et dévore tout, en attendant qu'elle achève de se dévorer elle-même. La multiplicité et la force croissante des journaux, ce moule naturel de l'esprit moderne, cette dernière expression de la puissance de la presse, dont ils ont pris le nom par excellence, ont dû modifier radicalement la critique et en faire une chose nouvelle, qui ne se peut plus comparer avec l'ancienne. Mais il y avait bien loin encore des humbles feuilles du XVII<sup>e</sup> siècle à nos ambitieuses gazettes, d'abord par la dimension et la périodicité, puis par le public auquel on s'adressait. Ces embryons du journalisme, bornés dans leurs prétentions comme dans leurs ressources, ne pouvaient espérer qu'un auditoire restreint, et ne songeaient nullement à haranguer la foule, qui ne les connaissait pas. Leurs premiers lecteurs furent à peu près les mêmes que ceux des livres. La critique ne se transforma donc pas immédiatement avec eux, et leur effet n'eut rien de brusque et de tranché. Mais les conséquences que nous avons dites étaient renfermées dans cette invention comme un fleuve dans sa source, et à mesure qu'on fait un pas en avant, on les voit se marquer et s'étendre.

Je ne parle pas de la grave *Gazette de France*, qui n'était guère qu'une succursale du bureau d'adresse. Dès 1650, Loret avait créé la *Muse historique*, en vers, qui n'était également qu'un recueil des faits de chaque jour, et même à un point de vue moins sérieux ; mais l'auteur glissait parmi ses burlesques babioles le compte rendu des événements littéraires ; la critique, — et Dieu sait quelle critique ! — des pièces et quelquefois des livres. Loret n'est pas méchant, il admire tout : mais son successeur Robinet a juré une haine à mort à Racine, comme Visé, qui fonda en 1672, le *Mercure galant*, ce journal « immédiatement au-dessous du sien, » instrument de l'envie et de l'ignorance ineptes, où les maîtres étaient morigénés par un véritable écolier. Sept années auparavant, la fondation du *Journal des savants* avait ouvert un champ plus sérieux à la critique, mais la science en avait pris la plus large part, et, par excès de modestie, les rédacteurs se bornaient en quelque sorte à l'analyse des livres qu'ils eussent dû juger, et visaient à instruire plus qu'à former le goût. A son début, le *Journal des savants* n'est guère qu'une sorte de catalogue explicatif, de bulletin bibliographique, où chaque titre est accompagné de quelques lignes d'examen ; peu à peu il étend son cadre, et dans la seconde année de son existence, on le voit soutenir une très-vive polémique contre l'un des auteurs qu'il avait censurés. Quant à la publication périodique de Baillet, les *Jugements des savants*, c'est une laborieuse compilation plutôt qu'une œuvre originale.

Enfin, voici Bayle, avec ses *Nouvelles de la république des lettres* (1684). Bayle n'est pas homme à se restreindre en ces étroites limites : il mêle sa personnalité à tout ce qui sort de sa plume. Il a plus d'étendue dans l'esprit, il approfondit davantage; il fait de ses analyses des pages originales, écrites avec cette curiosité, cette abondance, cette vivacité et cette verve à demi voilées qu'il porte dans les questions les plus arides. Toutefois c'est moins les productions purement littéraires que les ouvrages d'érudition, d'histoire, de philosophie dont il s'occupe de préférence. Il n'est même pas bien difficile de s'apercevoir que Bayle a, pour les lettres proprement dites et pour la poésie, une sorte d'indifférence dédaigneuse, à laquelle il faut attribuer sans doute le singulier sans-façon de quelques-uns de ses jugements. Il nomme Pradon sur la même ligne que Racine, et je ne suis pas bien sûr qu'il fasse une grande différence entre Perrault et Boileau.

Lorsque Bayle quitta la direction de son journal, son ami Basnage entreprit de continuer l'œuvre, sous le titre d'*Histoire des ouvrages des savants*. Ce fut d'abord une imitation exacte de la manière de Bayle, mais il prit par degrés une allure plus libre et plus personnelle. Basnage, s'il a moins de verve, n'a pas moins de science; son journal est conçu dans le même esprit, et se recommande par le même genre d'intérêt. Il est fâcheux que le sectaire y domine quelquefois le critique, par exemple dans ses appréciations des œuvres de Fénelon et de Bourdaloue. Des caractères analogues se retrouvent encore dans la *Bibliothèque universelle*, fondée en 1686 par J. Leclerc, recueil d'extraits substantiels, d'analyses intéressantes et nettes, mêlés d'articles originaux. C'est l'œuvre d'un esprit laborieux, sans éclat, sans grâce, sans chaleur de style, mais en même temps hardi, tranchant et plein de confiance en lui. La meilleure page du journal est un excellent programme préliminaire, dont Leclerc, par malheur, ne tint pas toutes les promesses.

Un peu plus tard, on vit paraître les *Dépêches du Parnasse, ou la Gazette des savants*, sous la direction de Vincent Minutoli, et le *Nouveau Journal des savants*, par Chauvin. Toutes ces feuilles se publiaient en Hollande ou à Genève, sur la terre classique des protestants et des réfugiés. Toutes, ayant pour auteurs des amis de Bayle, avaient été plus ou moins directement inspirées par son initiative. Il est le pivot central autour duquel tourne le journal littéraire de la fin du xviie siècle. Comme Saint-Évremond, les gazetiers de Hollande étaient mieux placés que les autres critiques pour juger les écrivains français : leur éloignement de Paris et leur situation en pays étranger, tout en garantissant leur indépendance, sans les mettre à l'abri de la passion et des préjugés, rétablissaient pour eux, dans les rangs des auteurs qu'ils avaient à apprécier, cette perspective qui ne s'observe bien qu'à distance, et les affranchissaient de ces mille influences de relations, de haines et d'amitiés, de ménagements et de prudence, auxquelles n'échappent pas entièrement les esprits les plus sincères, quand ils s'occupent des auteurs vivants. Les journaux littéraires rendirent de grands services en jetant dans la circulation des connaissances nombreuses, en supprimant les frontières derrière lesquelles restaient parqués les livres, en mettant les esprits en contact avec les idées exprimées sur les divers points de l'Europe, en les accoutumant à mieux juger par voie de rapprochements et de comparaisons. Avec Bayle et ses imitateurs, comme avec Saint-Évremond, qui est un vrai journaliste, la critique a pris déjà un caractère plus aisé et plus libre, son allure est plus souple ; son ton devient moins dogmatique et moins doctrinaire, sinon moins assuré. Ce ne sont encore que des nuances, parce que le journal n'est pas définitivement constitué, mais ces nuances sont visibles à un œil attentif.

## II

Au milieu de ces déviations diverses, un homme maintenait fermement la critique sur le terrain de l'autorité et de la tradition. Il luttait contre l'esprit nouveau qui entraînait le siècle finissant. D'un bout à l'autre de sa longue carrière, Boileau reste invariable dans ses idées littéraires; il meurt sans avoir fait un pas en arrière ou en avant. C'est le représentant le plus autorisé de la critique du xviie siècle, le type de cette critique aristotélicienne qui y régna longtemps à l'exclusion de tout autre, et qui y domina toujours. A Boileau revint naturellement l'honneur de soutenir le poids de la lutte contre l'insurrection de Perrault : il le fit avec une vaillance infatigable. Grâce à lui, la victoire de l'avenir fut retardée de plus d'un siècle, et, dans le compromis qui suspendit la guerre sans vider la question, les honneurs restèrent au principe de l'autorité. Victoire indécise, néanmoins, et achetée par des concessions dangereuses ! Boileau mourut à temps avant d'avoir vu renaître l'attaque, dirigée cette fois par des chefs plus habiles, et qui devait amener Fénelon lui-même à tenir la balance égale entre les deux partis. S'il n'emporta pas avec lui dans la tombe la critique que son nom résume dans notre histoire littéraire, il la légua à des successeurs dégénérés qui ne surent pas la défendre, et se débandèrent devant presque toutes les tentatives de révolte. Aujourd'hui cette critique a définitivement cédé la place à sa rivale, et l'*Art poétique* fait partie du Musée des antiques. On l'apprend encore par cœur dans les colléges, et on a raison, parce qu'il est toujours utile d'apprendre d'excellents vers, et parce que les préceptes généraux dont Boileau s'est fait l'interprète mériteront éternellement d'être médités ; mais la partie technique n'est plus que le souvenir d'une littérature disparue, et les professeurs de rhétorique eux-mêmes ne songent plus à en appliquer rigoureusement les règles.

La querelle des anciens et des modernes, qui eut la gloire de soulever les plus hautes questions littéraires dont se soit occupée la critique du xvii$^e$ siècle, est la première phase importante de cette lutte sans fin entre l'esprit du passé et celui de l'avenir, entre la tradition et la révolution, que nous avons vue se réveiller de nos jours avec une nouvelle force sous les drapeaux des classiques et des romantiques.

C'est une tendance naturelle à l'esprit de l'homme que la comparaison des vieux âges avec l'époque où ils vivent, pour la relever ou la rabaisser par le contraste. Qu'est-ce, au fond, que cette idée du progrès que nous retrouvons partout, même chez les anciens, dans Platon, dans Aristote, dans Cicéron, dans Lucrèce; ces vœux, ces espérances de perfectibilité indéfinie, se prenant souvent pour des certitudes et s'érigeant en théories absolues chez nos réformateurs modernes, qu'est-ce, sinon le grand problème humain, la grande énigme de la civilisation, dont la querelle toute littéraire des anciens et des modernes n'est qu'une des faces, et non l'une des moins importantes ? M. Hippolyte Rigault, dans sa thèse sur la question [1], a cru devoir élever et agrandir le débat, en y faisant intervenir cette idée du progrès, qui domine tout son livre, et enlève à la discussion ce qu'elle pourrait avoir, pour certains esprits, de trop particulier ou de trop oublié. Dans cette querelle, en effet, l'idée du progrès se trouva posée et discutée longuement pour la première fois peut-être ; néanmoins, elle fut plutôt indirectement abordée par la force même des choses qu'aperçue de face par les combattants, qui, pour la plupart, ne s'étaient pas doutés de cette partie philosophique du débat. Voilà pourquoi nous ne sortirons pas, quant à nous, des frontières du sujet proprement dit, déjà bien assez vaste pour nous occuper longuement.

Euripide est un des premiers détracteurs de l'esprit nouveau en faveur de l'ancien ; Horace, un des premiers détracteurs de l'esprit ancien en faveur du nouveau. Lucien et Sénèque le Rhéteur sont dans le camp d'Euripide ; Pline le Jeune, ce Français de Rome, Martial et quelques autres, dans celui d'Horace. Mais c'est seulement le *Dialogue des Orateurs* qui posa nettement la question de préséance entre les anciens et les modernes. Le moyen âge lui-même a donné son avis dans le débat, et Roger Bacon, ce moine philosophe du XIII$^e$ siècle, c'est-à-dire du siècle d'Albert le Grand, de saint Thomas d'Aquin, de Raymond Lulle, etc., a professé l'idée du progrès, devançant Fontenelle et Perrault dans les raisons dont il appuie sa croyance.

La Renaissance fut la plus éclatante résurrection de

---

[1]. *Histoire de la Querelle des Anciens et des Modernes*, par H. Rigault, Paris, Hachette, 1856, in-8.

l'esprit ancien. Dans cet enthousiaste retour, dans cet entraînement universel vers l'antiquité, les droits du présent et ceux de l'avenir disparurent, engloutis un moment. C'est à peine si l'on trouve quelques hommes, comme Pic de La Mirandole et surtout le chancelier Bacon, pour les maintenir haut et ferme, — sans oublier Rabelais, qui, dans une lettre de Gargantua à son fils Pantagruel, a démontré comment la résurrection des anciens pouvait servir la cause même des progrès de l'esprit moderne; et Henri Estienne, qui, dans son *Apologie pour Hérodote*, s'est efforcé de maintenir la balance égale entre les deux partis.

Bacon était, vis-à-vis de l'antiquité, un esprit indépendant, mais respectueux; le cartésianisme, entrant dans la voie qu'il avait ouverte, n'accepta, dit M. Rigault, que la moitié de l'héritage, — l'indépendance, — et refusa le respect. Descartes, et son principal disciple Malebranche, professent un profond dédain de l'antiquité. L'auteur du *Discours de la Méthode*, en érigeant la souveraineté de la raison sur les ruines du principe d'autorité, s'est rangé parmi les plus illustres ancêtres des *modernes*. Pascal abonde dans le même sens, et le grand Arnauld, lui aussi, semble s'être rangé à cette opinion. Un autre solitaire de Port-Royal, Nicole, parle fort irrévérencieusement des anciens dans une de ses lettres : « Comme je prends plaisir, dit-il, à trouver des faussetés et de grands aveuglements dans ces mêmes livres (Homère, Xénophon, Platon, Épictète, etc.), j'y en trouve quantité. » La Mothe le Vayer, en vrai sceptique, ici penche pour les anciens, et là paraît pencher pour les modernes. Dans un discours prononcé à l'Académie, en 1635, Boisrobert se déclara plus explicitement contre l'antiquité. On peut ajouter à cette liste préliminaire mademoiselle de Gournay, le cardinal du Perron, Théophile, qui a effleuré la question daus ses *Fragments d'histoire comique;* Saint-Amant, dans la préface de son *Idylle héroïque;* Ch. Sorel, dont le *Berger extravagant* frappe sans pitié sur Homère, Virgile, Ovide, Platon, etc., sans épargner davantage, il est vrai, Ronsard, Desportes, d'Urfé et autres modernes; G. Colletet, qui, un an après Boisrobert, prononça à l'Académie un discours où il attaquait l'imitation des anciens, surtout celle de Cicéron, avec une énergie pittoresque, une verve originale et bizarre; Subligny, dans la préface de sa *Fausse Clélie;* Segrais, dans celle de ses *Nouvelles françoises;* enfin de Boisval, en 1670, dans l'*Excellence et les Plaintes de la poésie héroïque au roi,* en tête de son poëme chrétien sur Esther.

Mais, avant d'aborder la querelle proprement dite, il nous reste encore à nommer l'Italien Tassoni, l'un des principaux prédécesseurs de Desmarets et de Perrault, qui, du reste, n'avaient probablement pas lu son ouvrage. Dans ses *Pensées diverses,* datées des premières années du xviie siècle, l'auteur du *Seau enlevé* aborda une comparaison méthodique, mais sans vues philosophiques et générales, entre l'antiquité et les temps modernes, et le résultat de son examen est tout favorable aux modernes, pour les lettres et les arts aussi bien que pour les sciences. Si son livre, traduit par Baudoin, a été connu de Boisrobert avant son discours, ce qui paraît probable, c'est lui qui aurait été le véritable introducteur du débat en France, comme plus tard Saint-Évremond en Angleterre.

Des quatre ou cinq ouvrages que Desmarets de Saint-Sorlin, poëte, réformateur et prophète, consacra à soutenir la cause des modernes, le plus important est sa *Comparaison de la Langue et de la Poésie françaises* (1670), petit livre d'un style lourd et obscur, qui est tout autant un plaidoyer en faveur de ses propres écrits qu'un factum contre les anciens. La première partie, consacrée à la discussion, se compose de raisons frivoles et mal digérées; la seconde, qui n'est pas la moins curieuse, comprend des morceaux tirés surtout de son *Clovis*, qu'il oppose, avec une confiance admirable, aux plus beaux passages de Virgile, s'en rapportant au jugement du public. Il est vrai que ces passages de Virgile sont traduits par lui en vers français; mais il proteste qu'ils valent au moins autant dans sa traduction que dans l'original, et il a même poussé la générosité jusqu'à prêter de ses propres pensées à l'auteur. Par malheur, on ne releva point le gant, et Desmarets eut l'humiliation de ne pas conquérir plus de renommée par sa critique que par ses poëmes. Ce ne fut qu'un combat d'avant-garde, où le pauvre homme fut vaincu, quoiqu'il n'eût pas d'adversaire.

Pourtant, au milieu de son fatras, Desmarets a émis quelques idées ingénieuses et justes. Ainsi il a précédé le *Génie du Christianisme*, en cherchant, dans les *Délices de l'esprit* et le Discours préliminaire de *Clovis*, à établir la poésie chrétienne sous forme de théorie littéraire, et à démontrer que notre religion l'emporte sur la mythologie par les ressources qu'elle offre à l'inspiration, — thèse qui fut reprise plus tard et traitée avec esprit par Claude Santeul dans une pièce en distiques latins. Mais, chez Desmarets, l'avocat a fait tort à la cause : l'ignorance, la vanité, l'exagération, l'incohérence ont gâté les vues les plus justes. Il y a bien aussi, dans ses écrits sur ce sujet, quelques contradictions, quelques arguments vicieux, qu'on pourrait retourner contre lui. Ce qui domine son livre, c'est l'idée chrétienne : sa guerre contre les anciens est une croisade. Il insiste sur le progrès de l'esprit humain, mais au nom du christianisme, qui est, selon lui, par le dogme de la rédemption, la source et la raison de ce progrès.

Nous ne nous arrêtons pas au père Bouhours, qui, dans ses *Entretiens d'Ariste et d'Eugène*, s'est montré le partisan circonspect et timoré, comme toujours, des modernes, et nous voici enfin à Charles Perrault, le véritable chef de la révolte dont Desmarets ne fut que le précurseur. Les tentatives que nous avons mentionnées jusqu'ici avaient passé plus ou moins inaperçues, plus ou moins isolées : c'étaient tout au plus des escarmouches, mais cette fois la lutte va s'engager sérieusement.

En mourant, Desmarets avait appelé Charles Perrault à la rescousse; celui-ci sembla d'abord faire la sourde oreille, et ce ne fut qu'une douzaine d'années après qu'il démasqua complétement ses batteries. Avant Charles, son frère Pierre avait ouvert le feu en un petit écrit de circonstance (1678), et déjà, en 1676, dans sa *Critique de l'Opéra*, il avait opposé l'*Alceste* de Quinault à la pièce d'Euripide, pour établir la supériorité de la première. Mais Racine s'était chargé de lui répondre par sa préface d'*Iphigénie*, où il relève, avec une supériorité dédaigneuse et une modération ironique, les bévues de son adversaire. C'est là tout ce que le grand tragique a écrit à propos de la question, à moins qu'on n'y veuille joindre sa lettre à Boileau (1693), dans laquelle il s'occupe de la neuvième Réflexion sur Longin; mais ses sentiments étaient bien connus.

On sait que la lutte prit naissance dans une séance

de l'Académie. La querelle avec Furetière commençait à s'apaiser, et la compagnie venait de chanter un *Te Deum* pour la guérison du roi, quand, le 27 janvier 1687, Ch. Perrault lut devant ses confrères un petit poëme, le *Siècle de Louis le Grand*, composition rapide et superficielle, où il avait eu surtout le tort de mal choisir, parmi les modernes, les exemples qu'il voulait opposer aux anciens, mais qui renfermait d'heureux vers. Boileau se fâcha, et, dans deux épigrammes connues, traita de topinamboue l'Académie, qui avait eu la longanimité d'écouter cette lecture jusqu'au bout. La Fontaine rima une épître à Huet, pleine de charme dans son abandon familier et sa calme rêverie, où, tout en louant les modernes, il les mettait bien au-dessous des anciens, et recommandait la libre et intelligente imitation de ceux-ci. Tel fut son contingent dans la querelle, et, en conscience, on n'en pouvait demander davantage à un paresseux comme lui, qui faisait de son temps deux parts, dont il *souloit passer*

L'une à dormir et l'autre à ne rien faire.

Perrault allait aggraver ce premier blasphème. Voulant désabuser ceux qui avaient cru ou fait semblant de croire que son poëme n'était qu'un jeu d'esprit, il publia successivement ses quatre volumes des *Parallèles*, sous forme de dialogue entre le président, un « savant homme, qui a beaucoup de génie, » l'abbé, « un homme savant, riche de ses propres pensées, » et le chevalier, également doué *de science et de génie*, à quoi il joint beaucoup de vivacité *d'esprit et d'enjouement*. Avec de tels interlocuteurs, nous ne pouvons manquer d'avoir un chef-d'œuvre, et nous voilà prévenus!

Il faut convenir que ce livre est, en général, spirituel

et ingénieux, que le dialogue s'y déroule avec facilité
et agrément; mais il est fort peu concluant, malgré
l'aisance avec laquelle ce terrible abbé, partisan des
modernes, triomphe de toutes les objections du débonnaire président, qu'on est tenté de souffler à chaque
mot, et auquel on ne trouve point tant de science ni
de génie que l'auteur. Après le quatrième dialogue,
le bonhomme est fort ébranlé, et on voit bien qu'il va
se rendre au moment où la toile tombe pour épargner
sa pudeur. C'est l'abbé qui est la personnification de
Perrault; mais celui-ci s'est arrangé de façon à mettre
dans la bouche pétulante du chevalier des opinions
qu'il n'osait prendre sur lui, et dont il évitait ainsi la
responsabilité, tout en se donnant la satisfaction de les
exprimer.

Perrault, dans ses *Parallèles*, a poursuivi la comparaison entre les anciens et les modernes sur tous les points,
non-seulement sur les lettres et les arts, mais sur les
sciences, l'astronomie, la médecine [1], la physique, la
philosophie, et même la cuisine, où il nous trouve en
progrès, par cette raison, entre autres, que nous mettons
des nappes sur nos tables. En réalité, c'est la thèse de
la perfectibilité indéfinie qu'il soutient, car il en revient
toujours à dire que les modernes sont supérieurs, parce
qu'ils sont venus après les anciens, et que, par là même,
Raphaël doit l'emporter sur Apelle, mais aussi Lebrun
sur Raphaël. Son grand tort, comme celui de la plu-

1. Si le satirique Gui-Patin n'avait été mort, il n'eût probablement
pas laissé passer cette assertion sans la relever, lui qui ne voulait pas
sortir de la médecine grecque et romaine, qui ne consentit jamais à
admettre le quinquina, l'antimoine et les autres remèdes dont il n'est
pas question dans Hippocrate, enfin qui allait jusqu'à s'habiller à
l'antique.

part de ses confrères dans cette discussion, c'est d'avoir sans cesse confondu les sciences, qui ont besoin du développement des connaissances humaines, et qui profitent de chaque conquête nouvelle pour s'avancer plus loin, avec les lettres, qui n'ont nul besoin de tout cela, — et dans les lettres, l'habileté, le mécanisme, la partie méthodique et matérielle, avec l'inspiration et la poésie. Les lettres sont essentiellement conservatrices, tandis que le principe des sciences est le progrès. Dans celles-ci, on ne peut reculer, ni rien perdre : un point acquis reste ferme et s'accroît ; celles-là, au contraire, ont pour but permanent de garder, de débarrasser, de dégager l'idée générale et primitive ; elles tendent toujours à revenir au point de départ. L'art, c'est la nature, encore plus qu'un recueil de préceptes destinés à se perfectionner par le temps, et Perrault ne considère les œuvres de l'esprit que comme de pures combinaisons, qui s'améliorent par l'expérience. Puis, les exemples qu'il allègue suffiraient à gâter la plus incontestable des thèses. Conçoit-on qu'on puisse opposer aux tragiques grecs Mairet, Tristan, Garnier et Hardy, quand on a Corneille et Racine [1], et ne faut-il pas que le président y mette un

---

1. Les mêmes bizarreries d'appréciation se remarquent dans les *Hommes illustres* de Perrault. En homme du monde et de bon ton, il y fait bien l'éloge de ceux mêmes de ses contemporains qui étaient les amis et les imitateurs les plus zélés de l'antiquité, de Boileau, par exemple ; mais il les admire plutôt par leurs petits côtés que par leurs qualités réelles, et il faut voir à qui il les associe, et quels étranges assemblages de noms ! Il oppose Molière aux anciens, mais en choisissant pour points de comparaison parmi ses pièces les *Fâcheux* et l'*Amphitryon*. Il met Bossuet au-dessus des plus grands historiens antiques, et nul ne l'en blâme ; mais immédiatement après il cite, comme venant au même rang et pouvant leur être comparés au même titre, MM. Corde-

grand esprit de conciliation pour se laisser victorieusement démontrer que l'*Astrée* est supérieure à l'*Iliade*?

Les *Parallèles* sont un livre de critique légère et facile, à l'usage des gens du monde, où il y a plus de plaisanteries que de raisons, comme si une épigramme prouvait autre chose que l'esprit de celui qui la fait. Perrault aime à s'appuyer sur l'opinion des dames, même quand il s'agit de Pindare et de Platon. Chez lui, les idées l'emportent sur les appréciations, et le philosophe est au-dessus du critique. Malgré ses défauts, son livre reste encore, après tout, le monument de la querelle, par les quelques idées générales qu'il a jetées dans la circulation, par le libéralisme littéraire qu'il a contribué à répandre. Il s'élève bien au-dessus de Desmarets, avec qui la question était restée personnelle. Ce que Descartes avait fait pour la philosophie, Perrault le fit pour la littérature : il introduisit le doute et le libre examen dans la place, avec moins d'autorité et un raisonnement plus faible, il est vrai, mais avec des résultats analogues. Son mérite fut de renverser l'idole de l'autorité pure, de la tradition absolue et tyrannique, de la convention s'imposant sans contrôle. C'est à lui que remonte la révolution romantique, qui devrait le compter parmi ses aïeux, plutôt que Ronsard, choisi un peu à contre-sens, puisque c'est justement celui qui a poussé le plus loin le respect et l'imitation de l'antiquité.

moy père et fils. Peut-être, au-fond, sa préférence était-elle pour ceux-ci. On peut soupçonner, sans jugement téméraire, que son admiration et son affection réelles sont pour les plus médiocres, et qu'il n'a pour les autres que des sentiments de convenance.

Malgré des témérités de jugement, des idées fausses appuyées d'arguments spécieux, une critique d'autant plus superficielle qu'elle n'avait à sa disposition qu'une instruction fort insuffisante, ce livre obtint la victoire dans le public par ses agréments, son urbanité, son esprit surtout, mis en contraste avec le ton rechigné des principaux adversaires :

> Nous dirons toujours des raisons,
> Ils diront toujours des injures,

écrivait Perrault, non sans quelque vérité : bien ou mal, il raisonnait dans ses livres, tandis que Boileau, chagrin, indigné, s'emportait en violences contre le sacrilége, et dédaignait, à grand tort, de descendre à une discussion en règle des idées de son adversaire.

Toutefois il ne faudrait pas prendre cette distinction rigoureusement à la lettre. Perrault, malgré son renom mérité de politesse, se laissa, lui aussi, emporter aux injures, quand les épigrammes de Boileau eurent fini par émouvoir sa bile. En 1694, il écrivit son *Apologie des femmes*, plutôt, très-probablement, pour se venger des traits lancés contre lui par le satirique et pour achever de conquérir un appui qui lui était précieux dans la lutte, que par un amour désintéressé pour le beau sexe. La préface, où il touche quelques mots de la querelle, est une vive censure de la satire de son adversaire, à qui il reproche de « voler toujours terre à terre, comme un corbeau qui va de charogne en charogne. » Plusieurs passages de son *Apologie* frappent droit aussi à l'adresse de Boileau, sans qu'on puisse se méprendre, quoiqu'il n'y soit pas nommé. Il parle de celui qui a toujours vécu *renfermé loin du sexe*, et le représente *crasseux, maladroit et sauvage :*

> S'il joint à ces talents l'amour de l'antiquaille,
> S'il trouve qu'en nos jours on ne fait rien qui vaille,
> Et qu'à tout bon moderne il donne un coup de dent;
> De ces dons rassemblés se forme le pédant,
> Le plus fastidieux comme le plus immonde
> De tous les animaux qui rampent dans le monde.

En somme, et malgré son succès populaire, la cause dégénéra entre les mains trop faibles de Perrault. Au lieu de la prendre en son vrai sens critique, il la rabaissa à une question de fait, sans sortir en aucune façon des formules vulgaires, qu'il accepte comme des axiomes supérieurs à la discussion. Ce n'est pas avec les principes de l'art et du goût, c'est surtout avec ceux de l'école qu'il attaque les modèles classiques, comme si ce n'était pas ceux-ci qui en ont fourni les types; et il se croit obligé, pour les besoins de sa thèse, de démontrer que, même à ce point de vue, Pindare est au-dessous de Godeau, comme déjà Desmarets de Saint-Sorlin avait prouvé que son poëme de *Clovis* l'emporte sur l'*Iliade*. Étrange inconséquence de faire la guerre au nom des règles contre les exemplaires même de celles-ci, au lieu de la faire contre les règles au nom de l'art; mais aussi, singulier exemple de la puissance de ces formules qui servaient de ralliement aux plus révolutionnaires eux-mêmes! Perrault mit au service d'une cause libérale et vraie dans son essence ses étourderies, ses ignorances, ses bévues, que ne suffisent pas à sauver quelques aperçus ingénieux et originaux. Il perdit devant la critique, par sa faute, un procès qui méritait d'être gagné.

Après Perrault, le principal champion des modernes,

dans cette première période de la guerre, ce fut Fontenelle, un esprit qui, avec des qualités très-remarquables, n'avait pas le sens du vrai littéraire et de la grandeur, qui manquait d'âme, de sensibilité, de franchise, dont l'imagination enfin, apprêtée jusque dans ses moments d'abandon, avait toujours quelque chose de scientifique et d'abstrait. Déjà, un peu avant le *Siècle de Louis le Grand*, il avait entrepris comme une reconnaissance dans ses *Dialogues des Morts*. C'était un prélude, qui put suggérer à Perrault quelques-unes de ses idées ; seulement, avec cette discrétion modérée qui était le tempérament de son intelligence, Fontenelle s'était établi dans une position intermédiaire et bien en deçà des avant-postes de celui-ci.

Le *Discours sur l'Églogue* attaqua en plusieurs endroits Virgile et surtout Théocrite. Mais le principal ouvrage de Fontenelle relativement à la question qui nous occupe, fut sa *Digression sur les anciens et les modernes*, court et charmant morceau, « qui plaît par son agrément, même quand il ne s'impose pas par sa justesse, et où les idées fines et profondes peuvent à chaque instant donner le change sur le paradoxe (Rigault). » Fontenelle ne s'éloigne pas beaucoup, en somme, de l'opinion des *anciens*, car il fait parfaitement, sauf à revenir ensuite sur ses pas, la distinction essentielle entre les sciences, les arts de réflexion, qui ont besoin du temps pour progresser, et la poésie et l'éloquence, qui n'en ont pas besoin. Seulement, la poésie et l'éloquence n'ont pas grande importance à ses yeux. La question lui paraît très-simple à résoudre, parce qu'il n'en voit pas tous les aspects ou qu'il n'en tient pas compte. Il la réduirait volontiers à une formule mathématique. Pour lui, c'est nous qui sommes vraiment les anciens, puisque le monde est plus vieux à notre époque; cette idée, exprimée en termes spécieux, n'est point de son invention, car on la trouve déjà formellement dans Bacon, dans un fragment manuscrit de Descartes cité par Baillet, dans les *Pensées* de Pascal et dans Perrault. Après avoir ainsi ouvert à demi sa main, Fontenelle la referma, content d'un si héroïque effort en faveur de ce qu'il croyait être la vérité, et, quoiqu'il ait vécu pendant les deux périodes de la querelle, il se reposa désormais, de peur de s'échauffer la poitrine.

Cependant les défenseurs des anciens s'étaient mis en mouvement. Dacier, traducteur expert, savant homme, dont nous verrons la femme jouer les premiers rôles dans la seconde période de la querelle en France, dit de fort gros mots aux *modernes*, en tête du sixième volume de sa traduction d'Horace, et Ménage fit pour sa part une élégante épigramme latine, dont le dernier vers, qui voudrait être une pointe, n'est guère qu'une injure; tandis que, de son côté, le professeur Francius, d'Amsterdam[1], insultait doctement et copieusement Perrault dans une harangue écrite également en latin. Celui-ci se vengea spirituellement de ces deux derniers adversaires dans une lettre écrite à Ménage, où il feint de croire que l'M mise au bas de l'épigramme latine était l'initiale de quelque nouveau Montmaur, « parent du célèbre parasite que nos muses ont chassé si agréablement du haut du Parnasse à coups de fourches, » et où, parlant de la harangue du professeur d'Amsterdam,

---

[1]. N'oublions pas un autre professeur, Nicolas Kortholt, qui, quelques années plus tard, en prenant possession de sa chaire à l'Académie de Genève, plaida la cause de l'éloquence ancienne dans son discours d'ouverture.

il écrit ces lignes dédaigneuses : « Comme je sais que les injures n'ont pas la même force en latin qu'elles auroient en français, je les pardonne de bon cœur à M. Francius, en faveur des priviléges de la langue latine, pourvu qu'il fasse réflexion combien peu délicate est cette langue, combien peu délicats ont été la plupart de ceux qui l'ont parlée, et combien le sont encore la plupart de ceux qui la parlent, puisque, pour les mêmes choses où l'on ne daigne pas faire attention quand elles sont dites en latin, on se couperoit la gorge si elles étoient dites en français. » Cette fois encore, les rieurs et les gens du monde furent du côté de Perrault.

Le *Mercure* de novembre 1690 répondit aussi à Francius, dans une pièce assez bien tournée, qui porte le titre de *Dialogue du sieur Devin entre Apollon et la muse Polymnie*.

Le baron de Longepierre fut le premier qui mit de l'urbanité dans le débat, et il faut d'autant plus lui en tenir compte, que c'est à peu près le seul côté remarquable de son *Discours*. Plus ingénieux et plus amusant fut l'opuscule que François de Callières, secrétaire du cabinet du roi, lança dans la mêlée, comme un signe de ralliement, sous ce titre : *Histoire poétique de la guerre nouvellement déclarée entre les anciens et les modernes* (1688). Ce livre se rattachait à cette série d'ouvrages allégorico-satiriques, qui presque tous nous paraissent aujourd'hui des plus fades, mais qui étaient alors fort en vogue. L'*Histoire poétique* de Callières est une sorte d'épopée en prose, divisée en douze livres. L'auteur y feint qu'à propos de la lecture du poëme de Perrault à l'Académie, les auteurs anciens et modernes se divisent en deux camps sur le Parnasse, où la Renommée vient d'apporter cette nouvelle. Chaque corps d'armée choisit son général, la lutte s'engage et se termine enfin par l'arbitrage d'Apollon, qui prononce son jugement, — jugement impartial et éclairé, où, en général, l'avantage reste aux anciens, quoique les modernes y soient traités aussi avec beaucoup de modération et de justice. Mais ce bizarre et curieux ouvrage pourrait avoir plus de malice et de légèreté ; la lecture en fatigue à la longue, et surtout elle n'est nullement concluante.

Je voudrais citer à peu près tout, et je suis obligé de courir à travers cette masse d'œuvres pour la plupart sans valeur et sans intérêt. Qui donc relèvera la discussion ? Sera-ce Huet ? Mais, au lieu de faire un livre, il se borna à une lettre. Perrault lui avait envoyé ses *Parallèles*, et l'évêque d'Avranches lui répondit par un examen détaillé, poli d'abord, puis s'animant peu à peu et tournant à la sévérité la plus rude. Huet ne vit pas plus que les autres le côté philosophique de la discussion, et se borna à noter, comme un pédagogue, les erreurs et les légèretés de Perrault. D'ailleurs il avait, on le sait, plus de science que de largeur d'esprit : il le prouva bien encore dans le passage du *Huetiana* où il revint sur la question, avec une crédulité qui n'avait d'égale que son érudition, et qui n'était pas propre, quoi qu'il en crût, à gagner définitivement la cause des anciens.

Pendant ce temps, deux fort savants hommes, d'une autorité reconnue, venaient grossir les rangs des modernes : Basnage de Beauval se déclarait pour eux, doucement, il est vrai, et sans scandale, mais clairement et à plusieurs reprises, dans son *Histoire des ouvrages des savants*; Bayle, qui admirait Boileau et que Boileau aimait, professait plus nettement encore son opinion dans ses lettres, dont l'une fut rendue publique par Perrault, et mettait la dernière main à ce vaste Dictionnaire où, avec toutes sortes de réserves, de finesses et d'échappatoires, il ne devait laisser passer aucune occasion de manifester de nouveau sa sympathie pour la cause des modernes.

Il était temps que Boileau intervînt plus activement qu'il n'avait fait jusqu'alors par ses épigrammes, par un passage de sa dixième satire, par son *Discours sur l'ode* et quelques strophes de sa pièce pindarique sur la prise de Namur. Excité surtout par Racine et par le prince de Conti, il entreprit ses *Réflexions sur Longin*, ne voulant pas avoir l'air de répondre directement à Perrault, parce qu'il était convaincu que les écrits qui roulent simplement sur des disputes particulières ne sont pas de longue durée, et qu'il faut toujours choisir des sujets d'un intérêt général. Les neuf premières Réflexions, les seules qui aient trait à la querelle, sont de 1693, et la plupart sont beaucoup plus relatives aux opinions de Perrault qu'à la doctrine du célèbre rhéteur, qui ne fait guère que fournir les textes d'où part Boileau pour combattre son adversaire. Il s'y montre fort dur, et traite partout Perrault en écolier ignorant et rebelle. Il vise plus encore à lui démontrer son incapacité et ses erreurs qu'à venger l'antiquité, ou du moins il pense la venger suffisamment en couvrant son accusateur de ridicule. Dans la cinquième Réflexion, il semble même lui souhaiter le supplice *mérité* de Zoïle, qui fut mis en croix suivant les uns, lapidé ou brûlé vif, suivant d'autres. Ce passage, à le prendre littéralement, donnerait une assez triste idée de son caractère ; mais il faut se souvenir, en étendant le mot de madame de Sévigné, que Boileau n'était cruel qu'en vers ou en prose, — au demeurant, le meilleur fils du monde. C'est tout au moins un passage de fort mauvais goût.

Il y a sans doute dans ces Réflexions plus d'une idée juste et fine, plus d'une critique à la fois ingénieuse et sensée, mais presque toujours de la critique de détail et de la polémique de grammairien. Rien qui s'élève au-dessus du bon sens courant. Boileau prend la querelle par ses petits côtés. Quant aux idées générales répandues dans les *Parallèles*, c'est-à-dire la partie la plus importante, la seule importante même du débat, ce qui constituait le vif de la question et faisait la force de Perrault, il ne daigne pas y songer, et, le dirai-je? je ne suis pas persuadé, autant que M. Rigault, qu'il en ait aperçu et senti la valeur. Assurément, il admirait et comprenait « des philosophes d'une portée plus grande que Perrault : Descartes et Pascal, par exemple; » mais ce qu'il aimait et prônait dans Pascal, c'était surtout l'auteur des *Provinciales*, l'ennemi des révérends pères; et, à l'époque où nous sommes, Descartes, mort depuis plus de quarante ans, chef d'école, ayant créé de nombreux disciples, faisait déjà partie de la tradition. D'ailleurs, Boileau pouvait admettre en philosophie ou dans les sciences ce qui lui eût paru une témérité sacrilége dans les lettres. Le même homme qui ne voulait point qu'on touchât aux anciens poëtes, avait fait, douze ans auparavant, son *Arrêt burlesque* pour railler ceux qui ne voulaient point qu'on touchât à l'autorité d'Aristote. C'était un esprit droit et ferme, mais un peu étroit. Combien y a-t-il d'idées philosophiques dans ses œuvres, sans en excepter son *Art poétique?* A la vérité, plusieurs raisons peuvent lui servir d'excuses : « Il était, écrit très-ingénieusement M. Rigault, dans le feu de la polémique; il y portait sa passion pour le sens commun, l'âpreté d'Alceste, et, pour tout dire, l'humeur d'un vieillard depuis longtemps malade, et le ton hautain d'un homme supérieur. Despréaux s'irrita de ce qu'un écrivain français, un académicien, décriait les anciens sans les connaître, et les calomniait par ses traductions avant de les déshonorer par ses jugements. Au lieu de réfuter Perrault, il voulut montrer que Perrault n'était pas digne d'une réfutation. Les *Réflexions sur Longin* ne se proposent qu'un but, c'est de convaincre Perrault d'ignorance au préalable, et de faire mettre les anciens hors de cause. »

Dans cette querelle, en plus d'un point, c'est Boileau le plus avancé, quoiqu'il soutienne en apparence la cause du passé, et Perrault celle du progrès, et quoiqu'on ait pu voir avec justice, dans l'auteur des *Parallèles*, le précurseur des idées littéraires qui ont triomphé de nos jours. Quel est celui qu'effrayent *les mots propres* d'Homère? Perrault, qui se déclare dégoûté au plus haut point des ânes, des porcs, du boudin de l'*Iliade* et de l'*Odyssée*, et qui voudrait les remplacer par de beaux termes bien généraux et bien nobles, tandis que Boileau défend de toute sa force ces mots roturiers. Aussi, dans la préface de son *Apologie des femmes*, Perrault traite-t-il son ennemi en vrai novateur, ce qui étonnera beaucoup les romantiques, et lui reproche-t-il ses vers « coupés par morceaux, pleins de transpositions et de mauvaises césures, et enjambant les uns sur les autres. » Et pourtant c'est en sens contraire, et avec justice, que nous avons incarné dans ces deux hommes les idées de tradition et d'innovation. Il y a souvent ainsi de ces contradictions de détail et de ces complications dans les doctrines qui peuvent rendre le jugement incertain ; la postérité simplifie les choses, réduit le débat à sa dernière expression, et prononce d'après une idée qui lui paraît dominer dans l'un des partis, sans s'occuper du reste.

Boileau est donc, au point de vue littéraire, moins arriéré que Perrault, et il a mérité d'être considéré par lui comme un révolutionnaire. Toutefois il n'y a point là de contradiction avec ce que je disais plus haut, en contestant qu'il eût compris l'idée philosophique qui fait la valeur des *Parallèles*. Si Boileau fut révolutionnaire contre la tradition du moment, ce fut au profit et au nom de la grande tradition du passé. C'est avec de fausses raisons et à un faux point de vue qu'il s'est fait le champion d'une cause juste. S'il défendit les mots roturiers d'Homère, c'était moins comme termes propres que comme termes nobles, et l'on sait avec quelle chaleur il soutenait que le mot ὄνος, *âne*, est du haut style en grec. Il est donc bien certain que, s'il eût rencontré dans Colletet ou Saint-Amant ces vocables disgracieux qu'il ne voulait point qu'on attaquât dans Homère, il eût été le premier à s'en railler.

Perrault se borna à répondre quelques mots à la huitième Réflexion critique ; nous ne le suivrons pas sur le terrain tout personnel où il transporte le débat, et nous passerons à une partie plus intéressante de notre histoire.

La question des anciens et des modernes ne fut pas renfermée dans le cercle des érudits et des hommes spéciaux ; elle passionna jusqu'à un certain point l'attention publique. Les *Mémoires* de l'abbé Legendre [1] nous apprennent même que l'archevêque de Paris,

---

1. Publiés dans le *Magasin de Librairie*.

M. de Harlay, évoqua l'affaire à son tribunal, et fit plaider devant lui la cause de l'antiquité par Martignac, son neveu, qui eut pour adversaire l'académicien l'abbé de Lavau. Les deux champions ne brillèrent pas plus l'un que l'autre, et le succès de la cause demeura indécis. L'écho de la lutte retentit fortement dans les journaux de l'époque, aussi bien que dans la *société polie*. Le *Journal des savants* garda la neutralité; le *Mercure galant*, dirigé par de Visé, ami de Fontenelle et ennemi de Boileau, était naturellement du parti des modernes, et plus naturellement encore les *Mémoires de Trévoux*, dirigés par les révérends pères, que le satirique aimait peu, et qui le lui rendaient bien. Sur le terrain littéraire, comme sur le terrain théologique ou philosophique, on trouve presque toujours les jésuites opposés aux jansénistes, et Port-Royal tenait pour l'antiquité. D'ailleurs les journaux, par leur nature même, sont surtout les organes de la nouveauté, et, au dix-septième siècle, ils étaient abandonnés aux écrivains de la petite littérature, nécessairement hostile à la grande. Ce mouvement en faveur des *modernes* était encore plus prononcé dans la société polie; on en trouve le témoignage partout. Ce n'était pas sans raison que Perrault, au rebours de son adversaire, avait pris soin de se ménager le suffrage des femmes, d'un si puissant secours à toute idée qui veut faire son chemin dans le monde, au moins dans celui des salons. Et puis n'était-il pas naturel que le public prît le parti qui souriait le plus à son orgueil et se trouvait le mieux à portée de son ignorance? Les *modernes* devaient d'autant plus obtenir la vogue, qu'ils semblaient exempts du pédantisme qu'on reprochait aux *anciens*, et qu'ils avaient pour eux la popularité d'une théorie plus flatteuse.

Bien plus, à l'Académie même, le parti des modernes semble avoir pris l'ascendant ; on le voit rien qu'à la mauvaise humeur de Boileau, qui, à plusieurs reprises, dans ses lettres et ses épigrammes, traite avec mépris les académiciens, et écrit à Brossette « qu'ils opinent du bonnet contre Homère et contre Virgile, et surtout contre le bon sens, comme contre un ancien, beaucoup plus ancien qu'Homère et que Virgile. » Le docte corps était alors composé, d'une part, des ennemis de Boileau, qui avait eu grand'peine à s'y faire admettre, et de quelques-unes de ses anciennes victimes ; d'autre part, des amis de Perrault et de Fontenelle, tous deux gens aimables et de commerce facile. Il ne restait en dehors qu'une minorité plus considérable par la qualité que par le nombre. Le 15 mai 1691, la réception de Fontenelle offrit aux deux partis rivaux une occasion solennelle de se dessiner dans l'Académie : les *modernes* s'arrangèrent une sorte de triomphe par le discours du récipiendaire, une lecture de Perrault et une harangue de l'abbé Lavau, et cette séance fit tant de bruit qu'on en composa une chanson célèbre. Mais les anciens prirent leur revanche deux ans plus tard, le jour de la réception de la Bruyère, qui, après avoir déjà raillé, dans ses *Caractères,* Fontenelle sous le nom de Cydias, et les *Parallèles* de Perrault d'une façon fort transparente, en son chapitre des *Ouvrages de l'esprit,* déclara ouvertement ses sympathies dans son discours. Évidemment ce parti avait pour lui l'élite de l'Académie ; mais ce n'est pas toujours l'élite qui décide du succès. Parmi les principaux modernes, outre les chefs actifs, il faut compter le *gros Charpentier*, qui faisait de si belles inscriptions, chefs-d'œuvre d'emphase en une ligne, et l'abbé Lavau, tous deux personnages muets dans le débat, se contentant d'avoir une opinion et de la communiquer en petit comité, mais en public gardant un silence prudent. L'admirable auxiliaire que cet abbé de Lavau, en qui, dit d'Olivet, « ses confrères, après l'avoir possédé quelque temps, reconnurent que la supériorité des talents pouvoit être utilement compensée par la douceur des mœurs ! »

Pour rendre la liste aussi complète que possible, et bien faire connaître les forces respectives des deux camps, j'ajouterai quelques noms encore, de ceux qui, sans prendre une part directe à la lutte, se prononcèrent en faveur de l'un ou de l'autre parti. Sénecé, dans sa *Lettre de Clément Marot* (avril 1687), marque assez clairement sa sympathie pour les modernes; Furetière, dans son troisième factum (1688), tout en traitant Perrault et son poëme avec quelque modération, applaudit au dessein manifesté par Boileau d'écrire contre cet ouvrage. Nodot attaque le même homme et le même poëme, en 1694, dans les notes de son *Pétrone*. Mais Boursault, dans une lettre écrite à l'évêque de Langres, semble pencher vers les modernes, sans se décider absolument, et surtout sans étudier la question. Il est vrai qu'il ne savait ni le latin ni le grec, et il est malheureux pour les modernes que la plupart d'entre eux, en particulier Perrault, se trouvassent à peu près dans le même cas.

Cette première période de la querelle se ferma par la réconciliation de Perrault et de Boileau, grâce à l'intervention du grand Arnauld. Quoique cette réconciliation se fût accomplie dès 1694, elle ne fut scellée qu'en 1700 par la lettre de Boileau, qui est son meilleur ouvrage sur la question, celui où il l'a le mieux comprise. N'étant plus, cette fois, poussé à l'extrême par l'amour-propre et la colère, il va au-devant de son adversaire et aborde franchement la solution. Sans s'en apercevoir, il se rapproche à chaque pas de Perrault dans cette lettre, malgré quelques termes un peu vifs et quelques phrases équivoques où l'on peut soupçonner une raillerie. Après avoir déclaré qu'ils sont restés chacun fermement dans le même parti, il en vient, de concession en concession, à dire qu'ils ne sont pas d'*avis différent*, mais *différemment de même avis;* en un mot, il ne s'agit plus pour lui de renverser de fond en comble la thèse de Perrault, mais simplement de la limiter. C'est là qu'il faut chercher sa véritable opinion.

La même année, le secrétaire de l'Académie, l'abbé Regnier-Desmarais, traduisit le premier livre de l'*Iliade* en vers français, avec une longue préface où l'on trouve autant de goût et de raison que de zèle. Il voulait jouer le rôle de conciliateur et ramener Perrault, en lui montrant le véritable Homère; mais ce véritable Homère était celui de l'abbé Regnier. D'ailleurs il avait si bien pris son temps qu'il arriva en retard, quand tout était terminé.

Perrault ne tarda pas à mourir, et le sage et conciliant discours prononcé par Tourreil, à la réception de son successeur, fut la clôture définitive et comme officielle de cette première phase, malgré l'intervention d'un champion attardé des anciens, M. de la Bizardière, dont les *Caractères des auteurs anciens et modernes* (1704), qui font preuve de plus de bonne volonté que de talent, passèrent à peu près inaperçus dans la paix générale, ou plutôt dans le compromis provoqué par la mort, la lassitude ou la réconciliation des combattants.

On peut dire que cette période avait fini avec le XVII<sup>e</sup> siècle.

Mais la réconciliation des chefs n'avait pas amené celle des causes. A peine apaisé en France, le débat passa en Angleterre, où Saint-Évremond, exilé depuis 1661, lui servit d'introducteur. Ce serait une curieuse étude à faire et une recherche pleine d'intérêt que celle des rapports intellectuels de ces deux grandes nations, de leur réciproque influence, de ce qu'elles se sont prêté l'une à l'autre, dans ce commerce international d'idées qui n'a cessé de se faire entre elles depuis deux ou trois siècles. L'Angleterre nous a donné beaucoup, mais elle nous a pris davantage. Les bornes de ce travail, déjà bien long, ne nous permettent malheureusement pas une excursion sur ce nouveau terrain. Et pourtant nous eussions aimé à nous asseoir, à côté de Saint-Évremond, dans le café de Will, sorte de café Procope de Londres; à écouter ses discussions avec Dryden; à lui entendre développer, avec une mesure, une justesse et un tact exquis, la thèse où il reprenait, en les épurant et en les condensant, les meilleures idées de Desmarets; où, tout en admirant de bonne foi les anciens, il se rangeait du parti des modernes, et soutenait la nécessité d'un art nouveau pour une société nouvelle, aux applaudissements des deux partis, que cette sagacité et cette modération conciliante enchantaient également. Nous eussions aimé à étudier de près les fougueux combats de Dryden et surtout de William Temple pour l'antiquité, que Swift défendait aussi avec un bon sens incisif et railleur, avec une ironie mordante, mais impartiale, pour les idées du moins, sinon pour les hommes; les luttes terribles de Bentley contre Boyle, et de Boyle contre Bentley; enfin les sages et judicieuses considérations de Wotton, le premier qui ait compris et mis en lumière les distinctions essentielles qu'on eût dû faire dès le commencement. Nous ne pouvons ici que renvoyer nos lecteurs au livre de M. Rigault, où l'on trouvera présentée, de la manière la plus complète et la plus heureuse, l'analyse raisonnée de cette phase peu connue de la question.

Rentrons donc en France, où la querelle va se rallumer, mais en se rétrécissant, après avoir déjà subi tant de modifications en chemin. Il est remarquable que ce n'est pas un seul débat qui se poursuit; du moins c'est un débat multiple et complexe dans son unité apparente, où le point de la discussion se déplace à chaque instant, souvent sans que les combattants s'en aperçoivent, s'acharnant à rompre des lances dans le vide et ne voyant pas qu'ils ne sont même plus en face l'un de l'autre. D'abord la querelle avait pour domaine l'antiquité tout entière; maintenant elle va se concentrer sur Homère. Mais Homère, c'est l'antiquité.

En 1699, madame Dacier, pour mieux faire connaître le père de la poésie grecque, qu'on jugeait en dernier ressort d'après des copies infidèles et difformes, avait traduit l'*Iliade* et fait de sa préface un plaidoyer chaleureux en faveur de son héros, justifiant sa morale et ses fictions au nom de la *Genèse*, des prophètes et des Psaumes, et démontrant l'art exquis du poëme d'après les préceptes d'Aristote et du père le Bossu. C'était ainsi que l'on comprenait l'épopée primitive au XVIIe siècle, et qu'on transformait le chanteur des âges héroïques en un homme de lettres composant à tête reposée, dans son cabinet, des morceaux irréprochables, calqués sur le *patron* officiel. Mais les débats étaient clos, et madame Dacier put croire, en ne trouvant pas de contradicteurs, qu'Homère, grâce à elle, avait gagné sa cause.

Plus de douze ans se passèrent, et un beau jour parut l'*Iliade* de La Motte.

La Motte était un critique ingénieux et paradoxal, un esprit fin, mais souvent faux à force de vouloir exagérer la justesse, un rimeur froidement lyrique, pour qui la poésie n'était que l'art puéril et pénible d'aligner de la prose en vers. Nul n'a eu en son temps une fortune littéraire plus heureuse, parce que nul ne sut mieux soigner sa gloire, courtiser ingénieusement les dispensateurs de la renommée et flatter la tournure d'esprit de son époque. Les plus grands écrivains, Montesquieu, Voltaire, Diderot, etc., parlent avec respect, et quelquefois avec admiration, de cet excellent homme. Déjà, dans son *Discours sur la poésie*, il avait abordé la question, et même à un point de vue philosophique qu'il ne devait plus retrouver par la suite. Dans le discours préliminaire qu'il mit en tête de sa prétendue traduction, il examina en détail les poëmes d'Homère, avec une évidente bonne foi et d'un ton presque toujours convenable, aussi loin du persiflage léger de Perrault que des injures de ses adversaires. Sa critique est souvent spécieuse, mais presque toujours étroite et mesquine; spirituelle et sagace, mais froide, légère et sceptique. Il n'a absolument rien compris à Homère, et son *Discours* est la perpétuelle méprise d'un homme d'esprit fin et *poli*, voulant ramener le génie primitif et la nature héroïque aux proportions de son propre idéal. Un seul trait donnera une idée de sa critique : il trouve que les héros d'Homère ne disent jamais rien, en fait de raillerie, d'*ingénieux ni de bien choisi*, et ajoute « qu'on n'avoit pas encore acquis là-dessus la finesse du dernier temps. » Pour un homme d'esprit, c'est être bien naïf. Oui, il est vrai qu'Homère n'avait pas fréquenté l'hôtel Rambouillet, non plus que Théocrite, à qui Perrault reprochait d'être fort au-dessous de Fontenelle pour le galant et le fin. A côté de ces étranges contre-sens inspirés par ce bel-esprit moderne dont il ne pouvait se détacher, et qui faisait de lui, avec Fontenelle, l'homme le moins propre à comprendre les poëtes antiques, il a ouvert des vues justes et sagaces, exprimées en bon style, avec une modération qui n'est qu'une habileté de plus pour gagner le lecteur [1].

Mais sa plus terrible machine de guerre, ce fut sa traduction. La Motte ne savait pas le grec, et c'était, suivant lui, chose parfaitement inutile pour une pareille tâche. Il traduisit d'après la version de madame Dacier, retranchant, mutilant avec la sérénité d'une imperturbable candeur, après avoir pris la précaution d'écrire une ode où il se fait autoriser par Homère lui-même dans ce travail de Vandale. On connaît la boutade de J.-B. Rousseau contre l'*Iliade* de La Motte. Homère aurait pu lui dire à son tour, en changeant un mot à une épigramme de Boileau :

> Houdart, pour décrier mon style,
> A pris un chemin plus facile,
> C'est de m'attribuer ses vers.

Néanmoins cette *laide infidèle*, cette trahison sous prétexte de traduction, fut exaltée dans presque tous les journeaux littéraires : les jésuites surtout, le père Sanadon, le père Porée, le père Ducerceau, le père

---

[1]. On peut voir aussi ses sentiments sur la question dans son Discours sur l'Églogue, l'Ode sur la Critique, et surtout l'Ode sur l'Émulation.

Cléric, se déclarèrent en sa faveur; mais madame Dacier, indignée, se dressa en face de lui avec ses *Causes de la corruption du goût* (1714), sans tenir compte des louanges que jadis lui avait décernées à elle-même le prudent La Motte, dans une de ses odes en prose rimée, non plus que des éloges dont elle avait comblé en retour son sixième chant de l'*Iliade*, que le traître lui avait lu sournoisement, sans la prévenir de son dessein.

Les *Causes de la corruption du goût!* Ne vous laissez pas tromper à ce titre plus grand que vrai : sauf quelques pages au début, le livre de madame Dacier n'est qu'une réfutation serrée de La Motte. Elle semble d'abord vouloir le traiter avec quelque déférence; mais bientôt le naturel l'emporte, et elle l'injurie fort, après avoir déclaré qu'elle ne l'injuriera point. Elle croyait peut-être faire de la couleur locale, en imitant les personnages d'Homère dans un débat sur Homère; mais autre temps, autres mœurs! Indépendamment de ces gros mots, madame Dacier se donne tort en voulant avoir trop raison : on voit que c'est un parti pris chez elle de défendre son héros absolument sur tous les points et de n'admettre aucune des observations de La Motte. Pour elle, il semble que ce soit à la fois un crime d'État et un sacrilége de porter la main sur l'arche sainte d'Homère. Elle entonne à chaque instant le *Gens humana ruit per vetitum nefas.* L'ouvrage est lourd, et le goût n'en est même ni très-sûr ni très-délicat; mais la foi robuste et vraie de l'auteur domine et sauve tout. C'est vraiment sa religion littéraire que cette femme de soixante-trois ans défend de toute son âme, et elle est bien loin de cette souriante indifférence de son adversaire, déclarant, dans ses *Réflexions sur la critique*, qu'il connaît le peu d'importance de la matière, et allant même jusqu'à la traiter de frivole.

Dans cette réplique ironiquement polie de La Motte, le débat devint naturellement de plus en plus individuel. A mesure qu'on s'éloigne du point de départ, on laisse l'attaque ou la défense d'Homère pour l'attaque et la défense personnelles. Toutefois, La Motte est bien forcé de revenir au sujet, ne fût-ce que pour répondre à son antagoniste; mais, après avoir débuté avec une modération exemplaire et tout à fait propre à lui concilier les suffrages des anciens mêmes, il s'échauffe et s'anime au point de soutenir la supériorité du *Clovis* et du *Saint Louis* sur l'*Iliade*, que « personne presque, dit-il, n'a le courage de lire. » O monsieur de La Motte! à quelle traduction songiez-vous donc ce jour-là?

La Motte joignit à la première partie de ses *Réflexions sur la critique* sa correspondance avec Fénelon, qui fait honneur à l'un et à l'autre. Il avait eu la précaution de se le rendre d'abord favorable, en engageant avec lui une affectueuse correspondance, car il agit dans toute cette affaire en tacticien consommé, cherchant à se concilier d'avance, par d'adroites démonstrations, la faveur ou tout ou moins l'absolution de ceux qu'il sentait devoir être les principaux adversaires de son entreprise, de Boileau et de madame Dacier, comme de Fénelon. Quand il lui envoya sa prétendue traduction, celui-ci fut bien embarrassé pour donner son avis, et il ne trouva d'autre moyen que de s'en prendre à la versification française. La Motte abonda dans son sens, ne s'apercevant pas que son correspondant faisait payer à la versification les fautes du versificateur et du traducteur. C'est plaisir de le voir ensuite s'y prendre de toutes les façons pour conquérir un éloge, que Fénelon avec grâce esquive toujours, en tournant la difficulté et se rejetant sur la critique des défauts des anciens, comme pour le dédommager de ne point louer son poëme. Il faut lire surtout la lettre de l'achevêque de Cambray du 4 mai 1714, où l'homme qui, dans le dix-septième siècle, avait le mieux compris l'antiquité, remet la question sous son vrai jour et, avec toute sorte de ménagements aimables et d'ingénieuses atténuations, éclaire le débat d'une lumière qu'on souhaiterait peut-être plus vive et plus décidée. C'est le même esprit de conciliation qui, dans sa célèbre *Lettre sur les occupations de l'Académie*, le fait, en quelque sorte, louvoyer entre les deux partis et lui arrache, en faveur des modernes, des concessions qu'on pourrait trouver bien larges, si l'on ne sentait l'antiquité elle-même respirer d'un bout à l'autre de ces pages charmantes. La Motte finit par céder; Valincour le réconcilia avec madame Dacier, et la pièce sur *Homère*, où il célèbre sans restriction l'*Iliade* et l'*Odyssée*, est un véritable aveu de sa défaite.

Cependant, après la paix conclue entre les généraux, chacun n'en continua pas moins la guerre pour son compte. Saint-Hyacinthe harcela les défenseurs des anciens et railla le pédantisme des commentateurs dans le *Chef-d'œuvre d'un inconnu* et la *Déification du docteur Aristarchus Masso*; le petit abbé de Pons pérorait chez Gradot, en bossu spirituel et mordant, contre madame Dacier et son dieu Homère; Cartaud de la Vilate, le Thersite de la querelle, criaillait violemment contre les anciens, et la voix de Gacon, son digne adversaire, répondait à l'unisson de l'autre côté. Quant au bizarre père Hardouin, poussant à leur extrême développement des idées émises déjà par Régnier-Desmarais, il faisait à sa façon l'apologie d'Homère, et découvrait dans son poëme de si étranges allégories, que madame Dacier se voyait obligée de redescendre dans l'arène contre ce compromettant auxiliaire. Boindin, partisan des modernes, préparait sa maigre *Conjecture sur Homère*. L'abbé d'Aubignac, devançant Wolf, contestait l'existence individuelle du poëte, dans un ouvrage qui ne fut imprimé que trente-huit ans après sa mort, et abordait la question même de l'épopée primitive avec une audace qu'on n'eût pas attendue du superstitieux sectateur d'Aristote. L'abbé Terrasson rangeait sa grosse artillerie en bataille et braquait contre les anciens ses deux lourds volumes de critique géométrique, où pourtant la philosophie ne manque pas. Crébillon faisait contre La Motte et ses partisans une satire qui ne nous est point parvenue. Jean Boivin, le père Buffier, Fourmont, s'interposaient en médiateurs, avec un esprit plus ou moins pacifique et un penchant plus ou moins grand vers l'un des partis.

Si je poursuivais jusqu'au bout l'analyse détaillée de la querelle, il me faudrait encore bien des pages, et je craindrais de ne pouvoir éviter la monotonie, surtout à ce point où le débat s'est rapetissé et tombe dans des répétitions fatigantes. Si je voulais surtout introduire le lecteur au milieu des journaux du temps, ce serait à n'en plus finir : c'est par centaines que l'on compte les articles des *Nouvelles littéraires*, du *Journal littéraire*, du *Mercure*, des *Mémoires de l'Académie des belles-lettres*, etc., les fables, lettres, chansons, facéties, brochures de tout genre sur le sujet. La plume se fatiguerait rien qu'à en retracer les titres, et ce volume ne suffirait pas à les enregistrer. Le théâtre même de la Foire s'en mêla, et Arlequin donna son avis dans la dispute. Après tout ce tapage, on ne fut pas plus avancé ; peut-être même le fut-on un peu moins qu'auparavant. Les combattants tournaient dans un cercle vicieux, parce qu'aucun ne prenait la peine de limiter et de préciser la discussion, et on se demande souvent s'ils ont bien entendu au juste ce qu'ils voulaient dire.

Il n'est pas rare que l'un des adversaires se place sur un terrain, tandis que l'autre se met sur un terrain différent, et dès lors il n'y a rien d'étonnant à ce qu'ils ne se rencontrent pas. Souvent ils ont raison ou tort l'un et l'autre, sans avoir tort ou raison l'un contre l'autre. La querelle des anciens et des modernes n'est guère qu'un grand malentendu. Les combattants ne paraissent même pas avoir pris la peine de déterminer le point précis de la discussion. Chez ceux-ci, ce n'est que l'examen d'un fait, tandis que chez ceux-là, c'est une question de critique générale. Les premiers se demandent seulement : « Les modernes ont-ils dépassé les anciens? » Et les seconds répondent : « Peuvent-ils, ou doivent-ils les dépasser? En quel sens? Pourquoi? » Au milieu de ces débats partiels dans le grand débat, de ces échappées en tous sens qui égarent à chaque pas et qui éternisent la question ; qui passent, sans les voir, à côté des idées les plus hautes, pour s'acharner à des minuties, — la pensée, ne sachant où se prendre, se fatigue et perd vite le fil et jusqu'au sens vrai, jusqu'au sens possible de la discussion. A voir toutes ces attaques et toutes ces ripostes s'entre-croiser confusément dans l'ombre, il semble que le terrain se dérobe sous les pieds des combattants.

Au fond, aucun des deux partis n'avait tort, mais surtout aucun n'avait raison. Aucun n'avait tort, car les *anciens* défendaient un principe juste : le respect de la tradition et des grands modèles ; les *modernes*, un autre non moins juste : l'indépendance de l'esprit, le droit de l'invention personnelle. Aucun n'avait raison, car tous deux gâtaient leur cause par l'exagération et la compromettaient par des maladresses : les premiers confondant le respect avec l'imitation servile ; les seconds, l'indépendance avec le mépris.

S'il était permis de faire cette distinction, je dirais que, philosophiquement, c'étaient les *modernes* qui avaient raison ; mais que, littérairement, c'étaient les *anciens*. Seulement, quoique les *anciens* eussent pour eux le bon droit, dans les termes restreints où la question semblait posée, quoique les meilleurs et les plus hauts esprits fussent de leur côté, ce sont eux qui soutinrent le plus mal la discussion : ils n'aperçurent même pas les points les plus vulnérables de l'ennemi, contestèrent les opinions les moins contestables et laissèrent passer maintes fois les plus hasardées et les plus fausses. Les idées qui sortirent de ces débats, et qui restent acquises, furent précisément celles dont on s'était le moins occupé ; il faut les lire dans l'ouvrage sur la *Littérature* de madame de Staël, qui, à elle seule, a mieux compris et traité la matière que tous ceux qui s'en étaient occupés avant elle, et qui jusqu'à présent a dit à peu près le dernier mot sur la grande question du progrès littéraire.

La querelle abonde des deux parts en contradictions et en confusions. Perrault défend une cause vraie par de faux arguments ; Boileau, une cause fausse (dans son principe général) par des arguments justes. Il y a de chaque côté une part de vérité et une part d'erreur suffisantes pour les absoudre comme pour les condamner. Perrault a raison quand il croit au développement de l'esprit humain ; il a tort de confondre les connaissances acquises et les sciences qui relèvent de ce progrès avec l'art spontané et la poésie, qui n'en dépendent pas. Boileau a raison de faire cette distinction et de ne pas croire à l'amélioration nécessaire des lettres par la marche du temps ; il a tort de confondre dans les lettres l'inspiration avec la tradition, les principes essentiels qui sont de tous les siècles avec les règles particulières qui ne sont que d'une époque. Perrault a raison de croire que les modernes peuvent lutter avec les anciens ; il a tort de choisir ses modernes parmi les Tristan, les Sarasin et les Voiture. Boileau a raison de croire que Tristan et Sarasin ne l'emportent pas sur Euripide et Théocrite ; il a tort de croire que Corneille, Racine, Molière et Bossuet doivent le céder à Sophocle, Térence et Démosthène. Les seuls auteurs qui pussent faire triompher la cause des modernes étaient justement dans le camp des anciens ; les seuls que les modernes pussent opposer aux anciens étaient pour les anciens contre les modernes. En combattant Boileau, Perrault combattait en réalité dans l'intérêt de celui-ci, qui lui répondait en le traitant comme un ennemi. On pourrait allonger presque sans fin la liste de ces contrastes, qui faisaient dans les deux partis des mélanges si bizarres et de si singuliers amalgames.

La marche de la civilisation doit-elle amener aussi le développement des arts et des lettres ? Dans quelles limites et avec quelles restrictions ? Le génie croît-il avec la science ? La poésie n'est-elle pas le fruit des époques primitives plutôt que des temps de civilisation raffinée ? N'y a-t-il pas, dans les siècles de naïveté, de crédulité, d'ignorance même, quelque chose de plus favorable à l'inspiration? et dans l'antiquité, la Grèce en particulier, n'y était-elle point prédisposée de la façon la plus heureuse et la plus éclatante? A quoi doivent prétendre en poésie les siècles civilisés, savants, raisonneurs? Quels sont les genres qui se perfectionnent par l'usage et avec le temps, et dont on peut tracer l'art poétique? Jusqu'à quel point était-il utile et bon d'appeler une littérature moderne, et spécialement celle de la France, à l'imitation de l'antiquité? Quels avantages et quels inconvénients devait produire cet appel, surtout chez nous, en raison du caractère de notre langue et de notre génie? Pour éclairer ces difficultés par l'histoire, il était nécessaire de rapprocher les littératures originales et nationales, comme celle de l'Espagne, des littératures classiques et imitatrices de l'antiquité, comme celle de l'Italie; il fallait procéder à un examen comparatif de notre Moyen Age avec la Renaissance, époque où l'on commence à se faire une loi de l'imitation des anciens. Voilà un aperçu très-rapide et très-abrégé des principales questions qui se rattachaient intimement à la *querelle*, qui seules pouvaient lui donner de l'intérêt et de l'utilité, questions immenses qui touchent à tout ce que la critique a de plus délicat et de plus profond, et que personne n'a songé à aborder, que personne même ne semble avoir bien nettement entrevues.

# VIII

## L'HISTOIRE ET LE PAMPHLET

### DANS LES

# MÉMOIRES DE SAINT-SIMON

Nous venons de fermer le dernier volume des *Mémoires de Saint-Simon*, et notre embarras n'est pas médiocre au moment d'apprécier et de résumer un tel livre. En le lisant, il nous semblait que nous étions lancé en pleine mer, et que, perdu, noyé, écrasé sous les vagues bouillonnantes, ballotté comme un atome de flots en flots et d'abîmes en abîmes, l'oreille emplie du mugissement des grandes eaux, nous roulions emporté vers l'immense horizon qui fuyait toujours sans nous laisser voir le rivage. Il faut déjà de rares efforts de patience, de vigueur et de sagacité, à qui veut se reconnaître en un tel chaos, y prendre pied, et y marquer les points de repère pour ceux qui viendront ensuite. Mais, quant à dresser la carte exacte et détaillée des moindres contours, des îles, des golfes, des bancs de sable, nous proclamons avec une humilité courageuse qu'un tel travail nous paraît au-dessus de nos forces. Tout ce que nous pouvons et tout ce que nous voulons faire, c'est, maintenant que la vague vient enfin de nous rejeter sur la grève, étourdi et saisi de vertige, de nous recueillir en reprenant haleine, et de rappeler les souvenirs que nous ont laissés les impressions du voyage et les accidents de la traversée.

Ainsi, pour abandonner une métaphore qui deviendrait bientôt gênante en se prolongeant, nous nous proposons simplement d'exprimer ici, après une lecture assidue, notre pensée sur l'esprit général de ce vaste ouvrage, sur sa valeur historique et littéraire, sur le degré de confiance morale qu'il mérite, en examinant tour à tour dans Saint-Simon l'homme, l'historien politique, l'historien religieux, et l'écrivain. Encore en ces limites, si restreintes qu'elles soient, faudra-t-il nous borner, tant se pressent dans l'esprit et abondent sous la plume les idées que fait naître ce livre unique et les réflexions qu'il suggère!

Les *Mémoires de Saint-Simon* embrassent un espace de trente-deux ans, de 1691 à 1723, c'est-à-dire les vingt-quatre dernières années du règne de Louis XIV, et toute la Régence, — sans exclure les époques antérieures auxquelles ils remontent souvent, en des excursions lumineuses qui se rattachent aux événements contemporains. Écrits jour par jour (sous leur première forme) dans l'isolement du cabinet, par un homme mêlé de près, sinon comme acteur, du moins comme spectateur, aux grands personnages et aux grandes choses, doué d'une effrayante faculté d'observation, d'une curiosité insatiable et d'une pénétration puissante, peintre comme Tacite et parfois éloquent comme Bossuet, cœur honnête, âme élevée, mais esprit passionné, vaniteux, hautain, amer, et plus vigoureux que large, ils forment un tableau d'une vie, d'un éclat, d'un mouvement incomparables, qui se renouvellent toujours sans se lasser jamais ; une œuvre débordante et tumultueuse, qui, tout en captivant le regard, l'avertit pourtant de se tenir en garde.

Le caractère de l'auteur et la manière dont il a composé son livre en font pressentir tout d'abord les mérites comme les défauts. Saint-Simon, qui n'était pas un homme de lettres, n'aspira point à entrer de son vivant dans la postérité. Pour élever plus sûrement ses Mémoires à la dignité de l'histoire, il a formellement ordonné qu'on les laissât mûrir sous une triple clef, jusqu'à ce que la génération qui grandissait à sa mort l'eût rejoint sous terre, et l'on sait qu'il n'a été que trop obéi. Ainsi, — l'homme prévoyant qu'il était, malgré tant de fougue ! — il ne voulait pas que sa voix, comme plus tard celle de Chateaubriand, sortît d'un cercueil fermé de la veille, et violant, par une sorte de profanation, le silence et le respect de la tombe, vînt rejeter au milieu du trouble et du bruit des passions, parmi les colères et les haines de ceux qui le pleuraient hier, son cadavre à peine refroidi. Il voulait, au contraire, qu'elle partît de plus loin pour sembler venir de plus haut, pareille, en quelque sorte, à ces oracles prononcés par une divinité invisible, du fond d'un sanctuaire caché à tous les yeux. De là, une garantie de sincérité plus entière : il osera tout écrire ; il ne sera arrêté par aucune de ces timidités et de ces réticences, par aucun de ces compromis auxquels se laissent inévitablement aller les plus fermes, dans les Mémoires dont ils doivent répondre de leur vivant, — tant sont innombrables les liens de crainte, de respect humain, d'amitié, de convenance, dont se sent aussitôt enlacé quiconque entreprend de parler publiquement des gens qui l'entourent! Mais de là aussi un grand péril d'entraînement : à de certaines heures, il est bon, même pour le plus honnête, de se sentir retenu par la considération de sa responsabilité personnelle en face du contrôle public, et, plus que tout autre, Saint-Simon avait besoin d'une telle sauvegarde contre les ardeurs de son caractère et de son esprit.

Chaque soir, seul en tête-à-tête avec les souvenirs brûlants du jour, devant ce cahier de papier blanc qui le sollicite, en face de ce livre commencé, discret dépositaire de ce que le spectacle quotidien de la cour lui a amassé de bile dans le cœur, il se décharge avec une sorte de fièvre et de frénésie, il se *dégonfle* avec une volupté souveraine. Ses idées refoulées, ses haines muettes, ses dégoûts, ses mépris, ses indignations et ses révoltes, tout cela va éclater comme une mine qui saute. Sa plume court avec des frémissements de liberté sauvage; le vertige de son travail lui monte à la tête et le prend tout entier. Il s'enfonce âprement dans cette tâche de justicier posthume, de grand redresseur des sottises et des iniquités triomphantes, sans songer que l'ivresse, même celle du bien et du juste, égare l'esprit et lui fait perdre l'équilibre. Joignez à ces chances d'erreurs et d'excès les influences de parti, une *personnalité* prodigieuse, les préjugés de race, ou plutôt de caste, les plus prononcés, et vous aurez une idée sommaire des préventions légitimes qu'on peut avoir pour ou contre son œuvre, et que nous résumons en deux mots : c'est un historien instruit et éclairé, mais passionné; sincère, mais non impartial.

La sincérité de Saint-Simon éclate, avec toute la clarté de l'évidence, d'un bout à l'autre de ses *Mémoi-*

*res.* J'oserai dire qu'il est trop passionné pour n'être pas de bonne foi. Le mensonge se trahit d'ordinaire par le sang-froid de ses artifices, et l'ordre avec lequel il se compose et s'arrange pour l'effet; mais ici, il n'est pas une page, pas une ligne, peut-être, où l'âme de l'auteur n'apparaisse à nu, dans ce continuel bouillonnement que soulèvent en elle les questions même les plus éloignées en apparence du domaine des passions. La sécheresse incomparable du bonhomme Dangeau se prêterait encore plus, je ne dis pas aux erreurs, mais à la fausseté de parti pris, que la flamme et l'éruption sans trêve de Saint-Simon. Son discours préliminaire, où il examine s'il est permis à un chrétien d'écrire et de lire l'histoire, singulièrement celle de son temps, suffirait à rendre témoignage de cette droiture native, accompagnée même d'une sorte de candeur, dût le mot étonner ceux qui n'ont pas bien lu ou pas bien compris ses Mémoires. Sa loyauté s'affirme jusque dans ses pires injustices : prenez le portrait de son plus grand ennemi, vous le verrez cependant éclairer çà et là l'ombre opaque du tableau par quelques traits lumineux, — retours rapides, parenthèses, restrictions et explications, où il ne craint pas d'embarrasser son ample période, par le scrupule d'un cœur droit que tourmente l'inquiétude de la vérité. Il loue l'esprit et les grâces de madame de Maintenon, qu'il a pourtant toujours jugée avec une hostilité si opiniâtre; le savoir du premier président de Harlay, le courage du maréchal de Villeroy. Ennemi acharné des bâtards, il n'en a pas moins eu la force d'âme de rendre un digne hommage aux vertus du comte de Toulouse. Ce soin particulier à présenter toutes les faces d'une physionomie ne se dément jamais, même au risque d'altérer l'unité pittoresque du tableau, au risque plus grave encore de ne pas conclure et de laisser l'esprit du lecteur en suspens. Parfois on est tenté de crier à la contradiction ; mais qu'on y prenne garde : ces contradictions apparentes du peintre ne sont que celles de la nature humaine, pétrie de contrastes dans les caractères les plus absolus, et qui ne fond jamais ses héros tout d'une pièce, comme ceux des tragédies.

Il n'est pas moins évident, par malheur, que l'impartialité manque à Saint-Simon. Nul plus que lui n'est sujet aux illusions d'optique, parce qu'il aperçoit les hommes et les choses à travers ses idées absolues ou ses préventions invétérées, prismes trompeurs qui les déforment. Sa rancune contre le maréchal de Luxembourg, en raison du procès de préséance qu'il a eu à soutenir contre lui, le pousse, de la meilleure foi du monde et sans qu'il s'en aperçoive, à le juger d'une façon fort injuste. Je ne sais quel motif de haine personnelle l'a rendu si dur pour Villars, et aussi pour Vendôme, qui, au milieu de ses mœurs infâmes, eut des parties de grand général, dont Saint-Simon ne se doute pas assez. Les bruits d'empoisonnement le trouvent surtout fort crédule ; il n'arrive pas une mort dans la famille royale, — et l'on sait combien il y en eut dans les dernières années du règne de Louis XIV, — qu'il ne proclame, ou tout au moins n'insinue ses soupçons. La vérité même, lorsqu'elle touche à quelqu'un des points qui le passionnent, et elle y touche presque toujours, s'échauffe, pour ainsi parler, et prend sous sa plume des allures d'hyperbole.

Fourmillant d'ailleurs en détails et en anecdotes, dont les uns ne reposent que sur des souvenirs peu précis, les autres que sur des ouï-dire recueillis au hasard, adoptés surtout avec empressement, quand ils cadrent avec ses préjugés et ses vues, et dès lors, je le crains, avérés par cela seul à ses yeux, les Mémoires de Saint-Simon sont plutôt vrais d'une vérité morale et dans leur ensemble, que d'une vérité minutieuse dans leurs moindres particularités matérielles. Ils forment un tableau admirablement fidèle de l'époque dans son aspect général : les mœurs, les intrigues, les caractères ont été saisis en leur mouvement même et jetés sur la toile; de ce côté, on en peut dire ce que disait M. Villemain de certains romans de Walter Scott, qu'ils sont plus vrais que l'histoire. Seulement quiconque y veut puiser des faits devra d'abord les contrôler avec soin, car non-seulement Saint-Simon est assez souvent contredit par des annalistes plus rigoureusement exacts, mais il lui est arrivé de se contredire lui-même : tel événement, esquissé en quelques traits précis et vrais dans ses Notes sur Dangeau, s'est grossi en chemin, et parfois entièrement transformé dans ses *Mémoires*, au feu ardent de la composition et au frémissement des souvenirs ravivés par tous les points à la fois. Dans ce rapprochement entre ce qu'on peut regarder comme les deux rédactions des Mémoires, — d'abord la rédaction élémentaire, sous forme de table, pour ainsi dire, et de *memento*, mais de table animée et de *memento* vivant, comme en devait faire Saint-Simon, — puis la rédaction définitive en toute son ampleur, il y aurait matière à une étude instructive sur le mode de composition du grand écrivain, et sur la façon dont l'impression première se déploie, s'agrandit et s'exagère chez lui. Mais il ne faut pas aller trop loin : dans cette masse infinie de faits qui composent la plus riche des mines historiques, et où l'on puise les renseignements de toute sorte à pleines brassées, les erreurs démontrées jusqu'à présent ne portent que sur une minorité hors de proportion avec le reste.

Saint-Simon a, de nature et d'instinct, l'amour de l'honnêteté; on le voit dans sa vie comme dans son œuvre. A la cour, un élan invincible l'entraîne à se lier avec les plus vertueux; ou, s'il s'attache à quelque autre, comme le duc d'Orléans, cette amitié laisse son honneur sans atteinte et lui fournit même l'occasion d'une sorte d'apostolat dans les moments solennels. Homme de mœurs pures et austères, qui passa sans être soupçonné à travers les orgies de la Régence, il se tient soigneusement à l'écart des vices à la mode; tous les scandales le révoltent, et toujours il glisse avec un dégoût visible sur la peinture des débordements que les nécessités de l'histoire ne lui permettent pas d'éviter. En un temps où les vertus de famille étaient devenues ridicules, il ne cessa de mettre son honneur à les pratiquer. Je voudrais pouvoir montrer en quels termes vraiment touchants cet âpre écrivain remercie Dieu de son bonheur domestique, de la paix et de la sagesse dont il a entouré son foyer, et rend hommage aux vertus de sa femme, dont le nom a le privilége de lui arracher quelques mots d'admiration ou d'attendrissement, toutes les fois qu'il le rencontre. Sur ce sujet, il déborde, il ne se peut contenir, il parle d'abondance de cœur; et cependant, par un profond sentiment de convenance, bien caractéristique de la part d'un peintre aussi exubérant, sa femme est, de tous les personnages qu'il met en scène, celui sur lequel il se montre le plus sobre et le plus discret de détails. Pour moi, je trouve dans la persistance de cet amour chrétien, dont le grave et noble témoignagne, après un siècle et demi d'intervalle, nous arrive conservé dans ce livre, comme le parfum d'une violette à travers les épines du buisson qui la cache, quelque chose de charmant et d'inattendu qui me va au cœur. C'est un doux rayon de soleil sur cette rude et terrible figure.

Cette *candeur* d'une âme honnête qu'enthousiasme le spectacle de la vertu, je la rencontre encore en cent autres endroits de ses *Mémoires*. Il est souverainement injuste de dire que Saint-Simon n'est apte qu'à voir le mal. Les portraits de coquins dominent, il est vrai, dans son livre; mais est-ce bien à lui qu'il faut s'en prendre? Et, à côté, que de portraits de *braves gens* où il se délecte! C'est Bossuet, dont il a écrit l'éloge en termes dignes du grand évêque; puis Catinat, son beau-père le maréchal de Lorges, le duc de Chevreuse, le duc de Beauvilliers, vers qui tout d'abord il se sentit entraîné par un penchant du cœur et de l'âme qui ne se démentit pas, et dont il ne parle jamais, malgré de grandes diversités d'opinions, qu'avec une admiration et un respect communicatifs; l'abbé de Rancé, Turenne, Vauban, le maréchal de Boufflers, etc. Il a trouvé, pour le duc et surtout la duchesse de Bourgogne, des traits d'une grâce délicieuse, des sourires attendris et de douces fleurs de style, qui nous révèlent tout un côté délicat et trop peu connu de ce rare génie. Et parmi les figures du deuxième plan, combien n'en a-t-il pas mises en pleine lumière? Maupertuis, Saint-Laurent, Chavigny, Montal et tant d'autres, dont sans lui la vertu serait restée éternellement ensevelie dans les oubliettes de l'histoire! Il est vrai pourtant qu'il a la haine du vice plus encore peut-être que l'amour du bien; ou plutôt ces deux sentiments partent chez lui d'un même principe et ne sont qu'une même chose. On sent qu'il éprouve un plaisir savoureux, — le mot est de lui, et il peint, — à arracher le masque aux *traîtres* et à le mettre en lambeaux. Entre tous les vices, les plus vils sont ceux qu'il poursuit avec le plus amer courroux : les hypocrisies et les bassesses de cette horde de pieds-plats qui, en tout temps, ont composé la majorité des courtisans, ont par-dessus tout le don de lui allumer la bile.

Est-ce à dire qu'il soit lui-même un type d'indépendance austère, une sorte de républicain anticipé et de farouche paysan du Danube? On se tromperait étrangement à le croire. Saint-Simon ne se déroba pas autrement que la plupart de ses contemporains à l'influence universelle du Roi-Soleil. Soit que, sur le refus des troupes mutinées, il s'offre de grand cœur, avec son détachement de mousquetaires, à porter les sacs pendant le siége de Namur, sentant bien, comme il le déclare naïvement, que c'était un infaillible moyen de faire sa cour; soit qu'il raconte avec complaisance comment son père conquit l'amitié de Louis XIII, en imaginant, au moment du relais, de lui tourner le cheval de rechange de manière qu'il pût sauter de l'un à l'autre sans mettre pied à terre; soit enfin qu'il rapporte, avec une satisfaction évidente, les moindres attentions du maître et jusqu'aux mots les plus insignifiants qu'il recueille de sa bouche, on le voit fort préoccupé de remplir scrupuleusement ses devoirs de courtisan. C'est une de ces innombrables contradictions qui prouvent la sincérité du peintre et achèvent de montrer l'homme derrière l'écrivain.

Mais voici la différence : ces devoirs, il les regarde et les réclame comme des droits; il s'en pare, moins comme d'une faveur que comme d'un privilége dû à son nom et d'un honneur dû à son rang. En un mot, il nous offre ce curieux phénomène d'un homme qui porte son besoin d'indépendance et ses instincts de fierté jusque dans la courtisanerie. Il hante assidûment le petit lever, et il ferait un bon procès à quiconque lui contesterait un droit dont il est jaloux comme de son titre de pair; mais dans la royauté, c'est le roi qu'il adore et non l'homme, et tout en courbant la tête devant le roi, il trouve moyen de regarder l'homme en face, et de noter d'un doigt rapide les taches de l'astre qui éblouit tout le monde. On voit, et on devine quand on ne le voit pas, que dans cette machine de cour qui fonctionne sur le modèle uniforme, il y a une âme intérieure qui ose observer et se rendre compte. Saint-Simon n'est pas un croyant soumis; chez lui, c'est le corps plus que l'esprit qui prend part au culte commun. Mais, quoique son admiration pour Louis XIV soit médiocre, il faut dire pourtant qu'en somme celui-ci ne sort pas trop amoindri de ses redoutables mains, surtout lorsqu'on a lu le récit de sa mort, empreint d'une sorte de grandeur et de simplicité héroïques. On peut même ajouter que plus il démontre les vices essentiels du gouvernement royal, plus il grandit la personnalité du roi, cette personnalité puissante et absorbante, qui suffisait à tout supporter et à tout contenir, et qui pouvait dire sans fanfaronnade cette parole rigoureusement vraie : « L'État, c'est moi. »

A proprement parler, ces *Mémoires* sont les Mémoires de la cour. Saint-Simon semble à peine soupçonner qu'il existe quelque chose en dehors. Il y vit de corps, de pensée et de cœur; il y aspire, comme la boussole à l'aimant, quand il en est éloigné; il l'adore en la maudissant, et sous ses amères boutades on sent qu'il ne peut s'en passer. Je le crois bien : où eût-il trouvé un plus magnifique champ pour sa verve d'observateur satirique et d'historien pamphlétaire? Lors même qu'il aborde le tableau des guerres ou des grandes négociations, c'est à ce point de vue étroit que tout lui apparaît et se dessine. De là l'importance énorme qu'il accorde aux détails de préséance, de cérémonie et d'étiquette. C'est de très-bonne foi qu'il fait consister le salut de la monarchie dans une question de tabouret, et qu'il voit la ruine de l'État dans l'envahissement d'un fauteuil. La France sera sauvée du jour où les pairs traverseront le parquet en ligne diagonale. Dès qu'il met le pied sur ce terrain, telle est l'ardeur de sa conviction qu'il ne s'en peut plus arracher. Voyez les interminables développements que prend sous sa plume le procès de Luxembourg contre les seize pairs; lisez l'épopée frémissante de la lutte des ducs contre les bâtards légitimés, lutte où il est fortement question d'une cheminée, d'un bonnet, et de diverses autres choses de cette importance, dignes de fournir un pendant au *Lutrin* de Boileau; admirez son indignation contre les lourdes bévues de Sainctot, l'introducteur des ambassadeurs! Il se passionne pour des vétilles, pour des riens, d'où il tire des conséquences qui surprennent toujours, si habitué que l'on soit à ses lubies. Je le comparerais volontiers à ces magiciens qui d'une petite fiole font sortir des flots inépuisables de liqueur.

Et pourtant, même après un siècle et demi, dans ces puérilités qui, pour nous, sont dénuées de toute espèce d'intérêt et qui offrent un côté risible à notre scepticisme égalitaire, il intéresse toujours, précisément parce qu'il est passionné. « Cela ne promet pas, dit-il quelque part de je ne sais plus quelle bagatelle, et toutefois cela va rendre. » Il lui suffit, en effet, de souffler sur cette poussière de vieux ossements pour leur communiquer une vie *galvanique*. Devant cette incomparable mise en scène de la séance du lit de justice où les bâtards furent dégradés du rang de princes du sang, il est impossible au plus philosophe de ne pas être remué jusque dans la moelle des os par cette plume extraordinaire, trempée dans une flamme qui ne s'éteindra jamais. Pour ma part, pendant un moment, — une seconde, — je me suis cru duc et pair, et j'ai ressenti, en compagnie de mon guide, l'âpre et surhumaine jouissance de cet éclatant triomphe.

Louis XIV accusait Saint-Simon de passer sa vie à faire des procès et à étudier les rangs. Le grand roi en parlait bien à son aise. N'était-ce pas lui qui, en se faisant le centre unique autour duquel devaient graviter pieusement toutes les étoiles de la cour, avait donné à ces questions d'étiquette et de préséance une importance vitale? Il était tout naturel que des batailles acharnées s'engageassent à qui approcherait la divinité de plus près, et Saint-Simon eût pu lui répondre que c'était encore là une manière délicate de lui rendre hommage. Oui, Saint-Simon passe sa vie à étudier les rangs; il sait sur le bout du doigt les généalogies de toutes les maisons de France; il en eût remontré à d'Hozier et à tous les maîtres de cérémonies du monde: il faut bien qu'il remplisse de ces misères le vide d'une existence qui ne peut guère s'en prendre à rien de plus élevé, et trompe ainsi l'incurable ennui dont l'écrase la nullité de son rôle à la cour. Et puis, si j'ose le dire, il y a quelque chose de l'emportement du parvenu dans son zèle outré pour toutes ces questions. Sans vouloir l'avouer, le fils de l'écuyer, de l'obscur favori de

Louis XIII, sent l'infériorité relative de sa naissance au milieu des ducs et pairs, et s'attache avec d'autant plus de jalousie aux prérogatives de son rang. Dans son ardeur guerroyante pour ses droits de fraîche date, le don Quichotte de la duché-pairie s'est battu plus d'une fois contre des moulins à vent.

Pour être juste, il ne faut pas oublier qu'il y avait à ses yeux une question politique derrière ces pitoyables minuties d'étiquette. Il a pris soin lui-même de nous exposer, d'une façon un peu confuse, ses vues sur ce sujet. En face du développement excessif qu'a pris l'absolutisme du maître et des dangers qu'il entraîne à sa suite, il éprouve le besoin de créer un contre-poids à la royauté. Ce contre-poids, où le prendre? On n'attend pas de lui qu'il songe au peuple[1] : il ne serait pas de son temps. Tous les écrivains d'alors qui ont eu occasion de s'occuper du gouvernement populaire sont unanimes à le flétrir dans les mêmes termes comme le pire de tous, depuis Corneille dans *Cinna*, et Bossuet dans l'*Avertissement aux protestants*, jusqu'à Cyrano de Bergerac dans sa *Lettre contre les Frondeurs*. Songera-t-il aux bourgeois? Mais il hait, il poursuit de toute son aversion le gouvernement des bourgeois dans les bureaux et au Parlement. Reste donc la noblesse, et c'est elle qu'il veut relever pour en faire un conseil, un appui, et en même temps un centre naturel de résistance con-

---

1. J'entends au point de vue politique, car dans ses entretiens et ses projets avec le Dauphin, on le voit préoccupé des souffrances du peuple. Par instinct, il se montre toujours rapproché de ce petit groupe de *patriotes*, comme il dit : Catinat, Vauban, Boisguilbert, le duc de Beauvilliers, qui, sur la fin du règne de Louis XIV, essayent de porter quelque soulagement à la misère croissante des basses classes et d'appuyer leurs justes doléances.

tre l'expansion démesurée du pouvoir royal. Or, pour lui, la pairie c'est la seule vraie noblesse, et voilà pourquoi il se roidit de toutes ses forces contre l'abaissement de la pairie. En un mot, il vise à refaire ce qu'a défait, et à relever ce qu'a aplani Louis XIV; à créer, pour ainsi dire, les libertés gallicanes dans le domaine politique, à rétablir une sorte de féodalité comme un refuge contre les bassesses et l'annihilation générales. A peu près à la même époque, le comte de Boulainvilliers développait le même système dans ses livres, mais d'une manière bien autrement savante et hardie [1]. Cette idée, qui ne manque pas de justesse, se mêle dans l'esprit de Saint-Simon à toute sorte de complications, de minuties, qui l'obscurcissent et la rabaissent. Il ne s'aperçoit pas qu'il prend une fausse route pour relever la duché-pairie en pouvoir indépendant vis-à-vis du roi, car il ne s'inquiète que des signes extérieurs et honorifiques, sans paraître même songer aux attributions et aux droits effectifs dont ceux-ci ne sont que la représentation matérielle, et qui seuls ont quelque importance pour les esprits sérieux. Aussi ne peut-on guère voir dans le système de Saint-Simon qu'un ensemble de théories factices, fabriquées après coup à l'usage de ses prétentions personnelles; un grand mot, — je n'ose dire un grand masque, — cachant de petites choses. Ce n'est pas son système politique qui a créé ses susceptibilités ombrageuses sur les questions du bonnet, du bougeoir et du tabouret; ce seraient plutôt ses susceptibilités qui ont donné naissance à son système.

1. Fénelon a exposé aussi des vues analogues dans ses Mémoires au duc de Beauvilliers. C'était la pensée politique dominante parmi ces esprits d'élite, frappés des maux du présent et des menaces de l'avenir, qui s'étaient groupés autour du duc de Bourgogne.

Il faut bien l'avouer : quand Saint-Simon aborde la politique, il y marche d'un pas vacillant et incertain qui étonne de la part d'un esprit si vigoureusement trempé. On sait qu'il mettait Louis XIII au-dessus de Henri IV et de Louis XIV, et ce singulier jugement suffit à donner une idée de sa capacité en ce genre [1]. Un des remèdes à la situation qu'il conseilla le plus vivement dans les conseils de la Régence, toutefois après l'abaissement des bâtards, ce fut la banqueroute. Cet honnête homme, dont la probité ne peut être mise en doute, soutenait et prouvait, à grands renforts d'arguments, qu'un roi n'est jamais tenu à remplir les engagements de son prédécesseur. Même au seul point de vue politique, l'idée n'était pas heureuse, et elle démontre combien cet esprit était au fond peu libéral, et refusait d'admettre le contrôle public le plus légitime et le plus modéré dans l'exercice de l'autorité royale. En dépit de ses prétentions mal justifiées, l'écrivain est bien supérieur en lui au personnage pratique. C'est incontestablement un homme de génie, mais dans sa sphère d'observateur et de peintre, et non dans celle des applications. En un mot, c'est, comme l'a dit M. Sainte-Beuve, un immense et prodigieux talent plus qu'une haute et complète intelligence.

1. Il est vrai qu'il faut tenir compte, pour comprendre une telle appréciation, de certaines influences particulières. Le père de Saint-Simon avait été le favori de Louis XIII, et avait gardé pour sa mémoire un culte véritable qu'il transmit à son fils. Celui-ci nous a conservé de ce monarque, qui n'a pas à se louer des jugements de l'histoire, quelques traits de nature, même avec les restrictions qu'autorise un témoignage suspect, à modifier l'opinion sur son compte. En tout cas, on aurait peine à croire qu'un souverain qui avait pu inspirer un attachement si respectueux, si attendri, si persévérant, même longtemps après sa mort, en fût absolument indigne.

Ainsi s'explique la disproportion qui frappe tout d'abord entre l'importance que lui donnent ses Mémoires et le rôle effacé qu'il joua presque toujours, en réalité, sur la scène des affaires. Tout à fait en dehors pendant le règne de Louis XIV, sous la Régence il arrive à une position élevée, mais où, en somme, son action demeure encore presque insignifiante et va s'amoindrissant de plus en plus. Évincé adroitement par ses collègues, qu'effrayent son caractère entier et remuant, ses idées absolues, ses boutades inquiètes, son esprit formaliste et pointilleux, son humeur peu sociable, il se retire par degrés lui-même, sous le découragement et le dégoût de sa lutte stérile contre la faiblesse du Régent. Cet homme, qui est devenu le grand juge de ses contemporains, est passé presque inaperçu parmi eux, et c'est à peine si l'on trouve son nom prononcé dans quelques Mémoires de l'époque.

Il marque bien, d'ailleurs, à chaque page de son livre, quel était son rôle à la cour, — moins d'acteur, même lorsqu'il est mêlé de près aux événements, que d'observateur assis dans la salle, ou furetant dans les coulisses. Je le vois d'ici, toujours par monts et par vaux, affairé, curieux, indiscret, interrogeant les valets de chambre, causant avec les dames de compagnie, prenant tout le monde à part dans chaque encoignure, s'attachant à la piste des bruits qui courent, le nez au flair des intrigues d'antichambre et des révolutions de cabinet, vraie sangsue de nouvelles dont il s'emplit et qu'il dégorge le soir. Il a un chapitre intitulé : « Spectacle de Versailles à la mort de Monseigneur[1]. »

---

1. Quelle matière à comparaisons curieuses, si l'on voulait rapprocher dans une sorte de mosaïque les tableaux tracés sur des su-

*Spectacle*, ce mot est caractéristique. Les hommes et les choses sont un spectacle qui se joue perpétuellement devant lui et pour lui, « une ample comédie à cent actes divers; » qu'il regarde des premières loges, avec cette lorgnette enchantée qui voit jusqu'au fond de l'âme, et dont les verres grossissants donnent au moindre objet les plus formidables apparences, parfois même aux réalités les plus vulgaires l'illusion d'une sorte de fantasmagorie diabolique. Dans ce *spectacle* de la mort de Monseigneur, il est étourdissant de verve, de force, de profondeur, de pénétration. Le tableau de la mort de Monsieur et de la physionomie que présenta alors la cour n'est guère moins prodigieux.

Saint-Simon excelle à percer l'enveloppe pour atteindre le cœur, à deviner ce que cachent les mensonges du *decorum* officiel, à jeter bas toutes les hypocrisies, à faire éclater la réalité sous les apparences. Il va droit, en groupant autour d'elles la masse des traits subalternes, aux lignes caractéristiques de toute scène ou de toute physionomie. Il trouve de prime abord l'empreinte personnelle et originale des figures les plus effacées, et il en fait des types, signés à chaque mot de la griffe du maître, qui se gravent dans la mémoire comme des apparitions et qui n'en sortent plus. Est-ce qu'il est possible d'oublier les portraits de Dangeau, d'Achille de Harlay,

---

jets analogues, en particulier sur la cour et les courtisans, par les grands peintres de mœurs de cette époque! On pourrait composer un commentaire perpétuel à ces passages de Saint-Simon avec des extraits de Boileau, de Molière, de la Bruyère surtout, et même avec les fables de la Fontaine, qui, sans avoir l'air d'y toucher et sans peut-être s'en rendre compte, a si bien mis en scène les diverses classes de la société d'alors. M. Taine a déjà placé *les Obsèques de la lionne* (l. VIII, f. 14) en regard des obsèques de Monseigneur, et il reste à faire bien des rapprochements semblables.

ou les réjouissantes caricatures, si vivantes et si vraies dans leur horreur grotesque, de madame Panache et de la princesse d'Harcourt? Y a-t-il au Louvre une galerie comparable à celle où il a appendu les effigies des dix maréchaux de la promotion de 1703? Presque toujours, il lui suffit de quelques phrases courtes et rapides, bourrées de choses jusqu'à en éclater; souvent, sans s'arrêter, il peint d'un mot, d'un trait, au delà duquel il semble qu'il n'y ait plus rien à dire. Il a d'étranges bonheurs de langage et une effrayante propriété d'expression, jusque dans les négligences et les incorrections d'un style *à la diable*, fait pour causer des crispations de nerfs aux grammairiens les plus flegmatiques. A défaut de l'unité d'une grande pensée dominante, c'est cette continuelle peinture des physionomies et des caractères qui sert de fil visible, de soutien persistant à l'intérêt, comme c'est l'unité de l'inspiration morale qui est l'âme de ce chaos infini de faits, de noms et de dates, capable d'écraser la mémoire la plus vigoureuse.

L'avantage immense et tout particulier de cette histoire intime, mise en regard de l'histoire officielle, on le comprend maintenant sans peine : c'est à la fois un complément, un contrôle, un commentaire abondant et infini, les annales du dehors éclairées par la chronique du dedans, les effets démontrés par les causes, et les faits par les personnages. Je ne sais plus quel écrivain pittoresque a comparé le règne de Louis XIV à la grande machine de Marly : eh bien, là où les historiens ordinaires se bornent à compter les roues et à calculer le volume d'eau soulevé, Saint-Simon nous introduit dans l'intérieur de la machine, la démonte à nos yeux, nous promène à travers les conduits, nous met le doigt sur les moteurs, et la fait jouer en nous l'expliquant. Chaque événement est dévoilé dans ses germes et ses origines; nous le voyons croître et grandir jusqu'à ce qu'il soit mûr. Si le mot n'était à jamais discrédité par les choses sans nom auxquelles on l'a fait servir d'étiquette, je dirais que les Mémoires de Saint-Simon sont les *Mystères* de la cour de France, à l'époque où la cour absorbait plus ou moins complétement la nation.

Mais, à côté de l'historien politique, il y a dans Saint-Simon l'historien religieux, que cette étude ne pourrait négliger sans faillir à la moitié de sa tâche. Durant l'époque embrassée par ses *Mémoires,* les affaires de religion occupèrent une grande place, surtout par les luttes et les agitations du jansénisme. Nulle part il ne doit être lu avec plus de réserve, parce que ce sont précisément ces questions qui ont le plus besoin de calme, de sang-froid, de détachement des passions, de toutes ces qualités, en un mot, qui lui font spécialement défaut. Saint-Simon appartient, au moins par un penchant déclaré, et par toutes les affinités de son esprit comme de son caractère, à cette secte d'autant plus dangereuse qu'elle se cachait obstinément sous le manteau du catholicisme, et qu'elle se mettait en pleine révolte contre l'autorité de l'Église, en ne cessant de protester de son obéissance. Véritables hérétiques du *for intérieur,* sinon toujours *notoires et déclarés* (c'est l'opinion de Bossuet), les jansénistes, en tenant compte des nuances et des diversités de détail, avaient de nombreux points de contact avec les protestants. Comme eux, ils déclaraient l'Église morte depuis plusieurs siècles, et récusaient en particulier le concile de Trente, qui fut surtout la condamnation du protestantisme. Comme eux encore, ils tendaient à substituer l'inspiration personnelle à l'autorité dogmatique du pouvoir établi par Dieu sur le trône de saint Pierre, en faisant non pas de chaque fidèle, mais de chaque directeur, de chaque prêtre vrai, chrétien, éclairé par la grâce, un souverain pontife aux décisions sans appel, et en arrivant ainsi à constituer, en définitive, l'omnipotence spirituelle de l'*élu*. Sur la question surtout de la prédestination et du libre arbitre, ils étaient tout à fait d'accord avec Calvin, en qui, d'ailleurs, l'abbé de Saint-Cyran, d'après son propre aveu, voyait un homme qui avait bien attaqué l'Église, mais qui seulement s'était mal défendu. Ce point de vue suffirait pour expliquer la faveur que devait rencontrer, près de l'auditoire de Lausanne, le cours de M. Sainte-Beuve sur Port-Royal, réuni depuis en un volumineux ouvrage. Que cette secte ait compté parmi ses adhérents quelques grands hommes et des gens de bien, qui le nie et qu'importe? Lorsqu'on va au fond des choses, en laissant de côté ces apparences qui peuvent troubler les faibles, on trouve une doctrine fataliste, étroite, odieuse et sombre, propre à dessécher l'esprit, à désespérer le cœur, à révolter la créature contre un Dieu cruel qui la jette, sans défense, en proie à une damnation qu'elle n'a pu justement encourir.

Pour certains esprits très-logiques, le jansénisme, qui devait avoir son dernier renouveau avec la constitution civile du clergé, en 1790, ouvrait la porte au rationalisme, dont il est pourtant la négation la plus violente et la plus absolue : ce n'est pas seulement par voie de réaction contre ses excès qu'il a inspiré plus d'une fois les théories des libres penseurs du xviiie siècle, de même que l'abîme appelle un autre abîme, c'est aussi par le développement naturel et l'évolution légitime de ses principes, car la négation de la liberté aboutit au système de l'irresponsabilité morale, et, par suite, de l'irresponsabilité matérielle; et si la volonté de l'homme ne peut absolument rien par elle-même, soit pour résister, soit pour obéir à la grâce, il s'ensuit que les derniers criminels ne doivent pas plus être regardés comme coupables que les premiers des saints comme vertueux. Les uns et les autres sont ainsi, par le fait d'une puissance insurmontable, en dehors et au-dessus d'eux; en un mot, ils sont ainsi parce que Dieu les a créés ainsi. Y a-t-il bien loin de là aux doctrines qui prennent pour point de départ et pour base les passions humaines, en les employant comme des instruments au lieu de les combattre comme des ennemies? Y a-t-il même bien loin de là, j'entends pour le résultat logique et non pour l'intention, à celles qui les glorifient, en proclamant non-seulement l'innocence, mais l'autorité légitime et la sainteté de toute passion, instinct d'en haut dont l'irrésistible puissance domine la nature? Encore un pas, et nous sommes en plein fouriérisme. C'est ainsi que les faux systèmes, fussent-ils partis des principes les plus diamétralement opposés, se rencontrent dans l'absurde, qui est le centre commun de l'erreur.

Néanmoins le jansénisme primitif était loin de songer à ces conséquences extrêmes, et surtout d'y vouloir aboutir. Placé à un point de vue tout différent du rationalisme, il se montrait aussi despotique dans ses conclusions, que l'autre devait se montrer accommodant. Tenons-nous-en donc à la lettre de la doctrine, sans nous préoccuper davantage de ces affinités singulières. Je n'ai jamais pu comprendre, sinon comme une question de tactique et de parti, que, dans la guerre entre les jansénistes et les jésuites, les ennemis de l'Église, qui se prétendent guidés par un profond respect pour les droits de la raison et de l'esprit humain, se rangeassent du côté des premiers. Épouser la cause des *Provinciales* contre la *morale relâchée* des révérends Pères, c'est, de leur part, une de ces éternelles contradictions qui, par malheur, n'ont guère le droit de nous surprendre. Ces grands partisans de la raison et de la liberté ont soin de s'enrôler sous le drapeau de ceux qui nient sans réserve tout ce qu'ils revendiquent; ils se déclarent pour le jansénisme, c'est-à-dire pour la tyrannie religieuse, pour cet absolutisme sourd et aveugle qui écrasait le libre arbitre, qui anéantissait l'homme et la nature, — contre le *jésuitisme*, qui représente dans la lutte le côté libéral et humain, qui reconnaît à l'héritier d'Adam, déchu sans doute par la tache originelle, mais relevé par le sang immortel du Christ, ses droits légitimes; qui fait à la raison sa part et la maintient au rang d'où ses adversaires voudraient la chasser. Qu'on l'envisage comme doctrine philosophique ou comme doctrine religieuse, les rationalistes devraient repousser le jansénisme autant que les catholiques. Mais pour les oppositions systématiques, toute attaque au pouvoir établi est bonne, de quelque côté qu'elle vienne : tant que la bataille dure, on ne songe qu'aux coups; c'est seulement après le triomphe, et une fois installée à son tour au pouvoir, que l'opposition s'inquiète des principes de ceux qui combattaient avec elle et qui maintenant se retournent contre elle.

Les conséquences bizarres que nous avons fait voir tout à l'heure découlant des principes du jansénisme ne sont pas les seules que nous pourrions signaler. Toutes les contradictions et toutes les incohérences étaient en germe dans les cinq propositions condamnées. Cette doctrine qui avait voulu, pour ainsi dire, anéantir le corps, finit par aboutir, avec les convulsionnaires, à ces orgies *spirituelles* de la matière prenant sa revanche, et de la chair s'émancipant en saturnales mystiques. Déjà, durant l'âge d'or du jansénisme, un œil attentif eût pu voir poindre quelques symptômes avant-coureurs, par exemple dans les circonstances qui accompagnèrent la mort de M. de Pontchâteau et celle de la mère Boulart, abbesse de Port-Royal, comme dans les extases de la béate mademoiselle Rose, cette madame Guyon janséniste, que Saint-Simon nous montre fascinant Duguet et du Charmel. Mais on était bien éloigné encore des scènes du cimetière Saint-Médard (dignes préludes des baquets de Mesmer), qui arrachaient au grand Frédéric ce cri parti du fond des entrailles : « Mon Dieu, que les jansénistes d'à-présent sont donc bêtes ! » Je ne sais s'il y a, dans aucune histoire, rien de comparable à ces tragi-comédies hébétées, que les *Nouvelles ecclésiastiques* enregistraient avec ferveur, et que le parti accueillit avec transport, en huant, conspuant, traitant d'apostats le petit nombre de ceux qui, comme l'abbé d'Asfeld et Duguet, avaient conservé assez de bon sens pour en exprimer leur honte et leur dégoût ; à ces farces incroyables où le fanatisme se manifesta sous des formes insensées et féroces à la fois ; où enfin, — ressemblance de plus avec le protestantisme, — on vit le tronc central se décomposer en une foule de branches aux noms grotesques, de sectes ridicules et extravagantes, qu'on ne peut ranger ailleurs que dans la catégorie des maladies mentales. Saint-Simon fut témoin de ces folies furieuses ; mais ses Mémoires se ferment quelques années avant la date qui les eût amenées sous sa plume. J'aurais été curieux de connaître son opinion sur les miracles du diacre Pâris, et de savoir s'il eût consenti, comme les docteurs de la secte, à en faire une nouvelle arme contre la bulle *Unigenitus*, lui qui, d'ailleurs, n'est pas scrupuleux sur le choix des armes quand il s'agit d'attaquer cette bulle.

Le jansénisme me semble avoir été parfaitement défini par M. de Carné[1] : un catholicisme sans soumission et un protestantisme sans courage. Œuvre bâtarde et ambiguë, il ne cessa de porter la peine et de subir les conséquences de sa situation équivoque. Si l'on excepte quelques-uns des grands noms de la première époque, personne n'a usé de plus d'habileté et de ruse que la plupart de ces hommes, toujours en guerre contre les subtilités casuistiques de leurs adversaires : leur histoire n'est qu'une longue série de louvoiements, de petits ou de gros mensonges, de combinaisons adroites, de restrictions mentales. Saint-Simon n'a pas été heureux en écrivant leur apologie : la cause a perdu l'avocat. Ceux qui le prennent pour guide ignorent trop que nulle part ses erreurs matérielles ne sont plus nombreuses[2]. Je ne crois pas qu'il faille incriminer sa bonne foi; mais il est peu instruit sur le fond des choses, il est passionné, il est partial, et la fougue de son esprit le rend d'une crédulité extrême dans le sens de ses préjugés. Le *Journal* du janséniste Dorsanne nous apprend, à son éloge, que Saint-Simon « fit paraître un zèle merveilleux pour les appels, » et que, lorsqu'il fut nommé par le régent membre de la commission pour l'affaire du refus des bulles (1718), il ne

---

1. *De la Monarchie française au XVIII<sup>e</sup> siècle.*
2. Voir l'appendice III.

consulta que des appelants. Voilà d'avance de quoi nous mettre en garde, nous surtout qui savons maintenant notre Saint-Simon par cœur.

C'est à ces tendances qu'il faut rapporter l'origine de sa haine contre madame de Maintenon, dont il fait le bouc émissaire de la plupart des iniquités qu'il réprouve. Il y a quelques années, ce violent réquisitoire devait avoir de grandes chances de succès; mais depuis, sous l'impulsion d'une critique plus sûre, plus large et plus impartiale, il s'est fait dans l'opinion un grand revirement sur le compte de cette femme illustre. La publication de sa correspondance et le livre de M. de Noailles ont particulièrement contribué à cette réaction légitime, et suffisent pour répondre aux attaques passionnées de Saint-Simon. Ainsi, il lui attribue dans le maniement des affaires une action envahissante et toute-puissante, et cette assertion n'est guère d'accord avec les documents authentiques. Fénelon, lui écrivant sur ses défauts, lui reprochait justement de ne se point assez mêler des affaires. Lisez ses lettres, surtout à madame des Ursins (avec qui c'était pourtant le cas, ou jamais, de s'ingérer en ces sortes de choses), celles que M. Foisset a publiées dans le *Correspondant* du 25 décembre 1859; les Mémoires du chanoine Legendre, conseiller du P. Le Tellier, et vous verrez combien sa part d'influence et d'action fut relativement modeste, et la répugnance qu'elle éprouvait le plus souvent à se hasarder au delà de son humble sphère de bonnes œuvres religieuses. Ces deux derniers documents la justifient aussi des violences qu'on l'accuse d'avoir conseillées, et restituent à cette sage et discrète physionomie ses traits défigurés par l'esprit de parti.

De la même cause encore découlent les intempérances de style de Saint-Simon contre les sulpiciens. Forcé de rendre hommage à leurs vertus et à leur science, il se rejette sur leurs *barbes sales*, leur mine *plate et niaise*. Passons condamnation là-dessus, si cette condescendance peut lui faire plaisir, et laissons ce mince exutoire à sa mauvaise humeur. On dirait qu'il s'est chargé de donner raison au mot de madame de Maintenon, dans une de ses lettres : « Saint-Sulpice est plus estimé qu'aimé. » Du reste, en cet endroit comme en celui où il reproche à l'évêque de Chartres d'avoir rempli l'épiscopat de gens inconnus et de bas lieu, c'est l'instinct aristocratique de l'orgueilleux duc et pair qui fait explosion. Saint-Simon n'abdique jamais les dédains du grand seigneur pour ce qui n'est point de race.

Cependant, sur ce terrain même, il trouve encore moyen de donner quelques preuves de sa sincérité naturelle, dont il faut d'autant plus lui tenir compte qu'elles ont dû lui coûter davantage. Sa haine des jésuites ne le détourne pas de rendre pleine justice à Bourdaloue et au Père La Chaise, si souvent attaqué; et quand le duc de Noailles et d'Aguesseau discutent devant lui l'expulsion de l'ordre, il trouve la force de surmonter son aversion pour s'opposer à cette mesure impolitique. Sa partialité pour les jansénistes ne l'empêche point de stygmatiser comme elle le mérite la conduite pleine « d'ingratitude, de crime, de trahison, de noirceur, » de l'abbé Boileau envers l'archevêque de Paris. « Il faut avouer, dit-il de du Charmel, que sur le jansénisme jamais homme ne fut si indiscret. Il s'en faisoit une religion. On ne put jamais lui faire entendre raison là-dessus. » Saint-Simon n'admettait donc pas qu'on se fît une *religion* d'être janséniste, et de le proclamer hautement. Constatons à sa décharge que, s'il incline du côté de l'*Augustinus*, ce n'est pas sans de nombreuses variations. Il lui échappe des traits caractéristiques et précieux à recueillir. En général, les sectaires prétendaient, avec Arnauld, que les cinq propositions n'étaient pas dans Jansénius, ce qui leur permettait d'adhérer à la sentence portée contre elles, tout en défendant la doctrine de l'évêque d'Ypres. Saint-Simon, le plus souvent, affirme que personne n'a jamais soutenu ces propositions ; mais ailleurs il se montre plus juste, peut-être dans un moment de distraction, en écrivant : « Je crois qu'il y a des personnes qui tiennent les cinq propositions pour bonnes et vraies, qui sont unies entre elles et qui forment un parti. » Pareille contradiction se marque même, dans un autre endroit[1], à quelques lignes d'intervalle. Il défend le parti à Port-Royal, et il le combat sans relâche au parlement, ce qui est une circonstance atténuante : il est vrai que le parlement était l'ennemi de la duché-pairie, et c'est là un vice essentiel que rien ne peut effacer, car dès qu'il touche à cette question, les idées de Saint-Simon prennent une tournure frénétique qui ressemble à une véritable obsession, à une monomanie, dans le sens rigoureux et médical du mot.

Janséniste de tendance, non de dogme, il se défend de tout soupçon de schisme et d'hérésie, en un chapitre où il a pris à tâche de s'expliquer nettement, et nous devons l'en croire. C'est un gallicanisme outré qui l'égare : toujours en inquiétude, suivant sa nature, contre les empiétements de la cour de Rome, et transportant sur le terrain religieux ses susceptibilités de

---

1. T. V, page 75, édition Chéruel, in-12.

duc et pair, il croit voir sans cesse les libertés de l'Église de France compromises ou menacées. On sait, d'ailleurs, qu'à côté du jansénisme religieux se développait le jansénisme politique, instrument et refuge de l'opposition, cadre tout trouvé pour les mécontents. Dès l'origine, les disciples de l'évêque d'Ypres avaient été des hommes de faction en même temps que des hommes de secte. Ils avaient aspiré bientôt à former un parti dans l'État, comme ils en formaient un dans l'Église, et l'on peut voir les efforts que fait Racine, en son *Histoire de Port-Royal,* pour concilier son zèle de sujet respectueux avec son jansénisme. Louis XIV avait certainement été frappé de cette transformation naturelle et rapide, et il est permis de croire que les alarmes du roi contribuèrent au zèle du fils aîné de l'Église. Quesnel surtout eut quelque chose d'un chef de société secrète, et l'on vit bien, lors de la saisie de ses papiers à Bruxelles, en 1703, que ce parti, si complétement organisé, n'était pas une ombre et un fantôme, comme on l'a tant dit. C'est à ce jansénisme politique qu'appartient Saint-Simon, par la date comme par toutes les tendances de son esprit. A défaut des châteaux forts de la féodalité, qu'il voudrait relever, il s'y abrite comme dans la seule forteresse qui reste debout pour recevoir les nouveaux frondeurs.

Saint-Simon est sincère quand il s'affirme catholique entièrement orthodoxe, et il eût accueilli tout soupçon d'hérésie comme une injure. Il est d'autant plus fâcheux qu'il se soit lancé si étourdiment dans ces discussions religieuses, pour lesquelles il avait un goût malheureux et où il n'entendait absolument rien, malgré ses prétentions. Oublions ces fâcheuses excursions sur un terrain qu'il n'eût jamais dû aborder. Oublions ses erreurs, ses injustices, ses incroyables et puériles violences; pardonnons beaucoup à ses préjugés, à la fougue du tempérament et aux emportements d'un style qui dépasse souvent la pensée. En dépit de toutes ces fautes, qu'il partage avec tant d'hommes distingués de son temps, le chrétien fervent surnage toujours, et sans équivoque possible. Dans le bel article qu'il lui a consacré [1], M. le comte de Montalembert insiste sur le caractère profondément religieux de ce grand homme d'honneur et de bien, et c'est une haute autorité que celle-là. Malgré ses intempérances de langage contre les évêques et les prêtres, il en est assez peu à qui, après leur avoir souvent prodigué les invectives d'une plume trop richement douée, il ne finisse par décerner des éloges qui emportent la balance. Quand il se trouve surtout en face d'une incontestable vertu, Saint-Simon se découvre, dans une attitude pleine d'une respectueuse admiration; sa voix prend des inflexions plus graves et plus douces, et l'on sent que ce rare spectacle a pour lui des émotions qui l'élèvent et le transportent.

Cet homme, coupable de tant d'excès de paroles contre l'autorité du Saint-Siége, sur laquelle la plupart de ses contemporains n'en savaient guère plus que lui; coupable envers Fénelon d'un mot qui serait affreux s'il ne devenait grotesque par l'exagération de sa violence enfantine, a mieux fait ressortir que personne la grandeur de la soumission du pieux évêque de Cambray à l'arrêt venu de Rome. Il a beau faire et se débattre, il admire plus cette filiale obéissance que la rébellion obstinée de ses amis de Port-Royal. Quand on va au fond de ses jugements, on voit qu'il n'accuse

---

1. *OEuvres de M. de Montalembert*, in-8, t. VI.

guère ce prélat que d'ambition, et à sa mort il trace de ses vertus évangéliques le plus admirable portrait. Saint-Simon se trouvait vis-à-vis de Fénelon dans une situation complexe et ambiguë qui explique ses variations sur son compte : sa liaison avec le duc de Beauvilliers et le Dauphin le portait à l'affection ; ses accointances avec les jansénistes, que Fénelon avait combattues d'une façon particulièrement vigoureuse, quoiqu'il les laissât vivre en paix dans son diocèse, le poussaient à la haine, lui surtout qui s'était figuré, j'ignore sur quels futiles indices, que l'évêque de Cambray avait, dans sa jeunesse, penché vers la secte dont il se fit plus tard l'éloquent antagoniste.

Ajoutons que ce théologien téméraire reconnaît et salue du premier coup, en Bossuet, le type accompli de la pureté de doctrine, et que, lors de sa lutte contre le quiétisme, il n'hésita pas à se déclarer nettement pour lui, quelle que fût l'influence de ses amitiés personnelles dans le petit troupeau de madame Guyon. L'archevêque de Sens, le cardinal de Coislin, les deux Nesmond (l'archevêque d'Alby et l'évêque de Bayeux), plusieurs autres encore, sans parler du cardinal de Noailles, reçurent de lui l'honneur, peu prodigué, d'un éloge sans mélange. Qu'on lise son récit de la conversion du maréchal de Lorges. Qu'on écoute cette exclamation, partie du fond d'un cœur chrétien brisé par la douleur, mais que réconforte la vision consolante de l'autre vie, à la mort du Dauphin : « Plaise à la miséricorde de Dieu que je le voie éternellement où sa bonté sans doute l'a mis ! » Et, lorsqu'il arrive à la mort subite qui couronne l'existence impie du président Maisons, sans lui laisser le temps de se reconnaître ; lorsqu'il nous montre le bras de Dieu s'appesantissant sur la famille de son blasphémateur, comme son langage s'émeut et s'élève, comme il adore en tremblant les retours de la Providence ! Ce n'est plus un historien profane, c'est un moraliste chrétien, presque un prédicateur, étayant sa parole sur les textes sacrés.

Qui ne serait touché de sa douleur, de ses larmes, du tremblement profond de son âme à la mort également subite de ce malheureux duc d'Orléans, près duquel il avait tenté longtemps, pour l'arracher à la tyrannie de ses vices et de son impiété fanfaronne, tout ce que peut une amitié courageuse? Et ce n'est pas chez lui affaire de mode ou de *decorum :* il resta le même sous les orgies de la Régence que sous l'hypocrisie des dernières années de Louis XIV. Le marquis d'Argenson l'a traité de « petit dévot sans génie : » *sans génie* est joli, mais nous le lui pardonnons parce qu'il n'avait pas lu ses Mémoires ; *petit dévot* prouve au moins que Saint-Simon ne craignait pas de pratiquer publiquement les devoirs que lui imposait sa conscience, et que ses sentiments religieux n'étaient un mystère pour personne.

Il ne me reste qu'un mot à dire pour dégager en Saint-Simon le chrétien des limbes où ses passions l'ont souvent caché, mais ce mot est concluant. Il fut l'ami du grand réformateur de la Trappe, qui, jusqu'à son lit de mort, le jugea toujours digne de son affection et de son souvenir. A nos yeux, c'est une absolution. Un homme qui a aimé et admiré l'abbé de Rancé, qui a pu en parler avec ce respect profond, cette tendresse et cette émotion pénétrantes, méritait d'être aimé par lui. L'abbé de la Trappe était pour Saint-Simon un guide de l'âme, qu'il consultait humblement dans les grandes circonstances. Lorsque celui-ci est plongé dans la composition de ses Mémoires, c'est à lui qu'il écrit pour mettre sa conscience en repos contre ses scrupules, et lui demander la voie qu'il doit suivre. Souvent il allait en personne se retremper, loin de la cour, dans cette retraite austère, d'où il sortait plus calme et rafraîchi, jusqu'à ce qu'une nouvelle question de tabourets, ou la vue de quelque bâtard prenant la main sur un duc et pair, emportât toutes ces belles dispositions dans un tourbillon de colère.

Si le duc de Saint-Simon n'a pas toujours suffisamment gardé le respect, c'est aussi, il faut le dire, que la plupart des événements et des hommes n'étaient pas une grande école de respect, à l'époque où il parut sur la scène. Ni Dubois, ni même Albéroni n'étaient bien propres à le convertir à la vénération des cardinaux. Le clergé, si pur, si grand, si illustre en plein XVIIe siècle, si admirablement secondé dans son zèle par des ordres religieux de toute nature, vieux et nouveaux, commençait à décliner avec le règne, — une fois surtout qu'il eut été *décapité* par la mort de Bossuet et la disgrâce de Fénelon, — pour passer à cette période du XVIIIe siècle, inférieure en science comme en sainteté. L'influence énervante de l'esprit de cour avait agi sur cette partie du haut clergé, qui, entrée dans l'Église sans vocation, ne voyait dans la crosse et la mitre qu'un apanage naturel des cadets de grande maison. Pour renouveler et raffermir cet épiscopat languissant, condamné par ses titres aristocratiques à passer dans les antichambres de Versailles une vie qui pouvait être plus utilement remplie, il lui eût justement fallu un mélange à plus large dose de ces gens de *bas lieu*, que Saint-Simon lui a reprochés avec tant d'amertume.

En dehors de l'Église, la décadence était bien autre encore. Il semblait que la France, qui s'était incarnée dans un homme, fût devenue caduque, ennuyée, languissante avec lui. Les symptômes d'affaiblissement politique se joignaient aux symptômes d'affaissement moral. A Condé, à Turenne, à Colbert succédaient Villeroy, La Feuillade, Chamillart, puis Dubois. A Versailles, les courtisans eux-mêmes, derrière le fauteuil de madame de Maintenon et du vieux roi morose, secouaient mélancoliquement la tête au souvenir lointain des splendeurs, des fêtes, du rayonnement prodigieux de ce règne en sa fleur [1]. Tombé à la cour au milieu de ce découragement et de ce déclin, refoulé dans l'ombre où il étouffait, ombrageux, ambitieux, frémissant, inquiet, plein d'aspirations comprimées à la lumière et à la grandeur, comment l'amertume n'eût-elle pas débordé de son âme dans ces Mémoires secrets, qu'il n'écrivait que pour confier sans réserve au papier, comme le barbier de Midas aux roseaux, ce qu'il ne pouvait dire à haute voix; pour se décharger jour par jour du poids de contrainte qui l'écrasait, pour prendre enfin à partie et face à face tous ces hommes qui l'anéantissaient sous leur importante nullité? En bien des pages, ces Mémoires sont une revanche. Et ce qui n'était pas propre à diminuer la fougue de l'écrivain, c'est qu'il les rédigea définitivement dans sa vieillesse, loin de cette cour dont il était exilé, avec tous ses regrets aigris par le temps et par la solitude.

C'est le propre des époques de décadence de susciter

1. La longueur même du règne et la continuité de sa magnificence avaient fini par fatiguer les courtisans. Voir un passage caractéristique de La Bruyère, dans son chapitre *de l'Homme*, édit. Lefèvre, p. 137.

de grands historiens, qui sont des vengeurs. Il fallait que le Bas-Empire de la monarchie française eût son Tacite et son Juvénal. En l'absence même de toutes ces circonstances aggravantes que nous venons d'énumérer, pourrait-on s'étonner des bouillonnements qui agitaient l'âme de Saint-Simon, devant cet anéantissement chaque jour plus complet de la volonté et de la dignité de tous aux pieds d'un seul homme? Le spectacle de l'absolutisme soulève les protestations brûlantes des consciences généreuses, et mieux vaut cent fois la virile indignation de ceux qu'il révolte que la platitude intrépide et l'insatiable servilité des valets qui l'adorent. Mieux vaut l'excès que l'absence du cœur.

En somme, il doit nous rester de Saint-Simon l'idée d'un éloquent historien mêlé d'un pamphlétaire, d'une grande conscience et d'un grand esprit troublés de passions, de colères, de préjugés. Il n'est pas seulement un peintre énergique et enflammé, un narrateur unissant à l'exubérante abondance de ses souvenirs la précision du trait et la fermeté pénétrante de l'expression; il a voulu se faire le juge incorruptible, et en même temps, si j'ose ainsi parler, l'exécuteur des hautes œuvres de l'histoire. Il va frappant, renversant, fauchant sans pitié les noms suspects, les hautes renommées dont il a vu le néant, et les coquins ténébreux qu'il tire de leur ombre pour les immoler en plein soleil, après les avoir cloués au pilori de son livre et marqués au front de sa plume brûlante. Toutefois, même en l'admirant, même en l'aimant, le lecteur doit se tenir en garde contre ses sentences, qui sont loin d'être sans appel, et disputer plus d'une victime à ces mains terribles qui ne lâchent point leur proie. Parmi toutes ses vertus chrétiennes, il lui en manqua toujours une, qu'il ne sut pas rapporter de la Trappe, et qui n'est point, d'ailleurs, la première qualité de l'historien : la miséricordieuse douceur et le pardon des offenses. Il dit le bien comme le mal, sans doute; mais, sauf les cas où son admiration et sa tendresse, conquises par des vertus exceptionnelles, s'épanchent avec abondance, on sent qu'il ne dit le premier que par le louable effort d'une conscience droite, tandis qu'il se laisse aller au second par un instinct de nature qui se trouve en son véritable élément.

Le livre de Saint-Simon ressemble à un domaine infini, d'une végétation vigoureuse, d'un parfum sauvage et vivifiant, hérissé de bois inextricables, tant les jeunes pousses et les folles branches s'y tiennent dru enlacées; mêlé de précipices, de fondrières et de ravins, de quelques plaines et de nombreuses montagnes, de beaux parcs où l'on se promène en rêvant et de broussailles où l'on se prend les pieds; plein d'oiseaux qui chantent, de loups qui hurlent, de lions qui rugissent, et, çà et là, de quelques bêtes venimeuses qui sifflent sous les grandes herbes; dangereux sans doute à parcourir, mais si riche, si plantureux, si varié, qu'il séduit la curiosité même en la fatiguant, et que, en dépit de tous les embarras du chemin, on ne le peut quitter avant d'être allé jusqu'au bout. Tant pis pour les amateurs d'allées en ligne droite, bien sablées et bien ratissées! Saint-Simon leur réserve d'innombrables déboires. Il ne se prête nullement à être découpé en tranches de littérature correcte et en échantillons de beau style, dans les anthologies à l'usage des lycées. Notre duc et pair eût regardé toute prétention littéraire comme au-dessous de sa dignité. S'il écrit, c'est uniquement pour dire ce qui lui tient au cœur, non pour aligner des phrases à la façon de ceux qui en font leur métier. Sa pensée le dévore; elle s'échappe en tourbillons, et sa plume fiévreuse qui, sans trêve et sans repos d'un bout à l'autre de ces vingt volumes, halète à la suivre, n'a pas le temps de songer aux agréments de la rhétorique. Son style est une lave qui se refroidirait à vouloir exactement remplir tous les contours d'un moule tracé d'avance; il poursuit l'idée, l'étreint, l'enserre et la modèle d'un bond en ses moindres replis, avec tous ses élans et toutes ses hésitations. L'éloquence de Saint-Simon n'est pas cette éloquence apprise, distincte de la pensée, pareille aux manteaux de pourpre que les peintres drapent majestueusement sur un mannequin; c'est son âme même, qui est aussi l'âme de son livre, et qui anime et met en mouvement ce grand corps.

Au moment de la première révélation des *Mémoires*, dans le siècle dernier, il faut voir comme ces belles dames et ces philosophes, gens fort coquets, tout en avouant que cette lecture les transporte, s'écrient en chœur que le style est abominable et que l'auteur n'était point homme d'esprit. Saint-Simon lui-même ne vous dira pas autre chose. Il est amusant, à force d'être persuadé de son incapacité comme écrivain. Admirable bêtise de ces hommes de génie! Il ne se doute pas que c'est un de ses plus grands mérites de ne point *savoir écrire*. Qui voudrait faire subir à ses Mémoires l'opération qu'Andrieux infligea à Corneille, et les voir émondés et taillés comme le furent les tragédies de Shakespeare par les mains de son jardinier Ducis? Il en est de cet ouvrage comme des *Pensées de Pascal*, qui n'eussent pu, ce semble, que perdre de leur majesté et de leur vigueur, à revêtir une forme plus correcte et plus achevée.

Figurez-vous que dans le parc de Versailles, au milieu des ifs et des pins triangulaires, des pelouses tirées au cordeau, de l'architecture de Lenôtre complétant l'architecture de Mansard, à quelques pas des bassins mythologiques où trône Neptune avec son trident au milieu des sveltes néréides, vous débouchiez tout à coup en face d'un monument étrange et sans modèle, d'une saisissante originalité, d'une irrégularité pittoresque et puissante, d'un style énergique et abondant, où se marieraient, en un ensemble grandiose, les fantaisies les plus diverses, reliées entre elles par une inspiration dominante; d'une variété de détails infinie, ici plongé dans de mystérieuses ténèbres, et là baigné d'une lumière éclatante; tour à tour massif comme un édifice égyptien, élancé et frémissant comme une cathédrale gothique, bâti de pierre et de marbre, d'or et de fer, de bronze et de lave, mêlant toutes les lignes et tous les aspects; un monument enfin d'une physionomie inégale et complétement personnelle, conçu en dehors des lois, tout par jets, par bonds et par soubresauts, mais immense, fourmillant, splendide, étonnant et écrasant l'imagination lors même qu'il blesse un goût sévère dans le sentiment des pures élégances et des harmonieuses proportions. Voilà justement l'impression que produit, par le contraste, la rencontre imprévue des Mémoires de Saint-Simon au milieu de cette littérature rangée sous le niveau classique, et qui s'était réglée, comme tout le reste, sur la forte unité du grand règne. S'il eût été *écrivain*, que de hardiesses et de beautés perdues! Il eût peut-être laissé un livre agréable et mesuré, comme le *Siècle de Louis XIV*, mais combien éloigné de cette œuvre exubérante, incomparable, unique !

Saint-Simon est le type le plus complet et le plus saisissant parmi toutes les physionomies excentriques passées en revue dans ce volume. En dehors de la littérature classique, il est devenu classique par droit de conquête. Séparé de la grande famille des écrivains corrects et disciplinés du xviie siècle par les qualités spéciales et caractéristiques de son libre génie, il s'en rapproche par le degré de puissance, de relief et de force auquel il a porté ces qualités mêmes. Dans cette galerie des genres et des auteurs qui se sont dérobés à l'influence officielle, nul n'est en droit de lui disputer le premier rang, et nous ne pouvions mieux clore que sur son nom cet ensemble d'études, consacrées pour la plupart à l'histoire d'une littérature dont il est l'expression la plus éloquente et la plus élevée.

FIN.

# APPENDICE

## I

## DASSOUCY ET SES MÉMOIRES

(Page 247.)

Dans la tourbe servile des imitateurs qui, pendant la grande fièvre du burlesque, de 1648 à 1660, s'élancèrent sur les traces de Scarron, sans pouvoir suivre autrement que de fort loin l'illustre cul-de-jatte, Charles Coypeau Dassoucy se distingua aux premiers rangs. Il avait, ce semble, tout ce qu'il faut pour réussir dans ce genre subalterne : une facilité de main à écrire deux cents vers de suite en se tenant sur un seul pied, comme le poëte d'Horace, la platitude coulant de source, l'esprit invinciblement tourné au quolibet, la grimace abondante et interminable. Il ne lui manquait que la naïveté et le naturel, c'est-à-dire, par malheur, ce qui seul peut relever le genre et le sauver. Il s'était surnommé lui-même l'Empereur du Burlesque : en admettant que Scarron en fût le Dieu, nous n'avons point d'objection à faire contre cette qualification ambitieuse ; mais nous ne savons si, après s'être occupé du maître, c'est bien la peine de pénétrer la lanterne en main dans ces bas-fonds de la littérature, pour étudier les disciples.

Heureusement pour son nom, l'écœurant bouffon du *Jugement de Paris* et de l'*Ovide en belle humeur* a laissé une sorte d'autobiographie curieuse, qui s'élève au-dessus du burlesque, et qui rachète à elle seule une bonne partie de ses gros péchés littéraires. Cette autobiographie mérite encore aujourd'hui d'être lue, non point parce qu'elle nous raconte en détail les aventures de M. Dassoucy, personnage dont la vie pourrait être voilée d'un nuage sans que la postérité en pâtit, mais parce qu'elle nous donne en même temps un tableau vrai et familier des mœurs de l'époque, et surtout parce qu'elle renferme quelques renseignements précieux, qu'on chercherait vainement ailleurs, sur divers noms qui sont restés historiques.

Les Mémoires de Dassoucy comprennent quatre ouvrages, publiés d'abord séparément, mais qui tous quatre se rattachent à la biographie de l'auteur. Ce sont les *Avantures*, dont la première édition remonte à 1677; les *Avantures d'Italie* (même date); la *Prison de M. Dassoucy* (1674); les *Pensées de M. Dassoucy dans le Saint-Office de Rome* (1676). Le titre de ces deux derniers ouvrages suffit à montrer que la vie de l'Empereur du Burlesque ne fut pas toujours aussi joyeuse que ses œuvres. Nul n'a été plus emprisonné que lui. A Montpellier, la geôle de la prévôté; à Rome, les cachots de l'inquisition; à Paris, la Bastille et le Châtelet furent chargés tour à tour de faire justice de son humeur satirique et de payer les dettes de sa détestable réputation morale. A vrai dire, ses Mémoires ne sont qu'un long enchaînement de mésaventures et d'infortunes. A peine en âge de raison, il se sauve de la maison paternelle pour échapper à la tyrannie d'une servante, sous laquelle le bonhomme Coypeau avait plié la tête. Il va garder les dindons et revêtir la livrée à Corbeil. A neuf ans, les bourgeois de Calais veulent le jeter à la mer comme sorcier, si toutefois il ne s'est pas vanté. Plus tard, pour gagner sa vie, il se transforme en Orphée ambulant, et son luth sur le dos, flanqué de ses deux petits pages, il donne des concerts de ville en ville, toujours talonné par la faim, troublé par la crainte des coupe-bourses et des pirates de grand chemin, car notre musicien-poëte ne se piquait nullement de bravoure, et il ne tarit pas lui-même sur son agilité à jouer des jambes dans les cas suspects. Sur les bateaux et dans les hôtelleries, il rencontre des *tueurs de temps* qui le dépouillent au lansquenet, ne lui laissant en échange de ses écus que la gale. En outre, ses deux pages, prétexte éternel d'accusation contre ses mœurs, ne cessent de s'enivrer et de se battre que pour le voler, et l'un d'eux même pousse la scélératesse jusqu'à lui verser du poison. Ceux qui ont lu le voyage de Chapelle et Bachaumont savent ce qui faillit lui arriver à Montpellier, quoique Chapelle ait raconté les choses à sa manière, et se soit posé en témoin d'une scène qui s'était accomplie deux ans avant son passage. A tous ces malheurs joignez les attaques de ses ennemis, car il avait des ennemis, le pauvre homme : Chapelle d'abord, qui avait été son camarade de cabaret, et à qui il reproche sa trahison en termes mi-bouffons, mi-larmoyants ; le gazetier Loret, qui le maltraita en toute occasion dans sa *Muse historique;* Cyrano de Bergerac, qui, après avoir composé des vers en son honneur, lui décocha une lettre pleine de la verve burlesque la plus formidable. En un mot, Dassoucy était devenu une sorte de jouet méprisable et grotesque, qu'on ne se faisait pas scrupule de jeter en toute occasion à la risée publique. On ne saurait dire combien de fois il fut rompu, noyé, rôti ou pendu par les nouvellistes.

Le malheureux se défendait de son mieux. Ce qu'il y avait de pis, c'est que, malgré l'habitude, il n'était pas blasé sur les attaques. Le vers de Boileau :

Et jusqu'à Dassoucy tout trouva des lecteurs,

ne lui sortit jamais de l'âme. Il y répondit en traitant son adversaire de *stoïque constipé*, et en entamant une solennelle apologie du burlesque, où il déclare avec fierté que si ce genre est tombé dans le discrédit, c'est que Scarron a cessé de vivre et que lui-même a cessé d'écrire. Du reste, après avoir répliqué en détail à ses ennemis, il leur répliqua en bloc dans son originale et piquante *Épître à messieurs les sots*, où l'on trouve quelques pages qui sont d'un véritable écrivain.

Si l'on voulait reconstituer entièrement la biographie de Dassoucy avec ses *Avantures*, ce ne serait pas chose facile, car il s'inquiète peu de la méthode et intervertit l'ordre des faits à sa guise. C'est un conteur fantasque et capricieux dont le genre d'écrire rappelle le genre de vie. Il vagabonde au hasard à travers ses souvenirs. Et puis on risquerait fort de se fourvoyer en prenant ses moindres assertions au mot : l'imagination de ce bizarre narrateur court volontiers la campagne, et sa vanité vaut au moins son imagination. Ses *Avantures* commencent à l'an 1655 ; il avait alors cinquante ans. On le fait naître généralement en 1604 ; mais son extrait de naissance, trouvé dans les registres de Saint-Étienne-du-Mont, prouve qu'il ne vint en ce bas monde que le 16 octobre 1605 [1]. On le fait mourir en 1674, et il est probable que cette date n'est pas plus exacte que l'autre : Bayle dit que, cette année-là même, il était encore détenu au Châtelet. En outre, sur les quatre ouvrages dont se composent ses Mémoires, trois, postérieurs à 1674, seraient donc des ouvrages posthumes (à moins d'avoir eu des éditions antérieures à celles que mentionnent les bibliographes) ; et dès lors il serait difficile de comprendre pourquoi on les aurait publiés à des époques diverses et chez différents libraires, et comment, soit dans le titre, soit dans un avertissement des éditeurs, rien ne ferait allusion à la mort de l'écrivain.

Mais ces questions, qui ne peuvent emprunter leur intérêt qu'au personnage à propos duquel on les soulève, ont une bien minime importance dans le cas présent. Laissons donc là sa vie, et retournons à ses œuvres.

---

[1]. Voir l'édition récente de ses *Avantures burlesques*, par Em. Colombey. (Delahays, 1858.)

J'ai dit qu'on trouve quelques renseignements précieux dans les *Avantures burlesques*. Ce sont d'abord, si l'on veut, les chapitres qui roulent sur Philippot, dit le Savoyard, cet illustre chantre du Pont-Neuf, dont Boileau nous a transmis le nom, et sur Ragueneau, le pâtissier-poëte, qui fit partie de la troupe ambulante de Molière. Dassoucy rencontra le premier dans un bateau, sur la Saône, et le second sur un théâtre de province, où il mouchait fort proprement les chandelles. Sans lui, on connaîtrait à peine ces deux personnages vraiment épiques, et ce serait dommage. Mais ces détails ne sont rien auprès de ceux qu'il nous donne sur Molière et les Béjart, qui couraient alors le midi de la France. Ce fut à Lyon qu'eut lieu la première entrevue entre le joueur de luth et les comédiens voyageurs. Dassoucy s'en trouva si bien qu'il les suivit à Avignon, à Pézenas, à Narbonne, vivant, comme on dit, à leurs crochets, et hébergé six mois dans cette joyeuse compagnie, avec une abondance dont il a conservé le souvenir le plus attendri. Pourquoi, au lieu de s'étendre avec tant d'amour sur l'hypocras qu'il a bu et la graisse qu'il a gagnée dans cette *Cocagne*, n'a-t-il pas songé plutôt à nous laisser quelques détails sur les représentations et le genre de vie de notre grand poëte comique? Mais il est ainsi fait, qu'en présence d'une table bien garnie il ne se possède plus. L'estomac, chez lui, absorbe tout le reste ; il se figure que la description d'un menu est la chose la plus importante du monde, et qu'elle aura pour ses lecteurs le même intérêt exclusif que pour lui.

Quoi qu'il en soit, les renseignements donnés par Dassoucy sont à peu près, avec ceux de l'abbé de Cosnac, les seuls authentiques que nous possédions sur les pérégrinations de Molière dans cette partie de la France, qui sont restées enveloppées de voiles si obscurs. Plus tard, il crut avoir à se plaindre de lui, et il exhala son ressentiment, comme toujours, avec une sorte d'amertume mélancolique et de résignation aigre-douce. Il nous reste encore, de ses relations avec Molière, une lettre assez insignifiante, de laquelle il résulte qu'il le connaissait deux ans au moins avant cette rencontre. Une autre lettre peu connue nous apprend qu'il avait mis plusieurs fois des paroles de Molière en musique, qu'il avait failli composer les airs d'une de ses comédies, probablement le *Malade imaginaire*; enfin, que c'est à lui qu'on doit la partition, comme on dirait aujourd'hui, de l'*Andromède* de Corneille. Les talents musicaux de Dassoucy ont été éclipsés par sa notoriété d'écrivain. Il avait eu des airs édités chez Ballard, et le catalogue du duc de La Vallière mentionnait de sa composition, dans le même genre, un manuscrit de cinquante-sept feuillets. Il est probable qu'il exécutait, avec ses deux petits pages, des morceaux de sa façon. En tout cas, la faveur avec laquelle on le traitait dans plusieurs cours d'Italie, dans la maison de Madame Royale, fille de Henri IV, au service de laquelle il était attaché, et à la cour de France, sous Louis XIII et sous la minorité de Louis XIV, qu'il fut chargé de divertir durant de longues années, prouve au moins qu'il était de première force comme exécutant, et que son *luth* de musicien valait mieux que sa grotesque lyre de poëte.

## II

# GIRAC ET COSTAR

(Page 341.)

Paul-Thomas, sieur de Girac, naquit à Angoulême, on ne sait au juste en quelle année, de Paul-Thomas de La Maisonnette, littérateur et hébraïsant, dont Balzac, Nicolas Bourbon et Colomiès ont parlé avec éloge. Vers le milieu du xvii<sup>e</sup> siècle, il devint conseiller au présidial de sa ville natale. On voit par plusieurs passages de ses écrits qu'il possédait des biens assez considérables. Il connaissait à fond les langues anciennes, et avait quelque teinture de l'hébreu. Son érudition et ses connaissances littéraires, jointes à son rang et à sa position de fortune, lui avaient acquis dans sa province une certaine célébrité, mais qui n'eût probablement jamais franchi des bornes étroites sans la querelle littéraire à laquelle il se trouva tout à coup mêlé. Quand eurent paru les œuvres de Voiture, après la mort de leur auteur, Balzac, qui voyait peut-être cette publication avec une certaine jalousie, conçut le projet de soulever autour d'elle quelques critiques, et il engagea Girac, son compatriote, dont il appréciait le savoir, à lui en exprimer son avis. Girac saisit avec empressement cette occasion de faire sa cour à Balzac, comme une bonne fortune pour lui et un sûr moyen d'arriver à la célébrité. Il répondit donc à la demande de son ami par une *Dissertation* manuscrite, en latin. Il y disait, en un style assez élégant et avec beaucoup de modération, que Voiture n'avait bien réussi que dans le genre enjoué et badin, où il lui reconnaissait une supériorité réelle et incontestable ; mais il lui reprochait des lettres frivoles, trop de familiarité et d'abandon, quelquefois du mauvais goût, des erreurs d'érudition, etc., et il ajoutait qu'il avait échoué dans le genre grave et dans le genre amoureux. Une fois en possession de cette pièce, Balzac l'envoya à Costar, qui était son ami, comme celui de Voiture, et le provoqua à y faire une réponse, espérant qu'il ne pourrait y avoir que profit pour sa vanité personnelle dans ce petit débat. Tout en semblant s'excuser, et en faisant mine de résister à ces instances, Costar composa sous main sa *Défense des ouvrages de M. de Voiture*, où il mit des traits mordants contre Girac, et qu'on regarde encore aujourd'hui comme sa meilleure production. Ce petit livre eut beaucoup de succès, et Tallemant, qui n'a pas pour Costar une grande tendresse d'âme, avoue que la pièce est fort agréable. On la trouva mieux écrite même que les lettres de Balzac et de Voiture ; et, ce que l'auteur préférait sans nul doute à tous les applaudissements du monde, car il était encore plus avide que vaniteux, elle lui valut une pension de 500 écus de la part de Mazarin. Ce ministre avait été si charmé de son livre qu'il le prit pour arbitre des récompenses qu'il voulait décerner aux écrivains, en le chargeant de rédiger un double *Mémoire sur les gens de lettres célèbres de France et des pays étrangers*. On connaît ce chef-d'œuvre de nullité, qui a trouvé moyen de rester encore au-dessous de la liste de Chapelain. Les ministres ont assez souvent de ces choix heureux.

Encouragé par un si beau triomphe, il publia ses *Entretiens de M. de Voiture et de M. Costar*, « où il y a furieusement de latin et bien des bévues, » dit Tallemant, sans compter le phœbus guindé, le galimatias froid et prétentieux. On ne peut nier qu'il n'y témoigne d'une assez grande érudition, mais c'est une érudition oiseuse, prolixe et confuse, étalée sans méthode et hors de propos, pour le seul plaisir d'en faire parade. Costar avait gardé précieusement copie de ses lettres, qu'il eut grand soin de revoir, de polir et limer lentement, de farcir de citations en toutes langues. Il ne se fit pas même scrupule d'en ajouter qu'il n'avait pas réellement écrites, dans le but de tirer parti des textes qui étaient restés jusqu'alors sans emploi dans ses tiroirs; bien plus, son biographe anonyme nous apprend que, pour grossir son volume et le rendre plus curieux, il fabriqua des billets sous le nom de Voiture, qui était mort à cette époque, comme nous l'avons dit, et feignit de les avoir retrouvés en fouillant sa correspondance. De ces lettres, les unes n'ont aucune importance, les autres sont de vraies dissertations où l'on trouve encore plus de pédantisme que de science : Costar était l'homme le moins propre à briller dans le genre épistolaire, qui exige surtout de la grâce, de la simplicité, du naturel, qualités dont il n'avait pas le moindre sentiment. Aussi ce volume fut-il loin d'avoir le succès qu'il s'en était promis, ce qui ne l'empêcha pas d'en publier un second bientôt après. Les louanges et les faveurs qu'il avait reçues à propos de sa *Défense de Voiture* avaient tellement enflé son orgueil qu'il se croyait redevable à la postérité de tout ce qu'il avait produit, et qu'il eût regardé comme un crime de la frustrer de sa plus chétive élucubration.

Ce fut seulement après ce nouvel ouvrage que Girac se décida enfin à faire paraître une *Réponse* (1655), cette fois en français, mais en français arriéré et plein de latinismes. Il y racontait la suite des faits tels qu'ils s'étaient passés, en protestant qu'il entrait malgré lui dans un combat qu'il n'avait pu éviter, et qu'il ne faisait que céder à un défi public et aux provocations triomphantes de son adversaire. Girac avait raison : il n'avait écrit qu'à la demande de Balzac sa *Dissertation* latine, non destinée au public; Costar avait produit la réfutation de cette pièce avant même qu'elle fût imprimée, et ce fut lui aussi qui se chargea ensuite de la publier. Dans la première partie de sa *Réponse*, conçue d'ailleurs sur un ton assez modéré, Girac reprenait les assertions de Costar et revenait sur les défauts qu'il avait reprochés à Voiture; dans la seconde, il s'attaquait à Costar lui-même, et démontrait que, tout en ayant plus de science que Voiture, il avait néanmoins laissé passer bien des erreurs dans ses *Entretiens*. Dès lors, le combat devint, pour ainsi dire, entièrement personnel, et perdit le peu de courtoisie qu'il avait conservé jusque-là. Du reste, des deux hommes qui avaient servi de prétexte à la lutte, aucun n'existait plus, car, au commencement de 1654, avant même la publication des *Entretiens* de Costar, Balzac avait suivi Voiture dans la tombe.

Costar répliqua par deux in-4°, dont l'un contenait son *Apologie*, et l'autre la *Suite de la Défense de Voiture*. C'est dans ce dernier ouvrage que se trouve ce curieux argument de polémique littéraire, qu'on a si souvent cité et qui est, en effet, fort caractéristique : « M. de Girac pourroit bien s'attirer quelque logement de gendarmes, s'il passoit des troupes par l'Angoumois ; et je m'étonne que lui, qui ne néglige pas trop ses intérêts et qui songe à ses affaires, ne se souvienne plus du capitaine qui lui dit, il y a deux ou trois ans : « En « considération de M. le marquis de Montausier, j'empê-« rai ma compagnie d'aller chez vous ; mais c'est à la charge « qu'à l'avenir il ne vous arrivera plus d'écrire contre Voi-« ture, » etc. Il ne se contenta pas d'un si étrange procédé de raisonnement, et voyant que d'autres écrivains, surtout le mordant Gilles Boileau, se tournaient contre lui ; craignant d'être définitivement vaincu par une érudition supérieure à la sienne, se sentant compromis dans sa renommée par quelques-unes des accusations de Girac, appuyées sur des preuves authentiques, il eut recours à l'autorité du lieutenant civil, qui jeta son sceptre entre les deux combattants, en leur intimant l'ordre de cesser le duel. Cette intervention du lieutenant civil était tout aussi littéraire que celle du capitaine de gendarmerie, et décidément Costar sentait le besoin d'appuyer sa logique sur le bras séculier. Il avait cru s'assurer la victoire en fermant la bouche à son adversaire, par l'interdiction et la saisie de sa réponse, sous prétexte qu'on l'attaquait dans ses mœurs, mais il ne fit, au contraire, que prouver bien clairement qu'il était vaincu. Cette réplique de Girac fut imprimée à Leyde, mais seulement en 1660, l'année même de la mort de Costar, et elle ne parut à Paris que quatre ans après. L'auteur, poussé à bout, ne gardait plus la moindre mesure; il s'occupait fort peu de Voiture et de Balzac, et prenait Costar corps à corps pour engager avec lui une lutte directe, acharnée, impitoyable. Tout hérissé de citations, il s'armait des textes de Pausanias, d'Hérodote, d'Eusèbe, de Lactance, pour en arriver à lui reprocher son nom, sa naissance, l'état de son père et celui de son aïeul. Il y avait là toute une série de terribles chapitres, dont les titres suivants donneront une légère idée :

« Que M. Costar.... est un calomniateur.

« Que M. Costar ressemble à un gueux dont parle Homère.

« Que M. Costar est un insigne menteur.

« Que M. Costar a peu de jugement.

« Diverses bévues de M. Costar.

« Que M. Costar affecte les ordures.

« Que M. Costar est un étourdi..., un grand chicaneur..., un plagiaire..., un imposteur, » etc.

Des deux côtés on avait prodigué beaucoup plus d'injures que de raisons, mais ce fut sans contredit Costar qui l'emporta sur ce terrain. Il maniait aussi plus adroitement la langue et réussissait mieux dans la plaisanterie; mais Girac avait incontestablement la supériorité du savoir, du bon sens et de la critique. Ces écrits, généralement fort médiocres et surtout ennuyeux, ont perdu leur intérêt en dehors des passions du moment, et l'on aurait peine à comprendre aujourd'hui le bruit qu'ils ont fait, s'il ne fallait en reporter la cause aux noms tout puissants de Balzac et de Voiture, et à l'intérêt passionné qu'excitaient alors toutes les discussions littéraires.

Girac n'existe dans l'histoire de la littérature que par le rôle qu'il a joué en cette circonstance. Après sa réponse à Costar, il rentre dans son obscurité, et n'en sort plus jusqu'à sa mort, arrivée en 1663.

Pierre Costar, né à Paris, en février 1603, était fils d'un

marchand chapelier. Son père le fit étudier, et le jeune homme, qui avait beaucoup de mémoire et brûlait du désir de s'instruire, surpassa bientôt ses condisciples. Ce fut dès lors qu'il apprit, comme en se jouant, les plus beaux passages des poëtes et des orateurs de l'antiquité, dont il garda toute sa vie le souvenir. Il acquit le grade de bachelier en Sorbonne, et fit ses *paranymphes* (discours qu'on prononçait en théologie à la fin de chaque licence) avec tant d'éclat, que l'on conçut la plus haute idée de son esprit, et que messire Claude de Rueil, nommé à l'évêché de Bayonne, en prit occasion de le demander à son père. Ce prélat l'emmena donc avec lui, d'abord à Bayonne, puis à Angers, où il fut envoyé quelque temps après. Costar vécut longtemps dans ce diocèse, des revenus d'un bénéfice qu'il y possédait. Quoiqu'il fût loin de la capitale et des cercles de beaux esprits au milieu desquels il était fait pour vivre, il ne laissa pas de poursuivre ses études littéraires avec un zèle toujours croissant. Outre le latin et le grec, il avait appris l'italien et l'espagnol, et les auteurs de ces quatre langues lui étaient familiers ; il en savait même plusieurs entièrement par cœur. Il avait contracté l'habitude, comme beaucoup de savants et d'écrivains du xviie siècle, d'extraire de leurs ouvrages un vaste recueil de *lieux communs*, qu'il rangeait dans un ordre méthodique, et qui formaient comme un réservoir où il pouvait puiser au besoin. C'est là qu'il allait chercher son érudition du moment, non-seulement pour enrichir ses écrits, mais aussi pour discourir avec agrément et variété sur quelque sujet que ce fût, et probablement même pour embellir ses sermons, qui lui acquirent alors dans la ville d'Angers une si belle réputation de savoir et d'éloquence. Il s'était adjoint, pour l'aider spécialement dans cette tâche, un secrétaire particulier, ce L. Pauquet, plus fameux encore par son ivrognerie que par ses heureuses dispositions naturelles, et qui, de la condition de laquais, était monté, malgré ses habitudes crapuleuses, au rang d'*honnête homme*.

Costar se complaisait beaucoup plus dans ses occupations

littéraires que dans l'accomplissement des devoirs de son
état; ce fut toujours un prêtre assez peu édifiant, pour ne
rien dire de plus, car plusieurs personnes allèrent jusqu'à
l'accuser de faire profession d'impiété. Aussi l'étroite liaison
qui l'unissait à l'évêque d'Angers se relâcha-t-elle bientôt,
par suite du mécontentement que cette conduite fit éprouver à son protecteur. Ce fut alors qu'il s'attacha à l'abbé de
Lavardin; et quand son nouveau patron eut été nommé à
l'évêché du Mans, il l'y suivit, et s'installa dans le palais épiscopal. Là il jouit en paix, au sein de ses études favorites, des
revenus de ses bénéfices et des libéralités de l'évêque, dont
il se montrait insatiable.

Dans ses voyages à Paris, il s'était fait recevoir à l'hôtel de
Rambouillet; il était l'oracle de quelques ruelles et l'un des
héros favoris de la société galante. Il avait lié connaissance
avec plusieurs des principaux écrivains du temps, avec Ménage, puis avec Balzac, dont il admirait beaucoup les
ouvrages. Voiture, en passant par Angers, l'y avait rencontré,
et tous deux s'étaient pris d'une affection mutuelle et avaient
établi entre eux un fréquent commerce de lettres. Déjà Costar s'était fait connaître par un coup d'éclat. Désireux de percer à tout prix, il avait écrit une critique des odes de Godeau
et de Chapelain à la louange de Richelieu, et l'avait envoyée
à un de ses amis : cette pièce courut les principaux salons
d'alors, et si elle lui attira quelques partisans, par l'esprit
et l'ironie qu'on y rencontrait quelquefois, elle lui fit encore
plus d'ennemis, par la sévérité excessive, ou plutôt la mal-
veillance qu'il y avait montrée. Voyant qu'il ne gagnait rien à
attaquer ces deux grandes puissances littéraires, il pensa qu'il
lui serait peut-être plus avantageux de flatter quelques écrivains de renom, et il se fit le courtisan en titre de Voiture,
pour s'associer à sa gloire.

Outre les ouvrages dont nous avons parlé, Costar a encore
laissé un *Traité de l'épigramme*, qui n'est qu'une traduction
libre d'une dissertation latine de Nicole. On la publia après
sa mort, en 1689, car, dit le *Journal des savants* de 1690,

« tout ce qui vient des grands hommes comme lui mérite d'être conservé. » Il travaillait aussi à une traduction et à un commentaire de Tacite, mais il fut interrompu dans cette tâche par sa dernière maladie. Depuis l'âge de vingt ans, il était tourmenté d'une goutte fort cruelle, et la manière dont il vivait, son goût pour la bonne chère et pour les grands repas, n'étaient pas de nature à l'en guérir. Elle attaquait souvent toutes les parties de son corps, de manière à le faire tomber dans une paralysie à peu près complète; il en était venu à ne pouvoir plus écrire, et sa vue, excessivement affaiblie, le rendait presque incapable de lire par lui-même, ce qui lui a fait dire *agréablement*, dans une de ses lettres, qu'il y a de quoi s'étonner que, ne sachant ni lire ni écrire, il ne laisse pas d'être auteur. Vers le commencement de l'année 1660, sa goutte se compliqua d'un asthme et d'une hydropisie, et malgré l'espoir que le malade conservait toujours, au plus fort de ses souffrances, se figurant volontiers qu'il était impossible que Dieu ne fît pas une exception en sa faveur, il mourut, après avoir institué Pauquet son légataire universel et résigné tous ses bénéfices entre ses mains. Il fut enterré dans l'église cathédrale du Mans.

Comme homme, Costar mérite peu d'estime : l'égoïsme, la vanité, la cupidité étaient ses trois vertus cardinales. Il fut occupé toute sa vie à *faire son chemin* par tous les moyens possibles. S'il s'attacha si vivement à quelques beaux esprits, ce fut bien moins par amitié réelle et par admiration sincère que pour se créer en eux des patrons intéressés à prôner son mérite; s'il se fit le champion de Voiture, ce fut surtout pour faire parvenir à la postérité sa gloire chétive à la suite de cette gloire alors si radieuse. Son avidité inépuisable se montrait sans la moindre dignité personnelle : c'est à force de bassesses, de sollicitations et d'importunités qu'il était parvenu à conquérir pied à pied une aisance que sa vanité, sa gourmandise, sa mollesse et son amour du luxe lui rendaient nécessaire. Hautain envers les humbles et ceux qui ne pouvaient lui servir, il était rampant près des grands personnages, qu'il fatiguait de ses adulations cupides : aussi, quoiqu'il eût un orgueil fort irritable, qui, dans ses disputes, le faisait recourir aux injures plutôt qu'aux raisons, sa conversation était-elle fade et ennuyeuse, parce qu'en général il n'osait contredire, et abondait toujours dans le sens de ses interlocuteurs, à moins que ce ne fussent des gens de rien. Avec cela, petit-maître, rempli de fatuité et d'affectation, très-soigneux de son ajustement, charmé qu'on le trouvât bel homme, et poussant à l'excès, jusque dans sa vieillesse, le frivole désir de plaire. En un mot, comme le disait madame des Loges ou, suivant d'autres, la comtesse de La Suze, c'était le plus galant des pédants et le plus pédant des galants.

Comme littérateur, Costar n'avait ni verve, ni chaleur, ni fécondité : il écrivait avec sa mémoire, et non avec son esprit. C'était un érudit, qui composait à loisir ses moindres billets, persuadé qu'ils seraient autant de passe-ports d'immortalité pour ses correspondants; dix ou vingt ans après les avoir envoyés, il les remettait sur le métier, comme s'il eût craint qu'il y restât quelque chose de naturel et qui lui appartînt en propre. Patient et laborieux *artiste*, à qui il ne manquait que l'âme et l'inspiration, puriste à l'extrême, fort étroit dans ses idées, incapable d'une conception grande et forte, il se complaisait en ces petits travaux et ces puériles recherches. A force de vouloir soigner et *regratter* l'expression de sa pensée, il ôtait à son style tout naturel, tout abandon, tout coloris, de sorte que souvent il parlait mal pour vouloir trop bien parler. Il a cru du moins faire preuve de richesse par ce luxe de citations entassées sans goût, sans discrétion, sans nécessité, et il n'a montré par là que l'indigence de son esprit, la sécheresse de son cœur, la stérilité de son imagination. Toutefois, il tint sa place et il remplit son rôle parmi cette pléiade d'écrivains qui travaillaient alors péniblement à former la langue et la littérature; il fut lié avec les principaux d'entre eux, qui avaient pour lui quelque estime, et plusieurs de ses ouvrages acquirent une assez grande célébrité. Sa passion pour l'étude était réelle, et son érudition littéraire fort étendue : pour son époque, il écrivait correctement, avec une pureté parfois élégante, sinon avec grâce et aisance. C'est à cela qu'il faut réduire aujourd'hui le mérite de Costar.

# III

## DU JANSÉNISME

### DANS

## LES MÉMOIRES DE SAINT-SIMON

(Page 444.)

Examinons de près quelques-uns des points principaux de son exposition des faits : nous espérons en démontrer la fausseté sans réplique possible, en regrettant que ces pages ne puissent s'allonger suffisamment pour nous permettre une réfutation plus détaillée, où nous démolirions pièce à pièce le roman bâti sur ce sujet par l'ardente imagination du noble écrivain.

Suivant son habitude, Saint-Simon a surtout conçu son apologie du jansénisme sous la forme d'une attaque en règle contre ses adversaires. Les deux faits qui, dans cet ordre d'idées, dominent et renferment, pour ainsi dire, tous les autres, — ceux auxquels il revient sans cesse, et toujours avec une verve nouvelle, c'est la promulgation de la bulle *Unigenitus*, qui condamna cent une propositions extraites des *Réflexions morales* de Quesnel, et les persécutions du père Le Tellier [1], confesseur de Louis XIV, contre Port-Royal. Or,

---

1. Saint-Simon l'appelle toujours le P. Tellier, de même que le jésuite d'Aubenton est nommé par lui soit Aubenton, soit Daubenton. Faut-il y voir une arrière-pensée, qui s'expliquerait aisément de la part de ce dédaigneux duc et pair, si chatouilleux sur la noblesse d'autrui ?

tout ce qu'il a dit sur ces deux points est catégoriquement démenti par les sources authentiques, même celles de son parti, ou démontré faux par les dates, et il importe de le faire voir nettement, pour couper court à des erreurs qui s'affermissent à mesure qu'elles se répètent, et qui pourraient bientôt invoquer en leur faveur le bénéfice de la prescription.

Prenons d'abord ce qui regarde le père Le Tellier. Au tome V de ses *Mémoires*[1], Saint-Simon raconte que ce père, *bien ancré auprès de Louis XIV*, s'appliqua « à commettre le cardinal de Noailles avec le roi d'un côté, avec les ministres de l'autre, afin d'assurer par là la destruction entière de Port-Royal. » Il ajoute que « le nouveau confesseur vint à bout, en peu de temps, à *changer les idées du roi* touchant les religieuses de Port-Royal, que ce prince *se repentoit de les avoir laissé pousser trop loin*, et qu'il les regardoit au fond *comme de très-saintes filles.* » Il ajoute que le père Le Tellier réveilla ensuite une constitution faite à Rome depuis trois ou quatre ans (la bulle *Vineam Domini Sabaoth*), et résolut de s'en servir contre Port-Royal et d'y embarrasser le cardinal de Noailles, à qui le roi ordonna de faire signer aux religieuses cette constitution; que le cardinal y alla plusieurs fois, toujours inutilement, que le roi le pressait vivement, *poussé de même par son confesseur*, tant qu'enfin le cardinal leur ôta les sacrements. « Alors le père Le Tellier les noircit auprès du roi, les fit passer dans son esprit pour des révoltées..., et tourna si bien le roi que les fers furent mis au feu pour la destruction. »

Voilà l'acte d'accusation bien et dûment dressé contre le père Le Tellier. Qu'y a-t-il de vrai? Rien. Saint-Simon va lui-même renverser d'un mot toute cette fable. Au tome IV de ses *Mémoires*[2], il a écrit que le père La Chaise, étant mort le 20 janvier 1709, le père Le Tellier fut nommé à sa

---

1. Édition in-12, p. 73 et suiv.
2. Page 289.

place le 21 février suivant, et il ajoute, en quoi il est d'accord avec tous les historiens : « Le père Le Tellier étoit entièrement inconnu au roi ; il n'en avoit su le nom que parce qu'il se trouva sur une liste de cinq ou six jésuites que le père La Chaise avoit faite de sujets propres à lui succéder. » Ainsi, les premiers rapports entre Louis XIV et son nouveau confesseur ne remontent pas au delà du 20 février 1709, et on sait d'autre part que celui-ci ne commença à exercer ses fonctions que dans la semaine sainte de la même année, c'est-à-dire à la fin de mars. Or, à cette date, tous les faits que Saint-Simon impute à son influence sur le roi étaient déjà des *faits accomplis*. Pour s'en convaincre, il suffit d'ouvrir les Mémoires circonstanciés que les jansénistes se sont plu de tout temps, et plus que jamais à cette époque, à répandre dans le public. Prenons au hasard un de ces ouvrages, car tous sont parfaitement d'accord sur le fond des choses.

Dans son *Histoire abrégée de la dernière persécution de Port-Royal*, l'abbé Pinauld dit expressément que ce fut après la bulle *Vineam Domini Sabaoth*, c'est-à-dire vers la fin de 1705, qu'on commença à s'occuper de la ruine de Port-Royal des Champs, en ôtant aux religieuses leur confesseur ; et que, dès le mois de mars 1706, on exigea d'elles la signature de la bulle[1]. Le refus d'une signature pure et simple leur attire, le 17 avril 1706, un arrêt du conseil du roi, qui leur défend de recevoir des novices, et cet arrêt est conçu en termes qui s'accordent peu avec la bonne opinion que le roi avait gardée, suivant Saint-Simon, de la sainteté de ces filles. Le 29 septembre 1707, le cardinal de Noailles ordonne de leur signifier l'interdiction des sacrements, et le 3 octobre, il écrit à leur confesseur[2] une lettre fort rude, où l'on voit un homme poussé à bout ; il y déclare, entre autres choses, comme s'il eût voulu d'avance répondre à Saint-

---

1. T. I, p. 75, 77.
2. *Ibid.*, p. 255.

Simon, « qu'il n'est pas vrai que les peines qu'elles souffrent ne viennent que de la mauvaise volonté de leurs ennemis et non de *son* mouvement. » Le 18 novembre, le cardinal promulgue une *ordonnance* qui les prive *des sacrements et de voix active et passive*, et qui s'appuie sur des *considérants* d'une sévérité extrême. Le 27 mars 1708, intervient une bulle du pape Clément XI, adressée au cardinal de Noailles, pour l'extinction de Port-Royal, « ce nid où l'erreur a pris de si pernicieux accroissements [1]. » Le 29 décembre suivant, les lettres patentes relatives à la bulle d'extinction étaient enregistrées au Parlement, et le cardinal de Noailles se chargeait de l'exécution. Il fit commencer les procédures par l'abbé Vivant, et, après opposition formée par les religieuses, il rendit, le 22 février 1709, une ordonnance portant qu'il n'en serait tenu compte [2].

Ainsi au 22 février 1709, le jour où, d'après Saint-Simon lui-même, le père Le Tellier voyait Louis XIV pour la première fois, la bulle *Vineam* avait été proposée à la signature des religieuses; sur leur refus, elles avaient été traitées par le roi de *rebelles*, privées du droit d'admettre des novices, interdites de l'usage des sacrements par le cardinal de Noailles, leur archevêque; le pape avait ordonné l'extinction de leur monastère, le parlement avait enregistré la bulle du pape, le cardinal avait accepté la charge de l'exécution, les procédures étaient commencées. Par conséquent, selon l'expression pittoresque de Saint-Simon, les fers étaient mis au feu pour la destruction du couvent, avant qu'il eût été possible

---

1. Suivant Saint-Simon, les religieuses s'étaient pourvues à Rome, où elles avaient été écoutées. A l'en croire même, le refus de signer purement et simplement la bulle *Vineam*, refus qui fut, en France, la cause de leur perte, aurait été approuvé par le pape. Ce sont là de ces assertions en l'air que notre auteur avance plus d'une fois, à défaut de preuves, et qui surprennent toujours par l'assurance avec laquelle elles se produisent, quoiqu'elles soient contredites par tous les documents authentiques.

2. Pinauld, t. I, p. 307, 311, 339; t. II, p. 21-26, 81, 83.

au père Le Tellier de prendre aucune part, soit directe, soit indirecte, à toutes ces mesures.

Peut-on dire au moins que dès lors il se mêla à la persécution? Non-seulement on n'en a aucune preuve, mais on a des preuves positives qu'il ne put contribuer en rien aux derniers faits qui complétèrent la ruine de la maison. D'abord il entrait en charge à une époque où, cette ruine étant définitivement résolue, il ne s'agissait plus que de l'exécuter. L'affaire était entre les mains de l'archevêque, et le père Le Tellier n'avait pas à s'en mêler. Ensuite, il fallait le temps au nouveau confesseur de gagner la confiance du roi et d'acquérir assez d'empire sur lui pour s'ingérer en des affaires qui ne relevaient pas directement de ses fonctions. Nous savons justement par une lettre à Fénelon du duc de Chevreuse, ami de Saint-Simon, que, plus d'un an et demi après son entrée en charge, le père Le Tellier se tenait encore sur la réserve : « Je crois, écrit celui-ci à la date du 13 novembre 1710, qu'il agit un peu sur ce qui est personnel à ce dernier (à Louis XIV); mais il ne se juge pas en droit de le faire sur certains points qui, n'étant pas de sa compétence, donneroient lieu de lui fermer la bouche pour cette raison [1]. »

Sans attacher à cette lettre, prise isolément, plus d'importance qu'il ne faut, rien n'est plus concluant que cet ensemble de preuves, on le voit, pour retirer le père Le Tellier de toute cette affaire, où Saint-Simon lui fait jouer le rôle prédominant par son action sur le roi, alors que le roi ne connaissait même pas encore son nom. D'ailleurs, les Mémoires des jansénistes sont unanimes à tout mettre sur le compte du cardinal de Noailles, et c'est lui, en effet, qui a tout fait. Madame de Maintenon l'en félicite dans une de ses lettres. Dans le cinquième volume de *Port-Royal*, qui va jusqu'après la destruction matérielle du couvent, M. Sainte-Beuve ne nomme même point le père Le Tellier, et il nous

---

1. *OEuvres de Fénelon* (édit. Leclère, 1827), t. I de la *Corresp.*, p. 241.

fait suivre pas à pas, d'après les documents authentiques, la procédure du cardinal, qui se montra d'autant plus inflexible qu'il s'était longtemps montré indulgent. Ce n'est pas là seulement la réfutation d'une erreur et d'une grosse injustice ; cette rectification a son importance générale : Port-Royal ne peut se plaindre d'avoir été condamné par ses ennemis naturels, à la fois juges et parties, les jésuites ; il l'a été par un homme qui l'avait longtemps favorisé, qui devait se distinguer en première ligne parmi les appelants de la bulle *Unigenitus*, et ne pouvait être suspect en aucune façon de parti pris contre les jansénistes.

Et quant au refus obstiné des dernières religieuses de signer le formulaire relatif à la bulle *Vineam*, je demande qu'on veuille bien réfléchir à tout ce qu'il y avait de ridicule et d'irritant dans cette intraitable opiniâtreté de quelques théologiens en guimpes. Quoi ! la bulle du *Pape* avait été non-seulement reçue sans nulle difficulté par l'assemblée générale du clergé, mais enregistrée immédiatement par le Parlement, si en garde du côté de Rome ; acceptée sans discussion par la Faculté de théologie, publiée en mandements par tous les évêques, y compris le cardinal de Noailles, leur supérieur immédiat, et celui qu'à tous les points de vue elles pouvaient le moins récuser ! Le couvent de Gif, frère cadet de Port-Royal, avait signé. D'anciens solitaires, les plus renommés et les plus vénérés, Arnauld, Singlin, Nicole, le neveu de Saint-Cyran, se joignaient à leur archevêque pour les supplier de faire de même. Leurs amis et leurs chefs légitimes, spirituels ou temporels, employaient tour à tour sur elles la prière et les ordres formels. Peines inutiles ! Une vingtaine de femmes, seules, enfermées dans leur citadelle, tiennent l'Église en échec, se jugent plus sages que tous les docteurs, ergotent, résistent, se cramponnent, mettent en jeu les ruses, les stratagèmes, les désobéissances occultes, les appels, les oppositions, les factums, tout un appareil de plaideuses formalistes et de triples normandes, fanatisées qu'elles sont par quelques orgueilleux et quelques meneurs, principalement par le père Quesnel, qui les dirigeait de loin, et qui avait en lui de l'homme de faction plus que du religieux. Il est difficile qu'un tel spectacle ne finisse par causer des accès d'impatience et de pitié à ceux mêmes qui admirent cette fermeté dans la conviction, à ceux qui respectent le plus profondément la lutte d'une conscience contre la force matérielle, si cruellement mise en jeu dans cette conjoncture. Il vient un moment où l'on ne se douterait plus que ces religieuses sont des femmes, et que ces femmes sont des religieuses. On conçoit que le roi ait fini par faire de la chute de Port-Royal une affaire personnelle, et fortement agi sur le pape pour mettre un terme à sa longanimité; car, suivant Saint-Simon même, ce fut ainsi que les choses se passèrent.

Veut-on se rejeter sur la destruction matérielle des bâtiments du monastère? Tous les historiens jansénistes, Besoigne, dom Clément, Guilbert, sont unanimes à en disculper les jésuites[1]. Ceux-ci mêmes avaient un intérêt matériel à conserver l'édifice : en effet, leur ambition était d'établir un séminaire dans la maison de Port-Royal de Paris, sur laquelle ils possédaient des créances ; mais, pour en arriver là, il fallait transférer les religieuses de cette maison dans celle de Port-Royal des Champs. La destruction de cette dernière fut le coup de mort de leur projet.

Je n'ai pas l'honneur d'être jésuite, et suis parfaitement désintéressé dans la question, mais il m'a semblé que ce n'était point une raison pour m'abstenir ; et puisqu'on a vengé Saumery, le président de Lamoignon, et bien d'autres, des injustes attaques de Saint-Simon, je ne vois pas pourquoi, dans le seul intérêt de la vérité et de l'histoire, on ne ferait pas la même chose pour les jésuites et pour le père Le Tellier, qui ont le droit, comme tout accusé, de n'être jugés que sur preuves authentiques.

La haine de Saint-Simon contre les jésuites est telle qu'elle lui fait admettre sans hésitation des puérilités qui provoquent

1. V. aussi Pinauld, t. II, p. 385, et t. III, p. 65.

le sourire. Quand il nous représente Louis XIV choisissant un autre jésuite pour remplacer le père La Chaise, dans la crainte d'un *mauvais coup* de la compagnie, cela me reporte sans doute au fameux discours du grand avocat Antoine Arnauld, contre la société, au nom de l'Université de Paris, — moins toutefois la période redondante et la pompeuse métaphore; mais cela me rappelle encore plus la jésuitophobie de M. Michelet, et ce rapprochement est fâcheux pour la gravité du livre de Saint-Simon. Sur ce point, le noble duc et pair nous représente l'état de cette partie de l'opinion qui préparait les voies à la suppression de l'ordre, dans le courant du même siècle. Les injures qu'il prodigue aux révérends pères ne sont qu'un reflet de celles des jansénistes, en particulier de Saint-Cyran. Je suis loin de prétendre que les jésuites s'en soient toujours abstenus eux-mêmes. L'injure était une loi des polémiques littéraires ou religieuses, qui de Scaliger et de Scioppius était arrivée, à travers dom Goulu, le père Garasse, Furetière, etc., jusqu'à l'époque de Saint-Simon. Ceci soit dit pour atténuer la portée de ses violences, et quelquefois de ses grossièretés de langage : il ne faisait que suivre, en l'échauffant de toute la fougue de son caractère et de tout le coloris naturel de son style, une mauvaise tradition, mais une tradition reçue.

Passons maintenant à un ordre de faits plus importants, en abordant la question de la bulle *Unigenitus*, telle que Saint-Simon l'expose. Ici, il perd toute mesure ; on dirait que le vertige lui prend chaque fois qu'il la rencontre en chemin. Cette bulle est son cauchemar ; elle le poursuit en rêve, il l'attaque cent fois corps à corps. Nous ne pourrons relever tout ce qu'il en dit ; nous n'aborderons même pas la discussion des causes fantastiques qu'il lui attribue. Mais nous choisirons le passage[1] où il a réuni et concentré ses principales accusations contre cette bulle, qui souleva tant d'orages inattendus et inexplicables. D'abord il la fait fabriquer

---

1. Tome VII, chap. I.

en cachette par d'Aubenton et Fabroni, qui enferment des imprimeurs et les gardent au secret tant qu'ils en ont besoin, portent ensuite leur ouvrage au Pape et lui en donnent rapidement lecture. Clément XI se récrie, veut garder la pièce pour la relire à son aise, la corriger et la faire examiner ensuite par le sacré Collége; mais Fabroni le malmène, lui résiste en face, le traite de tête faible et de petit garçon, puis, laissant le Pape éperdu, envoie afficher la bulle. Les cardinaux, outrés de n'avoir été consultés en rien, malgré leur droit et la promesse qu'on leur avait faite, vont se plaindre amèrement au Pape, qui proteste que la publication a eu lieu à son insu, et les paye d'excuses et de larmes.

Voilà une jolie réunion de commérages jansénistes! Un tel récit, surtout dans les termes où l'a écrit Saint-Simon, porte sa réfutation en soi-même; mais il ne sera pas inutile d'en démontrer la fausseté matérielle. Tout catholique, sans avoir besoin d'être un grand clerc, sait avec quel soin minutieux, au moyen de quelles longues et sérieuses consultations, les constitutions des papes, et surtout les bulles dogmatiques, sont préparées à Rome. Pour la constitution *Unigenitus*, on redoubla, si l'on peut dire, de scrupule et de précautions. Les *Réflexions morales* du père Quesnel, dont cette bulle est la condamnation, furent approfondies, durant près de trois ans, par les plus habiles théologiens, tirés des diverses écoles qui jouissaient de la plus haute réputation : l'école de saint Augustin, celles des Thomistes, des Scotistes, des Jésuites, de saint Anselme, etc. Après dix-sept conférences de ces théologiens devant les cardinaux Ferrari et Fabroni, on examina les propositions incriminées, en présence du Pape et de neuf cardinaux du saint office, dans vingt-trois congrégations[1]. Pour Clément XI, ce n'était pas cet esprit faible et nul qui apparaît dans le récit dédaigneux de l'historien. Théologien et littérateur à la fois, il avait rédigé, n'é-

---

1. *OEuvres de Fénelon*, t. XXVI, p. 325. — Voyez aussi *Journal* de Dorsanne; t. I, p. 22.

tant encore que le cardinal Albani, le bref lancé par Innocent XII contre les *Maximes des Saints*. Quoi qu'en ait dit Saint-Simon, il prit à cœur d'examiner par lui-même le livre de Quesnel : nous avons sur ce point, entre beaucoup d'autres, le témoignage positif et nullement suspect de l'abbé Dorsanne, l'un des principaux historiens du parti.

Dorsanne enregistrait jour par jour, dans son *Journal qui contient tout ce qui s'est passé au sujet de la bulle Unigenitus*, les nouvelles qu'il recevait de Rome, de la part de ses correspondants jansénistes : il était donc directement tenu au courant, et puisait à la source. S'il lui eût été possible de représenter la bulle comme fabriquée en dehors du Pape, il n'eût pas manqué de le faire. Mais bien loin de là : il nous montre[1] Clément XI mettant une application extrême à terminer l'œuvre de la constitution, très-assidu aux assemblées, malgré son état de souffrance, y parlant beaucoup et de manière à montrer qu'il avait depuis longtemps étudié ces matières. Il y était mêlé d'une façon si active et si personnelle, qu'un voyage fait par lui à Castel-Gandolfo suspendit les travaux quelque temps, et qu'on attendit son retour pour se remettre à l'œuvre. Ailleurs[2], Dorsanne nous apprend que le Pape, après avoir dressé la bulle, alla en faire lecture au cardinal Carpaigne, gravement incommodé, tandis que, dans Saint-Simon, c'est un cardinal qui vient, en courant, la lire au Pape. Ce passage de Dorsanne semblerait donner à entendre que le souverain pontife avait rédigé la bulle de sa propre main : quoi qu'il en soit, on sait que, pour la rédaction d'une bulle, il n'est jamais changé un iota à la décision prise dans les conférences ou consultations qui l'ont préparée.

Du reste, chose remarquable, la relation des jansénistes se trouve ici tout à fait d'accord avec la manière dont le Pape rend compte lui-même, dans la constitution *Unigenitus*, de la marche suivie. Après ce rapprochement surtout, il ne

1. Pages 38 et 39.
2. Page 41.

peut plus subsister l'ombre d'un doute, et le petit roman de Saint-Simon tombe en poussière.

Il serait fastidieux de réfuter en détail les autres particularités de son récit, qui n'ont qu'une importance secondaire. Sur les points même où Dorsanne est le plus d'accord avec lui, les différences sont essentielles. On voit, dès lors, ce qu'il faut croire de la prétendue assurance donnée par Clément XI à M. Amelot, qu'il avait promulgué la constitution malgré lui, et la main forcée par le père Le Tellier. En supposant que le Pape eût, en effet, subi une violence morale, comment eût-il été l'avouer à un ministre de Louis XIV ? Nous dirons la même chose de la conversation sur ce sujet entre le père Le Tellier et Saint-Simon[1]. Il est assez peu croyable que le confesseur du roi, s'il avait eu de pareilles idées, eût été choisir, pour les lui exposer, un homme aussi suspect à sa compagnie que le duc de Saint-Simon.

Nous savons bien que le vraisemblable en histoire est parfois l'ennemi du vrai ; aussi n'appuyons-nous pas sur cette fin de non-recevoir, d'autant plus que la liaison du père Le Tellier avec Saint-Simon ne paraît pas contestable, et que, en dépit de toutes ses pétulances sur le papier, le noble duc était dans sa conduite assez adroit courtisan pour savoir parfaitement dissimuler en face de ceux dont il avait intérêt à se montrer l'ami. Mais il est une autre considération plus importante, qui nous permettrait difficilement d'accepter ce récit. L'entretien entre les deux interlocuteurs roule sur la condamnation, dans la bulle, de la proposition suivante de Quesnel : « La crainte d'une excommunication injuste ne doit pas nous empêcher de faire notre devoir, » condamnation que Saint-Simon attaque, et que défend le père Le Tellier. Il est certain qu'il y eut, dans une partie de l'opinion publique, un malentendu sur ce chef. Le souverain pontife, en citant textuellement cette proposition, pour échapper au reproche qu'on avait adressé à une bulle précédente de dé-

---

[1]. T. VII, p. 4 et suiv.

naturer les opinions qu'elle frappait, n'avait voulu la condamner que dans le sens particulier que lui donnaient le livre et la pensée de Quesnel : il atteignait, sous cette phrase insidieuse, l'apologie indirecte des *martyrs* du jansénisme et la tendance à ériger chaque particulier en juge de l'Église. Beaucoup crurent à une condamnation dans le sens général, et c'est ce qui valut momentanément aux jansénistes, dans leur résistance, l'appui des gallicans. Mais lorsque l'Église eut prodigué les explications les plus catégoriques, la grande majorité des prélats fit connaître son adhésion, et le Parlement lui-même enregistra la bulle sous quelques réserves. Or, c'est justement cette partie générale de la condamnation, désavouée par l'Église, que Saint-Simon fait défendre dans toute sa rigueur au père Le Tellier, comme la pensée même de l'Église. En tout cas, admettons que le révérend père ait bien réellement soutenu cette opinion : il aurait eu tort, c'est tout ce qu'il est permis de conclure, et le triomphe de Saint-Simon serait tout au plus contre un homme, et non contre la bulle, qui n'a rien à voir là-dedans. Mais il se donne vraiment la partie trop belle, et s'adjuge une trop facile victoire pour ne pas mettre en garde les moins prévenus. Qu'on me montre une seule de ces discussions où Saint-Simon ne s'arroge ce rôle victorieux et foudroyant, et je croirai de point en point aux incroyables particularités de celle-là. Saint-Simon, on le sait, a de grandes prétentions de dialecticien ; il aime à se poser en invincible. Ce n'est pas un égoïste, mais c'est l'homme le plus personnel qui se puisse voir, et il a fait naïvement de son *moi* le point central et lumineux autour duquel rayonnent ses *Mémoires*.

FIN DE L'APPENDICE.

# TABLE

—

| | |
|---|---|
| Avant-propos........................................... | v |
| I. Des origines nationales du drame français, en particulier au dix-septième siècle........................ | 1 |
| II. Cyrano de Bergerac et la littérature de second ordre dans la première moitié du dix-septième siècle........... | 50 |
|     — Lettres de Cyrano........................ | 54 |
|     — Histoires comiques et pièces de théâtre....... | 95 |
| III. La bohème littéraire................................ | 129 |
|     — Théophile de Viau. Saint-Amant. Chapelle..... | 130 |
|     — Les poëtes crottés........................ | 140 |
|     — Les poëtes de cabarets.................... | 148 |
| IV. Du roman chevaleresque et poétique................ | 163 |
|     — D'Urfé, M<sup>lle</sup> de Scudéry, Gomberville, La Calprenède........................................ | 163 |
|     — Influence du roman chevaleresque et poétique. M<sup>me</sup> de La Fayette............................ | 182 |
| V. Du roman comique, satirique et bourgeois............ | 210 |
|     — Le roman comique et satirique dans Barclay, Théophile, Sorel, De Lannel, Furetière, Subligny, Dassoucy, etc................................. | 210 |
|     — Le *Roman comique* de Scarron et ses origines... | 251 |
| VI. Du burlesque en France........................... | 276 |
|     — Histoire du burlesque..................... | 276 |
|     — Le *Virgile travesti* de Scarron.............. | 302 |

VII. La Critique littéraire au dix-septième siècle............ 330
   — Revue générale de la critique et des critiques..... 336
   — La querelle des anciens et des modernes....... 379
VIII. L'histoire et le pamphlet dans les Mémoires de Saint-Simon................................................. 416

## APPENDICE.

I. Dassoucy et ses Mémoires......................... 455
II. Girac et Costar................................. 461
III. Du jansénisme dans les Mémoires de Saint-Simon..... 471

FIN DE LA TABLE.

Paris. — Imprimerie de P.-A. Bourdier et C$^{ie}$, rue Mazarine, 30.